铁山港年鉴

TIESHANGANG NIANJIAN

北海市铁山港区地方志编纂委员会 编

2019

方志出版社

图书在版编目（CIP）数据

铁山港年鉴．2019 / 北海市铁山港区地方志编纂委员会编．-- 北京 ：方志出版社，2019.12

ISBN 978-7-5144-4024-9

Ⅰ．①铁… Ⅱ．①北… Ⅲ．①区（城市）—北海市—2019 —年鉴 Ⅳ．① Z526.74

中国版本图书馆 CIP 数据核字(2019)第 285463 号

铁山港年鉴（2019）

编　　者： 北海市铁山港区地方志编纂委员会
责任编辑： 冯　松

出 版 者： 方志出版社
地址　北京市朝阳区潘家园东里 9 号（国家方志馆 4 层）
邮编　100021
网址　http://www.fzph.org
发　　行： 方志出版社发行中心
电话（010）67110500
经　　销： 各地新华书店
装帧设计： 南宁市佳彩广告设计有限公司
印　　刷： 深圳市精一瑞兰印刷有限公司

开　　本： 889 × 1194　1/16
印　　张： 23.25
字　　数： 565 千字
版　　次： 2019 年 12 月第 1 版　2019 年 12 月第 1 次印刷
印　　数： 001 ～ 600 册

ISBN 978-7-5144-4024-9　**定价：** 260.00 元

北海市铁山港区地方志编纂委员会

名誉主任：余兴国

主　　任：龙起云

副 主 任：李玉婷　吴志全　林昌斌　沈志平　石姚斌　岑明阳

严锡强　裴强昌　陈德萍　杨中敏　欧小兵　黄晓科

张祖钊　周　芳

委　　员：范先铭　谢余红　陆国忠　黄元贵　陈翔宇　李源军

陈凯华　陈绪贤　黄家琳　陈传栋　蔡小英　陈宏宇

劳庆蓉　朱　超　刘远航

《铁山港年鉴》编辑部

总　　审：林昌斌

主　　编：周　芳

副 主 编：马瑞银

总　　纂：周　芳　陈小军

副 总 纂：马瑞银　陈祖生

编　　辑：周　芳　马瑞银　陈小军　陈祖生　伍荣聪

编务人员：马瑞银　伍荣聪　南宁市佳彩广告设计有限公司

《铁山港年鉴(2019)》编写小组

（排名按文稿刊出先后为序）

中国共产党北海市铁山港区委员会办公室
钟　伟　吴志全　黄海鸥　陈远天
陈源达　蒙彦佳　杜家兴

北海市铁山港区人民代表大会常务委员会办公室
黄小健　王才儒　严锡强　李　静
刘汉明　张　毅　杨　薇

北海市铁山港区人民政府办公室
欧小兵　冯耀斌　杨家梅　张春波

中国人民政治协商会议广西北海市铁山港区委员会办公室
彭岳军　管务光　陈旭昌　陈德萍
邓明仪　吴　轶　陈玉玉

北海市铁山港区发展和改革局
陆国忠　蔡德裕

北海市铁山港区财政局
张祖钊　宁振辉　杨权昌

北海市铁山港区民政局
李源军　唐文媛

中国共产党北海市铁山港区委党史办公室（北海市铁山港区地方志编纂委员会办公室）
周　芳　马瑞银

北海市铁山港区水利局
李源军　郑韵桦　陈新国　周　毅
陈家玲　郑燕燕　黄丽勤　刘其稳

北海市铁山港区统计局
梁旺有　蔡小英　李冰梅　李文键

北海市铁山港区民族宗教事务管理局
刘将远　劳浦强　卢　娜

北海市铁山港区招商促进局
范绍松　叶培高　杨　阳

北海市铁山港区精神文明建设委员会办公室
卓　伟　彭　鹏

中国共产党北海市铁山港区委员会组织部
沈志平　吴丽华　陈远成　陈宏宇
苏恒绩　何　鹏　马　娴　岳琳茵

中国共产党北海市铁山港区委员会宣传部
林昌斌　陈传栋　邓　符

中国共产党北海市铁山港区委员会统一战线工作部
刘将远　甘绍强　劳浦强　卜换德
卢　娜

中共北海市铁山港区委员会全面深化改革领导小组办公室
钟　伟　王功海　庞进凤　黄　蝶
陈源达

中共北海市铁山港区委员会巡察工作办公室
郑春贺　李恩晓

中国共产党北海市铁山港区委员会老干部局
何　鹏

中共北海市铁山港区直属机关工作委员会
黄家忠　李世凤　谢文丽

北海市铁山港区机构编制委员会办公室
包德芳　李启方

中共北海市铁山港区委员会北海市铁山港区人民政府信访局
石日喜　甘焕远

中国共产党北海市委党校铁山港区分校
李玉婷　沈志平　卓　伟　梁　燕
陈宏宇

铁山港区机关后勤服务中心（铁山港区机关事务管理局、铁山港区接待办公室）
林　洪　刘奕波　卢栋宏　杨之逸

北海市铁山港区政务服务中心
郑珍庭　陈远会　戚海平

北海市铁山港区人民政府土地房屋征收管理办公室
叶大柱　谢元芹　罗　媛　林海华

北海市铁山港区人力资源和社会保障局
陈凯华　陆柏桦　赖崇海

北海市铁山港区档案局（馆）
杨中敏　陈丽萍　钟　燕　陈红霞

中国共产党北海市铁山港区纪律检查委员会（北海市铁山港区监察局）
叶　艳　徐水宗　黄　洪　赖满棠
陈　冰　苏莉婷

北海市铁山港区绩效考评领导小组办公室
劳成兴　韦乔丹

北海市铁山港区总工会
梁毅峰　吴海峰　蔡欧玲

中国共产主义青年团北海市铁山港区委员会
聂文龙　班玉玲　冯　巍

北海市铁山港区妇女联合会
陈丽艳　黄启莉

北海市铁山港区科学技术协会
黄晓平　陈翠华

北海市铁山港区残疾人联合会
庞　明　吴伟霞

北海市铁山港区社会科学界联合会
欧作合

北海市铁山港区工商业联合会
陈俊良　李丽菁

中国共产党北海市铁山港区委员会政法委员会
陈文初　李焕辉　林胜峰　张　越

北海市铁山港区法制办公室
郑光平　张　可

北海市铁山港区人民法院
唐范强　周海霞　廖仁英

北海市铁山港区人民检察院
于　海　卿钟月　赖小梅

北海市公安局铁山港分局
杨　彬　罗秋鹏　欧婷婷

北海市铁山港区司法局
吴礼有　欧　萍

中国人民解放军广西北海市铁山港区人民武装部
袁忠彪　曹珍山

北海市铁山港区民兵训练基地

袁忠彪　曹珍山

北海市铁山港区边防大队

黄大柱　陈彦充　梁建志

北海市消防支队铁山港区大队

彭　金　卢志强　石　丽

中华人民共和国北海边防检查站石头埠分站

冯昌福　卜　云　王弘哲

北海市铁山港区工业和信息化局

黄元贵　吴　亮

北海诚德镍业集团

余　端　蓝　健

斯道拉恩索（广西）浆纸有限公司

关亭纬　付志刚　邹一平　谢贤通　金　言　王志红　叶　虹　吕丹丹　祝　勇

广西电网有限责任公司北海供电局铁山港供电分局

刘得锂　梁泽均

国投北部湾发电有限公司

刘经华　段艳青

神华国华广投（北海）发电有限责任公司

欧祥彬　杨　帆

北海市铁山港（临海）工业区管理委员会

何小龙　陈云气　邵连鹏

北海市铁山港区农业局

林　健　廖元景　蓝新禄　梁统模　陈海萍　李作君　郑日维　郭志丽

北海市铁山港区扶贫开发办公室

刘忠华　陈家宁　陈小霞

北海市铁山港区林业局

罗　佩　黄添凤

北海市铁山港区水库移民工作管理局

官锡林　朱　凯

北海市铁山港区海洋与渔业局

陈定军

北海市铁山港区交通运输局

陈家瑶　卓家程　黄　聪　邹侦役　黄艳耀　蔡　坚

北部湾港股份有限公司北海港分公司铁山港作业区

苏　婷　付秋明

北海市铁山港区住房和城乡规划建设局

谢余江　肖慧敏　符元菊

铁山港区人民防空办公室

谢余江　肖慧敏　符元菊

北海市铁山港区城市管理局

梁　越　林丽冰

北海市铁山港区安全生产监督管理和环境保护局

庞　健　林艳霞　李祥光　董文华

北海市铁山港区粮食局

陆国忠　蔡德裕

广西壮族自治区北海市城区烟草专卖局铁山港专卖所

欧发就　马英杰　何　况　韩宇海　郑海娟　庞　源　陈春强　符志轩

中国电信股份有限公司北海铁山港区分公司

陈江庆　欧　芳

中国移动通信集团广西有限公司北海市铁山港分公司

何华聪　杨　娟

中国联合网络通信有限公司铁山港区分公司

黄　坤　李振发

北海市邮政公司南康支局、北海市邮政公司营盘支局

陈宗胜　聂　文　梁俊强　叶贵昌　王晶晶　顾裕全

北海市铁山港区政府采购中心

刘小文　邓李强　刘小梅

国家税务总局北海市铁山港区税务局

陈建福　包　晓　吴日清　官建国

中国农业银行股份有限公司北海铁山港支行

卢龙海　邱光和

中国银行股份有限公司北海市铁山港支行

欧兴盛　王瀚民

中国建设银行股份有限公司北海铁山港支行

叶小晖　戴艳玲

北海市区农村信用合作联社南康信用社

陈　荣　张泰庆

北海市区农村信用合作联社营盘信用社

蓝志兴　廖崇智

中国太平洋财产保险股份有限公司北海中心支公司铁山港营销服务部

刘　彦　谢　斌　陈　刚

北海市铁山港区物价局

陆国忠　蔡德裕

北海市工商行政管理局铁山港分局

叶晓文　李其祜　梁　平　陈明娟

北海市国土资源局铁山港区分局

郑国忠　欧永忠　石　敏

北海市铁山港区审计局

隋文勃　蔡冬春

北海市质量技术局铁山港区分局

蔡碧玉　杨钧淇

北海市铁山港区食品药品监督管理局

钟羚玮　王厚明　黄伟雄　黄启兰

中华人民共和国北海铁山港海事处

李　平　刘志杰

中华人民共和国北海海关驻石头埠办事处

苏筱舒

北海市铁山港区科学技术局

黄晓平　陈翠华

北海市铁山港区地震办公室

黄晓平　陈翠华

北海市铁山港区教育局

陈翔宇　苏德忠

北海市铁山港区文化体育广电局

蔡小英　陈传栋　黄昌能　李　澄

北海市铁山港区卫生和计划生育局

钟羚玮　卢小莲　李永星　吴智勇　石日花　陈胜丽　蔡秀萍　李　斯

北海市铁山港区人民政府侨务办公室

刘将远　甘绍强　卜换德　吴志平

中国共产党北海市铁山港区委员会台湾工作办公室（北海市铁山港区人民政府台湾事务办公室）

刘将远　甘绍强　卜换德　黄慧英

北海市铁山港区南康镇人民政府

林盛聪　王秀宇

北海市铁山港区营盘镇人民政府

朱　超　全远先　徐小茜

北海市铁山港区兴港镇人民政府

李　锋　陈锡宽　苏　玲

编辑说明

一、《铁山港年鉴》是北海市铁山港区人民政府主持编纂的系统记述铁山港区自然、政治、经济、文化、社会等方面情况的年度资料性文献工具书，旨在为领导机关决策提供翔实的信息，为社会各界和全国各地投资者以及海外人士了解认识铁山港区提供资料。

二、本年鉴以马克思列宁主义、毛泽东思想、邓小平理论、“三个代表”重要思想、科学发展观、习近平新时代中国特色社会主义思想为指导，坚持辩证唯物主义和历史唯物主义的立场、观点、方法，存真求实，客观地记载2018年铁山港区的基本情况。

三、本年鉴采用分类编辑法，栏目设类目、分目和条目三级，以条目为主要载体，部分条目设子目。条目标题统一用黑体字加【 】表示，条目下的子目标题用楷体字。全书分为33个类目，依次是：特载、大事记、概况、中国共产党北海市铁山港区委员会、北海市铁山港区人民代表大会、北海市铁山港区人民政府、中国人民政治协商会议广西北海市铁山港区委员会、中国共产党北海市铁山港区纪律检查委员会（北海市铁山港区监察委员会）、群众团体、法治、军事、工业、北海市铁山港（临海）工业区、农业农村·水利、水产、交通运输·港口码头、城乡规划建设和管理、环境保护、商务·旅游、信息产业·邮政、财政·税务、银行·保险、经济行政管理和监督、口岸管理、科学技术、教育、文化·广播电影电视·体育、卫生与计划生育、侨务·台湾事务、社会事务、乡镇概况、统计资料、附录、索引。

四、本年鉴刊登的文稿，均由铁山港区直各部门及有关单位编写组撰写和提供，并经撰稿单位负责人审核。某些专业性数据由主管部门提供。

五、本年鉴计量单位使用国家法定规定。“亩”不排除法定计量单位，在货物运输中计量单位仍使用“吨公里”，在运动员级别按照行业管理使用“公斤级”。

六、本年鉴图片专辑、特载、附录所记述的内容不受年度限制。

七、本年鉴配备书后检索系统。索引采用内容分析法，款目按汉语拼音（同音字按声调）排列，索引范围详及条目、图片和表格等。

目 录

特 载

大 事 记

概 况

中国共产党北海市铁山港区委员会

北海市铁山港区人民代表大会

北海市铁山港区人民政府

中国人民政治协商会议
广西北海市铁山港区委员会

中国共产党北海市铁山港区纪律检查委员会（北海市铁山港区监察委员会）

群众团体

法　　治

军　事

工　业

北海市铁山港(临海)工业区

农业农村·水利

水　产

交通运输·港口码头

城乡规划建设和管理

环境保护

商务·旅游

信息产业·邮政

财政·税务

银行·保险

经济行政管理和监督

口岸管理

科学技术

教　育

文化·广播电影电视·体育

卫生与计划生育

侨务·台湾事务

社会事务

乡镇概况

统计资料

附　　录

索　　引

铁山港区地图

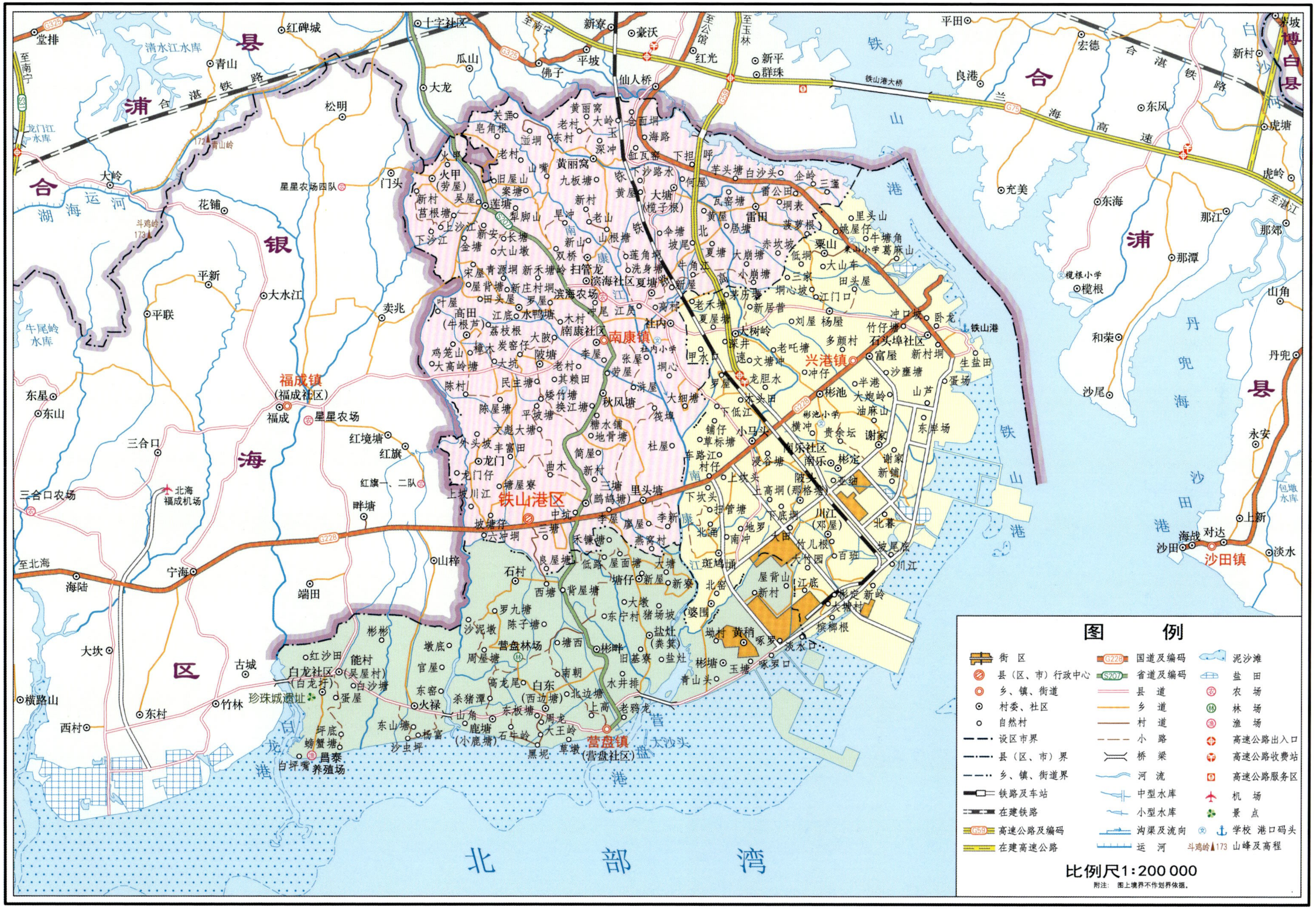

广西壮族自治区地图院编制

审图号：桂S(2019)05-001号

2019年12月

2018 年 2 月 26 日，自治区副主席李彬（前排右二）在北海市委常委、宣传部部长、副市长黄江（前排右一）的陪同下，到铁山港区白龙古城调研南珠旅游产业
邓 符 摄

2018 年 3 月 16 日，北海市市长蔡锦军（前排左二）在铁山港区委书记余兴国（前排左一）的陪同下，到铁山港区营盘镇盐灶村调研脱贫攻坚工作
邓 符 摄

2018 年 2 月 2 日，北海市委常委、宣传部部长、副市长黄江（前排中）到兴港镇中心校调研　　邓　符　摄

2018 年 3 月 19 日，北海市副市长李克纯（前排左一）在铁山港区委书记余兴国（前排左二）陪同下，到营盘镇青山头村调研南珠新城项目
邓　符　摄

2018 年 11 月 14 日，铁山港区委书记余兴国（左二）调研信义玻璃项目现场　　区委办

2018 年 10 月 15 日，铁山港区委书记余兴国（前排左二）在南康市场走访经营户，调研经营情况　　区委办　供

2018 年 12 月 13 日，铁山港区人大常委会主任黄小健（前排左三）率领市、区人大代表考察南珠（核心）示范区　　杨　薇

2018 年 2 月 12 日，铁山港区区长曾玲（左三）到北海和源石化有限公司检查安全生产及环保工作　　区政府办　供

2018 年 9 月 20 日，铁山港区政协主席彭岳军（左三）到营盘镇烟花爆竹厂为区政协社情民意信息联系点揭牌　　区政协办　供

2018 年 12 月 12 日，铁山港区代区长龙起云（中）到区政务服务中心检查优化营商环境工作　　区政府办　供

2018 年 3 月 27 日，桂台产业合作北海示范区合浦·铁山港现代农渔业示范园项目签约仪式在北海富丽华大酒店举行

2018 年，铁山港实现集装箱吞吐量 19.13 万标准箱。图为公用码头工人正在进行集装箱吊运 邓 符 摄

2018 年，斯道拉恩索（广西）浆纸有限公司厂区一角 陆靖德 摄

2018

邓 符 摄

2018 年 7 月 24 日，铁山港区委常委、宣传部部长、副区长林昌斌（右二）陪同自治区迎接国务院大督查实地督导组实地督导铁山港进港铁路征地搬迁工作 区委宣传部 供

2018 年，铁山港区仅用 2 个月时间完成进港铁路项目征地搬迁工作。图为拆迁房主人搬运家具
邓 符 摄

国石化北海炼化有限责任公司全景
覃 坚 摄

2018 年，广西南洋船舶工程有限公司造船现场
邓 符 摄

2018 年，北海诚德镍业有限公司热轧生产线
陆靖德 摄

2018 年 11 月 15 日，广西电视台摄制组走进铁山港区南珠养殖基地现场进行自治区成立 60 周年主题采访　　邓　符　摄

2018 年，铁山港区南珠养殖面积 506.67 公顷，

2018 年 9 月 8 日，北海市南珠新城——铁山港配套城区开发招商推介会在北海富丽华大酒店召开。图为北海市副市长陈勋向全国各地的地产企业、金融机构、商会和媒体展示新城的区位优势、发展蓝图　　邓　符　摄

859 万贝，年产南珠 600 千克　　邓　符　摄

2018 年 12 月 19 日—24 日，中央电视台《每日农经》栏目组走进铁山港区拍摄振兴南珠产业主题纪录片　　邓　符　摄

2018 年 10 月 18 日，2018 年北海市南珠产业技能大赛在营盘镇青山头村举行　　邓　符　摄

2018年2月5日，区委书记余兴国（右列右三），区人大常委会主任黄小健（右列右二），区委常委、宣传部部长、副区长林昌斌（右列右四

2018年12月6日，中央电视台中文国际频道《中国新闻》栏目组在铁山港公用码头录制《直播广西》特别节目 王 鹏 摄

2018年11月7日，中央电视台心连心艺术团小分队在铁山港公用码头慰问演出 王 鹏

常委、办公室主任石姚斌（右列右一）在南康镇中心小学慰问困难教师　　区委办　供

2018 年 3 月 12 日，铁山港区委副书记李玉婷（右一）参加植树活动　　区委办　供

2018 年 11 月 30 日，区卫计局在南康镇初级中学大门旁开展预防艾滋病知识宣传　　区卫计局　供

2018 年 4 月 13 日，全国主流媒体、网络媒体走进铁山港区开展集中采访活动。图为 LNG 采访现场　　邓　符　摄

2018 年，南康镇中心小学干净、整洁、美丽的校园一角　　区教育局　供

2018 年 7 月 26 日，铁山港区政协副主席管务光（左四）开展南康江水环境治理情况调研

区政协办　供

2018 年 9 月 11 日，铁山港区人大常
行《中华人民共和国消防法》情况进行检

2018 年，铁山港区深水抗风浪网箱养殖面积超过 35 万平方米，年产量 4.4 万吨，是广西最大的网箱养殖基地

主任李静（前排左二）带队对区消防大队执

区人大办　供

2018 年 11 月 13 日，铁山港区人大常委会副主任王才儒（中）到陂头村委开展双联活动

区人大办　供

邓　符　摄

2018 年 10 月 29 日，铁山港区人大代表视察 8 件实事推进情况。图为三塘回建小区项目考察现场　　邓　符　摄

2018 年 5 月 9 日，铁山港区人民法院将 12.62 万元救助金发放给获得涉民生案件司法救助的 7 个案件困难当事人手中。图为铁山港区人民法院救助金发放现场　　区法院　供

2018 年 2 月 6 日，铁山港区副区长白银冰（左三）春节前到营盘镇火禄村委慰问困难党员和贫困户　　区政府办　供

2018 年 4 月 25 日，铁山港区委常委、组织部部长沈志平（右一）到营盘镇彬塘村协调解决集体经济市场管理项目遇到的困难　　区委组织部

2018 年 8 月 25 日，铁山港区人大常委会关于铁山港区精准脱贫工作推进情况调研座谈会在区政府服务综合楼会议室召开

2018 年 9 月 23 日，南康镇举办首届农民丰收节，组织农民群众观现代农业种植示范基地　　邓　符　摄

2018 年 9 月 11 日，铁山港区委常委、宣传部部长、副区长林昌斌（右二）到挂点村南康镇秋风塘村委了解脱贫贫困户产业发展情况

区委宣传部　供

区人大办　供

2018 年 9 月 20 日，铁山港区人民检察院检察长于海（前排右二）到石村村委慰问贫困户　　区检察院　供

2018 年 2 月 5 日，铁山港区委副书记李玉婷（系围巾者）到陂塘开展慰问活动　　区委办　供

2018 年 8 月 8 日，铁山港区“新时代　新作为”百姓宣讲活动走进营盘渔港　　邓　符　摄

2018 年 11 月 1 日，北海市意识形态工作“百场讲座”宣讲活动（铁山港专场）在南珠会堂举行，市委常委、宣传部部长、副市长黄江（主席台）主讲宣传思想课 邓 符 摄

2018 年 1 月 20 日，中国共产党北海市铁山港区第五届委员会第三次全体会议在区政府服务综合楼会议室召开 邓 符 摄

2018 年 2 月 9 日—10 日，中国人民政治协商会议第四届北海市铁山港区委员会第三次会议在南珠会堂召开。图为开幕会 邓 符 摄

2018 年 2 月 10 日—11 日，北海市铁山港区第五届人民代表大会第三次会议在南珠会堂召开。图为开幕会 邓 符 摄

2018 年 7 月 27 日，铁山港区“新时代 新跨越”领导干部大讲堂活动开班仪式暨生态环境保护和工业高质量发展大会在南珠会堂召开 邓 符 摄

特 载

加快南珠新城建设　加速产城融合发展
为打造向海发展的临港大工业集群而努力奋斗

——中共北海市铁山港区第五届委员会第四次全体会议报告

中共北海市铁山港区委书记　余兴国

（2019 年 2 月 2 日）

这次区委全会的主要任务是：深入学习贯彻习近平新时代中国特色社会主义思想和中共十九大精神，全面落实中央、自治区经济工作会议以及自治区党委十一届五次全会、市委十一届七次全会的决策部署，总结区委五届三次全会以来的工作，分析当前形势，部署今年工作，动员全区党员干部群众持续用力、持续奋斗，进一步提振精气神、主动担当作为，全力加快南珠新城建设，加速产城融合发展，为打造向海发展的临港大工业集群努力奋斗。

一、区委五届三次全会以来的工作

2018 年，在自治区党委、北海市委的正确领导下，我们牢牢把握发展第一要务，坚定不移抓项目、兴产业、惠民生、保稳定、强党建，实现了产港城高质量融合发展良好开局，经济社会保持了稳中有进的发展态势。完成地区生产总值 367.45 亿元、同比增长 3.5%；财政收入 45.61 亿元、同比增长 20.62%；规模以上工业总产值 1040.82 亿元、同比增长 14.68%；固定资产投资增长 21.67%。铁山港（临海）工业区实现产值 1034.73 亿元，成为北海首个千亿元产值园区。

一年来，我们全力以赴抓招商推项目，注重优化产业结构，经济发展实现提质增效。实施“投资促进年活动”，绘制石油化工、不锈钢、玻璃产业等 3 个“产业树”。全年“走出去”招商 41 批次，接洽客商 259 批次，引进项目 34 个，投资总额 230 亿元，全口径实际利用外资 2.5 亿美元。建立桂台产业合作北海示范区铁山港示范园，组织举办台湾农渔业项目签约会，引进高能水集约化生态养殖、香港喜记“蟹将军”工厂化养蟹、台湾黄金龙虾养殖等一批现代农渔业种养示范项目。统筹推进“六大产业园区”建设，信义玻璃、新材料启动区标准厂房等一批项目开工建设，北部湾表面处理中心等一批项目加快推进，东莞蓝钛公司等电镀企业正式入驻。短短两个月时间完成了拆通进港铁路“最后一公里”的任务，得到自治区政府领导的肯定和红榜表扬，铁路专用线入园、入港、入企布局加快推进。培育“北海诚德镍业有限公司”为专利密集型企业，完成 10 件发明专利和 1 项科技成果转化。北海兴港码头有限公司获批国家级服务业标准化试点。铁山港(临海)工业区被列入自治区级开发区。扎实推进白龙珍珠城暨珍珠特色小镇、夏塘高村百草园、白东大王岭滨海养生旅游等一批重点旅游项目,青山头乡村旅游区被评为广西四星级乡村旅游区。大力发展深海抗风浪网箱养殖,网箱养殖面积超过35万平方米,铁山港区已发展为广西最大的网箱养殖基地和深海金鲳鱼养殖基地。整合投入资金2.2亿元创建自治区级示范区——南珠产业(核心)示范区,振兴南珠产业实现良好开局。

一年来,我们用心用力绘蓝图建新城,南珠新城建设有序推进,城乡统筹发展加快融合协调。坚持以新发展理念和主体功能区理念编制完成《南珠新城—铁山港配套城区总体规划和城市设计》,完成《营盘镇总体规划》修编和《铁山港(临海)工业区向海大道综合服务组团概念性总体规划及控制性详细规划》编制。组织举办南珠新城—铁山港配套城区开发招商推介会,120家地产企业、金融机构、商会和其他类投资企业参会。加快南珠新城启动区土地收储,一期项目用地征收稳步推进。南康特色小镇建设完成方案策划和项目计划编制,项目建设稳步推进。城乡环境提升年活动和宜居乡村建设活动成效明显,投入资金8145.3万元,建设村屯道路硬化91.59千米,完成农村危房改造93户、改厨改厕6424户,农村生活垃圾收转运市场化服务实现全覆盖,城乡风貌、市民素质不断提升。

一年来,我们不遗余力抓改革转作风,创新服务优化营商环境,机制体制更加便捷高效。持续深化行政审批制度改革,推动审批机构、审批事项、审批人员“三集中”。实行“最多跑一次”“容缺后补”机制,推行“农事网通”“阳光红页”“354560”改革,推进企业登记全程电子化压缩企业开办时间,工商登记一个工作日办结。强化作风养成,把北海市委倡导的“三坚持两改变”作为检验干部作风的标尺,部署开展深化“两学一做”提效能争先锋“十个一”活动。整治作风顽疾,组织开展“作风建设年”活动,全面治理推诿扯皮、故意刁难等现象。完善工作机制,建立领导干部联系企业制度和优化营商环境一对一服务企业责任,坚持“三个零”(零花费、零见面、零纸张)“三个一”(一个项目、一套班子、一条龙服务)理念,实行保姆+亲友式服务。完善项目帮办制度,成立项目帮办中心,积极为新入园企业提供证件代办、税务、商务登记等前期服务,对重点项目建立“审批绿色通道”,做到“网上事情网上办”“一次办”,切实解决审批、用地、用工问题。加强政企银合作,推动诚钢矿业在新三板上市,成为园区首家股票挂牌企业。

一年来,我们坚持不懈补短板强弱项,兜牢兜实民生底线,民生福祉不断普及普惠。持续加大民生领域投入,全年民生支出达7.67亿元,占财政总支出的82.15%。大力推进乡村振兴,投入1959万元扶持发展村级集体经济项目39个,实现村村有集体经济项目,全区村级集体经济收入100%超过5万元,其中超过10万元的村9个,超过30万元的村2个。大力实施产业富民,以产业扶贫促进高质量脱贫,年内294户1336名贫困群众实现高质量脱贫摘帽。统筹推进公共服务标准化,投入2205万元改善义务教育薄弱学校基本办学条件,持续推动教育由基本均衡向优质均衡发展。铁山港区被评为自治区计划生育优质服务先进单位,营盘镇卫生院被评为全国“群众满意的乡镇卫生院”,村卫生室实现所有行政村覆盖率和乡村医生配备率均达100%,家庭医生签约服务实现所有贫困户签约率100%。积极创建铁山港区现代农业孵化基地,区级就业创业公共实训基地和就业社保服务中心加快建设。营盘镇白龙社区被评为“全国综合减灾示范社区”。扎实推进系列平安创建活动,深化创新网格化社会治理和扫黑除恶专项斗争,扫黑除恶专项工作民调排名广西第5名,刑事发案率全市最低,禁毒工作绩效考评在全市一县三区排名首位。强化安全生产监管,安全生产形势总体稳定。信访积案调处成效明显,实现进京零非访,获评全国信访工作

“三无”县区。群众安全感创历史新高，排名广西第9名，连续八年居全市县区榜首，政法队伍满意度排名广西第十九名，连续三年居全市县区首位。

一年来，我们锲而不舍抓整改促提升，强力推进环保整治，自然生态环境质量持续优化。扎实践行习近平生态文明思想，坚持生态优先。坚定不移地扛起生态环境整治保护修复的政治责任，组织实施环保整治、环境提升、海岸湿地生态修复三大专项行动，近岸海水水质全部达到或者好于功能区水质要求，优良率为100%。大力推进工业区环境形象提升工程，实施道路畅通、园林绿化和亮化“三大”提升工程，开展违法建设、道路环境、管线治理“三大”整治行动。污染防治攻坚战三年行动和水环境治理三年攻坚战深入开展，2018年我区空气质量优良率为96.0%，在全市一县三区排名首位。高度重视中央环保督察组指出的问题并强力推进整改，责令诚德集团和瑞德公司妥善处理冶炼矿渣，制定可长期应用的矿渣处置方案。坚持整改、打击、问责“三管”齐下，严厉打击非法采矿和毁坏海河堤行为，投入600多万元组织开展生态修复和资源合理开发利用。实施重点生态项目，开展村屯绿化提升和青山头旅游区主干道绿化提升，改善人居环境和旅游环境。

一年来，我们旗帜鲜明讲政治铸忠诚，作风建设全面深化，从严管党治党向纵深推进。始终把加强思想政治建设作为领导班子建设的关键来抓，把学习贯彻习近平新时代中国特色社会主义思想、党的十九大精神作为首要政治任务，带头真正学懂弄通做实，自觉用以武装头脑、指导实践、推动工作。把“两个维护”落实到具体行动中。把贯彻落实习近平总书记视察广西及北海时重要讲话精神作为践行“两个维护”的具体行动，围绕落实新发展理念，深入实施“五个行动方案”。对标对表党的十九大精神，用十九大精神和绿色生态理念推进铁山港配套城区——南珠新城和“六大产业园区”建设，推动产港城融合发展和临港产业集群发展。全面加强党的政治建设。坚持把党的政治建设摆在首位，组织开展政治建设六项重点任务专项监督检查，出台《关于进一步落实党的政治建设重点任务的工作方案》，结合实际进一步落实党的政治建设九项重点任务。牢固树立“四个意识”，坚定“四个自信”，坚决做到“两个维护”，坚决贯彻中央及自治区党委、北海市委的部署和要求，严肃党内政治生活，始终在政治立场、政治方向、政治原则、政治道路上同以习近平同志为核心的党中央保持高度一致。大力提升基层党组织组织力。扎实推进基层党组织党群服务中心、“三会一课”、发展党员全程纪实、村级后备干部、驻村干部公寓等五个标准化建设。连续提高村、社区干部待遇。创新工作载体，全面推行“农事网通”和“阳光红页”平台建设，投入300万元打造“海上党旗红”党建示范点和3个“新九有”新农村示范点。全面推行村党组织“星级化”管理和党员积分管理，排查整顿8个软弱涣散村党组织，12个村级党组织被自治区评星定级。非公企业和社会组织党组织覆盖率分别达99.07%、100%，两新组织党的工作100%全覆盖。突出党建引领，坚持抓党建促脱贫攻坚和乡村振兴。党员教育电视片《小龚书记》获“中国梦·扶贫攻坚影像盛典颁奖晚会暨高峰论坛”脱贫攻坚党建单元三等奖，《为了那片土地》获自治区“百部”党员教育电视片系列优秀作品评比活动典型人物类一等奖。牢牢掌握意识形态工作主动权。坚持“四同”“四纳入”牢牢把握意识形态工作领导权、管理权和话语权。强化意识形态工作队伍建设和思想文化阵地建设，创新组建“百姓宣讲团”，实现区、镇、村三级“新时代讲习所”全覆盖，举办“新时代新跨越”领导干部大讲堂18期，抓实凝心聚魂工作。把意识形态工作纳入党的政治建设重点任务和政治巡察。加强网络管理，扎实推进“清朗”“净网”等系列专项行动。充分发挥新形势下宣传思想工作举旗帜、聚民心、育新人、兴文化、展形象的作用，唱响主旋律、弘扬正能量、提振精气神。中央电视台等国家级媒体多次聚焦铁山港，《铁山港“杠杠的”》等多个专题短片在广西电视台大型节目《扬帆新时代 锦绣新广西》亮相。坚持以零容忍态度惩治腐败。加强纪律教育，强化纪律规矩意识。

深入开展作风建设年活动，扎实开展形式主义、官僚主义突出问题专项整治，推进扶贫领域腐败和作风问题专项治理。充分发挥专责监督、派驻监督及巡察监督作用，推动实现巡察、派驻、监察三个全覆盖。执纪审查震慑力持续增强，全区受理信访举报63件，处置问题线索165件，查处扶贫领域案件23件、涉黑涉恶“保护伞”案件1件，给予党纪政纪处分98人，运用监督执纪“四种形态”处理干部158人次。

一年来，区委充分发挥总揽全局、协调各方的领导核心作用，全面加强对人大、政府、政协、铁管委和纪委监委、法院、检察院工作的领导。全区各级各部门、各群团组织、各民主党派、各驻区单位围绕中心履职尽责，勇担发展重任，形成心齐气顺、风正劲足的良好局面。党管武装、统一战线、民族宗教、党史档案、老干老龄和关心下一代等各方面工作也取得了新的成效，征兵“五率”位列全市第一，铁山港（临海）工业区被自治区党委统战部列为广西党外专家智力服务企业双百双创服务基地。

历尽铅华成此景，世间万事出艰辛。我们深知，铁山港现在发生的一切变化，无不得益于上级党委的坚强领导、科学决策和关心支持，无不得益于各级干部始终保持高度的政治定力、清醒头脑和胸怀格局，无不得益于全区上下面对困难挫折不怨尤、不气馁，广大党员干部始终怀着对全区人民的高度敬畏，保持对铁山港事业的执着追求，用智慧和汗水诠释担当使命，用一丝一毫的涓滴努力汇聚铁山港力量，用一心一意的顽强毅力张扬激情。事实证明，只要全区上下五指成拳、同向发力，就一定能攻克任何难关，干出无愧于时代、无愧于人民的事业。在此，我代表区委常委会，向所有关心支持铁山港发展、为铁山港发展作出积极贡献的广大党员和各级干部、社会各界人士以及全区人民，表示衷心的感谢并致以崇高的敬意！

在总结成绩的同时，我们也清醒地认识到工作中还存在不少问题和不足。一是新城区建设抓得不紧，产港城融合发展推进不快，支撑高质量发展的基础仍然薄弱。二是引进吸引力大、带动能力强的产业项目不多，产业发展层次总体上仍然偏低，集聚效应还不明显。三是城乡基础设施不够完善，公共服务水平不高，民生领域短板依然较多，与人民日益增长的美好生活需要相比还有较大差距。四是党员干部能力素质有待提高，执行力不强、不担当不作为问题还不同程度存在，加强党的领导和党的建设仍需下大力气。我们将以科学的态度、务实的措施，认真加以解决。

二、主动担当作为勇挑北海工业发展大梁，推动铁山港产城融合高质量发展

2019年，是新中国成立70周年，是决胜全面建成小康社会的关键之年，更是铁山港加快发展的重要之年。非常之年必须有非常作为。做好全年的工作，必须认真学习、深刻领会中央、自治区经济工作会议以及自治区党委十一届五次全会、北海市委十一届七次全会精神，深刻理解和把握党中央对国内外经济形势的重大判断以及自治区党委、北海市委对发展形势的科学分析，坚持从更高的视野、更高的格局去把握规律、抓住关键，牢牢把握各项工作的主动权。当前，铁山港发展到了翻开新的一页的时候，到了爬坡过坎、加油鼓劲的时候，到了撸起袖子大干一场的时候。我们一定要保持战略定力和耐力，坚定发展信心和决心，更广泛凝聚发展共识，把困难问题考虑得更充分一些，把对策措施谋划得更有针对性一些，化不利为有利，变被动为主动。要坚决贯彻落实“三大定位”新使命、“五个扎实”新要求、“向海经济”新任务，以更有力的举措、更开放的姿态，跳出铁山港看铁山港，加快融入北海发展大局，主动担当起北海市“三个主战场”之一的重要职责，坚定不移耕好“责任田”，干好分内事，一张蓝图绘到底，一以贯之抓落实，在服务项目、发展产业、培育优化企业发展环境等方面下更大功夫，主动担当作为勇挑北海工业发展大梁。

2019年，铁山港区工作的总要求是：以习近平新时代中国特色社会主义思想为指导，深入贯彻

中共十九大以及自治区党委十一届五次全会、自治区经济工作会议、北海市委十一届七次全会精神，按照建设壮美广西、共圆复兴梦想的总目标总要求，持续深入落实“三大定位”新使命、“五个扎实”新要求和“向海经济”新任务，坚持以人民为中心，坚持新发展理念，坚持高质量发展要求，以产业发展为第一要务、民生改善为第一取向、改革创新为第一动力、社会稳定为第一前提、全面从严治党为第一保障，精准发力、竞进提速，全力加快南珠新城建设，加速产城融合发展，推动形成向海发展的临港大工业集群，努力走出一条质量更高、效益更好、结构更优、优势充分释放的发展新路子，以优异成绩迎接新中国成立70周年。

2019年，铁山港区经济发展的主要预期目标是：地区生产总值增长8%左右，财政收入增长10%，固定资产投资增长10%以上，规模以上工业产值增长10%，城镇居民和农村居民人均可支配收入分别增长7%和8%。绿色发展指数进一步提升。党的建设质量不断提高，风清气正的政治生态进一步巩固。

经济发展主要预期目标的确定，既立足于2019年全区为全市发展作出积极贡献，又体现更好地落实高质量发展要求。围绕落实新发展理念、打造向海经济、挑起北海工业经济大梁，2019年我们重点抓好以下几项工作。

（一）坚持把招商引资和项目建设作为主抓手，形成产业发展“热火朝天”的良好局面

主动担当起北海市“三个主战场”之一的重要职责，牢固树立“一盘棋”思想，狠抓招商引资和项目建设，举全区之力快上项目、上大项目、大上项目，以项目建设大突破促进经济社会大发展。

打造铁山港石化产业基地和临港新材料制品基地。成立石化产业发展办公室，委托专业机构编制石化产业基地发展规划。加快推进北海炼化炼油结构调整、LNG项目二期扩能等项目，重点引进一批乙烯、丙烯、异辛烷、芳烃、甲苯、二甲苯等基础化工原料项目，加快引进PP聚丙烯、聚乙烯、EVA树脂、苯乙烯、丁苯橡胶、ABS等精细化工项目，延长石化产业链条。推进临港新材料产业园建设，重点推动北海诚德填平补齐精品项目，引进板材、型材、棒线卷材、制管等不锈钢深加工项目，落地一批五金配件、建材、餐厨卫具、不锈钢家具等项目，形成上中下游有机衔接的不锈钢产业链。实现信义玻璃一期项目投产，加快二期项目建设，推进石英砂加工、纯碱等原料生产项目，保证信义玻璃项目的原料供应；引进一批玻璃制品制造、玻璃纤维、光伏组件等项目，打造国内一流、国际领先的全产业链玻璃产业园。积极推进林纸、海洋装备制造等产业发展。加快推进铁山港7～10号泊位、5~10万吨化工码头、进港铁路、铁路支线建设，启动石化产业基地综合管廊建设，完善园区水电路、环保等基础设施，提升综合竞争力。

组织实施全员招商引资。组建铁山港产业树全员招商工作领导小组和石化、新材料、林纸、农渔业、服务业五个招商工作组，打破按部就班的固有格局，完善考核奖惩等工作机制，明确任务、落实责任、传导压力，把各单位各部门抓招商积极性主动性充分调动起来。围绕“强龙头、补链条、聚集群”，按照产业链全景图实施精准招商，着力引进一批建链、强链、补链、延链项目，推动产业链向上下游延伸。制定和更新全区招商政策目录，区领导带队上门精准招商，主动赴外推介项目。依托骨干企业，加强与上下游龙头企业的交流对接，千方百计引进一批投资效益大、带动能力强、产业关联度高的大项目、好项目。力争全年新引进工业项目30个以上、其他类项目20个以上，合同投资额超350亿元，其中：50亿元级项目3个、10亿元级项目10个。

加快征地搬迁确保项目落地。按照全市“项目落实年”部署，全面落实项目落地各项工作。组建石化产业基地、临港新材料产业园、信义玻璃产业园、南珠新城和“最后一公里”攻坚5个征地搬迁工作组，由区领导带队，抽调精兵强将，倒排工期，挂图作战，全力以赴保障项目建设用地，并为新引进项目做好土地储备。其中石化产业基地征地和清场100公顷、临港新材料产业园征地67公顷、信义玻璃产业园征地清场67公顷、南珠新城征地180公顷,两个月内全部完成现有项目"最后一公里"征地搬迁攻坚。加强征地搬迁技术员队伍建设,强化业务培训和责任担当,提升征地搬迁工作效能。坚持深入一线抓进度、靠前协调解难题、跟踪服务促落地,切实解决好项目建设过程中存在的困难和问题,促进在谈的尽快谈成、签约的尽快落地、开工的尽快投产,高标准、高效率推进项目建设。

大力扶持民营经济发展。民营经济是铁山港发展的重要力量,要坚持把发展民营经济摆在更加突出的位置,出台实施发展壮大民营经济的办法。加强服务帮扶工作,加大资本支持、技术支持、人才支持,着力帮助解决发展困难,努力推动民营企业有更大作为。要优化发展环境,把营商环境作为培育壮大民营经济的核心和命脉,进一步为银企交流对接牵线搭桥,推动解决民营企业融资难融资贵等问题,全方位、全身心地支持民营企业发展。要积极构建"亲""清"政商关系,使"亲"有尺度、"清"有规范。要加强民营企业家队伍建设,维护民营企业合法权益,营造有利于民营企业发展的良好环境。

(二)全力推进南珠新城建设,奋力破解制约产业发展的"瓶颈"问题

按照全市"一岛、两带、三港、四路、五组团"向海空间发展格局,抓住北海加快市县城区连片发展的契机,加快融入北海发展大局。全力以赴推动南珠新城建设,补齐工业区综合配套和服务功能不足的短板,促进产城融合发展。

加快新城项目建设。充分发挥南珠新城——铁山港区配套城区概念性总体规划和城市设计的作用,坚持产城融合示范区、滨海田园都市区和南珠文化旅游区的高点定位,加速推进南珠新城项目建设。积极配合推进连接市区和铁山港的向海大道改造提升,促进铁山港与北海主城区的便捷联通。进一步加大南珠新城土地盘整和征地搬迁工作,加快完成南珠新城启动区的土地收储,确保一期项目用地所需。开工建设工业区人民医院、高品质学校、综合服务中心、商务酒店、员工小区、商业街等"6个一"项目,加快建设启动区市政道路、给排水等基础设施和市政配套。引进更多有实力的企业参与新城项目建设,兴建商住购物、文化娱乐等综合配套项目,实行土地集中连片开发,提升新城档次和品位。依托营盘镇建设中心渔港及中国—东盟海产品深加工环保产业园,以产业带动新城建设。充分利用社会资本,解决基础建设"缺钱"的问题。

发展现代服务业。力促北海港与国际港航公司合作,规划建设国际化临港物流园区。推进铁山港区物流服务中心等物流项目建设,吸引更多知名物流企业入驻,打造物流业集聚区。依托南珠新城整体开发及开发商资源,引进植入发展高端服务业。抓实抓好营盘南珠小镇和白龙珍珠古城景区建设,依托南康特色种养基地、营盘青山头旅游区、兴港海钓基地等现有资源,发挥大王岭滨海养生旅游、圆海梦农家乐等示范点辐射示范作用,大力发展休闲、观光等乡村特色旅游业,带动乡村餐饮、住宿等服务业发展。

着力建设绿色生态家园。坚持生态立区,牢固树立和践行"绿水青山就是金山银山"理念。坚持绿色生态理念和主体功能区理念建设南珠新城,结合自然山水格局,注重保护原生态环境,推动产业、城市、生态融合发展。持续开展"城乡环境提升年"活动,完善城乡垃圾市场化保洁机制和集运体系,实施好工业区美化绿化提升工程和道路畅通工程,加快工业区污水管网建设,进一步改善工业区环境形象。坚决打好"蓝天、清水、净土"环境污染防治攻坚战,严格落实生态环保责任,加大环境执法力度,持续抓好中央环保督察"回头看"反馈问题和环保突出问题的整改整治,以"零容忍"态度严惩破坏生态环境行为,维护良好的自然生态。

（三）深化拓展港台农渔业合作，助推乡村振兴和脱贫攻坚

坚持以特色产业带动群众脱贫致富，巩固提升脱贫攻坚成效，为实施乡村振兴战略筑牢坚实基础，不断加快农业强、农村美、农民富的进程。

大力发展台湾农渔业合作项目。积极服务推进桂台产业合作北海示范区铁山港示范园建设，推动铁山港与台湾特色农渔业的深度合作发展。以做大做强香港喜记“蟹将军”工厂化养蟹等农渔业合作项目为抓手，争取更多引进台商投资农渔业项目，全力保障台湾黄金龙虾养殖等签约项目取得实质性进展，以点带面形成集群效应，推动全区现代农渔业升级改造、脱胎换骨，助推实现乡村全面振兴。积极发展设施渔业、远洋渔业、海产品精深加工，加快振兴南珠产业，全力配合办好北海国际南珠节。

打赢打好脱贫攻坚战。把脱贫攻坚作为重大政治任务和第一民生工程抓紧抓实。聚焦“两不愁，三保障”，对标“八有一超”“十一有一低于”脱贫摘帽标准和“三员九有”，盯紧深度贫困、产业扶贫、脱贫成果巩固等重点工作和关键环节，坚持三级书记抓扶贫，尽锐出战、精准施策。坚持问题导向，找准贫困村和贫困户产业、就业、就医、就学、住房、社保等方面存在的短板和薄弱环节，从人力、财力、政策等方面给予更特殊、更精准、更有力的帮扶。紧盯贫困群众稳定增收不放松，加大对贫困村集体经济、贫困户产业扶持力度，发挥合作社的带动作用，大力发展乡村特色产业。持续发挥好后盾单位、帮扶企业和社会力量的作用，引导各种资源向贫困村集聚，加快推进以村屯道路硬化、农村危房改造、安全饮水等为重点的基础设施建设，补齐乡村公共服务短板。紧盯脱贫成果巩固不放松，落实脱贫摘帽后的扶持政策，兑现贫困户、退出户在扶贫产业奖补、雨露计划补助、教育资助及兜底保障方面实行差异化补助等政策，确保稳定脱贫。

扎实推进乡村振兴。坚持农业农村优先发展，认真组织实施乡村振兴战略规划及相关配套的行动方案，推进“人、规、地、产、城”五方面工作落实。在巩固提升清洁乡村、生态乡村、宜居乡村活动成果基础上，扎实开展幸福乡村建设活动，深入实施好农村人居环境整治三年行动和乡村风貌三年提升行动，努力推动全区农业强优、农村美丽、农民富裕。稳步实施乡镇提升三年行动计划，持续抓好乡镇书记、镇长和乡村带头人队伍建设，全力推进现代特色农业示范区增点扩面、提质升级，推动集循环农业、创意农业、农事体验于一体的田园综合体建设，打造乡村振兴示范点。充分运用好农村土地确权登记颁证工作成果，支持农村土地依法规范有序流转，鼓励引导工商资本积极参与乡村振兴，为农业农村发展注入生机活力。健全党委领导、政府负责、社会协同、公众参与、法治保障的现代乡村社会治理体制，不断提升乡村自治、法治、德治能力和水平，推动乡村组织振兴。

（四）进一步深化改革扩大开放，持续优化营商环境

全面贯彻落实习近平总书记在庆祝改革开放40周年大会上的重要讲话精神，认真贯彻落实中央和自治区党委、市委各项改革部署，坚持问题导向，集中力量攻坚，不断在重点领域和关键环节改革上取得突破。

扎实推进党政机构改革等重点领域改革。全面准确贯彻落实党中央关于机构改革的部署要求，严格遵照自治区党委、北海市委要求，认真制定工作方案，细化实化工作措施，严肃各项工作纪律，做好干部思想工作，突出职能优化和效能提升，按时按质全面完成新一轮党政机构改革任务。压实改革主体责任，持续深化供给侧结构性改革，统筹推进司法、文化教育、社会保障、群团等重点领域改革，提高改革效率质量。

营造最优营商环境。深入实施“优化营商环境突破年”活动。全面深化“放管服”改革，加快推进审批服务职能向政务服务中心集中，实现“最多跑一次”目标。全面推行“互联网＋政务服务”，推进一窗受理、一网通办和集成服务，最大限度利企便民。积极发挥项目帮办中心作用，压缩开办企业环节、开办时间，不断提升办事效率与服务质量。筹划建设工业区政务服务中心。

全力推进开放再扩大。发挥好铁山港口岸、玉铁铁路、玉铁高速公路等作用，加强对外联系，主动参与“一带一路”建设，构建面向东盟的国际大通道。以产业承接融入为重点，加快对接融入粤港澳大湾区、海南自贸区建设，引进发达地区先进生产力，借力加快产业发展。充分发挥铁山港（临海）工业区的载体作用，积极推进“广西统一战线双百双创服务基地”建设，深化拓展与铁山东港产业园、玉林龙潭产业园的协同互动，构建区域协同合作新机制。

（五）切实保障和改善民生，进一步提高人民生活质量

坚持以人民为中心的发展思想，千方百计加大投入，齐心协力补齐短板，加快解决群众最关心最直接最现实的利益问题，让全区人民生活得更有品质、更加幸福。

提升公共服务水平。持续加大民生领域投入力度，全力办好为民承诺的各项实事。坚持教育优先发展，深入实施基础教育提升工程，加大教育基础设施建设力度，加快推进薄弱学校改造和教师队伍建设，完善公办幼儿园布局，规范民办学前教育管理，推动教育向优质均衡发展。持续深化乡镇卫生计生改革，推进基层卫生服务能力建设，增强村、社区卫生室服务能力，提升医疗服务惠民便民水平。抓好铁山港区中医院、疾控中心、营盘卫生院公卫楼等项目建设，认真落实生育政策，促进人口与经济社会协调发展。加快村级公共服务中心建设，完善文化活动场所和体育健身设施，推动文化事业加快发展，着力满足群众日益增长的精神文化需求。

加强就业和社会保障工作。把稳就业摆在突出位置，加快推进区级就业创业公共实训基地和就业社保服务中心建设，通过加强职业技能培训、就业指导、发展产业促进就业困难人员、失地农民、贫困劳动力等群体稳定就业，积极引导农民工转移就业和返乡创业。加快完善养老保险、医疗保险、失业保险、工伤保险制度，统筹推进城乡社会救助体系，全力做好城乡低保、农村五保、医疗救助、临时救助等工作，保障好、服务好、管理好特殊困难群体，加强对妇女、儿童、老年人的关爱保护，培育和扶持养老服务机构和养老产业，努力实现困有所助、弱有所扶。

加强和创新社会治理。坚持党政同责、一岗双责、属地负责，严格落实维护社会稳定责任制，健全社会治安综合治理体系，统筹信访维稳、风险化解、扫黑除恶、生产安全、食品药品监管等工作，增强群众安全感。积极运用互联网、大数据等现代科技手段，提高社会治理精细化、现代化水平。创新群众工作方法，探索社会治理新模式，严厉打击各种违法犯罪，推进更高质量的平安铁山港、法治铁山港建设。

三、全面加强党的领导和党的建设，为勇挑北海工业发展大梁提供坚强政治保证

加快南珠新城建设，加速产城融合发展，勇挑北海工业经济大梁，必须毫不动摇坚持和加强党的全面领导，毫不动摇把各级党组织锻造得更加坚强有力。全区各级党组织要全面落实新时代党的建设总要求，严格落实全面从严治党“两个责任”，以高质量党建引领推动高质量发展，巩固提升风清气正劲足的政治生态，进一步形成干事创业争先的工作氛围。

（一）始终把党的政治建设摆在首位

党的政治建设是党的根本性建设，必须旗帜鲜明讲政治，牢固树立“四个意识”，坚定“四个自信”，以正确的认识和行动坚决做到“两个维护”，始终在思想上政治上行动上同以习近平同志为核心的党中央保持高度一致。持续深入学习宣传贯彻习近平新时代中国特色社会主义思想，扎实开展“不忘初心、牢记使命”主题教育，全面建立常态化、全覆盖、高质量的党员干部学习教育机制，全面扩大百姓宣讲的覆盖面和影响力，切实解决好学习贯彻“最后一公里”问题，推动习近平新时代中国特色

社会主义思想贯彻到基层、落实到一线。自觉遵循党章，严肃党内政治生活，严明政治纪律和政治规矩，督促党员干部牢记“五个必须”，杜绝“七个有之”，做到“三个决不允许”，着力涵养风清气正的政治生态。认真抓好自治区党委巡视反馈意见的整改落实工作，确保全面彻底整改到位。

（二）维护意识形态安全

坚持党管宣传、党管意识形态、党管媒体，牢牢掌握意识形态工作领导权管理权话语权。逐步建立完善区镇两级意识形态工作体系，进一步加大对落实意识形态工作责任制的实地检查考核和巡察力度，推动意识形态工作责任落细落实。坚持正确舆论导向，全方位加强宣传思想阵地的建设和管理，广泛开展精神文明创建，巩固壮大主流舆论，营造良好的社会风尚。各级领导干部要站到意识形态斗争第一线，带头抓意识形态工作、带头管阵地把导向强队伍、带头批评错误观点和错误倾向，筑牢意识形态安全“护城河”“防火墙”。

（三）全面提升基层党组织的组织力

树立大抓基层的鲜明导向，以规范化建设、组织力提升为重点，推动基层党组织全面进步、全面过硬。认真贯彻党支部工作条例，持续整顿软弱涣散基层党组织，全面加强各领域基层党组织的标准化、规范化建设。选优配强基层党组织带头人，抓好村（社区）党员干部教育培训，把基层党组织建设成为宣传党的主张、贯彻党的决定、领导基层治理、团结动员群众、推动改革发展的坚强战斗堡垒。加强两新组织党建工作，促进各领域基层党组织共驻共建。常态化开展好驻村驻点联系工作，大力扶持发展壮大村级集体经济，不断提升基层党建引领基层治理水平。

（四）着力建设高素质专业化干部队伍

坚持新时代党的组织路线，坚持好干部标准，结合当前机构改革，落实促进干部担当作为的激励机制和用人导向，大力倡导“担当为要、实干为本、发展为重、奋斗为荣”的为政理念。广开进贤之路，拓宽专业干部人才来源，研究出台吸纳高层次人才政策，进一步壮大专业化干部队伍。深化干部教育培训改革，强化政治历练和提升专业技能并重，统筹抓好分层分类有针对性培训，全方位提升干部能力。优化干部交流轮岗和能上能下机制，推动更多干部到基层一线锻炼成长。坚持在招商引资和征地搬迁一线培养选拔干部，引导激励广大干部在项目建设一线主动作为、建功立业。加强培养、储备、选用优秀年轻干部、党外干部、女干部工作力度，夯实干部梯队基础。

（五）坚定不移正风肃纪反腐

始终保持永远在路上的政治定力，持之以恒抓好作风建设、纪律建设，高举反腐利剑，巩固发展反腐败斗争压倒性胜利。持之以恒落实中央八项规定精神，深挖细查“四风”隐形变异问题，坚决防止“四风”问题反弹回潮。扎实推进“作风建设年”活动，加大明察暗访、曝光通报、督促整改力度，切实解决审批程序繁、办事环节多、服务态度差、帮扶企业不认真等问题，着力整治不作为、慢作为、担当不够、落实不力、推诿扯皮、慵懒散漫等作风顽疾，努力营造高效便捷的发展环境。进一步加强纪律建设，深化运用监督执纪“四种形态”，推动纪律教育常态化，使铁的纪律成为党员干部的自觉遵循。深化政治巡察，加大重要领域、重点环节案件查办力度，坚决整治群众身边腐败和作风问题。深化纪检监察体制改革，优化巡察、派驻、监察“三个全覆盖”权力监督格局，从严从实加强纪检监察队伍建设，不断增强监督整体效能。

（六）全面加强执行力建设

为政之要，贵在落实；落实之要，贵在执行。执行力是决定我们事业成败的关键因素。要坚持把工作重点放在抓落实上，放在加大问责力度上，进一步强化目标导向、结果导向。用好追责问责利器，对不作为慢作为懒作为的干部，坚决动真碰硬，坚决追责问责，切实用问责砥砺担当，推动形成真抓实干、干事创业的浓厚氛围。进一步建立完善考核评价、容错纠错、激励保障各项机制，提振干部干事创业精气神。对在推进重点项目建设、重要中心工作、重大突发事件中表现优秀，发挥重要作用、得到各方面肯定的，在急难险重任务中敢于担当、勇于攻坚、破解一批重点难点问题、取得显著成效的干部，破除论资排辈、平衡照顾观念，优先提拔使用。

“伟大梦想不是等得来、喊得来的，而是拼出来、干出来的。”加快南珠新城建设，加速产城融合发展，勇挑北海工业发展大梁，需要我们付出艰辛的努力。让我们更加紧密地团结在以习近平同志为核心的党中央周围，坚持以习近平新时代中国特色社会主义思想、党的十九大精神为指导，认真贯彻落实自治区党委、北海市委部署要求，接续发力、攻坚克难、奋勇前行，努力在新时代北海改革开放中走在前列，为建设壮美广西、共圆复兴梦想作出铁山港应有的贡献！

北海市铁山港区人大常委会工作报告

——2019 年 2 月 26 日在铁山港区第五届人民代表大会第四次会议上

北海市铁山港区人大常委会主任　黄小健

2018 年主要工作

2018 年,在区委的坚强领导和市人大常委会的指导下,常委会深入学习贯彻落实中共十九大精神和习近平新时代中国特色社会主义思想,紧紧围绕区委“建设现代化工业新城区和北海副中心”“铁山港区产港城融合发展”的战略目标,依靠全体代表的共同努力和“一府一委两院”及各部门的支持配合,主动担当作为,依法有效履职,为推动铁山港区改革发展稳定和民主法治建设作出了积极贡献。一年来,共召开常委会会议 7 次,主任会议 17 次,开展执法检查、视察、调研、跟踪督办 17 次,听取专项工作报告、履职工作汇报 15 次。为全面推进铁山港区经济发展、社会进步和民主法制建设作出了积极贡献。

一、提高政治站位,增强政治自觉,不断推动人大工作与时俱进

坚持党的领导是人大工作的根本政治原则。常委会牢固树立政治意识、大局意识、核心意识、看齐意识,毫不动摇地坚持党的领导,推动人民代表大会制度和人大工作与时俱进。

牢牢把握正确政治方向。常委会自觉维护区委总揽全局、协调各方的领导地位,通过法定程序,及时将区委作出的重大决策转化为全区人民的共同意志,并通过富有成效的工作,积极动员人大代表和广大人民群众贯彻执行。坚持重大事项请示报告制度,人大及其常委会开展的重大活动、作出的重要部署、决定的重大事项,都主动向区委请示报告,经同意后再进入法定程序,切实把人大工作置于区委领导之下。

认真落实区委决策部署。紧紧围绕区委的中心工作和重大决策部署,切实履行宪法和法律赋予的职责,依法行使决定权、监督权、任免权三项职权,确保区委的决策部署和国家相关法律法规落地生根。认真落实区委全面深化改革任务,及时听取相关承办单位的工作汇报,加强相关问题协调,创新推进监督机制、代表联系群众、规范性文件备案审查等改革工作。

主动融入区委中心工作大局。积极参与“投资促进年”“作风建设年”和脱贫攻坚活动,深入信义产业园、新材料产业园、北部湾新奥燃气有限公司(铁山港区天然气利用项目)、博和环保科技有限公司(北部湾表面处理中心)等重大项目一线了解情况,支持和协助政府加快推进临港产业集群、基础设施建设、优化营商环境等工作,促进了我区重大项目建设取得成效。

积极发挥代表参政议政作用。组织市区人大代表专题视察铁山港区现代农业创业孵化基地、南珠产业(核心)示范区、信义玻璃控股有限公司、香港喜记“蟹将军”生态工厂化养殖基地等情况,为区人民政府建言献策,推动全区经济事业加快发展;围绕推进特色小镇、乡村振兴、生态文明等重点建设,组织常委会组成人员和人大代表到北流市陶瓷小镇、玉林市玉州区五彩田园、钦州市钦南区欢乐农庄、容县等先进地区调研考察,形成高质量的调研报告,为区委科学决策提供重要参考。

推进新形势下的人大工作。常委会坚持抓大事、议大事原则，认真讨论并依法决定全区带有根本性、全局性、长远性的重大事项。一年来，就2017年财政决算、2018年财政预算调整等工作依法作出6项决议决定，并紧跟督办，使重大事项决定权得到有效落实。准确把握党管干部原则与人大依法任免的关系，落实宪法宣誓制度，彰显宪法权威。一年来共依法任免国家机关工作人员22名，接受辞职6人，补选市、区人大代表6名。认真贯彻中央和自治区关于加强县乡人大工作和建设的文件精神，建立健全区人大及其常委会各专门委员会和工作委员会工作机制，认真指导并强力推进三镇人大规范化建设和代表履职平台建设，全区人大工作的整体水平明显提高。

二、坚持问题导向，履行法定职能，着力增强人大监督工作实效

常委会围绕区委决策部署、政府着力推动、群众普遍关注的事项，着眼于促、立足于帮，突出监督重点，改进监督方式，切实增强监督工作的实效性。一年来，针对脱贫攻坚、"为民办实事"、民族宗教工作、校外午托等工作，共听取政府专项工作报告7项，提出审议意见5件，组织专题调研和跟踪检查10次，开展执法检查2次，形成调研报告16篇。

加强对经济工作的监督。听取和审议区人民政府关于2018年上半年国民经济和社会发展计划执行情况的报告，向区人民政府提出要加大重大项目建设力度，培育新的经济增长点，夯实经济发展后劲，重视农业生产，着力改善民生，推动社会事业健康发展等建议。

加强对财政规范运行的审查监督。积极探索"政府全口径预算决算监督"新方法，听取和审议区人民政府关于2017年度区本级预算执行和其他财政收支情况的审计报告、2018年财政预算调整方案等报告，督促区人民政府要进一步强化预算编制、预算执行和预算监管工作，更加重视财政规范、债务管理和资金绩效，优化财政支出结构，保障民生重点支出。组织对2019年计划预算草案和部门预算草案进行初审，在审查中做到把握问题关键，对报告草案进行修改和完善，为本次会议审查批准计划和预算报告提供参考依据。

加强对民生工作的监督。保障改善民生、促进社会公平正义，是常委会监督工作的重点。常委会聚焦民生热点，把2018年的"八件实事"工作列入监督议题，提出"开工不等于建成"的建议，督促区人民政府加快并扎实推进校园设施、水利工程、乡村道路、亮化工程、村级集体经济建设发展等项目的建成。关注卫生服务，开展全区社区卫生服务中心建设工作专题调研和对全区城乡居民基本医疗保险工作审议意见整改情况进行跟踪督办，不断提高全区基本医疗卫生服务质量和满足群众的医疗卫生需求。为助推精准扶贫打赢全面脱贫攻坚战，常委会专题调研全区农村脱贫攻坚工作，提出大力发展产业扶贫，加强扶贫资金整合使用和管理等审议意见，全区脱贫攻坚工作取得显著成效。

加强对司法和法律工作的监督。加强对推进司法公开、家事审判改革、基本解决执行难等工作的监督，督促区人民法院要依法履行审判职能，提高办案质量效率，努力让人民群众在每一个司法案件中都感受到公平正义。听取和审议区人民检察院关于法律监督、侦查监督、司法改革等工作的专项报告，要求进一步深化检察院司法体制改革，不断加强监督管理，提高执法水平，完善协调配合机制，促进行政执法与刑事司法有效衔接。对《中华人民共和国消防法》的贯彻实施情况进行执法检查，提出发展壮大乡镇政府消防力量的建议，不断加强农村消防安全管理，完善农村消防安全管理机制。开展全区的社区矫正工作，提出要着力于培养一支信念坚定、执法为民、敢于担当、清正廉洁的社区矫正工作队伍的建议，努力推动社会管理创新、促进铁山港区的和谐稳定。

加强对信访工作的监督。认真学习贯彻习近平总书记对信访工作的重要指示和自治区人大信访工作经验交流会精神，区人大常委会坚持依法监督与处理信访案件相结合，完善督办机制，认真做好信访督察工作，注重及时交办、转办并跟踪督促问题的落实，注重诉访分离，发挥了人大推进依法治区、促进社会和谐的积极作用。一年来，共受理来信来访 15 件，接待来访群众 31 人(次)，对涉法涉诉等信访件进行了重点督办，推动了信访问题的解决，维护了社会和谐稳定。

三、优化服务保障，创新履职载体，充分发挥代表主体作用

常委会充分尊重人大代表的主体地位，不断完善保障机制，积极创新服务载体，代表工作迈出坚实步伐。

创新代表联系群众工作机制。加大支持力度，强力推进人大代表履职平台建设，在镇、村(社区)分别建立“人大代表履职中心”和“人大代表之家”，实现了两级人大代表按编组参加活动和接待群众全覆盖。一年来，全区各级人大代表累计开展集中接待活动 70 多次，接待群众来访 300 多人次，提出意见建议 170 多条，协调解决实际问题 40 多件，较好地发挥了人大代表联系群众的桥梁和纽带作用。去年 9 月，南康镇在市人大召开的全市人大代表联系人民群众履职平台建设经验交流现场会作经验介绍，全面总结和推广全区在代表履职平台建设中的创新做法和工作经验。

坚持和保障代表依法履职。坚持代表“双联”制度，引导和支持代表依法履职。邀请代表参加执法检查、专题调研、跟踪督办等活动达 300 多人次。各镇人大也通过学习培训、召开座谈会、组织视察等形式，拓宽了代表了解民情、反映民意的渠道。

提高意见建议办理质量。常委会注重年初抓建议交办，年中抓限期办结，后期抓难点督办，切实提高代表建议办理质量。区五届人大三次会议期间代表提出的 53 件建议已全部办理完毕并答复代表，满意率为 96.23%。加快了对户口入户、用水用电、水毁水利、环境整治等一批群众普遍关注的代表建议，在常委会监督推动下得到了较好解决。

提高代表履职能力。坚持把代表培训作为一项基础性工作来抓，一年来，组织代表学习培训 7 期，共培训区、镇人大代表 900 多人次，极大提高了代表的履职能力。

四、加强自身建设，提高履职水平，努力夯实人大工作基础

常委会顺应人大制度发展新形势新要求，着力加强思想引领，强化作风建设，不断提升履职能力和机关服务水平。

全面加强思想政治建设。始终把思想政治建设摆在首位，充分发挥常委会党组理论学习中心组的示范带头作用，深入学习贯彻中共十九大精神、习近平总书记关于坚持和完善人民代表大会制度的思想、习近平总书记系列重要讲话精神和习近平总书记考察广西北海的讲话精神，增强“四个意识”，坚定“四个自信”，自觉以新发展理念引领人大工作。

持续深入推进作风建设。严格落实中央“八项规定”，认真学习贯彻《准则》和《条例》，把守纪律、讲规矩摆在更加重要的位置。深入推进“两学一做”学习教育常态化、制度化，精心组织机关党支部“三会一课”活动，严格落实上级巡察视察反馈意见的整改工作，把全面从严治党引向深入，保证人大工作的政治纪律和政治规矩不动摇不放松。

充分发挥人大整体作用。积极配合自治区人大常委会和北海市人大常委会完成《广西壮族自治区扶贫开发条例》《北海市老街保护条例》《北海市沙滩保护条例》《北海市红树林保护条例》等进行执法检查和立法调研，积极配合完成全市乡村旅游建设及特色小镇建设情况、全市海洋渔业资源保护等工作的专题调研和跟踪督办。强力推进挂点村脱贫攻坚和基层组织建设，共为挂点村落实帮扶资金 11 万元，解决村委办公楼、基础设施建设、技术指导等问题。

各位代表，区人大常委会一年来取得的工作成绩，是区委坚强领导的结果，是“一府一委两院”支持的结果，是全区各级人大代表和广大人民群众共同努力的结果。在此，我谨代表区人大常委会向所有关心、支持、帮助人大工作的同志表示衷心的感谢！

回顾一年来的工作，我们也清醒地看到，常委会工作同党的要求和人民群众的期望还有一定差距，如：监督工作的跟踪督办机制需要进一步探索，服务保障代表履职的载体和方式需要进一步拓展，自身建设需要进一步加强等等，这些都需要在今后的工作中认真加以解决。

2019年主要任务

2019年是新中国成立70周年，是实现全面建成小康社会第一个百年奋斗目标的关键之年。我们的工作要以习近平新时代中国特色社会主义思想为指导，深入学习贯彻习近平总书记关于坚持和完善人民代表大会制度的重要思想，坚持党的领导、人民当家作主、依法治国有机统一，依法行使监督权、决定权和任免权，更好发挥人大代表作用，切实加强人大常委会自身建设，不断加强和改进人大工作，使常委会成为全面担负起宪法法律赋予的各项职责的工作机关，成为同人民群众保持密切联系的代表机关，奋力开创新时代人大工作新局面。

一、坚定正确方向，推进人大工作

继续高举习近平新时代中国特色社会主义思想伟大旗帜，深入学习贯彻习近平总书记关于坚持和完善人民代表大会制度的重要思想，努力开创新时代人大工作新局面。进一步增强监督实效，紧扣区委中心工作和"一府一委两院"重点工作，紧扣人民群众普遍关心的热点难点问题，切实做到真监督、真支持，确保"一府一委两院"依法行政、公正司法。进一步夯实基层基础，畅通代表参政议政渠道，加强代表与人民群众的联系，及时协调解决人大代表工作中面临的实际困难和问题，充分发挥人大代表主体作用。进一步加强自身建设，积极担当尽责，始终把高标准、高质量贯穿人大工作全过程，努力提高依法履职的能力和水平。

二、强化监督意识，规范行权履职

切实增强监督实效。依法行使监督权，围绕推动区委重大决策部署的贯彻落实和人民群众普遍关注的重大问题的解决，坚持正确监督、有效监督，重点抓好对经济社会发展大局，依法加强脱贫攻坚、社会民生改善的监督，重点加强对乡村振兴、南珠新城建设、安全生产、招商引资和项目建设、优化营商环境等重大事项的监督，围绕脱贫攻坚、民生工程、教育、卫生服务、食品药品安全等群众关注的热点问题开展监督；围绕民主法制建设，进一步探索加强对司法工作的有效监督，推进依法治区，使人大的监督工作效能进一步提升。把监督与支持有机结合起来，保证法律法规正确有效实施，支持和推动政府依法行政、监察委员会依法监察、法院和检察院公正司法，促进全区经济平稳健康发展和社会和谐稳定。

依法行使决定权和任免权。一是依法讨论决定重大事项。紧扣全区发展稳定全局、人民群众反映强烈、影响民生和社会稳定的重大问题，依法作出决议决定、提出审议意见。二是依法做好人事任免工作。坚持党管干部原则，依法任免国家机关工作人员，认真审议有关人事任免案，严格执行任免国家机关工作人员的法律规定和程序，确保区委人事安排意图顺利实现。

三、做好代表工作，关注民生热点

突出专题调研重点。不断完善调研工作方式方法，进一步整合力量，把专题调研、代表调研结合起来，坚持深入实际、深入基层、深入群众，切实提高专题调研的针对性和实效性。

促进调研成果的转化。组织专门力量深入研究，提出建设性和可操作性的意见建议，及时与政府及其有关部门沟通协调，推动调研成果的转化运用。

扎实做好代表工作。强化对代表履职和活动的管理监督，激发代表活力，探索和建立代表议案、建议办理考核机制，提升议案、建议办理质量；抓好代表培训，提高代表政治站位、法治素养和履职能力；继续推进代表履职平台建设，全面完成代表履职平台建设任务。

四、强化自律意识，打造过硬队伍

一是始终把政治建设摆在首位。深入学习贯彻习近平新时代中国特色社会主义思想、习近平总书记关于坚持和完善人民代表大会制度的重要思想，旗帜鲜明讲政治，努力做到“四个意识”更增强，“四个自信”更坚定，“两个维护”更落实，把坚持党对一切工作的领导贯穿于人大工作各方面的全过程。二是推动常委会党的建设向纵深发展。深入贯彻落实新时代党的建设总要求，坚持从严治党，严守党的政治纪律和政治规矩，加强和规范党内政治生活，强化政治纪律和组织纪律，带动廉洁纪律、群众纪律、工作纪律、生活纪律严起来，持之以恒正风肃纪。认真落实党风廉政建设责任制，严格贯彻执行中央“八项规定”精神，筑牢反腐倡廉的思想防线和制度防线，着力营造风清气正的政治生态。三是加强人大工作研究和新闻舆论工作。深入探索新时代人大工作的特点和规律，认真开展人大工作研究，不断推动人大制度理论和实践创新。加强人大新闻舆论工作，牢牢掌握意识形态工作主动权，紧紧围绕区人大的工作任务做好宣传报道，全面反映人大工作新进展新成效。

各位代表，征程万里风正劲，重任千钧再奋蹄。让我们更加紧密团结在以习近平同志为核心的党中央周围，在区委的坚强领导下，恪尽职守，锐意进取，认真履行宪法和法律赋予的各项职权，为建设壮美广西、共圆复兴梦想作出铁山港区应有的贡献！

附件：

1. 北海市铁山港区人大常委会 2018 年监督工作目录

2. 北海市铁山港区人大常委会 2018 年配合、协助各级人大及有关部门工作目录

附件 1

北海市铁山港区人大常委会 2018 年监督工作目录

序号	内　容
一、审议工作(13 项)	
1	审议通过关于召开区五届人大三次会议的决定及有关草案、文件
2	审议通过区人大常委会 2018 年工作要点
3	审议通过《北海市铁山港区人大常委会 2018 年听取和审议区“一府两院”各项工作报告和调研、视察、执法检查计划》
4	听取和审查批准《北海市铁山港区人民政府关于 2017 年度财政决算报告》
5	听取和审议《北海市铁山港区人民政府关于 2017 年度本级财政预算执行和其他财政收支审计情况报告》
6	听取和审议《北海市铁山港区人民政府关于 2018 年上半年国民经济和社会发展计划执行情况报告》
7	听取和审议《北海市铁山港区人民政府关于 2018 年上半年财政预算执行情况报告》
8	听取和审议《北海市铁山港区人民政府关于区人大五届三次会议代表建议、批评和意见办理情况的报告》
9	听取和审议《北海市铁山港区人民政府关于环境状况和环保工作的情况汇报》
10	听取和审查批准《北海市铁山港区人民政府关于 2018 年财政预算调整方案的请示和 2017 年度铁山港区本级财政收支审计查出问题整改情况的报告》
11	听取和审查批准《北海市铁山港区人民政府 2017 年政府债务限额议案》
12	听取和审议《北海市铁山港区人民政府关于法治政府建设工作的情况报告》
13	听取和审议区司法局开展社区矫正工作情况报告

续表

序号	内　　容
二、执法检查(2项)	
14	开展《北海市城市市容和环境卫生管理条例》执法检查
15	开展《中华人民共和国消防法》执法检查
三、跟踪督办(5项)	
16	跟踪督办精准脱贫攻坚工作的推进落实情况
17	跟踪督办视察南康特色小镇建设情况
18	跟踪督办全区民族宗教工作落实情况
19	跟踪督办全区推行城乡居民基本医疗保险工作审议意见整改情况
20	跟踪督办区五届人大三次会议代表意见、建议办理情况
四、视察工作(3项)	
21	视察我区乡村振兴特色示范区建设情况
22	视察区政府实施2018年为民办实事项目情况
23	组织市、区两级人大代表年终集中视察
五、专题调研(5项)	
24	对振兴南珠产业工作开展专题调研
25	对全区社区卫生服务中心建设工作开展专题调研
26	对全区民族宗教工作开展专题调研
27	对全区校外午托机构管理工作开展专题调研
28	对代表建议批评和意见办理工作情况开展调研
六、听取专题汇报(4项)	
29	听取区林业局2018年上半年专题工作报告
30	听取区政府实施2018年为民办实事项目情况汇报
31	听取区政府2017年区本级预算执行和其他财政收支审计发现问题整改落实情况汇报
32	听取区教育局、区林业局、区工信局、区教育局、区水利局、区人力资源和社会保障局、区审计局、区统计局负责人的履职汇报

附件2

北海市铁山港区人大常委会2018年配合、协助各级人大常委会及有关部门工作目录

序号	内　　容
1	配合和协助市人大常委会开展全市海洋渔业资源保护工作专题调研
2	配合和协助市人大常委会开展全市乡村旅游建设及特色小镇建设情况的调研
3	配合和协助市人大常委会开展《广西壮族自治区扶贫开发条例》执法检查
4	配合和协助市人大常委会开展《北海市老街保护条例》立法调研
5	配合和协助市人大常委会开展《北海市沙滩保护条例》立法调研
6	配合和协助市人大常委会开展《北海市红树林保护条例》立法调研
7	配合和协助市人大常委会开展残疾人扶贫项目专题调研
8	配合和协助市人大常委会开展法治政府建设专题调研
9	配合全国人大农业与农村委员会对《中华人民共和国森林法修订草案(征求意见稿)》征求意见
10	配合自治区人大调研组对北海市2018年上半年计划、预算执行情况调研

政府工作报告

——2019 年 2 月 26 日在铁山港区第五届人民代表大会第四次会议上

北海市铁山港区代区长　龙起云

一、2018 年工作回顾

过去一年,在市委、市政府和区委的正确领导下,在区人大、区政协的监督支持下,我们坚持以习近平新时代中国特色社会主义思想为指导,深入学习中共十九大精神,全面贯彻习近平总书记考察广西、北海及铁山港区的重要讲话精神,认真落实区委的决策部署,依靠全区上下的共同奋斗,有力保持经济社会稳中有进、高质量发展。全区实现地区生产总值 367.45 亿元、同比增长 3.5%;规模以上工业总产值 1040.82 亿元、同比增长 14.68%、总量占全市的 53.86%;财政收入 45.61 亿元、同比增长 20.62% ;城镇居民人均可支配收入为 33252 元、同比增长 6.4% ;农村居民人均可支配收入为 14651 元、同比增长 10.1%。

一年来,我们主要做了以下工作:

(一)壮大优势产业,工业发展向高质量迈进

全力发展优势产业和园区经济,突出主导产业集聚作用,强龙头、补链条、聚集群、促发展,工业发展加快向集群化高质量迈进,工业园区全年实现规模以上工业总产值 1034.73 亿元,对北海市经济发展支撑作用持续增强。

紧抓重中之重,做强主导产业。充分发挥龙头企业带动作用,统筹推进“六大产业园区”建设,注重抓好服务项目和征地搬迁工作,全年完成征地和清场 139.93 公顷、搬迁 269 户,短短两个月时间完成了拆通进港铁路“最后一公里”的任务,得到自治区政府领导的肯定和红榜表扬,保障一批项目落地开工和建成投产。国内最大的催化汽油吸附脱硫装置项目已竣工运营,北海炼化炼油结构调整已获批准并将于近期开工,石化产业链有力延伸。诚钢在新三板上市,诚德新材料填平补齐技改项目已建成投产,北部湾表面处理中心项目一期建成运营;新材料产业园启动区和标准厂房等加快推进。总投资超百亿的信义玻璃产业园开工建设,成为临港新材料产业未来新的增长点。工业区基础设施进一步完善,铁山港生活污水管网、经四路、九号路支线等开工建设,纬五路、十三号路前期工作扎实推进。全年实现石化产业产值 394.06 亿元,新材料产业产值 546.13 亿元,林纸产业产值 22.03 亿元。铁山港(临海)工业区成为北海首个千亿元产值园区,2018 年 2 月列入自治区级开发区。

狠抓招商引资,增强发展动能。实施“投资促进年活动”,紧扣石油化工、不锈钢、玻璃产业等 3 个“产业树”精准招商。全年“走出去”招商 41 批次,接洽客商 259 批次,签订项目 34 个,合同投资总额 230 亿元,全口径实际利用外资 2.5 亿美元,比增 56.25%。通过招商引资,信义、颂领环球、中诚再生、凯洋生物、凯森等一批企业进驻,石油化工、临港新材料等优势产业集群得到进一步发展,为铁山港经济发展积蓄新动能。

(二)推进乡村振兴,农业农村发展呈现新面貌

全面实施乡村振兴战略,三农工作扎实推进,农业农村呈现新面貌,农林牧渔业增加值增长

6.76%，增速创历史新高。

稳定传统产业，提升特色农业。稳定粮食生产功能区2667公顷，糖蔗生产功能区6667公顷，保障粮食安全和传统产业稳定发展。成功创建自治区级南珠产业（核心）示范区，以及松柏山生态种养等4个县级示范区，南康镇水磨岭林下养鸡产业等2个乡级示范园和南康镇陂塘村大棚设施栽培等14个村级示范点，以点带面推进特色农业蓬勃发展。培育新型农业经营主体160个，新增自治区级、市级农业产业化龙头企业各1家。大棚种植方兴未艾，台资企业芦笋基地建设如火如荼，松柏山贡柑、沙糖橘供不应求。

创新传承并重，拓展特色渔业。创新海养模式，大力发展深海抗风浪网箱养殖，面积超过35万平方米，产量达4.4万吨，产品远销欧美等地。铁山港区已成为广西最大的网箱养殖基地，深水抗风浪养殖得到自治区肯定，广西电视台专题采访作为向自治区成立60周年献礼节目。“南珠产业振兴计划”初战告捷，培育南珠养殖企业12家，插核育珠1000多万贝，年产量增长4倍多，青山头至白龙海域正式命名为南珠湾，南珠产业传承及振兴步伐加快。中央电视台前来对南珠进行专题采访。桂台渔业合作扎实推进，香港蟹将军工厂化养蟹一期建成投产，澳洲小龙虾养殖项目加紧推进。

改善乡村面貌，促进旅游发展。投入8145.3万元建设村屯硬化道路91.59千米。完成农村危房改造93户、改厨改厕6424户。投入226万元巩固、修复一批水利设施。塘仔村市级综合示范村创建扎实推进。引进北京环境有限公司对农村生活垃圾开展全覆盖清运处理，乡村环境得到极大提升。乡村旅游加快发展，青山头旅游区被评为广西四星级乡村旅游区，夏塘高村旅游扶贫项目、铁山港区圆海梦农家乐、白东大王岭等重点旅游项目扎实推进，扫管龙杨桃等采摘园热闹非凡。全年游客达89万人，同比增长146.6%；旅游消费总额达8.6亿元、同比增长112.59%。

（三）推动新城建设，弥补发展短板有新进展

认真落实市委市政府发展向海经济部署，积极回应广大干部群众对“有区无城”多年关切，加快推进新城区建设步伐。聘请上海同济设计院高质量完成《南珠新城——铁山港配套城区总体规划和城市设计》，完成《营盘镇总体规划》修编和《铁山港（临海）工业区向海大道综合服务组团概念性总体规划及控制性详细规划》编制。成功举办南珠新城——铁山港配套城区开发招商推介会，引起碧桂园、恒大等120家地产企业、金融机构、商会和其他投资企业高度关注，并积极参会。同时开展前期出让土地盘整、收储以及向海大道（临海）工业区综合配套服务区的征地搬迁，并与广西农垦集团初步达成土地联合开发协议。策划和推动道路工程、高品质学校、文体中心、排涝沟整治工程、污水处理厂及配套管网等一批项目建设工作。有序推进南康特色小镇、行政中心区建设。

（四）抓好产业扶贫，脱贫攻坚工作取得新成效

投入188万元扶持1880户贫困户发展到户产业，投入332.5万元入股农民专业合作社，整合资金8100多万元加强贫困村庄基础设施建设，落实小额信贷5264万元、对1072户贫困户实施产业扶持，“雨露计划”投入76.85万元扶持贫困学子283人，民政低保兜底扶持贫困人口608人。农村贫困人口大病专项救治住院费用报销比例达90.12%，慢性病门诊费用报销比例达80.2%。全年共高质量脱贫294户1336人，通过了自治区“四合一”核验。投入1595万元扶持42个村（社区）发展集体经济，集体经济收入全部超过5万元，其中1个村（社区）收入超过50万元，2个村（社区）收入超过30万元。

（五）整治生态环境，新时代绿色发展有力推进

树牢“绿水青山就是金山银山”理念，切实抓好中央环保督察回头看和国家海洋专项督察指出问题的整改，妥善解决冶炼矿渣清运及临时堆放问题，一般工业固体废物集中处置场建设加快推进。设立4个联合执法点，派出2个海上巡查组，开展24小时不间断巡查，查处偷采海沙船舶17艘和一批非法运输矿产品车辆，行政立案7起，刑事立案5起，严厉打击非法采矿行为，偷挖白泥问题得到抑制。修复采泥坑20多个，完成土地平整、种林、种草、改造养殖水塘等生态恢复174.42公顷。大力开展水源保护工作，“河长制”进一步完善，“滩长制”正在建立。开展南康江环境清理10次，拆除沿江、沿海生猪养殖场10个，整治直排入海排污口9个，南康江婆围村水质监测站建成使用，陆源入海水质稳定向好。全年完成造林139.6公顷，森林覆盖率不断提高。推进大气污染防治“百日攻坚”行动，治理扬尘、禁烧秸秆、严控企业排放标准，空气质量持续向好，两项指标均优于北海市区，优良率为96%。

（六）深化改革开放，发展活力指数持续提升

持续推进各领域改革。全面完成当年深化改革任务，调整区农业局和海洋与渔业局职能，推进税务系统改革和乡镇“四所合一”。学区制教育改革、医改及区人民医院和妇幼保健院综合改革全面启动。农垦改革“两个三年”任务全面完成，农村集体资产清产核资基本完成，产权制度改革深入推进，土地确权颁证登记工作基本完成，颁证率达95.25%，并通过自治区验收。全面落实口岸开放措施，统筹推进“放管服”、财税体制等重点改革。

全力优化营商环境。迁移区政务服务中心，升级改造软硬件，优化服务窗口，编制优化“一次性告知”“最多跑一次”和“一次不用跑”3张清单，清理证明事项21项，建立“容缺后补”机制，提供“一站式”服务。调整行政许可事项114项，取消行政许可事项3项。实施“农事网通”“阳光红页”“354560”改革，普惠人民群众。“双随机”监管纵深推进，“事前审批为主”向“事中事后监管”转变。推行工商登记1个工作日办结制度和营业执照、网上登记全程电子化。成立投资项目并联审批办公室和项目帮办中心，开通“审批绿色通道”，为项目为发展为群众提供更优服务。

（七）增进民生福祉，社会发展大局和谐稳定

全年民生支出7.67亿元，占一般公共预算支出82.15%。扎实办好民生实事，让发展成果惠及到每一位百姓，让人民群众真真切切感受到发展带来的好处。

教育事业加快发展。投入2205万元改善办学条件，南康中学等9所学校的跑道和运动场完成标准塑胶改造，建设营盘中学学生食堂。全面启动学区制改革，教育均衡质量提高，南康中心校郑璐明同学获评全国优秀少先队员。教师队伍建设提质增量，学校安全建设工作进一步巩固。铁山港区第二幼儿园开园招生，兴港镇和工业区学生就读公办幼儿园愿望得以实现。

医疗服务有新提升。投入200多万元支持兴港镇、滨江两社区卫生服务中心正常运转，工业区人民医院筹建完成前期工作，区中医院、区疾控中心入列自治区规划建设盘子。村卫生室建设覆盖全区并配齐乡村医生，实现贫困户家庭医生签约率100%、重点人群签约率71.75%。营盘卫生院被评为“全国百姓放心医院”，我区获评自治区计划生育优质服务先进单位。

文体科技有新发展。完成1160套广播电视直播卫星户户通工程，建成2个村级公共服务中心、标准篮球场、乒乓球台等一批文体基础设施。文化惠民深入开展，全年文化下乡演出、农村公益性电影放映共494场。沙蟹汁制作、赤江陶烧制技艺入选自治区级非物质文化遗产代表性项目名录。培育北海诚德镍业为专利密集型企业，并完成10件发明专利和1项科技成果转化，有力推动创新驱动发展和经济转型升级。

社会保障有新改善。综合福利院“公建民营”养老服务业试点项目加快推进。城乡低保、特困供养人员等救助标准进一步提高，社会保险覆盖面进一步扩大，城乡居民养老保险和居民医疗保险参保率分别达95%和96%。城镇新增就业1008人，农村劳动力新增转移就业1370人，城镇登记失业率2.93%。实施龙门村、大塘村饮水安全巩固提升工程，农村饮水安全保障率进一步提高。

白龙社区被评为全国综合减灾示范社区。

社会大局和谐稳定。法治铁山港和平安铁山港建设有力推进。平安天网二期建设全面完成，技防和人防相结合的立体化社会治安防控体系更加完善。扫黑除恶、“两抢一盗”等专项行动深入推进，打掉涉恶团伙 8 个。畅通信访渠道，完善“三级联调”矛盾纠纷化解机制，各类不稳定因素得到及时化解。群众安全感、政法队伍和扫黑除恶满意度等均居广西县区前列、领跑全市。防范化解财政运行风险，消化历年财政赤字 2.06 亿元。积极创建广西食品安全示范城市，食药监系统荣获自治区二等功集体。生产、交通、校园等重点领域安全隐患排查治理覆盖率进一步提升，全年没有发生重特大安全生产事故和食品药品安全事故。

（八）加快职能转变，政府建设树立新形象

坚持党的全面领导，认真落实政治建设重点任务。自觉接受区人大法律监督和区政协民主监督，积极办理建议提案，全年办理人大代表建议 97 件、政协委员提案 122 件，人大代表、政协委员提出的意见建议得到较好落实。进一步完善政府法律顾问制度，强化行政执法监督，制定实施铁山港区法治政府建设考评指标和评分标准，对各镇、各部门加强考核，确保公权力依法行使。落实民主集中制，坚持“三重一大”事项集体研究决定，科学民主决策水平不断提高。充分发挥审计职能，推进审计监督全覆盖。严格落实中央八项规定，深入开展“作风建设年”活动，大力整顿工作作风，政风行风进一步改善。

一年来，侨务、民政、地方志、档案、妇女儿童、残联、国防动员、海防管控、人民防空、优抚安置、防震减灾等工作均取得新进展。

过去一年，我区经济社会发展成绩来之不易。这是市委、市政府和区委科学决策、坚强领导的结果，是区人大、区政协有效监督、大力支持的结果，是全区人民埋头苦干、团结奋斗的结果。在此，我代表区人民政府，向辛勤工作在各条战线上的人大代表、政协委员，向全区干部群众、离退休老同志和社会各界人士，向驻区各单位、海警官兵、公安民警，向各民主党派、工商联、各人民团体，向关心支持港区发展的投资者、建设者和朋友们，表示崇高的敬意和衷心的感谢！

在总结成绩的同时，我们也清醒地认识到，发展中还有不少困难，工作中仍有许多不足。产港城融合发展推进不快，支撑高质量发展的基础仍然薄弱；引进吸引力大、带动能力强的产业项目不多，产业发展层次总体上仍然偏低，集聚效应还不明显；城乡基础设施不够完善，公共服务水平不高，民生领域短板依然较多，与人民日益增长的美好生活需要相比还有较大差距；干部执行力不强、不担当不作为问题还不同程度存在。对此，我们一定高度重视，采取更加有力措施，认真加以解决。

二、2019 年工作安排

2019 年，是新中国成立 70 周年，是实施“十三五”规划的深化之年，是北海市进一步对外开放 35 周年，也是打赢脱贫攻坚战、决胜全面建成小康社会的关键一年。当前，铁山港发展到了开启新征程翻开新篇章的时候，到了爬坡过坎更需加油鼓劲大干一场的时候。我们一定要保持清醒头脑，坚定发展信心和决心，凝聚发展共识，把困难问题考虑得更充分一些，把对策措施谋划得更周密一些，把具体工作做得更扎实一些，化不利为有利推动经济和社会发展取得更好的成绩。

今年政府工作的总要求是：坚持以习近平新时代中国特色社会主义思想为引领，全面贯彻党的十九大和十九届二中、三中全会精神以及自治区党委十一届五次全会、自治区经济工作会议精神，按照建设壮美广西、共圆复兴梦想的总要求，深入落实“三大定位”新使命、“五个扎实”新要求和打造向海经济新任务，按照市委市政府和区委的各项决策部署，积极投身全市“项目落实年”和“优化营商环境突破年”行动，贯彻落实新发展理念，坚持稳中求进工作总基调，紧紧围绕高质量发展要求，凝心聚力、主动作为，强产业、促改革、优生态、惠民生、保稳定，全力抓好项目落地建设，优化发展环境，加快南珠新城建设，加速产城融合发展，推动形成向海发展的临港工业集群，努力走出一条质量更高、效益更好、结构更优、优势充分释放的发展新路子，以更优成绩向新中国成立70周年和北海市进一步对外开放35周年献礼。

今年铁山港区经济社会发展的主要目标是：地区生产总值增长8%左右，财政收入增长10%，固定资产投资增长10%以上，规模以上工业产值增长10%，城镇居民人均可支配收入增长7%左右，农村居民人均可支配收入增长8%左右，城镇登记失业率控制在4%以内。绿色发展指数进一步提升。

围绕以上目标，我们将重点抓好以下工作：

（一）抓好招商引资，抓实项目建设，加快推动主导产业集群化高质量发展

工业在我区居于无可替代的战略地位，我们必须保持和增强发展工业的战略定力，大力开展“项目落实年”活动，狠抓招商引资和项目建设，举全区之力攻坚克难，持续发力，确保项目建设全面落实落地，加速推进产业集群发展。

拓展提升重点产业。按“强龙头、补链条、聚集群”思路，推动石油化工、临港新材料、林纸等重点产业发展壮大，促进产业转型升级、创新发展。推动石化产业扩能升级。成立石化产业发展办公室并委托专业机构编制发展规划，支持北海炼化全面升级，加快推进北海炼化炼油结构改造、广西液化天然气(LNG)项目二期、中航化等一批项目建设；建立精细化工生产基地，延长丙烯、甲苯、二甲苯、苯乙烯、芳烃等产业链。推动临港新材料产业发展壮大。推进诚德公司新材料填平补齐精品项目建设，加快建设新材料产业园，继续引进板材、棒线卷材等一批下游不锈钢制品项目，推动一批五金配件、建材等项目尽快落地。加快建设信义玻璃产业园，推动信义玻璃一期年内建成投产，加快二期项目建设，力促太阳能光伏玻璃、节能玻璃开发与制造等项目年内开工建设，新引进一批纯碱原料、玻璃制品制造、建筑行业、家具行业、光伏组件等玻璃应用领域项目。推动林纸等产业加快发展。加强以纸板为原料的林纸下游产业链打造，加快推进宏大双氧水一期建成投产，加紧推进招商工作，重点引进包装印刷、纸箱制作等企业，丰富产业结构。加快北部湾资源再生环保服务中心一期建设，引进一批印制电路板和配套表面处理加工企业入驻。推动园区基础设施建设。配合推进1—4号泊位铁路专用线建设，加快北暮作业区5—6号泊位工程后方陆域堆场建设，积极推进铁山港码头7—10号泊位、5~10万吨化工码头、航道三期项目建设，加快铁山港集装箱、公共执法等码头建设，启动石化产业基地综合管廊建设，为重点产业发展进一步夯实基础。

全员招商引进更多项目。推行产业树全员招商工作机制，打破按部就班的既定格局，各部门各单位全员参与招商引资工作。区领导主动带队上门招商，赴外推介项目，力求取得实效。主动与上级沟通联系，争取市里、自治区乃至国家在重大工业、城镇建设、乡村振兴等方面给予更多项目、资金、技术、设备、政策等支持和扶持。围绕产业树全景图开展精准招商，引进一批适合铁山港区发展方向和发展定位的投资体量大、产业关联度高、带动能力强的大项目、好项目，实现“投产一批，落户一批，储备一批，洽谈一批，推介一批”，延展优势链条，补齐缺失链条，补强薄弱链条，推动产业链向上下游延伸，增强高质量发展的新动能。力争全年新引进工业项目30个以上、其他类项目20个以上，合同投资额350亿元以上，其中：50亿元级项目3个以上、10亿元级项目10个以上。

抓好征地搬迁推动项目落地。全力以赴抓好征地搬迁，为项目落地建设提供坚强用地保障。完善征地搬迁资金管理办法和激励机制，提高征地搬迁成效。进一步选优配强征地搬迁队伍，组建石化产业园、临港新材料产业园、信义玻璃产业园、南珠新城、向海大道和“最后一公里”攻坚6个征地搬迁工作组，由区领导带队，倒排工期、挂图作战，保障项目建设用地。重点推进石化产业基地、新材料产业园、信义玻璃产业园、南珠新城等一批项目的征地搬迁工作，两个月内全部完成现有项目“最后一公里”征地搬迁攻坚，确保项目如期开工建设。力争全年完成征地和清场533公顷，保证项目随到随开工。

大力发展民营经济。民营经济是创造税收、吸纳就业、促进发展的重要力量，要认真落实国家扶持民营企业政策大力支持和发展民营经济。加大对企业的扶持力度，出台实施发展壮大民营经济的办法。加大服务和帮扶力度，着力从资本、技术、人才和税费等方面给予扶持，推动民营企业做强做优。要进一步优化发展环境，切实做好企业与银行交流对接牵线搭桥工作，推动解决民营企业融资难等问题。要努力营造公平竞争环境，尊重、关心、支持企业家干事创业，积极构建“亲”“清”新型政商关系。要发挥企业创新主体作用，促进民营企业创新发展。

（二）推进乡村振兴，抓好“三农”工作，加快农业农村发展

坚持农业农村优先发展，把解决“三农”问题作为工作的重中之重抓好落实，积极回应群众对美好生活的向往，加快推进农业农村现代化建设步伐。

加快发展特色农业。深化农业供给侧结构调整改革，提高农业产业化水平，加快特色农业发展。新建1个自治区级现代特色农业示范区、3个乡级示范园、14个村级示范点。深化农村集体产权制度改革，充分利用农村土地确权工作成果，积极引导土地经营权有序流转，为农业产业化、规模化发展创造条件。扶持发展家庭农场、农民合作社等新型经营主体，支持农民就业创业，促进农民增收。依托田园景观和农村生态优势，鼓励发展休闲观光农业、生态循环农业，主动融入乡村特色旅游，积极培育田园综合体，促进一二三产业融合发展。推进南珠产业示范基地和南珠湾旅游带建设，加快振兴南珠产业。深化拓展桂台产业合作，服务推进北海示范区铁山港示范园建设，推动香港喜记蟹将军扩大生产规模，力促新厂房早日建成投产。积极实施品牌战略，重点培育无公害柑橘、豇豆等特色品牌。拓展“互联网＋农业”，畅通农产品销售渠道。

着力夯实乡镇基础。推进农村基础设施建设和城乡基本公共服务均等化，进一步夯实乡村振兴基层基础。加快推进村屯道路建设，争创自治区四好农村路示范县区，努力补齐农村交通、水利、广播电视、互联网络、文化娱乐、强身健体、公共照明等基础设施和公共服务短板。协助完成乡镇机构改革，优化乡镇政府服务三农功能。持续抓好乡村带头人队伍建设，打造懂农业、爱农村、爱农民的“三农”工作队伍，为“三农”发展提供更好的服务，让父老乡亲进一步增强幸福感。

大力美化乡村环境。认真贯彻党中央、国务院决策部署，把改善农村人居环境作为社会主义新农村建设的重要内容，改善农村人居环境，建设美丽宜居乡村。深入实施农村人居环境整治三年行动和乡村风貌三年提升行动，结合南康特色小镇、营盘南珠小镇等打造，巩固美丽乡村、生态乡村建设成果，扎实开展幸福乡村建设活动。继续实施绿化提升工程，强化环境卫生整治，结合生活垃圾处理市场化，进一步巩固和提升农村人居环境。加快建设工业区道路亮化工程，继续抓好青山头、大王岭乡土特色示范村和白龙传统村落建设。健全党委领导、政府负责、社会协同、公众参与、法治保障的现代乡村社会治理体制，持续推进农村移风易俗，治理不良社会风气，打造充满活力、和谐有序的善治乡村。

（三）把握发展机遇，加大开发力度，全力推进南珠新城建设

紧紧抓住北海加快市县城区连片发展的机遇，加快融入北海发展大局，争分夺秒全力推进南珠新城建设，全力以赴补齐工业区综合配套和服务功能不足的短板。按照产城融合示范区、滨海田园都市区和南珠文化旅游区定位，落实北海南珠新城（铁山港配套城区）概念性总体规划及城市设计。进一步加快南珠新城土地盘整和征地搬迁工作，加快完成南珠新城启动区的土地收储，确保一期项目用地所需。开工建设工业区人民医院、高品质学校、综合服务中心、商务酒店、员工小区、商业街等“6个一”项目,加快启动区市政道路、给排水等基础设施和市政配套建设。引进更多有实力的企业参与新城项目建设,兴建商住购物、文化娱乐等综合配套项目,实行土地集中连片开发,提升新城档次和品位。利用南珠新城整体开发及开发商资源,引进植入发展高端服务业。依托营盘镇建设中心渔港及中国—东盟海产品深加工环保产业园,以产业带动新城建设。积极配合推进向海大道(北铁公路)改造提升,改善铁山港区连接北海主城区的交通条件。

(四)加强生态保护,狠抓环境治理,着力构建绿色生态家园

在高质量发展产业的同时,贯彻新发展理念,坚定不移地走绿色崛起之路,坚持生态立区。全力推进环境整治。持续推进“蓝天、碧水、净土”专项行动,紧盯环境突出问题的整改整治,突出抓好道路扬尘、工业企业废气、禁放区烟花爆竹燃放、禁烧秸秆和生活垃圾等各项污染源整治,坚决打好“蓝天保卫战”;进一步落实“河长制”,建立完善“滩长制”;“加强对陆源入海排污口监管,加快污水管网扩建等环保配套设施建设,大力推行城乡垃圾市场化保洁机制,全面整治农村面源污染。大力发展绿色产业。引进节能环保、新能源应用和可再生能源开发企业;加强重点行业和领域的环保监管,以节能减排和环境保护为抓手,引导企业加快技术改造。切实加强生态保护。严守生态保护红线,加大环境保护宣传,狠抓中央环保督察和国家海洋督察反馈问题的整改落实,加大环境执法力度,着力形成震慑效应,加快一般工业固体废物集中处置场项目建设,建立完善国土资源管理平台,保持陶瓷黏土、海砂等矿产资源整治高压态势,做到源头严防、过程严管、后果严惩。加快推进南康江及婆围溪流综合整治项目,统筹推进新村河两侧及青山头沿海水系建设和生态治理,打造生态亮点,推动产业、城市、生态融合发展。

(五)汇聚扶贫合力,推进脱贫攻坚,高标准完成脱贫任务

按照“两不愁、三保障”“八有一超”和“十一有一低于”的新标准、新要求,进一步巩固成果、提升质量,高标准完成北海市下达的脱贫攻坚任务。坚持扶贫与扶智、扶志相结合,推行“以奖代补、先建后补”模式,将帮扶政策和贫困群众参与度挂钩,激发其内生动力,防止政策“养懒汉”,引导摒弃“等靠要”。加大涉农资金整合和产业扶持力度,积极策划实施一批带动作用强、经济效益好的扶贫项目,充分发挥合作社的引领作用,带动贫困人口脱贫致富。积极整合社会力量,组织和呼吁更多企业及经济能人等主动参与扶贫攻坚,进一步加大金融、教育、医疗、就业、民政兜底等的扶贫力度,多渠道筹集扶贫资金,着力解决因病致贫、因残致贫等问题,确保贫困户真脱贫,不返贫。紧盯乡村公共服务短板,积极引导各种资源向贫困村或贫困人口较多的村聚集,加快推进村屯道路硬化、危房改造、安全饮水等基础设施建设,助推脱贫摘帽。大力实施“十百千”三年跨越发展工程,扶持发展村级集体经济,增强带动群众脱贫致富的村级“引擎”。落实脱贫摘帽后的扶持政策,兑现贫困户、退出户在扶贫产业奖补、雨露计划补助、教育资助及兜底保障方面实行差异化补助等政策,加强后续跟踪扶持,巩固脱贫摘帽成果。着力打造盐灶脱贫攻坚示范村。

(六)深化改革开放,优化营商环境,持续增添发展动力

坚持改革不停顿,开放不止步,深化改革释放新活力,扩大开放增添新动能。全面完成政府机构改革任务,深化“放管服”和财税体制改革,全面推进“证照分离”改革。深化农村综合改革,全面完成农村土地确权登记颁证和农村集体产权制度改革试点。深化医药卫生体制改革,推进公立医院薪酬制度改革。统筹推进市场准入、社会管理、文化教育和社会保障等领域改革,不断在重点领域和关键环节改革上取得突破。大力开展“优化营商环境突破年”活动,进一步优化营商环境,提高办事效率和服务质量,全面推行“互联网+政务服务”,实现“最多跑一次”。筹划建设工业区政务服务中心,更好地服务项目建设。主动融入“一带一路”建设,全面对接粤港澳大湾区、海南自贸区建设,积极承接发达地区产业转移。充分发挥铁山港(临海)工业区的载体作用,积极推进“广西统一战线双百双创服务基地”建设,深化拓展与铁山东港产业园、玉林龙潭产业园的协同互动,构建更加有效的区域协同合作新机制。配合办好北海南珠节暨北海国际珍珠展,进一步弘扬南珠美誉和铁山港区影响力。

(七)保障改善民生,繁荣社会事业,不断增进人民福祉

加快提升更高质量的社会保障和公共服务。坚持以人民为中心的发展思想,将更多财力向民生倾斜,不断满足人民日益增长的美好生活需要,让发展更有温度,幸福更有质感,小康更有内涵。加强就业和社会保障机制。落实更加积极的就业政策,加强职业技能培训和创业指导,力争县区级就业创业公共实训基地和区就业社保服务中心项目年内开工建设,建成营盘镇就业社保服务中心新建项目,搭建企业和求职者互动平台;建立更加完善的社会保障体系,加快社会救助工作信息化建设步伐,努力实现城乡居民养老保险、医疗保险全覆盖。加快提升教育质量。加大教育投入,进一步改善小规模学校办学条件。以实施童子功“1+N”为着力点,推进全区“三大活动”特色教育,推进学区制改革,依托北师大实施基础教育质量提升工程,推动教育优质均衡发展。着力提升医疗卫生水平。继续深化乡镇卫生计生改革,促进卫生计生事业融合发展;不断提升基层卫生服务能力,提高家庭医生签约服务质量,加快推进铁山港区中医院、疾控中心、营盘卫生院公卫楼等项目建设。持续加强乡村文化服务设施建设。继续抓好村级公共服务中心的建设,充分发挥公共服务中心功能,着力满足群众日益增长的精神文化需求。

全力实施更贴近民生的惠民实事。改善民生要让人民群众看得见、摸得着,实实在在增强获得感。我们将继续坚持以民为本,千方百计为群众办实事、办好事。人民对美好生活的向往就是我们的奋斗目标,政府的一切工作都要围绕人民、服务人民、造福人民。我们将继续把80%以上的财力用于民生领域,全力保障和改善民生,建设南康中学学生食堂、铁山港妇女儿童中心、村屯硬底化道路和便民候车亭等一大批惠民项目,让百姓分享更多发展“红利”。

切实加强更有力的社会治理。落实法治建设任务,开展普法宣传教育,加强重点民生领域、产业领域安全监管,构建共建共治共享社会治理新格局。大力推进平安铁山港建设,进一步健全社会治安防控体系,深入开展“扫黑除恶”专项行动,继续推进“天眼”“地网”建设,构建城乡一体、“视频+物联网”数字化安全防控体系,积极回应群众对高品质公共服务的新需求,努力营造良好的治安环境。严格落实安全生产责任制,加强重点行业领域的隐患排查与突出问题治理,坚决遏制重特大安全事故发生。畅通信访诉求渠道,有效化解各类社会矛盾,及时回应和办理群众诉求事项,全力维护群众合法权益。继续推进广西食品安全示范城市创建工作,加快推进信用体系建设,全面实行食品药品风险评级下的日常监管全覆盖。持续推进宗教工作“三访三通”工程,坚决抵御境外宗教渗透和防范邪教危害,建设和谐稳定的宗教环境。

三、加强自身建设,展现责任政府新作为

新时代新任务,对政府工作提出了新的更高要求。我们将坚持不懈加强政府自身建设,以民之所盼为施政所向,依法行政、从严治政、高效施政、廉洁从政,努力建设为民、务实、清廉的责任政府。

一是在依法治区中奋勇前行。牢固树立依法行政意识,健全依法、科学、民主决策机制,把政府工作全面纳入法治轨道,坚持法定职责必须为,法无授权不可为。加强执法队伍建设,提高执法水平,畅通行政复议渠道,抓好行政应诉。全面推进政务公开、政府信息公开,提高政府工作透明度,让权力在阳光下运行。认真办理人大代表建议、政协委员提案和人民群众来信来访,主动接受人大法律监督、政协民主监督和社会监督。及时回应社会关切,不断提升政府的公信力和凝聚力,自觉提升依法行政的能力,向着新时代新征程奋勇前行。

二是在担当实干中开拓进取。践行“三坚持两改变”,大力倡导主动作为、担当实干的工作作风。坚持把抓好落实作为提高执行力的主要抓手,着力整治不作为、慢作为、担当不够、落实不力、推诿扯皮、慵懒散漫等作风顽疾,对不作为慢作为懒作为的干部,坚决动真碰硬、追责问责。引导激励干部在项目建设、招商引资和征地搬迁一线主动作为、建功立业。善于在工作中找不足、补短板,紧紧抓住瓶颈性、关键性问题,在攻坚克难上狠下功夫、在急难险重前敢于碰硬,力争把每一项工作做实,将每一个难题攻克。坚持把人民群众对美好生活的需要放在第一位,善谋安民之道、多办利民之事,以实干实绩赢得人民群众更大信任和支持。

三是在廉洁从政中行稳致远。牢固树立法治思维,坚决把纪律和规矩挺在前面。持续推进“两学一做”学习教育常态化制度化,深入开展“不忘初心、牢记使命”主题教育活动。全面落实从严治党和党风廉政建设责任制,认真贯彻中央八项规定精神,持续整治“四风”问题。切实强化行政监督和审计监督,加强对财政预算、工程招投标、政府采购、扶贫资金使用等重点岗位和关键环节的监管,以“零容忍”的态度严肃查处违纪违规行为,肃清发生在百姓身边的“微腐败”,确保干部清正、政府清廉。

百舸争流,破浪者领航;千帆竞发,奋勇者当先。新时代要有新气象,新一年要有新作为!让我们高举习近平新时代中国特色社会主义思想伟大旗帜,在区委的坚强领导下,以坚如磐石的信心、只争朝夕的劲头、坚韧不拔的毅力,开拓奋进,担当作为,努力开创铁山港区经济社会发展新局面,以优异成绩迎接新中国成立70周年!

名词解释:

一次性告知:是指依照行政许可法的有关规定,行政许可机关向申请人提供法律、法规、规章规定的行政许可的相关事项、依据、条件、数量、程序、期限以及需要提交的全部材料等事项。

最多跑一次:是指群众和企业到政府办理行政权力和公共服务等事项,在申请材料齐全、符合法定受理条件时能够“最多跑一次”办结。

一次不用跑:政务服务线上办理,一次不用跑即可办结。

“容缺后补”机制:是指允许某些审核材料在规定时间内暂时缺少,实行非主审要件缺项受理和审批。

“一站式”服务:即让群众享受一步到位的便捷服务,不再东奔西走,节省时间,提高效率。

“雨露计划”:是一项由扶贫部门通过资助、引导农村贫困户初中、高中毕业生和青壮年劳动力接受学历教育和技能培训,提高扶贫对象的素质,增强就业创业能力,实现脱贫致富的扶贫培训计划。

“四合一”核验:是指设区市党委和政府扶贫开发工作成效考核、贫困县党委和政府扶贫开发工作成效考核、非贫困县党委和政府扶贫开发工作成效考核、扶贫对象脱贫摘帽实地核查。

河长制:由市、县、乡镇各级党政主要负责人担任辖内河湖水域的“河长”,负责组织领导属地内河湖的管理和保护治理工作。

“放管服”改革:放管服,就是简政放权、放管结合、优化服务的简称。“放”即简政放权,降低准入门槛。“管”即公正监管,促进公平竞争。“服”即高效服务,营造便利环境。

农事网通:涉及农村的行政审批事项全部在网上办理,是深入推进行政审批制度改革的重要举措。

阳光红页:涉及群众切实利益的惠民政策及落地情况全部在网上公开,与“农事网通”相辅相成,是深入推进行政审批制度改革的重要举措。

"354560"改革:企业开办手续3个工作日内完成,不动产登记5个工作日内完成,园区企业投资项目施工许可45个工作日内完成,企业投资项目施工许可60个工作日内完成。

"双随机"监管工作:就是随机确定检查对象、随机确定检查人员。随机不是随意,而是有规则的。前提是先要建立市场主体和执法检查人员两个名录库,再通过摇号等方式,从市场主体名录库中随机抽取检查对象,从执法检查人员名录库中随机选派执法检查人员。

乡镇"四所合一":将乡镇国土资源、村镇规划建设和环境卫生、环境保护、安全生产监管等机构和职能整合为一个机构。

童子功"1+N":让每一个青少年学生学习掌握1至N门终身受用的技能和特长,促进全市青少年学生全面健康发展。

"三级联调"矛盾纠纷化解机制:是区、镇、村(社区)三级联合调解矛盾纠纷的制度。

"三大定位"新使命:构建面向东盟的国际大通道、打造西南中南地区开放发展新的战略支点、形成21世纪海上丝绸之路和丝绸之路经济带有机衔接的重要门户。

"五个扎实"新要求:即扎实推动经济持续健康发展,扎实推进现代特色农业建设,扎实推进民生建设和脱贫攻坚,扎实推进生态环境保护建设,扎实建设坚强有力的领导班子。

诚德公司"填平补齐优化结构"项目:诚德公司对现有生产线进行技术改造,填平工艺和产能短板、补齐环保设备、优化生产线结构。

"一事通办"改革:依托政务服务"一张网",优化再造办事流程,创新服务模式,力争让办事群众"进一扇门""跑一次腿"就能办成"一件事情"。

"互联网+政务服务":指的是利用互联网,实现政府部门间数据共享,群众可以通过网络平台完成办理事项,都可通过一体化政务服务平台享受到网上预约、网上申请、网上查询、咨询投诉等相关服务,真正实现政务服务"一网通办"。

"十百千"三年跨越发展工程:为了加快脱贫攻坚步伐,区委、区政府计划用三年时间,每年支持10个村(社区)发展村级集体经济,每个村(社区)扶持资金100万元左右,每年共计拿出1000万元扶持村级发展集体经济,力争使全区三年内实现村级集体经济跨越发展目标。

两不愁、三保障:不愁吃、不愁穿,义务教育、基本医疗、住房安全有保障。

八有一超:指贫困户脱贫摘帽标准,即有收入来源、有住房保障、有基本医疗保障、有义务教育保障、有路通村屯、有饮用水、有电用、有电视看,家庭当年人均纯收入超过国家现行扶贫标准。

十一有一低于:指贫困村脱贫摘帽标准,即有特色产业、有住房保障、有基本医疗保障、有义务教育保障、有路通村屯、有饮用水、有电用、有公共服务设施、有电视看、有村集体经济收入、有好的"两委"班子,贫困发生率低于3%。

宗教工作"三访三通"工程:走访宗教场所、走访民间信仰场所、走访信教群众和畅通乡村宗教信息渠道、畅通"三级网络"机制、畅通应急协作机制。

三坚持两改变:坚持让亲力亲为实干成事成为北海的工作文化,坚持让时时刻刻紧锣密鼓成为北海的工作精神,坚持让不断线不拖延不推诿问不倒成为北海的工作作风,改变官腔习惯,改变辩解习惯。

中国人民政治协商会议
北海市铁山港区委员会常务委员会工作报告

——在政协第四届铁山港区委员会第四次会议上

北海市铁山港区政协主席　彭岳军

（2019 年 2 月 25 日）

一、2018 年工作回顾

2018 年，在区委的正确领导下，区政协坚持以中共十九大精神为引领，牢牢把握团结和民主两大主题，始终保持与区委在思想上同心，目标上同向，工作上同步，自觉融入大局，找准政协定位，发挥职能作用，主动作为，履职尽责，完成了全年工作任务。

（一）坚持旗帜引领方向，着力提高政治站位

一年来，区政协深刻认识新形势、新常态、新要求，多种措施凝聚共识，筑牢共同思想政治基础，提升班子政治站位，确保政协工作始终沿着正确的政治方向前进。

打牢共同思想政治基础。坚持以思想政治建设为统领，认真学习贯彻落实习近平新时代中国特色社会主义思想，牢固树立“四个意识”，坚定“四个自信”，落实“两个维护”，更加自觉地坚持中国共产党的领导，更加坚定地贯彻执行中央各项决策部署，自觉引导参加政协各民主党派、各界人士不断增强对中国共产党和中国特色社会主义的政治认同、思想认同、理论认同和情感认同。正确理解认识人民政协的职能定位，组织发动委员围绕中心，服务大局，积极投身港区改革发展稳定大局。发挥政协组织优势，团结社会各种力量，广泛凝聚改革发展正能量，推动港区经济社会不断发展。

严格中心组学习制度。以理论学习为根本，组织好区政协党组中心组学习，主席会、常委会的理论学习和委员专题培训，集中学习党的十九大精神，学习习近平新时代中国特色社会主义思想，坚持理论结合实际，切实提高运用党的基本理论解决实际问题的能力。落实“三会一课”制度，组织党员干部学习党的最新理论成果，强化干部素质，提高党性修养和执政能力。增强党员干部的政治自觉、思想自觉和行动自觉，使党员干部真正入脑入心，做到政治信仰不变色、政治立场不动摇、政治方向不偏移。

强化党对政协工作的全面领导。坚持把政协工作置于党委统一领导之中，重要决策及时向区委请示，重要工作及时向区委汇报，每年重点调研课题报区委常委会审定，重点协商计划报书记审定，坚持每半年向书记专门汇报一次工作，每年专题向区委常委会报告工作。使区委能及时了解掌握政协的工作动态、党员干部的精神状态和委员的履职情况。认真贯彻落实中共中央办公厅《关于加强新时代人民政协党的建设工作的若干意见》和自治区党委办公厅的有关实施意见，完善党组议事规则，加强党支部建设，加强党员教育管理，坚持把党对政协工作的全面领导落实到位。

（二）坚持改革创新，致力提升履职能力

坚持以改革创新精神推进履职能力建设，不断拓展履职平台，完善工作机制，推进工作创新，政协整体履职水平和能力不断提高。

打造汇集民意新机制。按照推动协商民主广泛、多层、制度化发展的要求，创新社情民意工作机制，打造集聚社情民意的新载体，拓宽委员履职渠道。创建了南康社区、营盘烟花厂、兴港恒久码头三个社情民意信息联系点，专门就现代农业发展和特色小镇建设、非公经济发展、现代海水养殖产业等方面了解情况，交流信息，更好地为铁山港区经济社会发展服务。2018 年，区政协上报社情民意信息 33 件，其中 15 件被市直有关部门采纳并反馈，稿件数、采用率在市政协系统 25 个单位中位列第三，在县区政协中排名第一，被市政协评为全市社情民意信息先进单位，两位委员被评为全市先进个人。

探索走访民情新思路。把以人民为中心的发展理念贯穿政协履职全过程，充分尊重和发挥人民群众的主体地位，鼓励委员自觉深入基层一线，制定《政协北海市铁山港区委员会开展“委员走访日”活动工作方案》，区政协班子成员、常委及委员主动下基层一线联系委员和群众，了解委员履职、工作、生产、生活等情况，宣传党的政策，倾听群众呼声，积极协调解决存在的困难和问题，听取委员和群众对全区经济社会及民生发展等的意见和建议，走访群众 200 多户，协调企业发展、子女上学、拆迁补偿等群众诉求 40 余件。主动听取群众的呼声，广泛征集社会各界意见建议，把人民群众的诉求和智慧转化为政协履职建言的宝贵财富，为政协履职注入不竭动力。

健全知情明政新平台。以适应政协“新时代、新要求、新使命”要求，打造一支“懂政协、会协商、善议政”委员队伍为目标，积极畅通渠道、搭建平台，为政协委员知情明政创造条件。通过学习培训、调研视察、政情通报、会议知情、新媒体联系五大平台建设，对委员开展国际国内形势、党和国家大政方针等方面内容的学习培训，深入学习把握习近平总书记系列重要讲话精神和治国理政的新理念新思想新战略，充分利用互联网新媒体，让委员及时高效地认识形势、领会要求、交流思想，引导和促进委员着眼改革发展全局，围绕党政所需、群众所盼、政协所能的热点等重要问题，提高协商议政的能力和水平，真正做到建诤言、献良策、出实招。

创建履职管理新制度。加强委员管理，对全体委员履行职责主要表现进行收集、汇总，并在适当范围通报公示，制定委员履职情况通报实施办法，将委员们在写提案、论文、社情民意信息，参加学习培训、调研视察、民意测评等 12 项履行职责活动纳入通报范围，一年通报 2 次。既加强对委员的管理考核，又促进了全体委员自觉履行各项职责，主动投身发展大局，深入基层一线，积极为全区的社会经济发展建言献策作出贡献。

（三）坚持聚焦中心大局，积极主动参政议政

充分发挥政协组织优势和委员主体作用，集中力量议大事、抓重点、促实效，为推进区委、区政府重大决策实施献计出力。

协调推进村级集体经济发展。积极配合组织部门全力推动全区村级集体经济的发展，协助镇、村（社区）抓住乡村振兴和发展壮大集体经济有利机遇，围绕南珠新城和南康特色小镇建设、现代农业、乡村旅游等，整合资源，多渠道发展壮大集体经济。2018 年，全区有 42 个村（社区）集体经济收入达到 5 万元以上，其中 10 万元以上的村（社区）有 9 个。

深入开展精准扶贫活动。政协党组统筹推进本单位的扶贫工作，指导、督促干部开展精准扶贫，严格按照上级要求完成各项工作，在经费上予以大力支持。政协机关干部认真按照扶贫办的要求，进村入户走访宣传政策，开展帮扶工作，对照考核指标整理完善扶贫资料，为贫困户办实事做好事，解决实际困难。2018 年投入扶持资金 17 万多元，帮助挂点村修建道路、完善文化设施，帮扶贫困户发展种植业、养殖业等扶贫产业项目，帮助 5 户 22 人脱贫，扶贫攻坚工作稳步推进。

认真参与巡查调研工作。区政协班子领导按照区委部署要求，带领调研组分别到挂点村认真开展扶贫领域腐败和作风问题专项治理巡查调研工作。通过召开座谈会、现场查阅工作台账、帮扶手册、实地走访贫困户，了解扶贫资金、政策落实和脱贫致富有关问题情况。并就巡查调研情况形成报告报区委，提出具体的整改意见，为区委进一步加强扶贫领域腐败和作风问题专项治理工作提供决策参考。

积极开展专项议政。政协选派政协委员 60 多人次参加全区各类民主监督活动，选派委员列席区政府常务会议，参与廉租房分配抽签仪式、巡查调研、旁听案件审理、司法宣传、社会治安满意度测评等监督活动。组织委员 120 多人次参与组织部门满意度测评、绩效考评社会评价测评等民主评议检查活动。组织委员 40 多人次对党政部门的班子建设、党风廉政建设和落实主体责任建设等进行了评议，有力推动了党政部门工作的提升和机关工作作风的转变。

（四）坚持发挥主体优势，不断深化民主监督

紧扣民生实事和热点难点问题，构建以调研视察为先导，以提案督办为重点，以反映社情民意为常态的多层次民主监督新格局。

精准提案助推民生改善。坚持把提案工作作为全局性工作来抓，严格立案审查，坚持和完善重点提案区委、区政府、区政协领导领衔督办制度，创新开展提案办理民主测评、民主评议以及优秀提案和承办提案先进单位评选表彰工作机制，使政协提案和提案办理质量提升。如何开辉、李子忠委员提出的加强铁山港区乡村公路管理与养护的提案中，区交通部门高度重视，严格按市、区财政 6∶4 比例分摊资金投入到农村公路养护中去，围绕“四好农村公路”，实行“村负责、镇主管、区考核”的管理办法，逐步实现农村公路“规范化、专业化、机械化”的养护新机制。吴建华、谢庆先委员提出的《关于推进铁山港区义务教育均衡发展的建议》提案，区政府千方百计保障教育投入，将我区农村税费改革转移支付的 66.7% 用于教育，投入义务教育均衡发展资金达到 1.25 亿元，2018 年还投入了 3000 多万元完成了自治区督导评估意见的整改任务，提前三年完成义务教育均衡发展国家级评估验收，成为全市第一个通过自治区和国家义务教育均衡发展督导评估县（区）。区政协四届三次会议以来，委员提出提案 60 件，立案 57 件，答复率 100%，满意率 100%。

信息反映解决民生诉求。制定政协社情民意信息评选表彰办法和社情民意联系点实施方案，将反映社情民意信息情况纳入委员日常履职管理。把人民群众的呼声转化为党委政府决策的重要依据，协助区委区政府多谋民生之利，多解民生之忧，发挥好人民群众在政协民主监督的作用，共向区委、区政府和市政协报送社情民意信息 33 篇。其中委员反映的《城市养狗亟待规范》和《北海市城市建成区应禁止燃放烟花爆竹》被市有关部门采纳并反馈，推动北海市养犬管理专项整治活动方案以及全市烟花爆竹禁放区范围划分规定的出台。

调研视察助力科学决策。重点组织开展了加强南康江水环境治理、果蔬产品安全、农村农民建房情况、征地搬迁工作等 4 项专题调研，采用实地查看、座谈讨论、调查问卷等方法，提出有价值的建议，形成 4 篇调研报告，为区委、区政府的科学决策、民主决策提供依据和参考。同时，配合北海市政协及兄弟县（市）区政协南向通道建设、北部湾港口资源整合等问题开展了广泛调研，为进一步促进全区南珠文化与旅游产业融合发展，主动融入“一带一路”建设，打造南珠新城提供有力支持。

（五）坚持高标准严要求，努力加强自身建设

坚持以改革创新精神加强自身建设，积极探索加强自身建设的新载体、新途径和新方法，不断提高履职能力和水平。

加强政协机关建设。坚持高标准、严要求，推进机关“两学一做”学习教育常态化制度化，抓好专题党课、专题研讨、专题民主生活会和巡视整改落实四个环节，强化责任意识，落实从严治党主体责任，坚持把党风廉政建设放在突出位置来对待，抓好全面从严治党“两个责任”不力问题、贯彻落实中央八项规定精神自查自纠工作，开展形式主义、官僚主义专项整治工作，落实“政治建设六项重点任务”专项监督检查，不断强化党员干部规矩和纪律意识，内强素质，外树形象，不断推动政协事业向前发展。

突出委员履职能力建设。注重委员的政治意识、履职能力和政协理论水平的提升，让委员准确把握政协性质定位，不断加深对人民政协理论的认识和理解，切实做到懂政协、会协商、善议政。2018年先后在成都村政学院和北海市委党校举办全区政协委员履职能力提升专题研修班。委派委员参加市级以上政协系统举办的业务培训班7期，参加党委系统组织的理论知识培训班25期，为委员们适应新形势、新任务、新要求，更好地履行政协职责打下了坚实的基础。深入探索和研究习近平总书记关于加强和改进人民政协工作的重要思想理论，积极撰写上报7篇理论文章，其中《把促进民生改善作为人民政协工作着力点》等6篇论文入选北海市政协编纂的《加强和改进人民政协工作重要思想论文集》《借鉴优秀传统文化，加强政协履职能力建设》论文在北海市政协召开的理论研讨会上作了发言交流，入选率位列一县三区政协之首。

推进履职制度建设。制定《铁山港区政协委员履职情况通报实施办法》《铁山港区政协社情民意信息评选表彰办法》《铁山港区政协开展“委员走访日活动”工作方案》，完善党组议事规则、党支部学习制度以及干部管理等一系列工作制度，形成委员履职工作制度体系，明确委员权利、义务，规范委员履职程序，为委员知情明政、高效履职提供有力制度保障，进一步提升政协工作制度化、规范化、程序化水平。

各位委员，过去一年所取得的成绩，是区委正确领导的结果，是区政府鼎力支持的结果，是政协各参加单位和全体委员共同努力的结果。在此，我谨代表区政协常委会向支持、关心政协工作的各位领导、各位同志、各位朋友表示衷心的感谢！

在回顾总结过去一年政协工作取得成绩的同时，我们也清醒地认识到，我们的工作与区委的要求、群众的期望还有差距，比如调研视察的渠道和形式比较单一；政协委员联络和激励制度较为薄弱；联系服务群众的方式方法需不断改进等问题。这些问题需要我们在今后的工作中努力改进解决。

二、2019年工作安排

2019年是新中国成立70周年，也是人民政协成立70周年，是决胜全面建成小康社会的关键之年，立足新时代新使命做好政协工作意义重大。在新的一年，区政协将在区委的坚强领导下，坚持以党的建设为统领，认真履行政治协商、民主监督、参政议政职能，着力做好思想引导、协调关系、汇聚力量、议政建言、服务大局的各项工作，以优异成绩向建国70周年和人民政协成立70周年献礼！

（一）夯实思想政治基础

牢固确立“学习引领方向、履职贡献力量、创新提升形象”的履职理念，深入学习贯彻习近平新时代中国特色社会主义思想，学习《中国共产党党章》《中华人民共和国宪法》，学习党纪法规，学习《政协章程》和政协知识，坚决做到“两个维护”，进一步增强“四个意识”，坚定“四个自信”，做到思想上高度信赖、政治上坚决维护、组织上自觉服从、感情上深刻认同，始终与党同心、与党同向、与党同为。切实把人民政协履职成果落实到围绕中心、服务大局、助力民生的实践中，确保人民政协事业始终在党的绝对领导下健康推进，努力使习近平总书记对政协工作的新思想新论断新要求在政协实践中落地生根，奋力开创我区政协工作新局面。

（二）紧扣改革发展协商议政

按照“党政所需、群众所盼、政协所能”要求，坚持把全局工作的重点、经济工作的难点、广大群众关注的热点作为参政议政的根本取向。认真贯彻落实市委和区委重大决策部署，组织实施年度协商计划，扎实深入搞好调查研究，继续提高提案、调研报告等协商议政质量，进一步增强政治协商的实效和成果。围绕以城促产、以产兴港、港产城联动，打造产城一体、城乡融合、宜居宜业宜游南珠新城的目标定位，组织委员就加快推动港区高质量发展协商建言，提出有针对性的意见建议。

（三）围绕中心推进民主监督

聚焦全区中心工作，围绕团结和民主两大主题，建立健全协商成果落实、反馈机制，推动协商成果转化与运用。完善协商议政内容和形式，把协商民主贯穿政治协商、民主监督、参政议政全过程，着力增进共识、促进团结。积极开展经济发展、精准扶贫政策落实、重大改革举措落地、环境保护、公共基础设施建设和改善等方面的协商议政。围绕区委五届四次全会的决策部署，积极开展有针对性、实效性的民主监督，党委抓什么，政协就配合监督什么。探索开展民主监督的有效形式，讲真话、进诤言、出实招、谋良策，切实提高监督实效。

（四）积极关注民生领域福祉

广开为民言路。准确把握人民群众多方面、多样化、多变化、多层次的需求，继续深入基层访民情听民意，做到情况到群众中了解、感情在相处中融洽、效果在发展中体现。围绕民生民本问题，通过调研、视察、提案、反映社情民意信息等方式，助力破解民生领域的热点难点问题。多渠道搭建民主党派、工商联和无党派人士参政议政平台，支持其参与党委政府重大决策部署的协商讨论、调研视察和民主监督等重要活动。积极协助党委政府做好协调关系、理顺情绪、化解矛盾的工作，引导群众支持区委、区政府决策部署，为全区经济社会发展汇集民智民力。持续关注精准脱贫工作，组织委员开展助贫、助学、助业等精准帮扶活动，努力为贫困群众办实事、办好事、办成事。

（五）加强政协自身建设

认真落实党风廉政建设责任制，规范党内政治生活，切实加强党内监督，把全面从严治党纵深推进。更加突出委员的主体作用，加强对委员的服务管理和培训，进一步提升委员“懂政协、会协商、善监督”的能力，做新时代有定力、有情怀、有担当、有作为的“四有”政协人。

新时代凝聚新共识，新使命开启新征程。让我们在区委的坚强领导下，紧紧围绕全区工作大局，以更加昂扬的精神状态、更加务实的工作作风、更加严谨的履职态度，不忘初心，牢记使命，携手新时代，贯彻新理念，聚焦新目标，落实新部署，为不断开创人民政协事业新局面，加快推进南珠新城开发建设、加速产港城融合发展而努力奋斗！

关于北海市铁山港区2018年国民经济和社会发展计划执行情况与2019年国民经济和社会发展计划草案的报告

——2019年2月26日在铁山港区第五届人民代表大会第四次会议上

北海市铁山港区发展和改革局

一、2018年国民经济和社会发展计划执行情况

2018年，面对错综复杂的国内外经济形势，在区委、区政府的坚持领导下，在区人大和区政协的大力支持和监督下，全区深入贯彻习近平新时代中国特色社会主义思想和党的十九大精神，全面落实中央、自治区和北海市的各项决策部署，紧紧围绕年初确定的目标任务，坚持高质量发展要求，不断优化营商环境，全力抓招商抓项目强产业，加快发展向海经济，推进稳增长、促改革、调结构、惠民生、防风险各项工作，经济社会保持平稳健康发展势头。

（一）经济实力稳步提升，发展质量持续向好

据统计，2018年全区实现地区生产总值367.45亿元，同比增长3.5%，三次产业增加值分别为32.49亿元、305.75亿元、29.21亿元，分别同比增长6.8%、2.3%、8.4%；规模以上工业总产值1040.82亿元、同比增长14.68%，总量占全市的53.86%；辖区内税收129.77亿元、同比增长5.45%，占全市的64.34%；财政收入45.61亿元，同比增长20.62%，税收收入44.77亿元，占财政收入的比重达98.16%，发展质量稳中向好；农村居民人均可支配收入14651元、同比增长10.1%，城镇居民人均可支配收入33252元、同比增长6.4%。

（二）营商环境明显改善，招商引资有新成效

深入贯彻自治区、北海市优化营商环境部署，对营商环境十四项指标逐项对标全国先进标准，简化审批流程，缩短审批时限，降低企业办事成本。推进企业登记全程电子化，压缩企业开办时间，工商登记一个工作日办结。推行“农事网通”“阳光红页”“354560”改革，成立审批办和项目帮办中心，对投资项目实行全程帮办服务。推进网上办事互联互通，年度网上办理比例达88.89%；实行“最多跑一次”“容缺后补”机制，“最多跑一次”事项比例达98.41%。开展“作风建设年”活动，全面治理推诿扯皮、故意刁难等现象。建立领导干部联系企业制度和优化营商环境一对一服务企业责任制，切实为企业解决审批、用地、用工问题。两个月完成了拆通进港铁路“最后一公里”的任务，得到自治区政府领导的肯定和红榜表扬。加强政企银合作，推动诚钢矿业在新三板上市，成为园区首家股票挂牌企业。深入实施“投资促进年”活动，积极开展招商活动，策划举办南珠新城、台湾农渔业、石化产业等招商推介会3场次。全年“走出去”招商41批次，接洽客商259批次，引进项目34个，投资总额230亿元；全口径实际利用外资2.5亿美元，同比增长56%。

（三）项目建设扎实推进，投资保持快速增长

完善重大项目策划与推进工作机制，形成“1+8”工作组，进一步加强项目组织协调，确保项目按计划推进。2018年铁山港区辖区内的市重点项目共95个，其中区本级和铁管委作为牵头责任单位推进的项目共73个，计划总投资724.63亿元。截至去年12月底，项目总体上按计划推进。

北海市下达项目年度投资目标任务为21.24亿元，实际完成投资21.6亿元，完成率101.7%；开工任务15个，实现开工13个，开工率为86.7%；竣工任务8个，实现竣工7个，竣工率为87.5%；前期工作任务18个，均按目标任务完成。结合当前重点领域、重点行业发展，加强项目谋划储备，提升项目库质量。谋划自治区三年滚动计划(2018—2020年)建设项目29个，总投资1003.6亿元，增强投资增长后劲。在项目投资支撑下，我区固定资产投资保持快速增长，全区增长21.67%。其中工业区增长24.22%，区本级增长12.63%。

专栏1　2018年中央预算内投资项目情况

2018年我区中央预算内投资项目包含农村人饮及海防路等项目，下达计划总投资654万元，均全部为中央预算内资金。已全部开工建设，开工率100%，中央预算内资金到位率100%，中央预算内资金支付率为82%。

专栏2　2018年自治区层面统筹推进重大项目情况

2018年作为铁山港区统筹自治区层面推进重大项目6个(含增补)，总投资131.07亿元，年度计划投资10.48亿元。其中：

(1)实现开工2项。汽车前挡夹层玻璃及超白超厚超薄优质浮法玻璃等2个项目实现开工。

(2)实现竣工2项。150万吨/年S—Zorb催化汽油吸附脱硫装置项目、北部湾表面处理中心项目2个项目实现竣工。

(3)铁山港航道三期、润华仓储物流及配套码头等2个续建项目加快推进。

(4)全年完成投资16.69亿元，完成年度目标任务的159.3%。

专栏3　2018年北海市“四定”重点项目情况(铁山港区部分)

2018年铁山港区辖区内的市“四定”重点项目共95个。其中区本级和铁管委作为牵头责任单位推进的项目共73个，计划总投资724.63亿元。其中：新开工项目15个，续建项目20个，前期项目18个。全年累计完成投资23.66亿元。

(1)农林水项目6个。北海市铁山港区农村集体经济发展、北海市铁山港区深水抗风浪网箱建设2个项目实现年初开工、年底完工；北海铁山港区儒春田园综合体项目、铁山港区山羊养殖项目等4个项目按计划推进。

(2)工业能源项目34个。北部湾表面处理中心、诚德新材料填平补齐技改、150万吨/年S-Zorb催化汽油吸附脱硫装置3个项目完工；汽车前挡夹层玻璃及超白超厚超薄优质浮法玻璃、铁山港临港新材料产业园(启动区)基础设施配套、15万吨/年碳四深加工扩能改造、集中供热广西宏大—诚德冷轧支线工程4个项目开工建设；广西南洋修造船厂技改项目一期、广西北部湾铁山港区天然气利用项目等5个项目建设顺利推进；新材料填平补齐精品项目、广西北部湾铁山港区物流服务中心等一批项目前期工作加快推进。

(3)交通基础设施项目7个。南康至石头埠(大树岭至赤江段)公路改建工程项目完工；北海港铁山港区航道三期工程等项目建设顺利推进。

(4)市政及园区基础设施项目8个。北海市铁山港区污水处理工程(厂区)提标改造工程项目完工；铁山港(临海)工业区九号路支线(铁山港大道至南洋修造船厂段)、铁山港生活污水管网等项目开工建设；铁山港经四路延长线(和润配套道路)、铁山港区经四路(一期)等续建项目建设顺利推进；北海东城区管道项目等项目前期工作加快推进。

(5)社会事业项目12个。北海市铁山港区营盘镇卫生院公共卫生服务楼、北海市公安局兴港派出所业务用房、北海市公安局铁山港分局执法管理中心3个项目开工建设；铁山港区中学学生食堂等3个续建项目建设顺利推进；北海市铁山港区临海工业园区人民医院、铁山港区中医院等项目前期工作加快推进。

(6)旅游商贸项目6个。南康特色小镇、夏塘高村乡村旅游区、北海大王岭滨海养生旅游度假区等项目建设顺利推进。

(四)向海经济加快发展，产业基础不断夯实

临港产业不断壮大。制定石化、临港新材料产业“强龙头、补链条、聚集群”方案，编制石化、新材料、林纸“产业树”，推进石油化工、临港新材料、林纸、海洋装备制造、加工贸易、港航物流六大产园区建设。工业区规模以上工业总产值1034.73亿元,增长14.61%,进入广西千亿元园区行列;税收达123.6亿元。石油化工和临港新材料两大千亿元产业共实现产值940.19亿元、税收120.62亿元。其中临港新材料实现产值546.13亿元,同比增长15.2%;石油化工完成产值394.06亿元,同比增长15.4%。中石化北海炼化汽柴油质量全面提升到国Ⅵ标准,汽油产品达到国Ⅵ B,提前四年实现产品质量升级换代。S-Zorb催化汽油吸附脱硫装置项目投运,总投资9.6亿元的结构调整项目获批实施,北海LNG接收站气化外输天然气量突破10亿立方米,中航化项目竣工,石化产业链进一步延伸。诚德新材料填平补齐优化结构环保项目完成项目备案,新材料产业园启动区标准厂房及配套设施项目以及部分新材料产业招商签约项目抓紧推进。林纸产业全年实现产值21.76亿元,增长13.19%。

现代特色农业提质增效。积极落实各项农业农村政策,推动全区农业经济稳步发展,全区农业总产值49.95亿元,增长6.81%。实施示范区建设增点扩面提质升级三年行动,创建自治区级现代特色农业核心示范区1个、县级示范区4个、乡级示范园2个,村级示范点14个。大力培育新型农业经营主体,新增自治区级、市级龙头企业各1家,新型农业经营主体已达160家,其中农民专业合作社133家、家庭农场27家。积极创新现代农业模式,有序推进南康镇广西农业综合开发特色村镇试点项目、儒春田园综合体项目建设,建立桂台产业合作北海示范区铁山港示范园,引进高能水集约化生态养殖、香港喜记"蟹将军"工厂化养蟹、台湾黄金龙虾养殖等一批现代农渔业种养示范项目。大力发展向海富民产业,深海抗风浪网箱养殖面积超过35万平方米,发展为广西最大的网箱养殖基地和深海金鲳鱼养殖基地。整合投入资金2.2亿元创建自治区级示范区——南珠产业(核心)示范区,振兴南珠产业实现良好开局。南珠养殖面积达507公顷,完成插核1000多万贝,年总产量达588公斤。投入8856万元更新改造8艘钢质渔船,进一步提升外海远海捕捞作业能力,实现外海捕捞常态化。

现代服务业加速发展。交通运输业快速增长,全年完成客运量449万人次、客运周转量2.69亿人公里、货运量846万吨、货运周转量10.15亿吨公里,均实现两位数增长。港口物流业快速发展,实现港口吞吐量2604万吨、标准集中箱19.13万箱,分别同比增长18.51%、16.22%;外贸进口货物吞吐量893.45万吨,同比增长34.55%,创历史新高。城乡居民消费持续增长,社会消费品零售总额12.58亿元,同比增长10.2%。住宿餐饮业稳步发展,住宿业、餐饮业营业额分别完成0.38亿元、7.06亿元,分别同比增长7.2%、19.4%。农村电子商务覆盖率达85%;销售农海产品2323吨,网上代购4063笔。乡村旅游蓬勃发展。白龙珍珠城暨珍珠特色小镇项目招商工作有序推进,青山头乡村旅游区获评广西四星级乡村旅游区,高村百草园乡村旅游扶贫项目、营盘镇圆海梦星级农家乐、大王岭滨海养生旅游度假区建设持续推进。全年旅游接待89万人次、同比增长146.6%,旅游消费总额8.6亿元、同比增长112.59%。

(五)新城建设加快推进,生态建设效果显著

高标准推进新城建设。坚持以新发展理念和主体功能区理念编制完成《南珠新城—铁山港配套城区总体规划和城市设计》,完成《营盘镇总体规划》修编和《铁山港(临海)工业区向海大道综合服务组团概念性总体规划及控制性详细规划》编制。组织举办南珠新城—铁山港配套城区开发招商推介会,120家地产企业、金融机构、商会和其他类投资企业参会。开展南珠新城启动区土地收储,推进一期项目建设用地征收工作。与广西农垦集团初步达成了四号路片区内农垦土地(约62.8公顷)的联合开发方案和协议。行政中心区片区建设有序推进,三塘回建区建房130户,已入住100户400多人。南康特色小镇已完成方案策划、产业规划、核心区规划设计,正抓紧进行招商开发。

持续改善生态环境。深入开展污染防治攻坚战三年行动和水环境治理三年攻坚战,组织实施环保整治、环境提升、海岸湿地生态修复三大专项行动。全年空气质量优良率为96%，排名一县三区首位。近岸海水水质全部达到或者好于功能区水质要求，优良率为100%。启动建设铁山港区污水处理厂一级A提标改造以及南乐回建区、滨江回建区和公用码头收集管网项目。实施道路畅通、园林绿化和亮化等工业区环境形象“三大”提升工程，开展违法建设、道路环境、管线治理“三大”整治行动。高度重视中央环保督察组指出的问题并强力推进整改，责令诚德集团和瑞德公司妥善处理冶炼矿渣，制定可长期应用的矿渣处置方案。坚持整改、打击、问责“三管”齐下，严厉打击非法采矿和毁坏海河堤行为，行政立案7宗、刑事拘留8人、网上追逃4人，辖区内盗采行为基本得到遏制。投入600多万元对非法采坑进行生态修复，完成土地平整、恢复林草地、改造养殖水塘约174.42公顷。实施重点生态项目，开展村屯绿化提升和青山头旅游区主干道绿化提升，改善人居环境和旅游环境。

（六）乡村振兴全面实施，扶贫攻坚扎实推进

全面实施乡村振兴战略。投入1595万元扶持发展村级集体经济项目42个，实现村村有集体经济项目，全区村级集体经济收入全部超过5万元，其中超过50万元的村1个，超过30万元的村2个。持续开展城乡环境提升年活动和宜居乡村建设活动，大力实施基础便民建设，投入资金8145.3万元，建设村屯硬化道路91.59千米，完成农村危房改造93户、改厨3282户、改厕3142户，农村生活垃圾收转运市场化服务实现全覆盖，城乡风貌、市民素质不断提升。扎实推进农村饮水安全巩固提升工程、扶贫水利工程、南康江南康镇下游河段综合治理工程等水利项目建设。按计划推进三个乡土示范项目建设。有序推进脱贫攻坚各项工作。安排188万元扶持贫困对象1880户发展到户产业项目；安排332.5万元入股农民专业合作社发展资产性收益扶贫产业。发放小额信贷1072户5264万元，扶持贫困户发展产业。2018年全区预脱贫户294户1336人全部达到脱贫标准，顺利通过自治区“四合一”实地核查，真正实现了高质量脱贫。

（七）体制改革深入推进，开放合作持续提升

扎实推进供给侧结构性改革，持续推动“放管服”改革，深化行政审批制度改革、商事制度改革，推行工商登记1个工作日办结制度和营业执照、网上登记全程电子化。深化财税体制改革，北海市铁山港区税务局正式挂牌，进一步理顺了统一税制和分级财政的关系。全面启动区人民医院和妇幼保健院城市公立医院综合改革。启动企事业单位公务用车改革。加快推进农村土地确权工作，完成确权数据入库25796户，颁证24571户，颁证率95.25%。积极对接粤港澳大湾区和国际陆海贸易新通道，统筹推进海、陆综合交通网络建设，铁山港1号—4号泊位铁路专用线开工，铁山港至石头埠铁路支线、铁山港至啄罗铁路支线项目前期工作加快推进。扎实推进铁山港西港区北暮作业区5号—6号泊位工程后方陆域堆场、铁山港码头7号—8号泊位、航道三期项目等项目。北海LNG接收站正式通过广西天然气管道向中石油中缅线输气，广西液化天然气项目二期扩建工程获自治区发展改革委核准。配合市里推进开放合作平台建设，口岸环境持续优化，通关效率不断提高。全年完成外贸进出口总额70.65亿元，同比增长16.91%。其中进口68.24亿元，同比增长16.46%；出口2.42亿元，同比增长31.07%。全口径实际利用外资2.5亿美元，同比增长56.25%。

（八）社会事业全面发展，民生保障持续改善

社会事业全面发展。推动教育由基本均衡向优质均衡发展，投入2205万元改善义务教育薄弱学校基本办学条件，积极做好中小学校建设“三三零”工程启动实施准备工作。科技发展取得新突破，北海诚德镍业成功培育为专利密集型企业，全区完成专利拥有量78件、发明专利10件和科技成果转化1项，有力推动创新驱动发展和经济转型升级。文体广电设施进一步建设完善。建成投用5个村级标准篮球场，建成2个村级公共服务中心，开工建设兴港镇斑鸠埇村级公共服务中心。完成1160套广播电视直播卫星户户通工程建设。深入开展文化惠民活动，全年文化下乡惠民演出30场，农村电影放映456场，送地方戏下乡8场。卫生事业进一步发展，营盘卫生院公卫楼动工建设，铁山港（临海）工业园区人民医院、区中医院、区疾控中心等项目前期工作加快推进。家庭医生贫困户签约率100%、重点人群签约率71.75%。全区人均基本公共卫生服务经费标准提至50元，服务项目由12大类增加到14大类。

民生保障持续改善。持续加大民生领域投入，全年民生支出达7.67亿元，占财政总支出的82.15%。城乡居民养老保险参保率95%，机关事业单位养老保险在职参保人数参保率100%，城乡居民医疗保险完成目标任务参保率103%，医保报销范围扩大。城乡低保、特困供养人员等救助标准持续提高，城市和农村低保人均月补助标准分别达375元和205元，城乡特困供养人员每人每月分别达930元和520元。创业、就业体系不断完善，新建营盘镇基层就业社保综合服务中心，完成4个基层就业社保服务中心能力提升建设项目和37个村级综合服务中心建设，区级就业创业公共实训基地项目抓紧推进前期工作。依托临海工业区促进劳动力转移就业，全年城镇新增就业1008人，农村劳动力新增转移就业1370人，城镇登记失业率2.93%，超额完成任务。

社会治理不断加强。深入开展“七五”普法教育，推进法治政府建设。扎实推进平安建设，完善社会治安防控体系，平安天网二期全面完成。严厉打击各类刑事犯罪活动，今年第三季度扫黑除恶专项工作民调排名第8名，群众安全感满意度连续8年居全市县区榜首。调处民间纠纷522起，调处成功505起，成功率为96%，防止民间纠纷激化72件。扎实开展“放心市场”“安心食堂”“食品安全示范街”“食品安全科普宣传基地”等亮点工程建设，全力冲刺创建广西食品安全示范城市工作。生产、交通、校园等重点领域安全隐患排查治理覆盖率进一步提升，全区未发生重特大安全生产事故和食品药品安全事故。

此外，区志、档案、审计、防震减灾、国防动员、海防、信息化建设、妇女儿童、残疾人保障、民族宗教、外事侨务、优抚双拥等工作进一步发展。

从计划执行情况看，在经济下行压力下我区经济增长放缓、主要指标增长不平衡。其中：规模以上工业产值、财政收入、固定资产投资等几大指标保持两位数增长，但地区生产总值增速下滑明显，主要原因是：石化、临港新材料等主导产业生产成本上升、价格指数趋高、增加值率下降，造成工业增加值下滑较大；虽然第一产业增加值和第三产业增加值均实现了较快增速，但难以弥补工业增加值下滑出现的缺口，导致主要依靠工业支撑的地区生产总值增长同步下滑。

2018年，全区经济社会发展总体稳中向好，但也还存在一些困难和问题：一是工业对经济增长拉动作用减弱，经济增长放缓。二是部分项目受资金困难、征地拆迁和前期工作影响进展不够快；三是新城建设处于起步阶段，产港城融合发展推进不快，城市基础设施、公共服务设施远未完善；民生领域短板依然不少，离人民日益增长的美好生活需要还有较大差距。四是生态环境保护压力加大，节能降耗形势严峻。五是财政收支矛盾突出，新增财力无法满足新增支出和建设发展的需求。以上问题，有待下一步工作中解决。

二、2019年经济社会发展主要目标安排

2019年，铁山港区经济社会发展主要预期目标建议：地区生产总值增长8%左右，财政收入增长10%，固定资产投资增长10%以上，规模以上工业产值增长10%，城镇居民人均可支配收入增长7%，农村居民人均可支配收入增长8%，城镇新增就业人数700人，城镇登记失业率控制在4%以内，完成北海市下达的能源消费总量及强度“双控”和控制温室气体排放目标任务。

提出上述目标，主要从以下几方面考虑：一是从高质量发展要求考虑。当前经济发展进入新常态，国内外形势复杂严峻，中美贸易摩擦存在较大不确定性，经济面临下行压力。但我区作为北海工业主战场，肩负全市经济增长重托，在稳妥的基础上也要积极挖潜，把我区地区生产总值增长目标设定为 8% 左右，既保持高于全国和全区水平的适度增长速度，又可以为转方式、调结构留出适当空间，更好地把聚焦点转到提质增效上来，把握经济工作主动权。二是从项目建设周期和经济发展规律考虑。我区引进了信义玻璃等一批重点项目，但今年主要处于开工建设期，新增投产项目少、增量不多，现有工业主导产业产能增长潜力不大，再保持高位增长支撑不足；初步预测，除个别指标外，大部分经济指标还会继续在中低位运行。但随后几年，项目投资效益将逐步显现，经济增长将逐步回升。8% 的目标立足于“稳”、着眼于“进”，既积极又稳妥，能够保持经济增速平稳过渡，保持发展和大局的稳定。三是从产业发展的角度考虑。需更加注重生态保护与经济发展并重，重视产业转型升级，产业方面补齐工业发展链条，加快发展现代服务业。

三、2019 年经济社会发展主要任务和措施

2019 年是新中国成立 70 周年，是决胜全面建成小康社会关键之年，也是铁山港区加快发展的重要之年。做好今年的经济工作，必须认真学习、深刻领会中央、自治区经济工作会议以及自治区党委十一届五次全会、市委十一届七次全会、区委五届四次全会精神，坚决贯彻落实“三大定位”新使命、“五个扎实”新要求和打造向海经济新任务，统筹推进稳增长、促改革、调结构、惠民生、防风险工作，大力优化营商环境，加快发展向海经济，推动产港城高质量融合发展，深化市场化改革，扩大高水平开放，为全面建成小康社会收官打下决定性基础，以优异成绩庆祝中华人民共和国成立 70 周年。

（一）做大做强临港产业，全力打造向海经济

贯彻落实《北海市向海经济发展规划（2018—2035 年）》，完善向海空间格局，大力发展向海产业，推进陆海统筹。实施铁山港（临海）工业区产业发展“强龙头、补链条、聚集群”方案，加快推进石化、新材料、林纸、海洋装备制造、加工贸易、港航物流等产业园建设，推进“产业树”招商，着力打造六大产业集群。石化产业重点推进北海炼化结构调整、LNG 项目二期扩能建设，持续提升北海炼化产能，重点引进乙烯、丙烯、芳烃等基础化工原料项目和 PP 聚丙烯、聚乙烯、苯乙烯、丁苯橡胶等精细化工项目，延伸产业链条。新材料产业重点推进新材料填平补齐优化结构项目，加快建设铁山港临港新材料产业园，推动一批已签项约目落地建设，继续引进下游不锈钢制品项目，形成上中下游有机衔接的不锈钢产业链；推进信义玻璃产业园建设，力促信义玻璃项目（一期）年内建成投产，加快二期项目建设，推进石英砂加工、纯碱等原料生产项目，引进玻璃制品制造、玻璃纤维、光伏组件等项目，逐步建成电子玻璃基板、特种浮法玻璃基板及其深加工产品的综合产业园。推进林纸下游产业链打造，重点引进包装印刷、纸制品等下游企业，丰富产品结构。推进北部湾资源再生环保服务中心项目（一期）工程建设，利用标准厂房招商引进一批电子信息产业相关加工企业。依托海洋和港口优势，大力发展海洋运输、港口仓储物流、远洋捕捞、海产品精深加工等产业。全面振兴南珠产业，逐步扩大南珠养殖区域，推进南珠产业示范基地、南珠养殖体验基地、白龙珍珠城旅游区建设，打造南珠湾滨海观光旅游带，配合办好北海南珠节暨北海国际珍珠展销会，启动南珠特色小镇的规划申报工作。加快构建空间向海格局。配合推进 1 号—4 号泊位铁路专用线、铁山港至石头埠铁路支线、铁山港至啄罗铁路支线工程建设或前期工作，推进北暮作业区 5 号—6 号泊位工程后方陆域堆场、铁山港码头 7 号—10 号泊位、5—10 万吨化工码头、公共执法码头、航道三期、经四路、九号路、十三号路等项目建设，配合推进向海大道、滨海景观大道、广西滨海大道建设，加快构建内畅外通的综合运输大通道，提升港口、铁路、公路互联互通效率。不断完善工业

园区水电气、环保等基础设施，增强产业园区发展承载力和综合竞争力。

（二）全力服务项目建设，增强经济发展后劲

全力推进项目落地。大力开展“项目落实年”活动，持续推进“四大会战”、舞起“四个龙头”，采取“四定”办法，加强重点项目调度管理，优化重点建设项目前期工作审批流程，优化征地搬迁责任分工，组建五个征地搬迁工作组，由区领导带队，倒排工期，挂图作战，全力以赴保障项目建设用地。最大限度减税降费，降低企业用水用电用气用地成本和物流成本，着力解决制约项目建设瓶颈问题。推动中石化炼油结构调整改造等35个项目开工建设，推进特种超白超厚超薄优质浮法玻璃生产线及其深加工项目等28个续建项目加快建设，力争实现15个项目竣工；加快推进广西北部湾铁山港区物流服务中心等项目前期工作。

专栏4　2019年北海市铁山港区重点项目建设计划

2019年北海市铁山港区重点项目计划共75个，总投资694.12亿元，年度计划投资60.22亿元。主要涉及农林水、工业能源、市政基础设施、交通基础设施、社会事业和旅游商贸等六大领域。其中：

（一）新开工35项。主要包括新材料填平补齐精品项目、北部湾资源再生环保服务中心项目（一期）、凯森物流北部湾总部项目、太阳能光伏玻璃项目、广西液化天然气（LNG）项目二期工程、广西艾克LNG物流中心、年产300万吨超低甲醛释放尿醛树脂项目、铁山港（临海）工业区信义玻璃项目配套道路、铁山港（临海）工业区向海大道综合服务组团道路工程（一期）、铁山港（临海）工业区信义玻璃高压燃气管网专供线等产业及基础设施项目。

（二）续建项目28项。主要包括特种超白超厚超薄优质浮法玻璃生产线及其深加工项目、北海铁山港铁路支线铁山港站第二货场、广西北部湾铁山港区天然气利用项目、铁山港临港新材料产业园（启动区）标准厂房及配套设施项目、润华仓储物流及配套码头项目、航道三期工程、经四路（一期）、铁山港生活污水管网、广西南洋修造船厂技改项目一期等产业及基础设施项目。

（三）竣工项目15项。2019年开工和续建项目中计划实现竣工的项目包括：铁山港（临海）工业区信义玻璃高压燃气管网专供线、铁山港（临海）工业区信义玻璃项目配套道路、铁山港区经四路（一期）、铁山港经四路延长线（和润配套道路）等15项。

（四）前期项目4项。分别是广西北部湾铁山港区物流服务中心、合浦至铁山港铁路、铁山港区高德至南康（高田至南康段）公路、北海市铁山港工业区经十一路（七号路至纬九路）工程（一期）等产业及基础设施项目。

加强项目谋划储备。立足我区项目库，围绕“一带一路”、乡村振兴、向海经济等重大战略，紧密结合国际陆海贸易新通道建设、北部湾经济区等规划，针对国家发改委提出的铁路、公路等10个补短板重点领域，重点谋划基础设施、产业发展、城市建设、全域旅游、乡村振兴、社会民生、生态环保等领域的项目，加强项目策划包装，扩大重大项目储备数量，不断完善三年滚动计划项目库，形成接续不断、滚动实施的项目储备和良性循环机制，形成“谋划一批、储备一批、招商一批、开工一批、投产一批”的项目梯次推进格局。

加大资金筹措力度。全面加强与中央资金、自治区资金以及投资客商的项目对接，争取中央预算内投资资金、国家专项建设基金，积极申请自治区乡村振兴产业发展、公共服务和基础设施资金补助。大力引入民间投资。积极搭建政银企合作平台，积极对接国家开发银行、中国农业发展银行等金融机构，争取更多的信贷资金支持项目建设。积极申报世行、亚行及国外政府贷款项目，争取更多的国际金融组织和国外政府贷款额度支持我区城市基础设施等项目建设。

（三）全面实施乡村振兴战略，加快发展现代特色农业

全面推进乡村振兴。认真组织实施乡村振兴战略规划及相关配套行动方案，推进“人、规、地、产、城”五方面工作落实。抓好乡镇书记、镇长和乡村带头人队伍建设，健全党委领导、政府负责、社会协同、公众参与、法治保障的现代乡村社会治理体制，不断提升乡村自治、法治、德治能力和水平，推动乡村组织振兴。实施乡镇提升三年行动计划，在巩固提升清洁乡村、生态乡村、宜居乡村活动成果基础上，扎实开展幸福乡村建设活动，深入实施农村人居环境整治三年行动和乡村风貌三年提升行动，努力推动农业强优、农村美丽、农民富裕。充分运用好农村土地确权登记颁证工作成果，支持农村土地依法规范有序流转，鼓励引导工商资本积极参与乡村振兴，为农业农村发展注入生机活力。全力推进现代特色农业示范区增点扩面、提质升级，推动集循环农业、创意农业、农事体验于一体的田园综合体建设，打造乡村振兴示范点。积极推进桂台产业合作北海示范区铁山港示范园建设，推动与台湾特色农渔业的深度合作发展。以做大做强香港喜记“蟹将军”工厂化养蟹、推进台湾黄金龙虾养殖等签约项目为引领，争取引进更多台商投资农渔业项目，示范带动我区现代农渔业升级改造，助推实现乡村振兴。积极发展设施渔业、远洋渔业、海产品精深加工，加快振兴南珠产业，全力配合办好北海国际南珠节。

全力打赢脱贫攻坚战。聚焦“两不愁，三保障”，对标“八有一超”、“十一有一低于”脱贫摘帽标准和“三员九有”，抓实深度贫困、产业扶贫、脱贫成果巩固等重点工作和关键环节，确保贫困群众稳定增收，加大对贫困村集体经济、贫困户产业扶持力度；发挥合作社的带动作用，大力发展乡村特色产业。持续发挥后盾单位、帮扶企业和社会力量的作用，引导各种资源向贫困村集聚，加快推进以村屯道路硬化、农村危房改造、安全饮水等为重点的基础设施建设，补齐乡村公共服务短板。落实脱贫摘帽后的扶持政策，兑现贫困户、退出户在扶贫产业奖补、雨露计划补助、教育资助及兜底保障方面实行差异化补助等政策，确保稳定脱贫。

（四）发展壮大现代服务业，着力补齐县域经济短板

加快发展港航物流业。力促北海港与国际港航公司合作，规划建设国际化临港物流园区，推进北海铁山港铁路支线铁山港站第二货场、润华仓储物流、凯森物流北部湾总部、广西北部湾铁山港区物流服务中心等物流项目建设，吸引更多知名物流企业入驻，打造港航物流业集聚区。依托城市整体开发及开发商资源，引进植入发展金融、会展、教育培训、信息服务、中介服务等现代服务业，促进人口集聚，拓展发展空间。建立健全农村电子商务体系，继续建设完善电子商务村级服务点和配送服务中心。积极培育限上商贸企业，推进各层次商品市场建设和改造，改善消费环境，拉动消费增长。加快发展特色旅游业，扎实推进营盘珍珠小镇以及白龙珍珠古城旅游区、青山头乡村旅游区、大王岭滨海养生旅游度假区等景区建设，建设白龙珍珠城至彬塘南珠基地滨海观光旅游带。实施县域补短板行动，针对我区特色旅游发展水平偏低的现状，加大谋划、制订全域旅游发展大会战行动计划并组织实施，力争打造自治区级旅游度假区、自治区生态旅游示范区、广西五星级乡村旅游区，引进四星级以上酒店，增加五星级农家乐、2A 级以上的旅游厕所数量，全面提升我区特色旅游整体水平。

（五）统筹推进城乡建设，持续改善生态环境

加快新城建设步伐。抓住北海打造“一岛、两带、三港、四路、五组团”向海空间格局、加快市县城区连片发展的契机，主动融入全市发展大局，加快推进南珠新城建设，补齐工业区综合配套和服务功能不足的短板，促进产城融合发展。加快完善新城各项规划，尽快完成营盘镇总体规划、铁山港（临海）工业区向海大道综合服务组团概念性总体规划和城市设计及控制性详细规划等规划编制报批。加快完成南珠新城启动区土地收储，确保一期项目用地需要。与农垦对接做好前期出让地块的收回及相关地块收储。多渠道筹措建设资金，推进新城基础设施和公共服务设施建设，开工建设（临海）工业区人民医院、高品质学校、综合服务中心、商务酒店、员工小区、商业街等“6 个一”项目，加快建设启动区水、电路等市政配套设施。引进更多有实力的企业参与新城项目建设，兴建商务办公、会展、居住、购物、文化娱乐等配套项目，实行土地集中连片开发，提升新城档次和品位。依托营盘镇建设中心渔港及中国—东盟海产品深加工环保产业园，以产业带动新城建设。推进南康特色小镇建设。实施乡村风貌提升三年行动，持续开展“美丽港区”乡村建设，全面开展乡村规划，继续抓好各类示范村建设。

建设绿色生态家园。坚持绿色生态理念和主体功能区理念建设南珠新城，注重保护原生态环境，结合自然山水田园，推动产业、城市、生态融合发展。持续开展“城乡环境提升年”活动，完善城乡垃圾市场化保洁机制和集运体系，实施好工业区美化绿化提升工程和道路畅通工程，加快工业区污水管网建设，进一步改善工业区环境形象。坚决打好“蓝天、清水、净土”环境污染防治攻坚战，加快推进南康江湿地综合整治项目，统筹推进新村河两侧及青山头沿海水系建设和生态治理。严格落实生态环保责任，加大环境执法力度，持续抓好中央环保督察“回头看”反馈问题和环保突出问题的整改整治，以“零容忍”态度严惩破坏生态环境行为，维护良好的自然生态。全面实施《土壤污染防治行动计划》，加快推进固体废物（危险废物）集中处置设施规划建设，提高危险废物利用处置能力。大力发展绿色产业、循环经济，严格控制两高项目。以建设美丽宜居幸福乡村为导向，抓好农村生活垃圾源头治理。

（六）持续优化营商环境，全力加强招商引资

深入开展“优化营商环境突破年”活动，全力以赴打造一流的营商环境。持续推进“放管服”改革，全面推行互联网＋政务建设，推进一窗受理、一网通办和集成服务，最大限度利企便民。积极发挥项目帮办中心作用，提升办事效率与服务质量。筹划建设工业区政务服务中心。加大全员招商引资力度。组建铁山港产业树全员招商工作领导小组和石化、新材料、林纸、农渔业、服务业五个招商工作组，围绕“强龙头、补链条、聚集群”，按照产业链全景图实施精准招商，着力引进一批建链、强链、补链、延链项目，推动产业链向上下游延伸。制定和更新全区招商政策目录，区领导带队上门精准招商，主动赴外推介项目。持之以恒抓好招大引强工作，尽快把“产业树”育成“产业林”。依托骨干企业，加强与上下游龙头企业的交流对接，千方百计引进一批投资效益大、带动能力强、产业关联度高的大项目、好项目。力争全年新引进工业项目30个以上、其他类项目20个以上，合同投资额超350亿元，其中：50亿元级项目3个、10亿元级项目10个。实施强优民营企业培育计划，构建“亲”“清”新型政商关系，做到亲商、爱商、安商。出台实施发展壮大民营经济的办法，加大资本、技术、人才支持，着力帮助民营企业解决发展困难，加强民营企业家队伍建设，维护民营企业合法权益，推动民营企业有更大作为。

（七）深化重点领域改革，实施更高层次开放

深化重点领域改革。全面完成党政机构改革任务。持续推进“放管服”改革，在审批与监管分离的情况下，探索建立“审管联动”模式。落实国家新修订升级的市场准入负面清单。完善产权制度和要素市场配置，建立健全城乡融合发展体制机制和政策体系。着力推进财政预决算、公共资源配置、重大建设项目批准和实施、社会公益事业建设等重点领域的政府信息公开，规范依申请公开流程。推进县域医共体和紧密型医联体建设，提升基层卫生服务能力。持续深化供给侧结构性改革，统筹推进司法、文化教育、社会保障、群团等重点领域改革。

实施更高层次开放。全面对接粤港澳大湾区和海南自贸区，积极承接发达地区产业转移。推进铁山港（临海）工业区升级为自治区级经济技术开发区。深入实施区域协调发展战略，继续扩大与台港澳、珠三角、长三角及西南、中南腹地、海南岛等区域合作，积极推进“广西统一战线双百双创服务基地”建设，深化拓展与铁山东港产业园、玉林龙潭产业园的协同互动，建立更加有效的区域协调发展新机制。抓住国家“一带一路”和国际陆海贸易新通道建设的新机遇,加快完善以能源交通为重点的基础设施建设,有序推进铁山港5号泊位工程等项目建设,加快推进铁山港3号—4号泊位口岸扩大开放,争取更多货源进出,打造更加便捷的陆海空无缝衔接立体交通网络。大力发展对外贸易,深入实施加工贸易倍增计划,持续跟踪中美贸易发展态势,引导企业充分利用国内外两种资源,积极应对中美贸易摩擦的不利影响。配合办好北海南珠节暨北海国际珍珠展,展示铁山港区全面开放的良好形象。

(八)全面提升公共服务水平,加强和改善社会治理

全面提升公共服务供给保障水平。持续加大民生领域投入力度,全力办好为民承诺的各项实事。推动义务教育向优质均衡发展。开工建设向海大道综合服务组团高品质学校,推进南康中学学生宿舍楼、南康镇第一中学学生食堂等项目前期工作,加快推进薄弱学校改造和教师队伍建设,完善公办幼儿园布局,全面提升中小学幼儿园办学水平和质量。推动创新驱动发展和经济转型升级,加大先进适用技术推广、企业技改、科技创新、科技成果转化和科普力度,培育更多专利密集型企业。按照“六个到位”要求,继续深化乡镇卫生计生改革。建立健全医疗卫生服务体系,加快推进铁山港区(临海)工业区人民医院、铁山港区中医院、铁山港区疾控中心、营盘卫生院公卫楼等项目建设。加快发展公共文化体育事业,推进村级公共服务中心建设,实施“文化惠民”工程,扎实推进全民健身与全民健康深度融合试点工作。培育和扶持养老服务机构建设,推进养老产业发展,推动医养融合。加强就业和社会保障工作。推进县级就业创业公共实训基地和就业社保服务中心项目,完成营盘镇就业社保服务中心建设并投入使用。通过政府开发农村公益性岗位,托底贫困人员就业帮扶;做好城镇困难人员等重点群体就业创业服务和技能培训。完善社会保障机制和社会救助体系,进一步深化社会保险制度改革,加强社保基金监管,继续提高城乡最低生活保障标准。扎实推进农村危房改造、农村改厨改厕工程,不断改善人居环境。

加强和改善社会治理。积极开展质量强区建设,加强重点民生领域、产业领域质量安全监管,提升质量治理能力。建立重要产品追溯体系。加强食品药品全过程监管,围绕重点区域、重点环节、重点产品,深入开展专项整治,消除食品药品安全风险。严格落实安全生产责任制,加强安全隐患排查,坚决遏制重特大安全事故。推进城市社区安全网格化管理试点工作,推进安全社区和城市生命线工程建设。健全社会治安防控体系,深入开展“神剑3号”、扫黑除恶专项行动,始终保持对各类违法犯罪活动的严打高压态势,确实提高人民群众的安全感。

附表:

2019年国民经济和社会发展计划(草案)指标

指　标	单位	2018年			2019年
		预期目标	初步预计	同比增长	预期目标
地区生产总值	亿元	10%以上	367.45	3.5%	8%左右
规模以上工业产值	亿元	13%	1040.82	14.68%	10%
固定资产投资	亿元	保持增长	37.59	21.67%	10%以上
财政收入	亿元	10%	45.61	20.62%	10%
城镇居民人均可支配收入	元/人	7%	33439	7%	7%
农村居民人均可支配收入	元/人	8%	14371	8.2%	8%

名词解释：

1. 地区生产总值、三次产业增加值绝对值为现价，增长速度按可比价格计算。

2. 居民人均可支配收入根据城乡一体化住房调查得出，绝对值为现价，实际增长速度剔除了价格因素。

3. “放管服”改革：放管服，就是简政放权、放管结合、优化服务的简称。“放”即简政放权，降低准入门槛。“管”即公正监管，促进公平竞争。“服”即高效服务，营造便利环境。

4. 最多跑一次：是指群众和企业到政府办理行政权力和公共服务等事项，在申请材料齐全、符合法定受理条件时能够“最多跑一次”办结。

5. 一次性告知：是指依照行政许可法的有关规定，行政许可机关向申请人提供法律、法规、规章规定的行政许可的相关事项、依据、条件、数量、程序、期限以及需要提交的全部材料等事项。

6. “容缺后补”机制：是指允许某些审核材料在规定时间内暂时缺少，实行非主审要件缺项受理和审批。

7. 农事网通：涉及农村的行政审批事项全部在网上办理，是深入推进行政审批制度改革的重要举措。

8. 阳光红页：涉及群众切实利益的惠民政策及落地情况全部在网上公开，与“农事网通”相辅相成，是深入推进行政审批制度改革的重要举措。

9. “354560”改革：企业开办手续3个工作日内完成，不动产登记5个工作日内完成，园区企业投资项目施工许可45个工作日内完成，企业投资项目施工许可60个工作日内完成。

10. “四合一”实地核查：是指设区市党委和政府扶贫开发工作成效考核、贫困县党委和政府扶贫开发工作成效考核、非贫困县党委和政府扶贫开发工作成效考核、扶贫对象脱贫摘帽实地核查。

11. 两不愁、三保障：不愁吃、不愁穿，义务教育、基本医疗、住房安全有保障。

12. 八有一超：指贫困户脱贫摘帽标准，即有收入来源、有住房保障、有基本医疗保障、有义务教育保障、有路通村屯、有饮用水、有电用、有电视看，家庭当年人均纯收入超过国家现行扶贫标准。

13. 十一有一低于：指贫困村脱贫摘帽标准，即有特色产业、有住房保障、有基本医疗保障、有义务教育保障、有路通村屯、有饮用水、有电用、有公共服务设施、有电视看、有村集体经济收入、有好的“两委”班子，贫困发生率低于3%。

14. “雨露计划”：是一项由扶贫部门通过资助、引导农村贫困户初中、高中毕业生和青壮年劳动力接受学历教育和技能培训，提高扶贫对象的素质，增强就业创业能力，实现脱贫致富的扶贫培训计划。

15. “1+8”工作组：“1”即全市重大项目策划与推进领导小组；“8”即农村脱贫攻坚大会战推进工作组、工业转型升级大会战推进工作组、城乡建设管理大会战推进工作组、全域旅游城市建设大会战推进工作组、开放合作推进工作组、营商环境提升推进工作组、振兴南珠产业推进工作组、征地拆迁推进工作组

16. “三三零”工程：即从2019年开始，大力推进教育

项目建设，力争3年时间内筹措资金约30亿元，新建改扩建中小学校30所。

17. 三大定位：即构建面向东盟的国际大通道，打造西南中南地区开放发展新的战略支点，形成21世纪海上丝绸之路经济带有机衔接的重要门户。

18. 五个扎实：2017年4月19日至21日，习近平总书记视察广西时对广西经济社会发展提出了“五个扎实”的要求，即扎实推动经济持续健康发展、扎实推进农业现代化建设、扎实推进民生建设和脱贫攻坚、扎实推进生态环境保护建设、扎实建设坚强有力的领导班子。

关于北海市铁山港区2018年财政预算执行情况和2019年财政预算草案的报告

——2019年2月26日在铁山港区第五届人民代表大会第四次会议上

北海市铁山港区财政局

一、2018年全区预算执行情况

2018年全区各级财税部门在区委、区政府的坚强领导下，在区人大、区政协的监督和大力支持下，全面深入贯彻党的十九大精神，落实区委、区政府的决策部署，坚持稳中求进工作总基调，按照高质量发展要求，持续深化财政改革，加强财政收支管理，财政预算执行情况总体良好，全区社会经济持续健康发展。

（一）全区公共财政预算执行情况

全区财政总收入95780万元，其中：一般公共预算收入24555万元、上级补助收入85949万元、债券转贷收入2874万元、上年结余-20299万元、调入资金2701万元。

全区一般公共预算总支出95737万元，其中：一般公共预算支出93311万元、上解上级支出526万元、地方债券还本支出1900万元。收支相抵，年终滚存结余43万元，扣除结转下年继续使用的专款43万元，净结余为零。

全区组织的财政收入完成456082万元，同比增加77957万元，增长20.62%。其中：上划中央收入完成427548万元，增长22.93%；上划自治区收入完成3979万元，增长-41.9%；一般公共预算收入完成24555万元，增长4.55%。

全区一般公共预算支出93311万元，完成年度预算的99.95%，增长2.04%。

（二）政府性基金预算执行情况

全区政府性基金预算总收入3192万元，其中：上级补助收入3173万元、上年结余19万元。

全区政府性基金预算总支出2854万元，其中：当年基金支出2853万元，完成预算的89.38%，增长44.46%；调出资金1万元。收支相抵，年终滚存结余338万元。

（三）社会保险基金预算执行情况

全区社会保险基金预算收入21547万元，完成预算的120%，其中：机关事业单位基本养老保险基金收入4938万元，增长38%；城乡居民医疗保险基金收入13690万元，增长41%；城乡居民养老保险基金收入2919万元，增长6%。

全区社会保险基金预算支出14752万元，完成预算的109%。其中：机关事业单位基本养老保险基金支出5035万元，增长12%；城乡居民医疗保险基金支出6978万元；城乡居民养老保险基金支出2739万元，增长27%。收支相抵，全区社会保险基金预算当年收支结余6795万元，基金历年滚存净结余20370万元。

（四）政府债务情况

2018年年末政府负有偿还责任债务余额15506.5万元，其中：2018年当年全区新增政府债券974万元、置换存量债务1900万元。

各位代表,以上报告的2018年预算执行数均为快报数,与实际决算数相比可能会有一些差距,待决算汇编完成后,再按规定报区人大常委会备案。

（五）2018年全区财政预算执行情况

1.着力完成全年财政收支任务,提升我区在县域经济考核中的竞争力。

2018全区财政收入实现456082万元,完成收入调整预算数的102.11%,增长20.62%,财政收入总量在全广西28个重点开发区中排名第一,进一步增强我区在县域经济考核中的竞争力。全区一般公共预算支出93311万元,增长2.04%,完成年度预算的99.95%,完成了上级下达的目标任务。

2.继续加强保障和改善民生。

一是全力加大支持脱贫攻坚力度。投入扶贫专项资金4399万元,用于扶贫基础设施建设、产业开发、小额信贷贴息、信贷风险补偿金、一帮一联、雨露计划、健康扶贫等项目。扶贫资金筹措按上级的要求达标:清理收回存量资金可统筹部分用于扶贫攻坚比例54.76%,达到不低于50%的要求;区本级安排扶贫专项资金比例78.01%,达到不低于市级50%的要求;安排扶贫专项资金预算增幅75.51%,达到增幅20%的要求;安排扶贫专项资金增量占一般公共预算收入增量的10.29%,达到占一般公共预算收入增量10%的要求。

二是大力支持教育事业发展。投入农村义务教育经费保障机制改革“两免一补”资金1546万元,用于保障农村义务教育学校公用经费;对家庭经济困难高中生提供助学金108万元、对家庭经济困难大学新生提供入学补助56万元、学前教育入园补助41万元,解决了贫困学生入学难等问题;投入农村薄弱学校、校舍危房改造维修资金1671万元,改善农村中小学办学条件;投入838万元建设幼儿园,支持扩大学前教育资源。

三是支持社会保障和医疗卫生事业发展。投入城乡居民最低生活保障金865万元,农村最低生活保障金提高到人均每人每月201元,城市最低生活保障金提高到人均每人每月378元;高龄补贴、残疾人“两项”补贴投入468万元;特困人员生活补助投入387万元;城乡居民社会养老保险补助资金投入2627万元;投入3072万元解决被征地失业农民生活和就业生活困难补助;投入1617万元解决国有企业下岗职工再就业及高校毕业生就业补贴;投入414万元解决基层医疗卫生机构基础设施设备建设;深化医疗卫生体制改革,投入193万元保障实施国家基本药物制度和基层医疗卫生体制综合改革工作,基本公共卫生服务及重大公共卫生专项投入877万元;城乡居民医疗保险投入6801万元,财政补助标准每人每年提高到490元。

四是扎实推进乡村振兴战略。投入农资综合直补、农机购置补贴、渔船补贴等强农惠民补贴资金2424万元;投入农业综合开发和农田水利等基础设施3805万元;村级活动场所及公共服务中心投入297万元;水库移民基础设施项目投入683万元;投入农村危房改造项目168万元,实施建档立卡贫困户、低保、五保、残疾等重点对象危房改造;投入2177万元开展村级一事一议及美丽乡村项目;农村改厨改厕项目投入315万元;投入3882万元实施农村道路硬底化建设,提升村容村貌;投入1216万元扶持村级集体经济发展,重视培育农民合作社;投入174万元开展农村集体资产清产核资和继续深化农村土地制度改革;南珠产业扶持投入208万元;农村环境卫生整治投入953万元。

五是加大对城乡基础设施建设投入,改善城乡面貌,促进城乡经济快速发展。投入南珠新城征地搬迁工作启动资金3000万元、南康镇特色小镇建设1085万元、临海工业区人民医院前期费及土地成本费146万元。

六是支持基层政权建设。投入资金 852 万元，支持党建工作以及服务群众专项经费，完善村委综合办公场所功能使用。实现连续 8 年提高定员全额村（社区）干部待遇，人均每月增资 200 元，2018 年 1 月起落实定员半额村（社区）干部待遇，每人每月补贴 1140 元。

3. 深化预算管理体制改革。

完善政府预算体系，实行中期财政规划管理，建立跨年度预算平衡机制。扎实推进预算绩效管理工作，细化财政预决算公开内容，督促部门按要求做好预决算公开工作。盘活财政存量资金，积极清理和回收各类存量资金 4375 万元。启用“政采云”平台，进一步规范政府采购行为，减少采购环节，提高采购效率。

4. 积极争取上级财政支持。

全年争取上级财政对我区转移支付 89123 万元，比上年增加 19115 万元，增长 27.3%。

（六）着力做好防范化解重大风险工作

1. 加强政府债务管理，防范政府债务风险。按照中央、自治区和北海市统一部署，完善相关制度，摸清政府隐性债务底数，制定化解方案，明确责任，强化约束，坚决遏制政府隐性债务增量，加强政府债务限额管理，有效化解地方政府债务风险。

2. 积极争取上级财政的支持，努力消化财政赤字。面对 2018 年减税降费及刚性支出增长快造成收支矛盾突出的因素，区财政积极争取上级财政部门的支持，年度内争取自治区均衡性等财力转移支付补助 1.06 亿元、市级财力补助 1 亿元，并通过优化支出结构以及压减一般性支出等措施，确保当年财政正常运行下消化历年财政赤字 2.06 亿元，完成中央要求 2018 年底前全部消化财政赤字任务。

（七）落实人大预算决议有关情况

认真落实区五届人大常委会对本级 2018 年预算草案、2017 年财政决算、2018 年上半年预算执行情况及 2018 年预算调整方案的审查意见。

认真按照区五届人大常委会会议决议以及人大财经委审查意见的要求，认真落实整改措施。积极发挥财政职能作用，支持实体经济发展；规范财政预算管理，提高预决算编制水平；加快财政支出进度，切实提高预算执行效率；加强债务监管，防范和化解债务风险。

2018 年全区各项财政工作完成较好。这是区委统揽全局、正确领导的结果，是区人大、政协监督指导和大力支持的结果，是全区各部门和社会各界扎实工作、共同努力的结果。同时，我们也清醒地认识到，我区财政运行和管理工作中还存在一些突出的问题，主要是：形成可用财力的一般公共预算收入量小、财政自我供给能力不足、财政收支矛盾较为突出，财政预算执行的均衡性仍有待提高，财政管理规范性有待进一步提高。对这些问题，我们将高度重视，继续努力加以解决。

二、2019 年全区财政预算草案

（一）2019 年全区预算安排的指导思想和编制原则

全面贯彻落实党的十九大和十九届二中、三中全会精神，以习近平新时代中国特色社会主义思想为指导，围绕区委、区政府的决策部署，坚持稳中求进工作总基调，坚持新发展理念，把握财政经济发展新常态，落实预算法和深化预算管理制度改革要求，严肃财经纪律，厉行勤俭节约，反对铺张浪费，坚持过紧日子，从严从紧编制预算；有效盘活存量资金，优化支出结构，优先保障重点支出；深化部门预算改革，推进中期财政规划管理，强化支出规划约束；切实做实项目库，做好储备项目建设；强化政府采购和政府购买服务预算编制，加强预算评审，推进预算绩效管理，提高资金使用效益;加大预算公开力度,构建全面规范、公开透明的预算管理制度。

(二)2019年全区财政收支预算

1. 全区财政收入预算安排。

按照我区2019年经济工作预期目标、财政经济形势预测,2019年全区财政收入预算501702万元,比上年完成数增加45620万元,增长10%。其中一般公共预算收入预计25049万元,比上年完成数增加494万元,增长2.01%;上划中央税收收入预计471769万元,比上年完成数增加44221万元,增长10.34%;上划自治区“四税”收入预计4884万元,比上年完成数增加905万元,增长22.74%。

2.2019年全区一般公共预算总支出安排情况。

根据全区可用财力及收回盘活财政存量资金情况,全区安排的一般公共预算总支出57933万元,其中:一般公共预算支出55933万元、地方债券还本支出2000万元。

2019年全区一般公共预算支出按政府收支科目安排表

单位:万元

科目名称	安排金额
1. 一般公共服务	9727
2. 国防支出	208
3. 公共安全支出	2254
4. 教育支出	19954
5. 科学技术支出	65
6. 文化旅游体育与传媒支出	242
7. 社会保障和就业支出	4552
8. 卫生健康支出	2854
9. 节能环保支出	5
10. 城乡社区支出	8395
11. 农林水支出	3974
12. 交通运输支出	858
13. 资源勘探信息等支出	82
14. 商业服务业等支出	7
15. 自然资源海洋气象等支出	108
16. 住房保障支出	824
17. 灾害防治及应急管理支出	754
18. 债务付息支出	570
19. 其他支出	500
本年支出合计	55933

3.2019 年一般公共预算安排的重点项目支出情况。

(1)党建、意识形态安排 522.86 万元,具体如下:

单位:万元

项目名称	金额
干部教育、村干部、农村党员、党代表、村民小组长培训经费	110
党员教育培训经费	18
党群服务中心标准化建设经费	39.5
人大代表之家建设经费	15
党建工作经费(含非公经济组织、社会组织、“海上党旗红”党建工作经费)	15
党建品牌创建经费	30
两新党组织书记津贴	22.3
新闻对外宣传等经费	55
宣传文化及意识形态经费	42
扶贫领域腐败和作风问题专项治理宣传工作经费	15
巡察、监察工作经费	98
档案馆展厅(爱国主义教育基地)建设等经费	63.06
合 计	522.86

(2)国防、公共安全安排 1902.34 万元,具体如下:

单位:万元

项目名称	金额
综治维稳扫黑除恶工作经费	170
精神卫生社区帮扶管理补助	21.84
国家司法救助金	30
综治中心运行经费	31.5
信访维稳经费	40
智能接访机购置经费	28
海上民兵建设等其他武装经费	160
消防经费	600
办案费、禁毒及反恐经费	65
一村一警经费	15
铁山港处突大队经费	193
辅警经费	240
警察救助基金	50
网侦用车经费	140
交警两站两员经费	70
武警市机动队业务经费	30
石头埠边检站业务经费	18
合 计	1902.34

(3)教育、科技、文化项目配套安排1628万元,具体如下:

单位:万元

项目名称	金额
校园安全协管员经费	197
寄宿制教师生活津贴补助	90
教师培训费	90
缺编补员、二孩定岗政府购买服务费	150
南中校园信息网络购置及国学教育设备	40
第七幼儿园征地成本费	228
2017年迎国检校园修缮工程欠款	350
营盘初级中学宿舍楼维修改造	25
改薄项目本级配套资金(含信息网络费)	132
校舍维修资金	210
学前教育入学补助及贫困生补助配套资金	83
文化专项活动经费	15
发明专利专项资金	18
合　计	1628

(4)社保、就业、卫生事业安排2737.95万元,具体如下:

单位:万元

项目名称	金额
城镇退役士兵自主就业经费	45
伤残军人医保费	18
城乡特困供养人员供养金	150
五保村管理人员经费	30
征地搬迁困难群众生活补助	260
高龄津贴	190
城乡特困供养人员护理费	112
农村低保	18
城市低保	4.8
义务兵优待金	190
残疾人"两补"	40
城乡医疗救助资金	10
城乡低保对象入户核查经费(聘请第三方核查)	19.39
诚信计生公益基金特别救助金	23.3
计划生育家庭奖励扶持资金	45.5
基本公共卫生项目配套资金	33.48
预防艾滋病配套经费	17.5
健康素养配套资金	17.5
服务惠民项目配套资金	20
实训基地项目配套资金	30
农民工工资保障金	30

续表

项目名称	金额
城乡居民医疗保险配套资金	369.6
村干部养老保险补贴资金	146.3
城乡居民养老保险基础配套资金	154.05
2018 年新增退休人员职业年金	62.93
机关事业单位养老保险基金缺口	700
合 计	2737.95

(5)脱贫攻坚项目安排 1437 万元,具体如下:

单位:万元

项目名称	金额	备注
扶贫专项资金	1003	按扶贫考核标准 2019 年我区应安排财政专项扶贫经费 1437 万元,其中:列入卫计局的医疗兜底资金 180 万元,列入社保局的 2019 年建档立卡贫困户、2014—2016 年建档立卡退出户财政代缴养老保险、医疗保险本级配套资金 154 万元,列入交通局 2018 年村屯道路硬化项目用于贫困村区财政配套资金 40 万元,列入住建局 2019、2020 年未脱贫贫困户危房改造奖励补助资金 60 万元,列入扶贫办的财政专项扶贫资金 1003 万元。
城乡养老保险财政代缴保险费(建档立卡贫困户,2014—2016 年建档立卡退出户)	25	
城乡居民医疗保险财政代缴保险费(2019 年建档立卡贫困户,2014—2016 年建档立卡退出户)	129	
交通局 2018 年村屯道路硬化项目用于贫困村区财政配套资金	40	
贫困户医疗兜底资金	180	
住建局 2019、2020 年未脱贫贫困户危房改造奖励补助资金	60	
合计	1437	

(6)其它农林水事业发展安排 713.2 万元,具体如下:

单位:万元

项目名称	金额
2019 年农村公路养护经费	76
2018 年土壤改良和培肥经费	27.9
2018 年村屯道路项目资金	320
农村产权制度改革工作经费	60
水资源及水土保持管理经费	90
防汛经费	26
河长制经费	30
农村基层防汛预报警体系建设配套资金	83.3
合 计	713.2

(7)乡村振兴建设及生态环境事业发展安排1272万元，具体如下：

单位：万元

项目名称	金额
创建“新九有”村专项经费	30
农村厕所及公厕建设资金	70
美丽乡村及村级公共服务运行维修配套资金	40
农村生活垃圾转运市场化服务费	900
南康污水处理厂及配套管网工程项目	92
生活垃圾处理成本经费	140
合　计	1272

(8)推进铁山港南珠新城建设资金安排5000万元，具体如下：

单位：万元

项目名称	金额
南珠新城基础设施建设(含兴港镇政府建设资金)	5000
合　计	5000

(9)一般公共事业发展安排1250万元，具体如下：

单位：万元

项目名称	金额
“引才引智”项目专项经费	310
创建全国文明城市专项经费	40
妇女儿童活动中心项目专项配套资金	30
公交车专线运营补贴	110
税收征管经费	500
村(社区)联系点服务经费	60
招商引资工作经费	100
项目申报前期工作经费	100
合　计	1250

(10)地方债券付息安排570万元，具体如下：

单位：万元

项目名称	金额
地方债券利息	570

(11)预留费用安排500万元。

由于在预算执行过程中遇到上级出台各类政策性增支影响，需预留经费500万元。

4. 盘活财政存量资金安排的项目支出情况。

2019年我区确保全区正常运转及各项事业发展所需资金，缺口资金5290.01万元，需在收回盘活财政存量资金中安排解决，具体安排的项目支出如下表：

单位：万元

项目名称	金额
党政电视电话建设经费	71
铁山港区电子政务外网二期	25
村社区综治中心建设经费	30
村（社区）党组织服务群众专项经费	338
村级集体经济发展专项经费	300
2017 年村级活动场所审计结算欠款	25
职工周转房建设经费	1000
2013 年农村公路建设缺口资金	110.38
赤江厂廉租房项目质保金	62.63
检察院综合办公楼防漏修缮经费	60
审判庭及维稳安保设施建设改造维修	42
2017 土地治理项目本级配套资金	60
上级财政部门补助 2016—2017 年村级集体经济项目地方配套	100
村级一事一议项目配套资金	245
区政府至四号路明亮工程建设资金	350
2017 年村级公共服务中心项目经费	25
2018 年村级公共服务中心项目经费（斑鸠冲）	89
南康客运站改造政务大厅工程	166
临海工业区人民医院建设配套资金	300
执法快艇购置经费	200
现代农业（核心）示范区建设经费	64
2016 年村屯绿化工程项目本级配套	90
农村土地承包经营权确权登记颁证经费	30
集体林地林权发证查漏补缺经费	80
南康特色小镇建设经费	220
特色产业基础设施项目配套	228
全区公安监控系统建设（第三年支付 200 万元，含电费 29 万元）	229
兴港派出所建设经费	100
人武部标准化建设经费	150
北铁公路区政府至四号路路段测速设备经费	40
振兴南珠产业发展扶持资金	150
乡村风貌提升三年行动 2019 年本级配套资金（含乡村规划试点）	250
软件正版化试点经费	60
合计	5290.01

5. 政府性基金收支预算安排。

2019 年全区政府性基金预算收入预计为 0，政府性基金预算支出安排也为 0。

6. 社会保险基金收支预算安排。

全区社会保险基金预算收入安排 20238 万元，增长 13%。其中：机关事业单位基本养老保险基金收入 5374 万元，增长 18%；城乡居民医疗保险基金收入 10891 万元，增长 3%；城乡居民养老保险基金收入3973万元,增长38%。

全区社会保险基金预算支出安排19314万元。其中:机关事业单位基本养老保险基金支出4849万元,增长7%;城乡居民医疗保险基金支出11441万元,增长50%;城乡居民养老保险基金支出3024万元,增长36%;收支相抵,社会保险基金预算当年收支结余924万元,年终滚存结余21293万元。

7. 政府债务情况。

关于2019年新增债券资金安排情况,我们将根据市财政局下达给我区的政府新增债券额度,按规定程序编制预算调整方案报请区人大常委会审查和批准。

三、完成2019年预算工作的主要措施

(一)努力培植新增税源,增强财政自我供给能力

继续落实习近平总书记"建设好北部湾港口,打造好向海经济"的指示精神,充分发挥作为北海市工业区主战场的优势,发挥财政职能作用,培植新的税收增长点,增强财政自我供给能力,缓解财政收支矛盾。

(二)强化财税联合协调机制,确保财政收入持续增收

认真统筹谋划做好2019年财政收入组织工作,按照积极稳妥、切实可行的原则,应收尽收,加强税收和非税收入监督检查力度,切实堵塞管理漏洞,坚决防止擅自或变相减免税;加强收入征管,落实财政、税务部门联合收入协调工作机制,强化对重点税源、重点行业和纳税大户的监督检查,堵塞收入漏洞,深挖增收潜力,促进财政持续增收。

(三)加强预算支出的均衡性,提高资金使用效益

健全预算编制与预算执行挂钩机制,严格按照编制的预算支出,强化预算支出的均衡性,对预算支出进度较慢的部门,逐步压缩预算安排。加大财政资金统筹力度,清理收回结余结转资金。对应收回财政的存量资金,按规定时间全部上缴国库,统筹安排用于扶贫攻坚等重大项目。加快支出预算执行,加强财政绩效管理,提高公共服务供给质量和效率。

(四)加大民生投入,改善民生福祉

坚持公共财政建设导向,把民生作为优先保障的重点,不断优化支出结构,稳步增加民生投入。重点支持重大项目、重点产、城镇基础设施、脱贫攻坚、生态环保、重大民生等领域。树立正确的民生观念,全力保障基本民生,支持实施为民办实事工程,支持教育事业优先发展,加强公共服务建设,加大社会保障投入,立足于保基本、兜底线、促公平,增强全区群众幸福感。

(五)规范财政预算管理,建立现代财政制度

推进预算编制与预算执行、绩效考评、结转结余资金管理和部门决算有机结合,提高年初预算到位率。加快推进政府采购、政府购买服务、政府会计制度改革。

(六)严防债务风险,确保财政运行安全

进一步完善地方政府债务管理制度,严格执行地方政府债务限额管理政策,牢牢守住债务限额底线;严格落实部门单位职责,确保政府隐性债务化解,坚决打赢防范债务风险攻坚战。做好政府存量债务置换债券工作,降低政府还债压力和利息负担。严控新增财政赤字,加强财政监督管理,确保财政运行安全。

新的一年,我们将以习近平新时代中国特色社会主义思想为指导,在区委的正确领导下,自觉接受人大及其常委会的监督和指导,虚心听取人民政协的意见和建议,主动作为、凝心聚力、扎实工作,努力完成全年各项任务,为促进全区经济社会发展作出新的贡献!

大事记

1月

1日 铁山港区将农村低保补助从每人每月170元提高到190元、城市低保补助从每人每月330元提高到350元，全年共发放城乡低保金888.60万元，累计受益人员41574人次。

8日 香港北海同乡联谊会会长王健文、香港喜记蟹将军餐饮集团总经理廖伟文一行6人在铁山港区委统战部领导的陪同下，到铁山港区南康镇雷田村委洽谈3000万元的蟹生态化工厂养殖及海洋生态亲子体验项目，并签订了投资意向书。

11日 北海市委书记、市人大常委会主任王乃学在参加铁山港区代表团审议政府工作报告时强调，要充分发挥主战场作用，深度把脉，全面认知，继续狠抓产业项目，为北海新时代高质量发展多做贡献。

12日 自治区住房和城乡建设厅公示广西第一批特色小镇名单，其中，北海市滨海宜居小镇——铁山港区南康镇榜上有名。

18日 广西两新党建巡礼活动走进北海市，区委书记余兴国接受人民网专访。

20日 铁山港区召开区委五届三次全会，传达自治区经济工作会议和北海市委十一届五次全会精神，总结2017年工作，部署2018年任务。区委书记余兴国代表区委常委会向大会做《深入推动产港城高质量融合发展，奋力谱写新时代铁山港向海经济新篇章》的报告。

同日 铁山港区召开区辖镇和区直党（工）委书记落实主体责任述职评议会议，就2017年度抓基层党建工作、履行党风廉政建设主体责任以及意识形态工作责任制进行述职和评议，以此压实主体责任，推动铁山港区全面从严治党向纵深发展。

31日 铁山港区召开全区青年工作会议，总结2017年的工作，分析当前形势，部署2018年工作。

2月

9日—11日 政协铁山港区第四届委员会第三次会议、铁山港区第五届人民代表大会第三次会议相继召开。

11日 铁山港区第五届人大会常委会经审议表决，任命北海市铁山港区监察委员会副主任、委员，标志着北海市铁山港区监察委员会组建完成。

13日 北海市铁山港区监察委员会正式挂牌成立。

16日 第五届广西万村篮球赛铁山港区赛区开赛，铁山港区赛区分设南康镇、营盘镇、兴港镇三个分赛区。

26日 北海市政协主席、市振兴南珠产业领导小组组长、市振兴南珠产业办公室主任李蔚到南珠养殖核心区铁山港区一线，对南珠养殖技术培训和南珠插核准备等工作进行检查指导。

28日 铁山港区在南康镇文化广场举办“春风行动”暨“脱贫攻坚就业帮扶”现场招聘会，共组织41家企业进场，提供5000多个岗位，当天达成就业意向259人，其中有30多名是精准扶贫对象。

2月　国家发展改革委员会、科技部、国土资源部、住房城乡建设部、商务部、海关总署联合发布《中国开发区审核公告目录》(2018年版),铁山港(临海)工业区被列入省(自治区、直辖市)人民政府批准设立的开发区,获得自治区级开发区身份。

3月

6日　自治区党委常委、自治区常务副主席秦如培到铁山港(临海)工业区的出口加工区B区、斯道拉恩索(广西)浆纸公司、铁山港公用码头、诚德不锈钢公司等企业调研经济稳增长、重大项目、园区产业、营商环境、县域经济、服务业等工作,要求北海市继续保持发展的良好态势,为打响广西经济一季度“开门红”做榜样。北海市委书记、市人大常委会主任王乃学,市长蔡锦军陪同调研。

13日　北海供电局一名工作人员操控无人机飞行,另一人控制喷火装置,几秒钟内将缠绕在营盘镇的一座220千伏铁塔上的飘挂物燃烧殆尽,成功消除高压隐患,确保电网安全稳定运行。

22日　北海市委书记、市人大常委会主任王乃学到铁山港调研检查中石化北海炼化码头、北海港铁山港航道三期工程及铁山港1号—4号泊位铁路专用线、信义玻璃项目等项目建设情况。

23日　铁山港区南康糖厂2017/2018年榨季收榨,从2017年11月15日开榨至当日收榨,历时128天。

27日　桂台产业合作北海示范区合浦·铁山港现代农渔业示范园项目签约仪式在富丽华大酒店举行。北海市委常委、统战部部长毛艳琼参加签约仪式并致辞,副市长刘翔参加签约仪式。签约的4个项目为香港喜记工厂化生态养蟹及海洋生态亲子体验项目、台湾本腾甘蔗深加工和观光农场项目、台湾花鳗太鲁阁黄金龙虾养殖项目、冠泷生物科技海洋养殖项目,总投资2.4亿元,其中在铁山港区投资1.9亿元。

30日　区林业局组织三镇林业站干部职工、森林防火志愿者等在南康镇大塘村委榄子根村举办铁山港区2018年春季森林防火扑火实战培训演练。

4月

3日　北海市政协主席、市振兴南珠产业领导小组组长、市振兴南珠产业办公室主任李蔚到铁山港区调研指导当年春季南珠插核工作,他要求,全区要强化服务意识,为振兴南珠产业创造良好环境。

4日　北海市政协副主席杨志远带领调研组一行到北海诚德公司、斯道拉恩索(广西)浆纸有限公司以及信义玻璃项目选址地,围绕“做大做强临港新材料产业、助力向海经济发展”主题进行调研。

9日—17日　区直属机关工委联合区委组织部成立5个检查考评组,对区直属机关42个党(总)支部2017年开展“党支部建设年”活动进行全面检查考评。

13日　多家中央主流媒体、全国网络媒体到北海,沿着中共中央总书记习近平足迹,深入铁山港区参观铁山港区公用码头建设发展、中石化北海炼化公司、北海液化天然气项目等临港产业及南珠养殖加工示范区,亲身感受北海一年来发生的变化。

22日—28日　区委书记余兴国带领赴台湾经贸考察团一行12人,先后拜访台湾工业总会、台湾品牌农业协会、台湾中小企业协进会和科技产业协会等工商社团,分别组织台湾工商界、桃园工商界知名人士参加两次座谈交流推介会,实地考察台湾南璋股份有限公司、华伟国际渔业集团、本腾农业生技有限公司等7家企业。拜访台湾钦廉四属同乡会,畅叙故乡情谊。

24日　自治区核验组到铁山港区开展村级社保就业服务窗口建设验收工作,按“六有”

核验标准，通过实地查看、听取汇报、查阅台账等方式，对营盘镇黄稍村委村级社保就业服务窗口建设进行全面核验。核验组对铁山港区村级社保就业服务窗口建设工作成效给予充分肯定，并对检查中发现的问题提出指导意见。

25日 在中共中央总书记习近平视察铁山港一周年之际，铁山港区党委书记余兴国在《北海日报》发表署名文章《抓好产港城发展规划推动高质量融合发展》，提出要牢记嘱托，上下同心，感恩奋进，在把握大势中布局谋篇，在保持定力中精准发力，迈出高质量发展的坚实步伐。

同日 黄小健、曾玲、彭岳军、李玉婷等区四家班子领导在《北海日报》发表以习近平总书记视察铁山港一周年为主题的署名文章。

4月 铁山港区获国家信访局授予信访工作“三无”县（市、区）荣誉称号。

5月

2日—18日 铁山港区庆祝广西壮族自治区成立60周年全区职工气排球赛在区政府球馆举行。

9日 铁山港区政府组织多部门，对当地营盘海域200多公顷的违法占海设施进行集中清理。

15日 北海市委书记、市人大常委会主任王乃学先后到铁山港区兴港镇川江村、营盘镇盐灶村，督查调研进港铁路项目建设推进以及脱贫攻坚工作。

24日晚 铁山港区“壮族三月三·八桂嘉年华——唱响铁山港”青年歌手大赛决赛在北海诚德镍业公司举行，12名青年歌手逐一登台，用歌声唱出当代青年的青春风采，为现场200多名观众送上一场精彩的文化大餐。

5月 区委书记余兴国、区长曾玲联名签署发布铁山港区第1号总河长令，要求全区各级河长迅速行动，及时、全面落实河长制工作各项任务。

6月

4日 区纪委监委在政务服务综合楼五楼会议室组织各镇、各部门党员干部约110人集中观看《广西三起县级扶贫办主任严重违纪案件警示录》。

8日 北海市委书记、市人大常委会主任王乃学先后到铁山港（临海）工业区临港新材料产业园、北部湾表面处理中心、信义玻璃项目建设工地，就全力推进产业项目建设进行督查调研。

10日 中央第五环境保护督察组在北海市开展“回头看”工作时发现，铁山港公共码头广西瑞德环保科技有限责任公司不锈钢废渣处理项目有大量强碱性冶炼废渣堆填侵占滩涂，环境状况触目惊心。

14日 北海市委书记、市人大常委会主任王乃学，市长蔡锦军约谈广西北部湾国际港务集团、北海诚德镍业有限公司等企业相关负责人，要求企业务必深刻汲取教训，切实承担起企业在环境保护方面的主体责任，认真按照中央环境保护督察组及自治区党委、政府主要领导的批示要求，从快从严从实彻底开展整治。

15日 铁山港进港铁路项目最后一幢拆迁楼房川江村19队的林武大院在拆楼机挥动的铁臂下轰然倒塌，宣告铁山港进港铁路项目“最后一公里”全线拆通，短短2个月圆满完成该项目的征地搬迁工作，可以交付施工建设。

16日 铁山港区在区职业教育中心举办广西区第五届农民工技能大赛初赛，开展中式面点师、育婴师、茶艺师、中式烹调师、餐厅服务等5个工种的技能比赛，参赛选手149人，提升全区农民工职业技能水平和就业创业竞争力，为促进农民工转移就业打好基础。

19日 北海铁山港国投北海电厂码头正式对国际航行船舶开放，该码头多年临时开放的历史在各级海事部门的持续推动和指导下得以终结。

20日 解决北海市铁山港海铁联运“最后

一公里”问题的重大项目——北海铁山港1号—4号泊位铁路专用线项目正式开工。按照计划，该项目将在2年后建成通车。

同日　北海市副市长陈勋到铁山港(临海)工业区，对北海诚德、瑞德、诚钢等公司的整改进展情况进行检查，要求铁山港区党政部门和企业科学、快速做好废渣清理处置工作。

26日　区妇联在广西青年农场主——旺海珠宝有限公司营盘彬塘珍珠插核基地开展“卖鸡调”曲艺下基层暨十九大精神宣讲活动。

27日　位于铁山港工业区新二路附近的北海市消防培训基地项目开工奠基。该项目是北海市政府与自治区人民政府签订消防工作目标责任书中的重点项目，也是北海市消防发展“十三五”规划建设内容之一，项目实际用地6公顷，总建筑面积2.63万平方米，总投资1.9亿元。

27日—28日　区总工会组织职工在铁山港区南珠会堂进行免费体检。

6月28日—7月4日　区直属机关工委在重庆大学举办2018年区直属机关基层党组织书记“不忘初心、牢记使命”理想信念培训班。

6月　运德客运公司分别与南康镇的雷田村、黄丽窝村、大塘村签订投入约租车服务协议，区运管所在这3个村的村头、路口等显目区划公示车辆牌号、车主联系方式等信息，方便群众通过电话预约车模式来解决出行问题，铁山港区实现建制村通车率100%的工作目标。

同月　铁山港区籍国家体育名将李俊升参加残疾人游泳锦标赛，获100米蛙泳第一、200米自由泳第一、50米仰泳第一的好成绩。

7月

1日晚　铁山港区2018年中共十九大精神下基层暨文化进万家惠民演出在南康镇文化广场举行。

3日　北海市人大常委会常务副主任伍国辉到铁山港区接访市人大代表，听取代表的意见建议。

同日　区安委办联合中石化北海液化天然气有限责任公司开展码头事故应急演练，演练结束后，组织评估、总结和宣传，提高企业从业人员防灾避险和应急处置能力。

8日　国华北海电厂码头项目1号码头后方堆场及道路工程(不含房建部分)项目按设计全部完成施工。

9日—23日　区民兵训练基地坚持以“能打仗、打胜仗”为指导思想，突出海上维权准备，组织实施远海1连和近海2连共110名海上民兵进行为期15天的基地化军事训练，促使海上民兵建设合成战斗力。

11日—12日　区政协科教文卫委调研组赴百色市田阳县开展专题调研。

20日　国家税务总局北海市铁山港区税务局成立，是由原北海市铁山港区国家税务局与原北海市铁山港区地方税务局在国税地税征管体制改革期间合并成立，是国家税务总局北海市税务局下属机构。

21日　自治区副主席费志荣到中石化北海炼化有限责任公司、铁山港公用码头等地调研工业经济发展情况。北海市市长蔡锦军陪同调研。

27日　铁山港区“新时代新跨越”领导干部大讲堂活动开班仪式暨生态环境保护和工业高质量发展大会在南珠会堂举行。区委书记余兴国主讲《大力推进生态文明建设，推动铁山港产港城绿色高质量发展》。

28日　区文体广电局组团到北海参加第十届广西体育节健步走活动。

8月

14日　北海市委书记、市人大常委会主任王乃学到铁山港区调研检查非法采矿点生态恢复以及项目建设推进工作。

16日　台北钦廉四属同乡会一行到铁山港区参观考察白龙珍珠城旧址、北海市诚德镍业有限公司、中石化北海炼化工有限公司。

28 日　铁山港区举办“同心·助学”捐赠仪式，区委统战部、区工商联发动北海义洋矿业有限公司、北海乃志科技有限公司、北海市新奥华恒流物流有限公司等22家非公企业为25名当年考上大学的建档立卡贫困学子和8名优秀学生共捐赠助学金14.5万元。

29 日　北海市政协主席、市振兴南珠产业领导小组组长李蔚到铁山港区南珠养殖区对南珠管养进行调研指导，对推进科技兴珠予以充分肯定并提出更高要求，强调要加强南珠养殖生态保护。

同日　21时，在南康镇四号桥旁一名92岁老人掉进13米深井，受强降雨影响，水井的水位不断上涨，情况万分危急。北海市消防支队指挥中心接到群众报警后，调派铁山港中队1个抢险救援编队、2辆消防车12名官兵火速赶赴现场救援，及时将老人救出。

8 月　在公务用车加装GPS定位系统，接入自治区及北海市公务用车管理信息平台端口，区本级公务用车管理信息平台系统开始试行。

9 月

3 日—7 日　区民兵训练基地组织全区首次预定新兵役前教育训练活动。

6 日　铁山港区“新时代新作为”百姓宣讲活动走进南康社区，向群众宣讲中共十九大精神。

7 日　区人武部召开2018年新兵送兵大会。

8 日　北海市召开南珠新城——铁山港配套城区开发招商推介会，来自全国各地的120多家企业、金融机构、商会和媒体记者共300多人参加会议。北海市副市长陈勋出席会议并讲话。推介会通过播放南珠新城的宣传片，展示南珠新城的区位优势、发展蓝图及璀璨未来。

9 日—10 日　自治区党委常委、自治区副主席严植婵率自治区海洋和渔业厅、自治区环保厅负责人组成的调研组到南洋修造船厂搬迁改造项目超填点、北海诚德镍业有限公司、广西瑞德环保科技有限公司、北海铁山港榄根作业区南4号—10号泊位工程项目超填点等地，就中央环境保护督察和国家海洋督察发现问题的整改情况开展督查。北海市委书记、市人大常委会主任王乃学，北海市委副书记、市长蔡锦军陪同督查。

15 日　由青海省政协副主席、省法学会会长王晓勇率领的青海省代表团到铁山港区兴港镇小马头村实地调研，详细了解该村如何坚持以法治思维、法治方式，引导群众依法表达利益诉求、依法维护自身合法权益，化解矛盾纠纷等工作开展的情况。自治区法学会党组书记、常务副会长李沛芬，北海市委常委、政法委书记刘志明陪同调研。

20 日　区政协主席彭岳军到营盘镇烟花爆竹厂为区政协社情民意信息联系点揭牌。

26 日　区妇联联合南康镇妇联在夏塘村委开展铁山港区“产业到家·牵手妈妈”巾帼脱贫行动暨家政培训“大篷车”进村活动，参加活动的妇女100余人，其中建档立卡贫困妇女54人。

28 日　《人民日报》刊发记者深入位于铁山港区的广西最大的外资企业、全球造纸巨头斯道拉恩索北海基地后撰写的《优化投资环境，促开放、增岗位，广西北海——小王家门口进外企》报道，展示了北海市全面深化改革，多举措优化营商环境，促进就业所取得的成就。

10 月

1 日　铁山港区农村生活垃圾收转运市场化服务项目正式实施，由北京环境有限公司负责对铁山港区3个乡镇的42个村委会共415个自然村、工业园区、沿海滩涂日产80多吨的生活垃圾开展收集、转运和处理工作，基本实现全覆盖。

10 日　铁山港区婚姻家庭纠纷人民调解委员会揭牌成立。

10日—16日　区人武部开展建部以来首次新兵回访活动。由区人武部部长向勇为组长的回访小组，历时7天，分别到各部队所在营地回访新兵，组织慰问新兵、与新兵谈心，稳定新兵思想，增强新兵服役信心。

11日　北海市委书记王乃学到铁山港区考察香港喜记工厂化生态养蟹及海洋生态亲子体验项目，并给予充分的肯定。

16日　铁山港区进一步落实党的政治建设重点任务动员部署会在区政务服务综合楼五楼会议室召开。会议深入学习贯彻中共十九大和十九届二中、三中全会精神以及中共中央总书记习近平在中央政治局第六次集体学习时的重要讲话精神，全面贯彻落实自治区党委、自治区纪委关于开展“政治建设六项重点任务”专项监督检查工作部署，对全区进一步落实政治建设重点任务进行动员和部署，统一思想、凝聚共识，明确任务、推动工作。

17日　北海市委书记、市人大常委会主任王乃学、副市长陈勋一行到北海炼化企业参加催化汽油汲附脱硫装置商业运营启动仪式。

18日　铁山港区召开实施乡村振兴战略暨打赢脱贫攻坚三年行动工作推进大会，传达中央、自治区、北海市乡村振兴和脱贫攻坚工作相关会议精神，研究部署下一阶段重点工作。

22日　北海市人大常委会副主任、市总工会主席柳金红，广西北部湾国际港务集团有限公司党委副书记、工会主席谢志双，自治区总工会产业工会工作部部长梁海章，铁山港区党委副书记李玉婷在铁山港区公用码头为铁山港码头汽车货运企业联合工会委员会揭牌。

23日—25日　区机关后勤服务中心主任林洪率区机关食堂的厨师到南宁参加第四届自治区机关事务管理系统食堂饮食文化交流日活动，加强与其他地区机关食堂餐饮服务队伍的学习与交流。

24日凌晨　区法院执行局干警出击抓“老赖”，对多名拒不履行法院判决的逃债者、赖账人采取集中执行，打掉“老赖”的侥幸心理。

26日　区科协在北海市铁山港区青少年学生校外活动中心举行“中国流动科技馆”巡展活动（铁山港站）启动仪式，营盘中学的500多名师生在活动第一天参观“中国流动科技馆”。

30日　由铁山港区纪检监察系统牵头，区人社局、教育局、农林水利局、扶贫办等18个部门参与，在南康镇政府大院开展“政治建设重点任务”公开大接访活动，现场倾听群众诉求、解答群众疑问。

11月

1日　北海市意识形态工作“百场讲座”活动走进铁山港区。北海市委常委、宣传部部长、副市长黄江为铁山港区科级以上干部及宣传思想文化战线干部职工主讲一场以“如何做好新时代宣传思想文化工作”为主题的专题讲座。

7日　区直属机关工委配合区委宣传部参与中央广播电视总台“心连心”艺术团慰问演出摄制工作，圆满完成录制工作任务。

8日　广西海事局纪检组组长陈佳云在北海海事局局长江一斌、政委钟月生陪同下检查指导铁山港海事处“海事铁军”文化品牌建设。

18日　兴港镇南乐社区篮球队在广西万村篮球赛北海赛区选拔赛中获得冠军，代表北海市出征自治区总决赛，获自治区总冠军。

22日　北海市委副书记、市长蔡锦军到北海市残疾人扶贫项目——秋风塘贫困重度残疾人集中托养示范基地、铁山港区南康镇、营盘镇调研脱贫攻坚工作，进村入户走访贫困户。

同日　中国科学院院士成会明一行到北海诚德镍业有限公司开展实地调研活动，就新材料智能生产技术前沿发展等方面进行考察指导，为企业创新发展把脉。

30日　“国民银行杯”唱响铁山港区合唱比赛在南珠会堂隆重举行，来自各行各业的10支参赛队伍和3支表演队伍唱响新时代主旋律，激励全区人民以更加昂扬向上的斗志投身现代化工业新城区建设，以更加卓越的成绩向改革开放40周年、自治区成立60周年献礼。

12月

3日 由北海市政协主席李蔚带队的调研组到铁山港区调研2018年南珠的收成及南珠产业（核心）示范区建设情况，现场研究推进南珠养殖提升、南珠与旅游融合发展新举措。

6日 中央电视台《直播广西》节目组在铁山港公用码头开展“《直播广西》的第7集——北海篇”节目的录制，节目组完成2018年《直播广西》的全部录制工作，这也是该节目推出的最后一集。

同日 由区政府和北海市海洋与渔业局主办的2018年铁山港区“魅力北海　生猛海鲜”系列旅游美食节暨采珠现场会在营盘镇青山头乡村旅游区举行。南康卖鸡调表演、特色美食盛宴、南珠现场开采、赶海耙螺等精彩活动吸引大批村民和游客到场体验一场铁山港区海鲜文化盛宴。

同日 由自治区党委巡视办副主任曾坚带队的巡察组到铁山港区检查指导巡察工作，对铁山港区巡察监督工作给予充分肯定。

13日 自治区人大常委会组织市、区两级人大代表160多人到铁山港区现代农业创业孵化基地、铁山港区南珠产业（核心）示范区、信义玻璃控股有限公司、香港喜记“蟹将军”等重点项目进行实地考察。

14日 区政府举行铁山港平安建设“双提升”工作情况新闻发布会。会上展示2018年区委、区政府把平安建设作为一把手工程，平安工程建设所取得的显著成效；2018年第一、第二、第三季度群众安全感满意度，铁山港区在全广西111个县（区）中分别位列第28位、第12位、第34位，均居全广西上游乃至前列。

19日 中央电视台《每日农经》栏目摄制组走进铁山港区，以“振兴南珠产业”为主题，开展为期1周的专题采访拍摄。

同日 自治区党委第六巡视组组长黄志伟率巡视组成员在铁山港区集中听取区委工作汇报，并就下一步巡视工作提出更高要求。北海市委常委、政法委书记刘志明参加汇报会。

同日 区政务服务中心搬迁到原北海市铁山港客货运输站办公。

20日 铁山港区整顿工作作风优化营商环境工作会议在区政务服务综合楼五楼会议室召开。

22日 北海市市长蔡锦军到铁山港区调研了解贫困户脱贫工作。

23日—29日 区委常委、统战部部长刘将远率铁山港区非公经济代表人士到浙江省余杭区、海宁市、桐乡市、德清县、宁海县5个市（县、区）学习培训，并与当地工商联签署友好工商联协议。

27日 区直属机关工委在广西干部学院举办铁山港区直属机关基层党组织书记业务知识培训班，还组织全体学员到北海市人民检察院参观学习机关党支部标准化建设经验，大力推进铁山港区机关党支部标准化、规范化建设。

28日 滨海农场改制工作完成，举行滨海社区成立揭牌仪式。

12月 青山头乡村旅游区通过自治区四星级乡村旅游区评定。

同月 《铁山港年鉴·2018》正式出版发行。

概　况

铁山港区概貌

【地理位置】北海市铁山港区位于北部湾畔、北海市东部、铁山港岸边,处北纬21°27′—21°40′,东经109°19′—109°34′之间,东与合浦县白沙镇、沙田镇隔海相望,南临北部湾,西与银海区福成镇接壤,北与合浦县闸口镇、石康镇相连。铁山港区距北海市约40千米,距合浦县城廉州镇40多千米,距自治区首府南宁市250千米,距广东省湛江市约150千米,距海南省首府海口市124海里。（区民政局）

【自然资源】

海洋资源　铁山港区是北海市重要的渔业资源发展地区。经济渔业资源种类25种,其中经济养殖种类11种,主要以金鲳鱼、南美白对虾、珍珠贝、鲷鱼、美国红鱼、石斑鱼、斑节对虾、牡蛎、贻贝、扇贝、蛤等水产品为主;捕捞种类14种,主要以鲫鱼、蓝圆鲹、带鱼、金线鱼、马面鲀、毛虾、对虾、鹰爪虾、梭子蟹、贝类、乌贼、鱿鱼、章鱼、梭鱼等水产品为主。铁山港区辖区还有中华鲎、东方鲎等国家级稀有物种。

（陈定军）

岸线港口　铁山港区海岸线东北起于南康镇黄丽窝的广和海区,经南康镇的大塘、雷田,兴港镇的粟山、石头埠、富屋、谢家、南乐、川江、彬定、婆围,营盘镇的黄稍、彬塘、盐灶、营盘、白东、鹿塘、火禄、能村,止于营盘镇白龙社区的白龙港,全长82千米(其中人工海岸线57千米)铁山港区港口主要有铁山港公用码头、营盘渔港、石头埠渔港、白龙港、火禄港。（区海洋与渔业局）

土地资源　2018年,铁山港区土地总面积50346.82公顷。其中,耕地18680.26公顷,占37.10%;园地397.97公顷,占0.79%;林地6761.89公顷,占13.43%;草地936.93公顷,占1.86%;城镇村及工矿用地8040.13公顷,占15.97%;交通运输用地2211.89公顷,占4.39%;水域及水利设施用地11677.47公顷,占23.19%;其他土地1640.28公顷,占3.26%。铁山港区土地分布为:南康镇17660.23公顷,占辖区土地总面积的35.08%;营盘镇9898.67公顷,占辖区土地总面积的19.66%;兴港镇12342.43公顷,占辖区土地总面积的24.51%;国有滩涂10445.49公顷,占辖区土地总面积的20.75%。（区国土分局）

矿产资源　铁山港区矿产主要为低值非金属矿,一般集中连片、埋藏较浅。储量较大的有高岭土、石英砂、陶瓷土等,其次是石灰石、泥炭土、褐煤、无烟煤、釉泥等。目前铁山港区内无持有有效期采矿证的矿山企业,高岭土、石英砂均限制开采。（区国土分局）

河流资源　2018年,铁山港区共有14条河流,完成调查流域面积50平方千米以上江河有南康江、火禄河、福成河、佛子河4条,流域面积50平方千米以下江河有能村河、长陂河、新村河、小马头河、廖屋河、婆围河、谢家河、彬池河、粟山河、盐灶河10条。南康江是辖区内最主要河流,发源于合浦县十字路乡白水塘东面山地,由北向南流经铁山港南康镇、兴港镇、营盘镇,在营盘镇青山头入海,为桂南沿海独流入海

河流，是铁山港区水量最丰富的河流。（黄丽勤）

水资源　铁山港区年降雨量1547.9毫米，水资源总量为6.56亿立方米，其中地表水资源量为4.1亿立方米、地下水资源总量2.46亿立方米（其中非重复计算量0.2亿立方米）。（周　毅）

植物资源　铁山港区珍稀植物主要有华库林木（膝柄木）、格木、箭毒木、桂花、映山红、木棉、凤凰树、红豆木、火力楠、麻楝、苦楝等。主要原生树种有马尾松、台湾相思、木兰、荷木、小果香椿、无患子（洗手子）、羊蹄甲、盘架子、铁力木、白椎、樟树、杜英、假槟榔、大王椰、山竹子、蒲葵、车椽木、斑鸠木、沙古洋、鹤木、勒竹、柑榄、榀树等。野生及半野生果树主要有黄榄、乌榄、龙蒙、胭脂子、酸枣、油甘子、九层皮、桃金娘（稔子）、番石榴（番桃）等。（区志办）

动物资源　海洋动物主要有哺乳类的儒艮（海牛）、海豚、鲸；爬行类的海龟、玳瑁、鲎；经济鱼类的有头索动物文昌鱼，甲壳类的蟹、虾，软体动物类的贝、哈、蚶、鱿鱼等。常见的鱼、虾、蟹等约有500多种，经济鱼类有70多种，其中二长棘鲷、沙丁鱼、蓝圆鲹经济价值较大。对虾中的长毛对虾、墨吉对虾（俗称"大明虾""大红虾"）经济价值高，还有须赤虾、虾钻等10多种。蟹类主要有锯缘青蟹、石蟹、三疣梭子蟹、红星梭子蟹、沙蟹、远海梭子蟹等。软体动物类有马氏珠母贝（又名白龙珠母贝）、方格星虫（沙虫）、枪乌贼（鱿鱼）、海蜇（海捞）、文蛤（车螺）、牡蛎（大蚝）、乌贼、章鱼等。陆地和淡水野生动物：哺乳类有穿山甲、野狐狸、果子狸、貉、猪狸、山狗、箭猪、黄猄、臭鼬鼱、田鼠、中华竹鼠、豹猫等；鸟类有斑鸠、野鸭、鹧鸪、鹌鹑、猫头鹰、天鹅、鹤、麻雀、槟榔青、翠鸟、乌鸦、燕子、海鸥、八哥、喜鹊、棕背伯劳、丁计娘、白雾水鸡、毛婆鸡等；爬行类有滑鼠蛇、金环蛇、银环蛇、眼镜蛇、草花蛇、水蛇、青竹标蛇等。两栖类的黑斑蛙、泽蛙、虎纹蛙、饰纹姬蛙、蟾蜍等。

淡水及咸淡水甲壳类主要有毛蟹、淡水沼虾、龙虱。淡水鱼类有鲤鱼、鲢鱼、黄鳝、泥鳅、鳙鱼、胡子鲶（塘角鱼）、乌鳢、斑星鱼、草鱼、梭鱼、鲻鱼、鲶鱼（土鲶）等。软体动物主要有田螺、蚬、蚌、水蛭、蜗牛等。（区志办）

旅游资源　2018年，铁山港区在建的旅游项目有南康特色小镇、南康夏塘村委高村百草园、营盘镇白龙珍珠城遗址公园景区、营盘镇大王岭生态乡村旅游区和青山头乡村旅游度假项目等5个。（区工信局）

【气候·水文】2018年，铁山港区平均气温23.8摄氏度，与历年平均气温相比，偏高1.1摄氏度；常年最热月份为7月，极端最高气温37.1摄氏度，最冷月份为1月，极端最低温2.6摄氏度；降雨量为1547.9毫米，与历年平均年降水量相比，偏少227.5毫米；日照时数为1753.7小时，年日照百分率40%，与历年平均值相比偏少0.4%，最多5月份，为266.6小时，最少2月份，为63.8小时；铁山港区的灾害性天气有大雾、暴雨、大风、雷电、热带气旋等；年蒸发量为1162.4毫米，高蒸发量时段5月。（郑燕燕）

【重大天气气候事件】2018年，铁山港区遭受5次台风、1次北部湾热带低压的袭击，台风强度强、范围大、带来严重的风雨影响，全区大部分地方遭受台风、强降雨影响，农作物、水产养殖和水利、交通设施损失严重。9月12日—18日受第22号台风"山竹"和第23号台风"百里嘉"双台风的袭击；铁山港区普降大到暴雨，南康江分别出现了二次小幅涨水过程。12日8时，第22号台风"山竹"（超强台风级），位于菲律宾马尼拉偏东方约1650千米的西北太平洋洋面上，中心附近最大风力有17级以上；12日9时，第23号台风"百里嘉"位于距离广东省雷州市偏东方向约540千米的海面上，中心附近最大风力9级。14日17时，"山竹"位于菲律宾马尼拉偏东方约495千米的海面上，中心附近最大风力17级；15日17时其中心位于广东省阳江市东偏南方向约820千米的南海东北部海面上，中心附近最大风力15级（48米／秒）；16日17时前后在广东省江门市台山沿海登陆，登陆时中心附近最大风力14级（45米／秒），中心最低气压为955百帕；17日14时位于广西田东县境内，中心附近最大风力7级。双台风期间，南康镇降水量达到108毫米，营盘镇降水量达到84毫米，兴港镇降水量达到101.5毫米。在抗击台风过程中，铁山港区依据《北海市铁山港区防御台风应急预案》和《北海市铁山港区洪潮灾害应急预案》的有关规定，于9月12日17时30分起相应启动铁山港区防御台风Ⅳ级应急响应；9月14日18时30分启动铁山港区防御台风Ⅳ级应急响应提升为Ⅲ级应急响应；9月15日18时30分将铁山港区防御台风Ⅲ级应急响应提升为Ⅱ级；9月17日17时30分将铁山港区防御台风Ⅲ级调整为洪涝灾害Ⅳ级；9月18日12时30分解除铁山港区洪涝灾害Ⅳ级应急响应。

（郑燕燕）

【建置沿革】 秦，铁山港区境称百越或扬越。始皇帝三十三年（前214年），铁山港区境属象郡地。

西汉，元鼎六年（前111年），灭南越国，置南海、苍梧、郁林、合浦、交趾、九真、日南七郡，合浦郡下置合浦县，隶交州。元封五年（前106年），改交州为交趾刺史部。铁山港区境属合浦郡合浦县地。

东汉，建安八年（203年），合浦郡统有合浦、徐闻、高凉、临允、珠崖五县。铁山港区境属合浦郡合浦县地。

三国，吴黄武七年（228年），改合浦郡为珠官郡。太元二年（252年），珠官郡复为合浦郡，领合浦、珠官、昌平、平山、连山、连道五县，隶交州。铁山港区境先后属珠官郡合浦县、合浦郡合浦县地。

西晋，太康二年（281年），天下划为十九州，交州是其一，省珠崖郡入合浦郡，州统郡七，县五十三。合浦郡统县六：合浦、昌平、毒质、珠官、徐闻（原珠崖郡归属）、荡昌县（合浦县析置，今容县）。铁山港区境属交州合浦郡合浦县地。

南朝，宋永初元年（420年），合浦郡仍隶交州。元嘉九年（432年），析合浦郡置宋寿、宋广、安居三郡（今钦州市境），同时析合浦县置临漳郡隶广州。泰始七年（471年），以广州的临漳郡和交州的合浦、宋寿三郡及增置的百梁、龙苏、安昌、南流、永宁、富昌六郡共九郡置越州。合浦郡统合浦、徐闻、珠官、荡昌、朱庐、晋始、新安七县。铁山港区境属合浦县地。

齐，建元元年（479年），合浦郡治徐闻，以越州的宋寿郡隶交州，撤宋广郡改置宋广县，隶属合浦郡，统县有徐闻、合浦、朱庐、新安、晋始、荡昌、朱丰、宋丰、宋广九县。临漳郡统县有漳平、丹城、劳石、容城、长石、都并、绥端七县，俱在今合浦和浦北县境。永明六年（488年），合浦郡复治合浦。铁山港区境属合浦县地。

梁、陈，交州的郡县很难分期确指，铁山港区境属合浦县境。

隋，开皇九年（589年），废合浦郡，置越州。大业元年（605年），改越州为禄州。大业三年（607年），复置合浦郡治合浦，隶杨州，统县十一，其中合浦、封山、龙苏三县均在今合浦、浦北县境内。郡境含今雷州半岛和玉林市。铁山港区境属合浦县地。

唐，武德四年（621年），合浦郡更置越州，次年设交州总管府，不久改为都督府，统越州。贞观元年（627年），设岭南道经略使，统交州都督府。贞观八年（634年），改越州为廉州。调露元年（679年），改交州都督府为安南都护府。天宝元年（742年），复置合浦郡。乾元元年（758年），复为廉州，隶容州都督府。自贞观以来，州郡更置析并频繁，但铁山港区境属合浦县地不变。

五代，南汉乾亨元年（917年），廉州合浦县境析置常乐州，另置博电、零禄、盐场三县归辖，廉州统县有合浦、封山、蔡龙、大廉四县。铁山港区境属合浦县辖地。

宋，开宝五年（972年），撤封山、蔡龙、大廉三县并入合浦县；撤常乐州，置石康县，以原博电、零禄、盐场三县地归属石康县，隶廉州。同时以原驻旧州的廉州治迁于长沙场（今石康镇顺塔村）。铁山港区境属合浦县境。太平兴国八年（983年），廉州更置为太平军，驻海门镇（今廉州镇），撤合浦县并入石康县，铁山港区境属太平军石康县辖境。咸平元年（998年），撤太平军，复置廉州和合浦郡，统合浦、石康二县，隶广南西路，廉州治海门。铁山港区境属合浦县辖地。

元，至元十五年（1278年），设湖广行中书省，合浦郡更置为廉州路安抚司。十七年（1280年）改置廉州路总管府，隶于海北海南道宣慰司。二十八年（1291年），改置海北海南道肃政廉访司，治合浦县，领合浦、石康二县如旧，隶湖广行中书省。铁山港区境属合浦县辖地。

明，洪武元年（1368年），湖广行中书省析置为广东、广西行省，改廉州路为府，领合浦、石康二县。三月，隶于广西行省，四月改隶广东行省。洪武七年（1374年）十月，降廉州府为廉州，撤合浦县入石康县。洪武九年（1376年），钦州降为县，与灵山同属廉州，隶雷州府。洪武十四年（1381年）五月，复廉州为府，钦县为州。廉州府领合浦、灵山、石康三县和钦州。铁山港区境属合浦县地。成化八年（1472年），撤石康县并入合浦县，隶廉州如旧。铁山港区境属合浦县地。洪武初，倭寇沿海为患，自石城（今廉江市）界西起，沿海岸区置八寨防倭，依次为川江寨、陇村寨、调埠寨、珠场寨、白沙寨、武刀寨、龙潭寨、古里寨，以巡检一员驻居中的珠场寨（今南康镇）统辖，史称“珠场八寨”或“防寇八寨”，铁山港区境属珠场寨防地。明代有三村乡和清和乡的设置，三村乡辖今海城、银海（部分）二区，清和乡三图辖今铁山港区。

清，顺治元年（1644年），廉州府建置与隶属沿旧未变。光绪十四年（1888年），升钦州为直隶州，置防城县（今防城区）归辖，廉州府统合浦、灵山二县。光绪三十二年（1906年），设廉钦道，统廉州府、钦州。宣统三年（1911年）八月，廉钦道更置钦廉军政府，统属府州县不变。

中华民国，元年（1912年）广东全境光复，废廉州府，成立广东省钦廉军政府，旋又改称为钦廉绥靖处，驻钦州，辖原廉州府境。

民国3年（1914年），撤钦廉绥靖处，改设钦廉道。民国9年（1920年）裁撤，合浦县直属广东省。铁山港区境属合浦县辖。民国19年（1930年），铁山港区境属广东省南区绥靖公署合浦县辖地。民国25年（1936年），铁山港区境属广东省第八区行政督察专员公署合浦县辖地。

中华人民共和国，1949—1952年，铁山港区境属广东省南路专区、钦廉专区合浦县辖地。1952年，属广西省（今广西壮族自治区）钦州专区合浦县辖地。1955年，属广东省合浦专区（钦州专区划归广东省改称合浦专区）合浦县辖地。1959年，属广东省湛江专区（合浦专区并入湛江专区）合浦县辖地。1965年，属广西壮族自治区钦州专区合浦县辖地。1970年，属广西壮族自治区钦州地区合浦县辖地。1987年7月，属广西壮族自治区北海市合浦县辖地。1994年12月，经国务院批准，从合浦县划出南康、营盘两镇设立北海市铁山港区，隶属广西壮族自治区北海市。1996年6月，经自治区人民政府批准，从原南康镇划出粟山、杨屋、石头埠、富屋、大树岭、彬池、谢家、小马头、斑鸠冲、陂头、南乐等11个村委，从原营盘镇划出彬定、川江、婆围等3个村委建立兴港镇。2018年，铁山港区隶属北海市，辖南康镇、营盘镇、兴港镇。

（区志办）

【行政区划】 2018年铁山港区辖南康、营盘、兴港3个镇，下设6个社区，37个村委会。区人民政府驻北铁公路27千米处，行政区域面积394平方千米。2018年铁山港区行政区划一览：南康镇辖南康、滨海2个社区，水鸭塘、社内、陂塘、高田、火甲、莲塘、黄丽窝、扫管龙、大塘、夏塘、三塘、龙门、秋风塘、里头塘、雷田15个村民委员会；营盘镇辖营盘、白龙2个社区，黄稍、彬塘、塘仔、盐灶、石村、彬畔、白东、鹿塘、火禄、能村10个村民委员会；兴港镇辖石头埠、南乐2个社区；粟山、杨屋、谢家、富屋、彬池、小马头、斑鸠冲、陂头、大树岭、川江、彬定、婆围12个村民委员会。（区民政局）

【人口】 2018年，铁山港区常住人口为15.60万人，其中城镇人口为5.46万人，乡村人口为10.14万人，实现城镇化率35.0%。（区统计局）

【民族】 铁山港区是一个以汉族为主，壮、瑶、毛南、仫佬等11个少数民族聚、散杂居的新建区，第五次人口普查全区常住总人口142715人，少数民族常住人口1057人，其中915人聚居滨海农场前卫分场，余下少数民族散居于各单位、镇、村当中。（区民宗局）

【宗教】 2018年，铁山港区有宗教场所2个，南康镇基督教礼拜堂和北海市基督教新村坡聚会点，传教布道途径主要是每周的礼拜活动和祈祷会。2个宗教场所的情况是：南康镇基督教礼拜堂，原名粤海信义会，是德国传教士于1907创办，位于南康镇团结路，与南康中学东面一墙之隔，占地面积1700多平方米，建筑面积600多平方米，新中国成立初期停止教会活动，1991年，经合浦县人民政府批准，恢复教会活动；新村坡聚会点，由郑晓霞、郑春尤姐妹于2002年创办，位于兴港镇彬定村委新村坡村，占地面积近800平方米，建筑面积772.6平方米。铁山港区有信教群众约330人，信众大部分以务农为生，分布在南康、营盘、兴港三镇。

（区民宗局）

铁山港区2018年乡科级以上机构和领导人

中共北海市铁山港区委员会

书　记：余兴国

副书记：曾　玲（女，2018年11月免）

李玉婷（女）

何小龙（挂职）

龙起云（2018年11月任）

常　委：马长林（2018年6月免）

郑成富（2018年6月任，2018年11月免）

向　勇（2018年11月任）

陈文初

林昌斌

沈志平

石姚斌

张　会（女）

刘将远

何　平（2018年3月挂职期满）

岑明阳（2018年4月挂任）

北海市铁山港区人大常委会

主任、党组书记：黄小健

副主任、党组副书记：

王才儒（2018年2月任副主任，2018年4月任党组副书记）

副主任：严锡强

李　静（女）

刘汉明（2018年2月任）

北海市铁山港区人民政府

区长、党组书记：

曾　玲（女，2018年11月免区长，2018年12月免党组书记）

代区长：

龙起云（2018年11月任代区长，2018年12月任党组书记）

副区长：吴志全

黄荣花（女）

白银冰

何　平（2018年5月免）

裴强昌

秦　彬

林昌斌

岑明阳（2018年5月挂任）

政协北海市铁山港区委员会

主席、党组书记：彭岳军

副主席、党组副书记：管务光

副主席：陈旭昌

陈德萍（女）

邓明仪

中共北海市铁山港区纪律检查委员会

书　记：张　会（女）

副书记：毛基福（2018年2月免）

黄　洪（2018年5月任）

徐水宗

常　委：郑春贺

黎　锋

赖满棠
黎立江

北海市铁山港区监察委

主　任:张　会(女)
副主任:徐水宗(2018年2月任)
黄　洪(2018年7月任)
委　员:黎　锋(2018年2月任)
赖满棠(2018年2月任)
秦靖钧(2018年7月任)
黎　刚(2018年7月任)

北海市铁山港区绩效考评办公室

主　任:劳成兴
副主任:吴文彰(2018年4月免)

中共北海市铁山港区委工作部门

中共北海市铁山港区委办公室［保密办(保密局)、机要局(国家密码管理局)、督查室］

主　任:石姚斌
副主任:石日喜
廖　环
伍旭红(女)
钟　伟

区委保密办(区保密局)

主　任:钟　伟

区委机要局(国家密码管理局)

局　长:伍旭红(女)

区委督查室

主　任:吴志全(2018年3月任)
副主任:空缺

中共北海市铁山港区委组织部(老干部局)

部　长:沈志平
副部长:王才儒
陈凯华
陈东辉(2018年4月免)
吴丽华(女,2018年12月任)

中共北海市铁山港区委老干部局

局　长:王才儒(2018年12月免)
吴丽华(女,2018年12月任)

中共北海市铁山港区委宣传部［文明办、外宣办(区人民政府新闻办)］

部　长:林昌斌
副部长:陈传栋(女)
卓　伟

区精神文明建设委员会办公室

主　任:卓　伟

区对外宣传办公室(区人民政府新闻办)

主　任:陈传栋(女)

中共北海市铁山港区委统战部(台办、侨办)

部　长:刘将远
副部长:甘绍强
劳浦强

区委台湾工作办公室(区政府台湾事务办公室)

主　任:甘绍强

区侨务办公室

主　任:甘绍强

中共北海市铁山港区委政法委(综治办、维稳办、防范处理邪教办)

书　记:陈文初
副书记:李焕辉
林胜峰

区社会管理综合治理办公室

主　任:林胜峰
副主任:郑连海(挂任至2018年12月)
李先晓(2018年7月挂任)

区维护稳定工作领导小组办公室

主　任:李焕辉

区防范和处理邪教问题领导小组办公室

主　任:林胜峰

中共北海市铁山港区直属机关工作委员会

书　记:黄家忠
副书记:李世凤(女)

北海市铁山港区委、区政府信访局

局　长:石日喜
副局长:甘焕远

北海市铁山港区编制委员会办公室

主　任:王才儒
副主任:包德芳(女)
尹亚鹏(2018年9月挂任)

北海市铁山港区人大常委会办公室和各工作委员会

北海市铁山港区人大常委会办公室

主　任:张　毅

北海市铁山港区人大常委会选举联络工作委员会

主　任:徐　莲(女,2018年3月任)

北海市铁山港区人大法制与内务司法委员会

主　任:庞兴明(2018年2月任)

北海市铁山港区人大财政经济委员会

主　任:杨怀春(2018年2月任)

北海市铁山港区人大常委会教科文卫与民族工作委员会

主　任:曹　莲(女,2018年3月任)

北海市铁山港区人大常委会农业农村与环资城建工作委员会

副主任:叶晓龙(2018年3月任)

政协北海市铁山港区委员会办公室和各专门委员会

北海市铁山港区政协办公室

秘书长:吴　铁

北海市铁山港区政协提案法制委员会

主　任:石玉祥

北海市铁山港区政协科教文卫委员会

主　任:黄晓科

北海市铁山港区政协经济联谊委员会

主　任:王嘉康

北海市铁山港区人民政府工作部门

北海市铁山港区人民政府办公室（法制办、民族宗教事务局、海防办）

主　任:欧小兵

副主任:郑光平

郑珍庭(女)

戚恒家

刘小文(挂职)

蔡小英(女,2018年1月免)

区民族宗教事务局

局　长:劳浦强

北海市铁山港区政务服务管理办公室

主　任:郑珍庭(女)

北海市铁山港区发展和改革局（物价局、粮食局）

局　长:陈绪贤

副局长:宁万东

区物价局

局　长:宁万东

区粮食局

局　长:空缺

北海市铁山港区教育局

局　长:范先铭

副局长:李建秀(女)

谢元芹(女,挂职,挂任期至2018年12月)

北海市铁山港区科学技术局

局　长:黄晓平

副局长:空缺

北海市铁山港区工业和信息化局

局　长:朱　超

副局长:李　洋(2018年10月挂任)

北海市铁山港区民政局

局　长:陈翔宇

副局长:欧余柏

北海市铁山港区司法局（调处办）

局　长:吴礼有

副局长:曾达雄

郑连海

区调解处理土地山林水利纠纷办公室

主　任:吴礼有

副主任:曾达雄

北海市铁山港区财政局

局　长:张祖钊

副局长:杜　贵

刘兴群(女)

北海市铁山港人力资源和社会保障局

局　长:陈凯华

副局长:陆柏桦

北海市铁山港区住房和城乡规划建设局（人防办）

局　长:谢余红

副局长:叶　龙

区人民防空办公室

主　任:谢余红

北海市铁山港区城市管理局

局　长:刘远航(2018年2月任)

副局长:祝小明(2018年7月免)

北海市铁山港区交通运输局

局　长:陈家瑶

副局长:黄　聪

北海市铁山港区农业局（扶贫办）

局　长:林　健

副局长:廖元景

区扶贫开发办公室

主　任:刘忠华

副主任:彭　云(兼)

陈家宁(2018年1月挂任)

北海市铁山港区水利局

局　长:李源军

副局长:郑韵桦(女)

北海市铁山港区林业局

局　长:韩有才

副局长:林仁伟

北海市铁山港区海洋与渔业局

局　长:黄家琳(2018年9月任)

副局长:刘大庆(2018年10月任)

叶瑞山(2018年10月任)

北海市铁山港区文化体育广电局

局　长:蔡小英(女,2016年12月任)

副局长:户尊兰(2018年10月挂任)

北海市铁山港区卫生和计划生育局

局　长:杨　杏

副局长:卢小莲(女)

赖培峰(挂职,挂任期至2018年12月)

北海市铁山港区审计局

局　长:莫深伟
副局长:隋文勃
　　李学武(挂职,挂任期至2018年12月)

北海市铁山港区安全生产监督管理和环境保护局

局　长:郑开伦(2018年9月免)
副局长:甘锡坤

北海市铁山港区统计局

局　长:梁旺有
副局长:空缺

北海市铁山港区食品药品监督管理局

局　长:钟羚玮(女)
副局长:唐海鹏
　　王厚明

法院、检察院

北海市铁山港区人民法院

院长、党组书记:孟繁刚
副院长:邹　雪(女)
　　黄海宁
　　张家敏(挂职,2018年3月免)

北海市铁山港区人民检察院

检察长、党组书记:
　　陈伟意(2018年7月免检察长)
代检察长:于　海(2018年7月任代检察长、党组书记)
副检察长:邝永博
　　卿钟月
　　张伯强
　　叶培高(挂职,2018年3月免)

群众团体、民主党派

北海市铁山港区总工会

主　席:李　静(女,兼任)
副主席:梁毅峰
　　陈梅娟(女)

共青团北海市铁山港区委员会

书　记:聂文龙
副书记:班玉玲(女)
　　钟　磊(兼任)
　　黄海萍(女,挂职)

北海市铁山港区妇女联合会

主　席:陈丽艳(女)
副主席:莫瑗瑜(女)
　　卢小莲(女)

北海市铁山港区残疾人联合会

理事长:庞　明
副理事长:庞海峰

北海市铁山港区社会科学界联合会

主　席:陈传栋(女)
专职副主席:
　　廖民中(2018年5月免)
　　欧作合(2018年5月任)

北海市铁山港区工商业联合会

主　席:邓明仪
副主席:甘绍强
　　李乃志
　　李胜远
　　杨有强
　　吴其军
　　陈国庆
　　陈俊良
　　黄　平
秘书长:陈俊良
党组书记:甘绍强

北海市铁山港区计划生育协会

会　长:李玉婷(女)
常务副会长:刘汉明
专职副会长:林泓余(女)
副会长:赖满棠
　　欧余柏
　　钟羚玮(女)
　　钟　毅
　　郑开伦
　　李　静(女)

北海市铁山港区副科级以上事业单位(含参公)

北海市铁山港区档案局(馆)

局　长(馆　长):杨中敏

北海市铁山港区委党史办公室(区地方志编纂委员会办公室、区委改革办)

主　任:周　芳(女)

区委全面深化改革领导小组办公室

主　任:卓　伟
副主任:廖民中
　　王功海

北海市铁山港区招商促进局(投资投诉中心)

局　长:范绍松
副局长:叶培高

北海市铁山港区水库移民工作管理局

局　长:官锡林

北海市铁山港区土地房屋征收管理办公室

主　任:顾传国
副主任:金仁海
　　谢元芹(女)

北海市铁山港区城市管理综合行政执法大队(市城市管理综合行政执法局铁山港区分局)

大队长:李子忠
教导员:空缺
副大队长:罗现欢
　　何文辉
　　戴全刚

北海市铁山港区党员干部现代远程教育管理办公室（区非公有制经济组织和社会组织工作委员会）

主　任:陈宏宇

中共北海市铁山港区非公有制经济组织和社会组织工作委员会

书　记:
陈东辉(兼,2018年4月免)

副书记:陈远成(专职)

北海市铁山港区统计普查中心（区统计数据管理中心）

主　任:李冰梅(女)

北海市铁山港区机关后勤服务中心（机关事务管理局、接待办）

主　任:林　洪

副主任:卢栋宏

区机关事务管理局

局　长:林　洪

副局长:卢栋宏
刘奕波

北海市铁山港区政府采购中心

主　任:刘小文

北海市铁山港区政务服务中心

主　任:
蔡小英(女,2018年1月免)
郑珍庭(女,2018年1月任)

副主任:陈远会

北海市铁山港区信息中心

主　任:冯耀斌

北海市铁山港区国库支付中心

主　任:刘兴群(女)

北海市铁山港区城乡居民最低生活保障服务所(低收入居民家庭经济状况核对中心)

所　长:劳宗信

北海市铁山港区公共就业和人才服务局

局　长:何永红

北海市铁山港区食品药品稽查大队

大队长:阮智富

教导员:伍旭红(女)

副大队长:林越平
黄伟雄

北海市铁山港区综合福利院

院　长:空缺

北海市铁山港区交通综合行政执法大队

大队长:蔡　坚

教导员:空缺

北海市铁山港区公路管理所

所　长:空缺

北海市铁山港区公路运输管理所

所　长:邹贞役

北海市铁山港区航务管理所

所　长:黄艳耀(女)

北海市铁山港区社会保险事业局

局　长:翟荣麟(2018年6月免)

北海市铁山港区学生资助管理中心

主　任:李　海

北海市铁山港区教育教学研究室

主　任:罗志强

北海市铁山港区人民医院（南康镇中心卫生院）

院　长:徐惟永

党支部书记:傅镜益

副院长:陈运娇(女)
邓彰恂
王锋其

北海市铁山港区妇幼保健院

院　长:叶长城

北海市铁山港区市容市政管理中心

主　任:陈剑平

副主任:梁　越

北海市铁山港区事业单位登记管理局(区机构编制研究中心)

局　长:空缺

北海市铁山港区民兵训练基地

主　任:空缺

北海市铁山港区纪检监察信息中心

主　任:空缺

南康镇卫生和计划生育服务所

所　长:
梁　胜(2018年10月任)

营盘镇卫生和计划生育服务所

所　长:
吴明华(2018年10月任)

兴港镇卫生和计划生育服务所

所　长:空缺

南康镇国土规建环保安监站

所　长:刘敬喜

营盘镇国土规建环保安监站

所　长:空缺

兴港镇国土规建环保安监站

所　长:叶海龙

区辖三镇

南康镇

党委

书　记:杨晓峰

副书记:劳庆蓉(女)
林盛聪
丁　波(挂职,2018年9月免)
香　宇(女,挂职,2018年9月免)
王广军(2018年7月挂任)

委　员：廖云龙
金寿清
吴少锋
陈升安
刘仕发

政府

镇　长：劳庆蓉（女）
副镇长：廖云龙
吴少锋
刘仕发
张家敏

人大主席团

主　席：林盛聪
副主席：许世登

营盘镇

党委

书　记：范徽忠（2018年12月免）
张　良（2018年12月任）
副书记：朱　超（2018年12月任）
陈　锋
刘兴德（挂职，2018年5月免）
包翔元（2018年5月挂任）
金远先（2018年11月挂任）
委　员：郑光强
伍学锟
郑　斌（2018年12月免）
陈燕萍（女，2018年4月免）
谢　军

政府

镇　长：张　良
副镇长：郑光强
郑　斌
谢　军
许　强

人大主席团

主　席：陈　锋
副主席：王昌富

兴港镇

党委

书　记：余军远
副书记：黄元贵（2018年12月免）
叶大柱
陈　东（挂职，2018年5月免）
张文勇（2018年5月挂任）
刘远航（2018年12月任）
委　员：黄家明
林昌海
钟　毅
李　锋
吴丽华（女，2018年12月免）
蔡风华（2018年6月任）

政府

镇　长：黄元贵
副镇长：黄家明
李　锋
蔡风华
程龙洋

人大主席团

主　席：叶大柱
副主席：张宗泉

（区委组织部供稿　统计至2018年12月）

国民经济和社会发展

【经济发展】　2018年，北海市铁山港区实现地区生产总值367.45亿元，同比增长3.5%，三次产业增加值分别为32.49亿元、305.75亿元、29.21亿元，分别同比增长6.8%、2.3%、8.4%；规模以上工业总产值1040.82亿元、同比增长14.68%，总量占全市的53.86%；辖区内税收129.77亿元，同比增长5.45%，占全市的64.34%；财政收入45.61亿元，同比增长20.62%；农村居民人均可支配收入14651元，同比增长10.1%；城镇居民人均可支配收入33252元，同比增长6.4%。

【工业经济】　2018年，铁山港区工业区规模以上工业总产值1034.73亿元，同比增长14.61%，进入广西千亿元园区行列；税收123.6亿元。石油化工和临港新材料两大产业共实现产值940.19亿元，税收120.62亿元。其中临港新材料实现产值546.13亿元，同比增长15.2%；石油化工完成产值394.06亿元，增长15.4%。中石化北海炼化汽柴油质量全面提升到国Ⅵ标准，汽油产品达到国Ⅵ B，提前四年实现产品质量升级换代。S-Zorb催化汽油汲附脱硫装置项目投入运营，总投资9.6亿元的结构调整项目获批实施，北海液化天然气接收站气化外输天然气量突破10亿立方米，中航化项目竣工，石化产业链进一步延伸。诚德新材料填平补齐优化结构环保项目完成项目备案，新材料产业园启动区标准厂房及配套设施项目以及部分新材料产业招商签约项目抓紧推进。林浆纸产业全年实现产值21.76亿元,同比增长13.19%。

【农业与扶贫】 2018年,铁山港区落实各项农业农村政策,推动全区农业经济稳步发展,全区农业总产值49.95亿元,同比增长6.81%。全区实施示范区建设增点扩面提质升级三年行动,创建自治区级现代特色农业(核心)示范区1个、县级示范区4个、乡级示范园2个,村级示范点14个。大力培育新型农业经营主体,新增自治区级、市级龙头企业各1家,新型农业经营主体160家,其中农民专业合作社133家、家庭农场27家。积极创新现代农业模式,有序推进南康镇广西农业综合开发特色村镇试点项目、儒春田园综合体项目建设,建立桂台产业合作北海示范区铁山港示范园,引进高能水集约化生态养殖、香港喜记“蟹将军”工厂化养蟹、台湾黄金龙虾养殖等一批现代农(渔)业种养示范项目。大力发展向海富民产业,深海抗风浪网箱养殖面积超过35万平方米,发展为广西最大的网箱养殖基地和深海金鲳鱼养殖基地。年内,全区整合投入资金2.2亿元创建自治区级示范区——南珠产业(核心)示范区,振兴南珠产业实现良好开局;南珠养殖面积达507公顷,完成插核1000多万贝,年总产量588千克。全区投入8856万元更新改造8艘钢质渔船,提升外海远海捕捞作业能力,实现外海捕捞常态化。全区投入1595万元扶持发展村级集体经济项目42个,实现村村有集体经济项目,村级集体经济项目年收入全部超过5万元,其中超过50万元的村1个,超过30万元的村2个;持续开展城乡环境提升年活动和宜居乡村建设活动,大力实施基础便民建设,投入资金8145.3万元,建设村屯硬化道路91.59千米,完成农村危房改造93户、改厨3282户、改厕3142户,农村生活垃圾收转运市场化服务实现全覆盖,城乡风貌、市民素质不断提升;扎实推进农村饮水安全巩固提升工程、扶贫水利工程、南康江南康镇下游河段综合治理工程等水利项目建设;按计划推进3个乡土示范项目建设;有序推进脱贫攻坚各项工作。全区安排188万元扶持1880户贫困户发展到户产业项目;安排332.5万元入股农民专业合作社发展资产性收益扶贫产业。发放小额信贷1072户5264万元,扶持贫困户发展产业。2018年全区预脱贫户294户1336人全部达到脱贫标准,顺利通过自治区“四合一”实地核查,真正实现高质量脱贫。

【服务业】 2018年,铁山港区交通运输业快速增长,全年完成客运量449万人次、客运周转量2.69亿人公里、货运量846万吨、货运周转量10.15亿吨公里,均实现二位数增长;港口物流业快速发展,实现港口吞吐量2604万吨、标准集中箱19.13万箱,分别增长18.51%、16.22%;外贸进口货物吞吐量893.45万吨,同比增长34.55%,创历史新高。城乡居民消费持续增长,社会消费品零售总额12.58亿元,同比增长10.2%。住宿餐饮业稳步发展,住宿业、餐饮业营业额分别完成0.38亿元、7.06亿元,分别同比增长7.2%、19.4%。农村电子商务覆盖率达85%;销售农海产品2323吨,网上代购4063笔。乡村旅游蓬勃发展;白龙珍珠城暨珍珠特色小镇项目招商工作有序推进,青山头乡村旅游区获评广西四星级乡村旅游区,高村百草园乡村旅游扶贫项目、营盘镇圆海梦星级农家乐、大王岭滨海养生旅游度假区建设持续推进。全年旅游接待89万人次,同比增长146.6%,旅游消费总额8.6亿元,同比增长112.59%。

【城乡建设】 2018年,铁山港区高标准推进新城建设。坚持以新发展理念和主体功能区理念编制完成《南珠新城——铁山港配套城区总体规划和城市设计》,完成《营盘镇总体规划》修编和《铁山港(临海)工业区向海大道综合服务组团概念性总体规划及控制性详细规划》编制。组织举办南珠新城——铁山港配套城区开发招商推介会,120家企业、金融机构、商会参会;开展南珠新城启动区土地收储,推进一期项目建设用地征收工作;与广西农垦集团初步达成四号路片区内农垦土地(约62.8公顷)的联合开发方案和协议;行政中心区片区建设有序推进,三塘回建区建房130户,已入住100户400多人。南康特色小镇已完成方案策划、产业规划、核心区规划设计,正抓紧进行招商开发。

【改革开放】 2018年,铁山港区扎实推进供给侧结构性改革,持续推动“放管服”改革,深化行政审批制度改革、商事制度改革,推行工商登记1个工作日办结制度和营业执照、网上登记全程电子化;深化财税体制改革,北海市铁山港区税务局正式挂牌,理顺了统一税制和分级财政的关系;全面启动区人民医院和妇幼保健院城市公立医院综合改革;启动企事业单位公务用车改革;加快推进农村土地确权工作,完成确权数据入库25796户,颁证24571户,颁证率95.25%。配合北海市推进开放合作平台建设,口岸环境持续优化,通关效率不断提高。全年完成外贸进出口总额70.65亿元,同比增长16.91%。其中进口68.24亿元,增长16.46%;出口2.42亿元,增长31.07%。全口径实际利用外资2.5亿美元,同比增长56.25%。

【重大港口项目建设】 2018年,铁山港区积极对接粤港澳大湾区和国际陆海贸易新通道,统筹推进海、陆综合交通网络建设,铁山港1号—4号泊位铁路专用线开工,铁山港至石头埠铁路支线、铁山港至啄罗铁路支线项目前期工作加快推进;扎实推进铁山港西港区北暮作业区5号—6号泊位工程后方陆域堆场、铁山港码头7号—8号泊位、航道三期项目等项目;北海液化天然气接收站正式通过广西天然气管道向中石油中缅线输气,广西液化天然气项目二期扩建工程获自治区发展改革委核准。

【社会事业】 2018年,铁山港区推动教育优质均衡发展,投入2205万元改善义务教育薄弱学校基本办学条件,做好中小学校建设“三三零”工程启动实施准备工作。科技发展取得新突破,北海诚德镍业成功培育为专利密集型企业。全区完成专利拥有量78件、发明专利10件和科技成果转化1项,有力推动创新驱动发展和经济转型升级;文体广电设施进一步建设完善,建成投用5个村级标准篮球场,建成2个村级公共服务中心,开工建设兴港镇斑鸠埇村级公共服务中心;完成1160套广播电视直播卫星户户通工程。深入开展文化惠民活动,全年文化下乡惠民演出30场,农村电影放映456场,送地方戏下乡8场。卫生事业进一步发展,营盘卫生院公卫楼动工建设,铁山港(临海)工业园区人民医院、区中医院、区疾控中心等项目前期工作加快推进。家庭医生贫困户签约率100%,重点人群签约率71.75%。全区人均基本公共卫生服务经费标准提至50元,服务项目由12大类增加到14大类。 (蔡德裕)

招商引资

【概况】 2018年,北海市铁山港区招商促进局(简称区招商促进局)内设办公室、效能管理股、项目帮办中心,实有人员9人(其中在职在编5人,聘用人员4人),下设投资投诉中心。年内,招商引资工作实现如期目标:全区新引进项目52个,已签项目合同投资总额261.1亿元,完成年度招商引资任务(160亿元)的163.2%;招商引资实际总到位资金110.1亿元,占目标任务(110亿元)的100.1%。其中全口径实际利用外资2.5亿美元,占目标任务(2亿美元)的128.4%。铁山港区全年全口径实际利用外资增速在北海市排名第一,实际到位资金完成总量和全口径实际利用外资完成总量在北海市均排名第二。

【招商活动】 2018年,铁山港区以“投资促进年”为抓手,采取“一个部门牵头,多个单位负责”的方式，积极开展精准招商活动，全年累计走出去开展招商活动41批次，走出去发起或参加推介会14批次，走出去对接企业389家，累计接待来访客商259批次，825人次。3月27日，区招商促进局主导举行桂台产业合作北海示范区——合浦·铁山港现代农渔业示范区项目签约仪式，成功签约了香港喜记工厂化生态养蟹及海洋生态亲子体验项目、台湾本腾甘蔗深加工和观光农场项目、台湾南璋股份黄金龙虾养殖项目、冠泷生物科技海洋养殖项目4个项目，全区共投资1.9亿元，为桂台合作打造良好的开端。9月8日，南珠新城——铁山港配套城区开发招商推介会顺利召开，北海市副市长陈勋出席会议并讲话，并在现场互动环节对各界关心的问题进行答复，来自全国的120多家企业、金融机构、各地商会和媒体共300多人参加推介会。规划总面积43.9平方千米、人口规模30万人的产城一体、城乡融合的南珠新城项目正式启动招商。9月12日—14日，区委书记余兴国带领铁山港区招商小分队赴南宁参加第十五届中国—东盟博览会、中国—东盟投资峰会。其间余兴国带队拜访了彰泰集团及太平洋集团等5家企业，铁山港区区长曾玲带队与中冶东北建设集团洽谈白龙珍珠城、南珠小镇等项目，并作为铁山港区人民政府签约代表与台湾南璋股份有限公司代表进行项目签约。此届东盟博览会，铁山港区参加论坛共计11场，共签约4个项目，拜访企业5个，会见客商13批次，洽谈项目12个，发放招商引资手册1000余份。11月24日，第四届新佑能源技术交流会北海市铁山港石化产业招商推介会暨能源化工清洁高效利用技术产业发展论坛在河北省石家庄市举行。会上，来自全国各地的80余家协会、高校、科研机构、石化企业及新闻媒体共180余名业内嘉宾参会，会议对铁山港区的区位优势、投资前景及石化产业布局做专业的推介，取得良好的效果。

【项目服务】 2018年，铁山港区全面优化营商环境，营造“亲商、安商”的良好投资环境，成立项目帮办中心，推行全天候招商服务体系。建立投资咨询台账，对意向在区内投资兴业的企业，提供及时、可靠、全面的招商引资信息，建立“三个零”（在服务企业的过程中，让企业零花费、零见面和零纸张，进入全程无纸化办证）和“三个一”（按照一个项目，一个负责人，一条龙服务代理投资者办理投资项目所需申办的行政审批事项以及其他具体手续，跟踪服务在建或已建成企业，协调解决项目开工建设的有关问题，推动项目落地建设）服务工作机制。在铁山港企业政府门户网站及时公开投资投诉平台、电话、邮箱等，投资者任何时候遇到问题都可向投诉平台投诉解决，做到在企业遇到困难时，能够第一时间知道并予以解决。畅通投诉渠道，及时为企业排忧解难，彻底消除投资服务中的“难、缠、慢、拖”和“庸、懒、散”等不良现象，年内，铁山港区在门户网站、投诉电话(8610288)等平台均未收到企业对招商引资办理情况的投诉。区招商促进局在区政府门户网站及时更新全区优惠政策、投资环境、投资成本和策划包装项目，为企业提供在线查询；加强与北海市投资促进局的沟通，按时上报项目进展情况，协调解决项目在前期建设过程中遇到的困难和问题。

【区域合作】 铁山港区是桂东南地区最重要的出海通道，拥有众多优良港口，还是北海市的重要工业基地，具有得天独厚的区位优势，在历史机遇叠加的发展环境下，2018年，区招商促进局多次组织招商小分队赴佛山、南京、东莞和南宁等地开展招商考察活动，承接东南部地区产业转移，桂台合作交流。深入企业内部了解企业生产经营情况，开展项目座谈会，对铁山港区投资环境和重点发展产业进行全面推介。充分发挥驻点城市佛山在推动区域合作中的作用，整合信息资源，主动与企业开展项目洽谈，推动区域经济合作，优化资源配置，推动铁山港经济发展。

（杨　阳）

精神文明建设

【概况】 2018年，北海市铁山港区精神文明建设委员会办公室(简称区文明办)，在区委宣传部挂牌，承担指导、协调和组织实施全区精神文明建设各项工作。年内，区文明办把贯彻落实中共十九大精神作为重大政治任务，以中国梦和社会主义核心价值观宣传教育活动为主线，以改革开放40周年和广西壮族自治区成立60周年为契机，以丰富多彩的文明创建活动为载体，精神文明建设工作取得新成效。

【社会主义核心价值观】 2018年，区文明办积极培育和践行社会主义核心价值观。以文化广场、社区活动中心，区、镇、村三级舆论宣传为主阵地，并将各级文明单位、文明村镇融入创建工作。开展社会主义核心价值观进机关、进社区、进校园、进企业活动，扩大社会主义核心价值观的知晓率和覆盖率。举办“两学一做”“学雷锋”“垃圾不落地”等活动，逐渐形成践行社会主义核心价值观的长效机制。建立核心价值观文化墙、发放宣传小卡片、制作公益广告牌、悬挂横幅标语以及电子显示屏滚播，营造全民共建社会主义核心价值观浓厚氛围。2018年，区税务局核心价值观宣传阵地被评为自治区典范，区文明办共组织制作发放核心价值观宣传小卡片1.5万份，制作投放相关公益广告牌300多块，建筑围挡5500多米，广告灯箱5000多米，户外电子屏滚动播放广告3000多次，发送社会主义核心价值观宣传短信20多万条。

【群众性精神文明】

推进道德讲堂建设　2018年，区文明办开展以社会主义核心价值观为主要内容的道德讲堂建设活动，引导干部群众从我做起，从身边做起，自觉成为道德的传播者和践行者，共举办道德讲堂总堂活动4期、各文明单位道德讲堂活动48期，新增市级道德模范3人、星级文明户2户；开展道德模范学习宣传慰问活动，宣传报道道德模范30人次，春节期间慰问道德模范50多人次，发放慰问品、慰问金共计4万多元。

开展城乡共建活动　2018年，区文明办推进农村移风易俗工作，深入开展“一约四会”建设；开展“垃圾不落地　南康更美丽”和家风家训活动，营盘镇白东村举办的家风家训活动得到自治区妇联的关注和报道；开展“我们的节日”系列活动，在重大节日期间组织开展形式多样的文体活动；开展文化、卫生、科技三下乡活动。年内，区文明办联合各单位组织开展各类晚会30多场次，推动公益电影下乡100多场次，举办各类体育比赛10多场次；新时代农民讲习所、文明实践中心、村规民约、“一约四会”在全区35个村(居)委实现全覆盖。营盘镇被评为市级文明镇，南康镇莲塘村被评为市级文明村。

推进文化惠民工程　2018年，区文明办以科学发展观统揽宣传思想文化工作，发挥乡镇文化站职能，不断扩大村级公共服务中心规模数量，广泛

2018年12月30日，“国民银行杯”唱响北海铁山港区合唱比赛在南珠会堂举办　阮雅纯　摄

开展文化下乡、文化进社区等系列活动。区文明办联合区残联开展残疾人文化进家庭“五个一”项目主题活动，并邀请铁山港区100多位重度残疾人参加。年内，区文明办共组织开展各类文艺会演活动40多场次，惠及社会各界群众1万多人次。

【市民文明素质提升行动】

精神文明建设助推创城工作　2018年，区文明办利用庆祝改革开放40周年和广西壮族自治区成立60周年契机，加大对精神文明建设和环境改善舆论宣传，推动创城工作；在主要街道、文明村镇、文明社区设置精神文明宣传栏共20多处，展示文明公约、居民公约、村民公约60多处；开展环境提升年活动，组织联合整治行动10多次。年内，区委宣传部、区文明办成功举办“国民银行杯唱响北海”铁山港区大型合唱竞赛，激发全区干部群众奋发向上的干劲。

以志愿服务传承精神文明　2018年，铁山港区志愿团体和志愿者完成全国志愿服务系统平台统一注册，持续开展“文明旅游”“文明交通”“文明礼仪”“学雷锋”等主题志愿活动；区文明办带动志愿人员积极参与，走进街头、村(社区)宣传弘扬“奉献、友爱、互助、进步”精神，共开展各类志愿服务活动80多场次，感召和吸引社会各界人士参与志愿服务，逐步养成“全民志愿服务共创文明城市”的浓厚氛围。

【未成年人思想道德建设】

开展文明校园创建　2018年，区文明办、区教育局在全区中小学校组织开展第一届文明校园创建活动。坚持以学生为中心，加强师德建设，围绕领导班子建设、思想道德教育、活动阵地建设、教师队伍建设、校园文化建设和校园环境建设，年内，铁山港区共向北海市推荐15个文明校园，其中，南康中学等8个学校被评为北海市第一届文明校园。

2018年6月19日，铁山港区“传承红色基因　争做时代新人”活动在南康中学举办　　王秀芹　摄

推进乡村学校少年宫建设　2018年，区文明办推进乡村学校少年宫建设工作，组织开展形式多样的少年宫活动，打造多种特色品牌；投入资金9万多元，建设兴港镇中心校少年宫，实现乡村少年宫建设全覆盖；开展“时刻听党话　永远跟党走”“庆六一关爱留守儿童”“童心向党”等系列主题教育活动。其中，“传承红色基因　争做时代新人”“童心向党”活动得到广西文明网和广西新闻网展播。

关心关爱未成年人身心成长　2018年，区文明办通过征文比赛、手抄报、板报、演讲、诵读、文艺展演等方式，引导未成年人树立价值观；开展关爱未成年人赠书活动及各种关爱未成年人行动；及时救助和帮扶流浪儿童、孤残儿童、留守儿童、“两劳”子女等特殊未成年人，全区先后为200多个青少年做好思想转化工作。

开展戏曲进校园活动　2018年，区文明办用传统文化熏陶青少年情操，投入资金14.2万元开展“戏曲进校园”活动，邀请各地曲艺团在辖区三镇举办56场“戏曲进校园”专场演出，实现校园全覆盖，各中小学落实每月一节戏曲欣赏课，弘扬民族文化，促进未成年人身心健康成长。

（彭　鹏）

生态文明建设

【生态环境宣传教育】

宣传植树造林 2018年3月13日，铁山港区官方微信公众号“活力铁山港”刊登“铁山港区：撸起袖子植树去，干群合力添新绿”一文，对3月12日铁山港区委书记余兴国等区四家班子领导到南康镇三塘回建小区、营盘镇滨江回建小区和兴港镇兴港回建小区植树现场与干部群众、青年志愿者一起开展“兴水利、种好树、优生态、惠民生”植树造林活动进行详细报道，为推动铁山港区牢固树立“绿水青山就是金山银山”发展理念，形成人与自然和谐发展现代化建设新格局起到良好的宣传带动效果。

宣传废渣整改 2018年6月15日，铁山港区官方微信公众号“活力铁山港”对中央环保督察“回头看”期间，铁山港区立行立改，从速从严整治冶炼废渣堆场一事进行详细报道，彰显了区委、区政府对中央环保督察“回头看”发现问题照单全收，立即整改，铁腕整治，并以此为契机，彻底解决一批环境保护突出问题的决心和力度。（李祥光）

【生态农业建设】

现代生态养殖认证 铁山港区从2017年开始加快推进畜禽养殖场的生态养殖认证。2018年，该区组织申报的3个规模养殖场全部通过自治区生态养殖认证，获得“广西畜禽现代生态养殖”称号，其中铁山港区农业综合开发示范场评定为四星级。年内，铁山港区共有8个规模养殖场获得“广西畜禽现代生态养殖”称号，全区备案在册规模养殖场生态养殖比率100%。

农村畜圈改造工程 2018年，铁山港区继续推进农村畜圈改造试点工程，年内已落实畜圈改造建设资金8万元，改造1村12户，使试点村的污水外流现象得到有效治理，提高村民生活环境宜居度、舒适度。完成农村畜圈改造试点村3个。

生态养殖进村 2018年，铁山港区组织实施生态养殖进村专项行动，以生态循环理念引领优势特色养殖业发展，推广应用“微生物＋生态养殖”模式，落实生态养殖建设资金15万元，年内再打造1个生态养殖示范点合作社。（蓝新禄）

【生态林业建设】 2018年，铁山港区林地保有量7401.6公顷，完成植树造林总面积为139.6公顷，完成任务的104.7%；完成义务植树40.2万株，完成中幼林抚育667公顷；根据林地变更调查初步成果，全区全年森林覆盖率达到19.02%。全区进一步加强森林资源保护，不断加大涉林案件查处力度。年内，铁山港区通过扩大监测范围和加强森林检疫监管，监测林业有害生物寄主树种面积6942.53公顷次，监测覆盖率100%，没有出现重大的森林病虫害，森林病虫害受害率为零，林业有害生物成灾率为零，薇甘菊覆盖度为零。全区全年没有发生重大森林火灾，全区森林火灾受害率为0.38‰，控制在全区森林火灾受害率小于0.4‰的责任指标范围内，森林火灾均得到及

2018年3月12日，区委书记余兴国（前排左二）到南康镇三塘回建小区与干部群众、青年志愿者一起植树造林　区委宣传部 供

2018年6月12日，区委、区政府和铁山港（临海）工业区管委会举行诚德、瑞德公司废渣堆场整改约谈会议，约谈诚德镍业公司、瑞德公司、北部湾港北海港分公司和北港商贸公司的主要负责人及相关责任人员　　区委宣传部　供

时扑救。全年林产工业生产没有发生安全生产事故，建设项目使用林地申请依法办理。

（黄添凤）

【生态海洋建设】 2018年，铁山港区执行国家南海伏季休渔制度，保障南海渔业的可持续发展，采取有力措施养护和合理利用南海渔业资源。开展清洁海滩活动，组织各镇政府做好沿海沙滩日常清洁工作，全年累计清理垃圾502吨，运输垃圾341车次，清理卫生死角95处，清理积沙33.7立方米，清理杂草3824平方米，保洁海岸线200.3千米。

（陈定军）

【生态工业建设】 2018年，铁山港区完善重大工业项目与生态发展共同推进工作机制，进一步加强项目组织协调，确保项目按计划推进。年内，铁山港区的市重点项目共95个，计划总投资724.63亿元。北海市下达项目年度投资任务21.24亿元，实际完成投资21.6亿元，完成率101.7%。全区谋划自治区三年滚动计划（2018—2020年）建设项目29个，总投资1003.6亿元，增强投资增长后劲，固定资产投资快速增长，达21.67%，其中工业区增长24.22%，区本级增长12.63%。

（吴　亮）

中国共产党北海市铁山港区委员会

综　述

【概况】 2018年，中国共产党北海市铁山港区委员会（简称区委） 深入学习贯彻习近平新时代中国特色社会主义思想和中共十九大精神，全面落实中央、自治区和北海市各项决策部署，团结带领铁山港区人大、政府、政协及铁山港区管委会（简称铁管委）班子和全区党员干部群众，推动全区经济、政治、文化、社会、生态文明建设和党的建设取得新成就，实现产港城高质量融合发展良好开局。全年实现地区生产总值367.45亿元，同比增长3.5%；规模以上工业总产值1040.82亿元，同比增长14.68%；财政收入45.61亿元，同比增长20.62%；固定资产投资增长21.67%。铁山港（临海）工业区实现产值1034.73亿元，成为北海首个千亿元产值园区。

【加大招商引资力度】 2018年，区委绘制石油化工、不锈钢、玻璃产业3个"产业树"。全年组织"走出去"招商41批次，接洽客商259批次，引进项目34个，投资总额230亿元，全口径实际利用外资2.5亿美元；建立桂台产业合作北海示范区铁山港示范园，组织举办台湾农渔业项目签约会，引进高能水集约化生态养殖、香港喜记"蟹将军"工厂化养蟹、台湾黄金龙虾养殖等一批现代农渔业种养示范项目；信义玻璃、新材料启动区标准厂房等一批项目开工建设，北部湾表面处理中心等一批项目加快推进，东莞蓝钛公司等电镀企业正式入驻。

【促进产业结构优化】 2018年，铁山港区培育"北海诚德镍业有限公司"为专利密集型企业，完成10项发明专利和1项科技成果转化；北海兴港码头有限公司获批国家级服务业标准化试点；铁山港（临海）工业区被列入自治区级开发区。青山头乡村旅游区被评为广西四星级乡村旅游区。深海抗风浪网箱养殖面积超过35万平方米，铁山港区已发展为广西最大的网箱养殖基地和深海金鲳鱼养殖基地。整合投入资金2.2亿元创建自治区级示范区——南珠产业（核心）示范区，振兴南珠产业实现良好开局。

【有序推进城乡建设】 2018年，铁山港区完成《南珠新城——铁山港配套城区总体规划和城市设计》《营盘镇总体规划》和《铁山港（临海）工业区向海大道综合服务组团概念性总体规划及控制性详细规划》等修编编制。举办南珠新城——铁山港配套城区开发招商推介会，120家房地产企业、金融机构、商会和其他类投资企业参会。加快南珠新城启动区土地收储，一期项目用地征收开局良好；南康特色小镇项目建设稳步推进。城乡环境提升年活动和宜居乡村建设活动成效明显，投入资金8145.3万元，建设村屯道路硬化91.59千米，完成农村危房改造93户、改厨改厕共6424户，农村生活垃圾收转运市场化服务实现全覆盖。

【全面深化改革】 2018年，区委深化行政审批制度改革，推动审批机构、审批事项、审批人员"三集中"（部门许可职能向一个科室集中，审批科室向政务大厅集中，审批事项向网上办理集中）。实行“最多跑一次”“容缺后补”机制，推行“农事网通”（是行政审批制度改革延伸到村的政务服务平台。该平台通过厘清村级组织小微权力清单、合法授权，依托网络技术和设备，将政务服务接件办理的窗口前移到村，涉及基层群众个人办理的74项行政许可事项和便民服务事项不出村即可办理）。“阳光红页”“354560”（企业开办手续3个工作日内完成，不动产登记5个工作日内完成，园区企业投资项目施工许可45个工作日内完成，企业投资项目施工许可60个工作日内完成）改革，推进企业登记全程电子化，压缩企业开办时间，工商登记一个工作日办结。

【充分注重民生事业】 2018年，铁山港区民生支出7.67亿元，占财政总支出的82.15%。投入1959万元扶持发展村级集体经济项目39个，实现村村有集体经济项目，全区村级集体经济收入全部超过5万元；以产业扶贫促进高质量脱贫，年内294户1336名贫困群众实现高质量脱贫摘帽。投入2205万元改善义务教育薄弱学校基本办学条件，推动教育由基本均衡向优质均衡发展。铁山港区被评为自治区计划生育优质服务先进单位，营盘镇卫生院被评为全国“群众满意的乡镇卫生院”，实现了村委会的村卫生室覆盖率和乡村医生配备率100%，实现了所有贫困户家庭医生服务签约率100%。创建铁山港区现代农业孵化基地，区级就业创业公共实训基地和就业社保服务中心加快建设。营盘镇白龙社区被评为“全国综合减灾示范社区”。扎实推进系列平安创建活动，扫黑除恶专项工作民意调查排名广西第五位，刑事发案率全市最低，禁毒工作绩效考评在全市一县三区排名第一位。信访积案调处成效明显，获评全国信访工作“三无”县区，群众安全感创历史新高，排名广西第九位，连续8年居全市县区榜首，政法队伍满意度连续4年居全市县区首位。

2018年6月21日，区委副书记李玉婷（正面右三）等领导到南康镇甜叶菊种植基地调研　　区委办　供

【扎实开展生态建设】 2018年，区委实施环保整治、环境提升、海岸湿地生态修复三大专项行动，近岸海水水质达到或者好于功能区水质要求，优良率为100%。推进工业区环境形象提升工程，实施道路畅通、园林绿化和亮化三大提升工程，开展违法建设、道路环境、管线治理三大整治行动；污染防治攻坚战三年行动和水环境治理三年攻坚战深入开展，年度空气质量优良率为96.0%，在全市一县三区排名首位。抓好中央环保督察组指出问题的整改，责令诚德集团和瑞德公司妥善处理冶炼矿渣，制订可长期应用的矿渣处置方案。严厉打击非法采矿和毁坏海河堤行为，投入600多万元开展生态修复和资源合理开发利用。

【全面加强党的建设】 2018年，区委围绕落实新发展理念，深入实施“五个行动”方案。出台《关于进一步落实党的政治建设重点任务的工作方案》，进一步落实党的政治建设九项重点任务。推进基层党组织党群服务中心、“三会一课”、发展党员全程纪实、村级后备干部、驻村干部公寓等五个标准化建设。全面推行“农事网通”和“阳光红页”平台建设，投入300万元打造“海上党旗红”党建示范点和3个“新九有”新农村示范点。全面推行村党组织“星级化”管理和党员积分管理，排查整顿8个软弱涣散村党组织，12个村级党组织被自治区评星定级。非公企业和社会组织党组织覆盖率分别达99.07%、100%，两新组织党的工作全覆盖。开展作风建设年活动，专项整治形式主义、官僚主义等突出问题，推进扶贫领域腐败和作风问题专项治理。持续增强执纪审查震慑力，全区受理信访举报63件，处置问题线索165件，查处扶贫领域案件23件、涉黑涉恶“保护伞”案件1件，给予党纪政纪处分98人，运用监督执纪“四种形态”处理干部158人次。党管武装等各方面工作取得新成效，征兵“五率”位列全市第一。铁山港(临海)工业区被自治区党委统战部列为广西党外专家智力服务企业双百双创服务基地。

2018年2月5日，区委书记余兴国(左一)到南康镇慰问离休干部

区委办　供

重要会议

【区委五届三次全会】 2018年1月20日，区委五届三次全会在区政务服务综合楼五楼会议室召开。会议深入学习贯彻习近平新时代中国特色社会主义思想和中共十九大精神，全面落实中央、自治区经济工作会议以及自治区党委十一届三次全会、北海市委十一届四次、五次全会的决策部署，听取区委常委会工作报告，总结2017年工作，研究部署2018年工作。区委五届三次委员会有委员28人，候补委员6人；因工作需要调离委员1人，调离并请辞委员2人、候补委员1人，因事请假委员3人，实有委员22人、候补委员5人出席会议。区纪委委员列席了会议。

【铁山港区“新时代新跨越”领导干部大讲堂活动开班仪式暨生态环境保护和工业高质量发展大会】 2018年7月27日，铁山港区“新时代新跨越”领导干部大讲堂活动开班仪式暨生态环境保护和工业高质量发展大会在南珠会堂召开。会议贯彻落实全国生态环境保护大会，以及自治区和北海市生态环境保护大会暨工业高质量发展大会精神，动员全区各级各部门以高度的政治意识、强烈的责任担当，加强生态环境保护，推进生态文明建设各项任务，推动工业高质量发展，谱写新时代铁山港区绿色发展和工业高质量发展新篇章。会议要求全区上下要积极行动起来，以勇于担当的使命感，时不我待的紧迫感，深入推动党中央和国务院关于生态文明建设、自治区党委和北海市委关于工业高质量发展的决策部署落地落细落实，不断开创生态环境保护、工业高质量发展的新局面，以优异的成绩迎接改革开放40周年和自治区成立60周年。区四家班子领导，区法院、区检察院，区直各部、委、办、局，各企事业单位、驻区单位，各乡镇副科级以上领导干部、宣传文化系统干部参加会议。

【全区进一步落实党的政治建设重点任务动员部署会】 2018年10月16日，全区进一步落实党的政治建设重点任务动员部署会在区政务服务综合楼五楼会议室召开。会议深入学习贯彻中共十九大和十九届二中、三中全会精神以及中共中央总书记习近平在中央政治局第六次集体学习时的重要讲话精神，全面贯彻落实自治区党委、自治区纪委关于开展“政治建设六项重点任务”专项监督检查工作部署，对全区进一步落实政治建设重点任务进行动员和部署，统一思想、凝聚共识，明确任务、推动工作。会议强调要以高度的政治责任感和使命感，扎实抓好党的建设各项重点任务落实，营造更加风清气正的政治生态，要进一步弘扬铁山港“铁”的精神，将各项工作与政治建设紧密结合起来，不折不扣将工作落到实处，以政治上的全面加强推动全面从严治党向纵深发展，为推动铁山港产港城高质量融合发展，奋力谱写新时代铁山港打造向海经济新篇章提供强有力的政治保障。区四家班子党员领导干部，铁管委班子党员领导干部，区法院院长，区检察院检察长；区人大办、区政府办主任，区政协秘书长，铁管委办负责人；区委各部门、区直各党（工）委、党组、党（总）支部、各人民团体党组织各1名主要领导；区辖镇党委主要领导；区委进一步落实党的政治建设重点任务领导小组办公室全体人员参加会议。

【铁山港区实施乡村振兴战略暨打赢脱贫攻坚战三年行动工作推进大会】 2018年10月18日，铁山港区实施乡村振兴战略暨打赢脱贫攻坚战三年行动工作推进大会在区政务服务综合楼五楼会议室召开。会议传达学习中央、自治区、北海市乡村振兴和脱贫攻坚工作相关会议精神，研究部署下一阶段重点工作。会议要求各级各部门、各单位提高政治站位，深刻认识推动乡村振兴与脱贫攻坚的重大政治责任，把握好乡村振兴战略与脱贫攻坚工作的关系，形成相互支撑、相互配合、有机衔接的良性互动格局。会议强调，全区各级各部门和广大党员干部要切实担起责任、真抓实干，汇聚推进乡村振兴、打赢脱贫攻坚战的强大合力。区四家班子领导、铁管委班子领导，区法院、区检察院主要负责人，区辖各镇、区直各部门各单位相关负责人，驻镇工作队长、各村负责人、贫困村第一书记参加了会议。

【铁山港区整顿工作作风优化营商环境工作会议】 2018年12月20日，铁山港区整顿工作作风优化营商环境工作会议在区政务服务综合楼五楼会议室召开。会议贯彻落实北海市整顿工作作风优化营商环境工作会议精神，进一步部署全区优化营商环境工作，努力营造一流的营商环境。会议强调，全区各级各单位领导干部要增强服务意识，以亲力亲为的态度，采取有力措施，拿出过硬的作风，创造一流营商环境和一流业绩。领导班子要担当作为，区四家班子、铁管委班子领导干部做到在其位、谋其政、负其责、亲自抓，抓到底，调动整个班子、整个部门的力量，齐心协力推动优化营商环境取得实质性突破。作为最大的营商环境，“一把手”要亲力亲为，班子成员要敢抓敢为，管好分管的科室和下属，落实一岗双责，工作人员要敢做有为，加强细节管理，特别是窗口工作人员要进一步强化大局意识、发展意识、服务意识，为企业发展提供优良服务，争创全国一流营商环境，推动产港城高质量融合发展，打造新时代铁山港向海经济，努力为企业和群众创造便捷高效的服务环境。区四家班子成员，铁管委班子成员，区法院、区检察院主要领导；区人大办主任、区政协秘书长，区政府办（含政务服务中心）班子成员，铁管委副科级以上干部；区委部门、群团组织1名主要领导；区政府部门副科级（非领导职务除外）以上干部，驻区单位1名主要领导；各镇班子成员；邮政银行南康镇支行、农行铁山港支行、中行铁山港支行、南康信用社、营盘信用社、湖海公司各1名主要领导参加了会议。

重大决策和工作部署

【加强党的政治建设】2018年，铁山港区高举习近平新时代中国特色社会主义思想伟大旗帜，深入贯彻落实中共十九大精神以及习近平总书记对广西工作的指示精神，坚决贯彻落实中央、自治区党委和北海市委关于全面从严治党的各项重大决策部署，进一步强化全面从严治党主体责任，切实推动全面从严治党向纵深发展，向基层延伸，为打造向海经济推动产港城高质量融合发展凝聚正能量。以“三会一课”标准化建设和丰富“主题党日”活动为载体，持续推进“两学一做”学习教育制度化、常态化。推行“三会一课”标准化，按照“四有三报一公开”要求严格组织生活。统一规范党的组织生活“四个本子”。 开展对后进党组织进行整顿提升，全年共排查整顿8个软弱涣散村党组织。成立落实全面从严治党主体责任领导小组及党的政治建设重点任务工作领导小组，制订《关于进一步落实党的政治建设重点任务的工作方案》，将政治建设六项重点任务细化为九个方面共29点重点任务。修订印发《关于进一步贯彻落实中央八项规定精神的实施办法》，认真组织开展“作风建设年”活动，召开部署会、座谈会、交流会50多场次。年内共召开11次区委常委会研究党风廉政建设，涉及33个议题。

【全力推进脱贫攻坚】2018年，区委贯彻落实北海市委和市政府脱贫攻坚政策部署，狠抓扶贫领域作风问题专项治理，印发《关于开展扶贫领域作风问题专项治理实施方案》和《北海市铁山港区2018年脱贫攻坚督查工作总体方案》，坚决整治和纠正扶贫工作中不尽责、落实差、不精准等的问题。10月18日，召开全区脱贫攻坚战三年行动暨乡村振兴工作推进大会，全区上下提高政治站位，立足发展大局，全面全力推进乡村振兴和脱贫攻坚。加大工作力度，落实“两不愁”“三保障”。切实提高贫困户的教育、医疗和住房保障。实施扶贫项目产业扶持，大力发展到户产业项目，发展资产性收益扶贫产业，帮助贫困村发展杂交构树种植。年内，铁山港区整合交通、水利、扶贫、水库移民、财政等部门资金，加大对贫困地区基础设施建设的投入；发展壮大集体经济，增强村级集体造血功能；依托铁山港(临海)工业园区，促进劳动力转移就业，协调安排贫困人口就近进厂务工；开展“一帮一联”，落实帮扶机制，确保贫困户“一帮一联”结对帮扶工作全覆盖；积极争取与信用联社沟通协调，全力推进扶贫小额信贷工作落到实处。

【发展向海经济】2018年，区委以习近平总书记考察北海重要讲话精神为引领，围绕 “三大定位”和“五个扎实”新要求，积极融入“一带一路”建设，全力实施“四大会战”，奋力舞起“四个龙头”，着力打造‘向海经济’，写好海上丝路新篇章。年内，铁山港区委托专业机构编制石化、新材料、林浆纸等三个产业树，对临港产业集群发展、产城融合进行总体谋划、项目策划和有针对地招商引资；配合做好项目供地、用海报批等相关工作，扎实推进港口、航道、铁路等重大港航基础设施建设；围绕工业区整体发展及重点产业园区规划建设需求，不断完善工业区的运输网络格局；完善公共配套设施，提升产业服务功能，推动兴港居住组团和滨江组团建设。科学规划并大力推进铁山港配套城区——南珠新城和“六大产业园区”建设，力争用10年左右时间把南珠新城建成配套服务功能完备、生态宜居、港产城一体的滨海新城，成为北部湾经济区、临港产业首善之区、向海经济示范区、21世纪海上丝绸之路重要节点区域，把铁山港工业区建成服务“一带一路”发展的产业合作新高地。

【强力扫黑除恶】2018年2月，铁山港区成立以区委书记、区长为组长的“反腐正风、扫黑除恶”专项工作领导小组；区委、区政府印发《北海市铁山港区深入推进扫黑除恶专项斗争工作方案》，区扫黑除恶领导小组印发《北海市铁山港区深入推进扫黑除恶专项斗争工作任务分工方案》，进一步细化工作责任分工职责。2月11日，召开全区反腐正风、扫黑除恶暨禁毒工作动员部署会，区委书记余兴国在会上强调，要深刻认识扫黑除恶突出的时代意义，突出重点开展扫黑除恶专项斗争，加强组织领导确保扫黑除恶专项斗争落地见效，努力以党风廉政建设和反腐败工作的新成效取信于民。3月15日，召开全区政法工作暨扫黑除恶专项斗争动员会，区委书记余兴国在会上强调，要步步为营出重拳，形成高压严打态势，坚决打赢扫黑除恶攻坚战。年内，区公安分局共立案359起，破案187起，刑拘345人，逮捕253人；其中涉“九罪”立案31起，破案29起，刑拘73人，逮捕71人，打掉3人以上涉恶团伙2个，抓获犯罪嫌疑人10人，刑拘8人。区检察院批捕涉恶案件4件12人，审查提起公诉3件5人。区法院受理涉恶案件3件5人，一审审结2件4人。铁山港区刑事发案率全市最低，2018年实现278天没有发生刑事案件；全年没有发生进京赴邕非正常上访事件，获评全国信访工作“三无”县区；平安建设成效显著，实现“五个不发生”工作目标，荣获北海市平安建设工作目标管理一等奖；年内，群众安全感满意度达97.36%，在广西县区中排名第九位，创历史新高，位居全市县区第一位；全年扫黑除恶专项斗争民意调查满意度94.71%，在广西县区中排第五位，得到自治区通报表扬，群众的幸福感、安全感、获得感不断增强。

【优化营商环境】 2018年，铁山港区强化作风养成，把北海市委倡导的“三坚持两改变”作为检验干部作风的标尺，部署开展深化“两学一做”提效能争先锋“十个一”活动。整治作风顽疾，组织开展“作风建设年”活动，全面治理推诿扯皮、故意刁难等现象。完善工作机制，建立领导干部联系企业制度和优化营商环境一对一服务企业责任，坚持“三个零”（零花费、零见面、零纸张）、“三个一”（一个项目、一套班子、一条龙服务）理念，实行保姆+亲友式服务。完善项目帮办制度，成立项目帮办中心，积极为新入园企业提供证件代办、税务、商务登记等前期服务，对重点项目建立“审批绿色通道”，做到“网上事情网上办”“一次办”，切实解决审批、用地、用工问题。加强政企银合作，推动诚钢矿业在新三板上市，成为园区首家股票挂牌企业。

【落实环保督查】 2018年，铁山港区扎实践行习近平生态文明思想，坚持生态优先，扛起生态环境整治保护修复的政治责任。7月27日，召开全区生态环境保护和工业高质量发展大会，强调要坚决担负起生态文明建设的政治责任，深入推动铁山港绿色发展、高质量发展。大力推进工业区环境形象提升工程。2018年中央环保督察“回头看”反馈意见中涉及辖区的13个问题、交办辖区处理的41个群众举报问题，均已将任务逐一分解到各责任单位推动落实，强力推进整改。坚持整改、打击、问责“三管”齐下，严厉打击非法采矿和毁坏海河堤行为，组织开展生态修复和资源合理开发利用；实施重点生态项目，开展村屯绿化提升和青山头旅游区主干道绿化提升，改善人居环境和旅游环境。

（钟　伟　吴志全　陈远天　黄海鸥　陈源达　杜家兴　蒙彦佳）

全面深化改革工作

【概况】 中国共产党北海市铁山港区委员会全面深化改革领导小组于2014年4月15日成立，领导小组下设办公室（简称区委改革办），在区委党史办挂牌，内设机构有综合改革股、经济改革股、社会改革股，实有5人。

2018年，区委书记、区委全面深化改革领导小组组长余兴国主持召开4次全面深化改革领导小组会议，传达学习中央、自治区党委和北海市委全面深化改革领导小组会议精神，研究部署铁山港区全面深化改革工作。5月11日，区委书记余兴国在区政务服务综合楼二楼主持召开中共北海市铁山港区委员会全面深化改革领导小组第九次会议，传达学习中央、自治区党委、市委全面深化改革领导小组会议精神，听取相关专项小组工作汇报并研究部署2018年区委全面深化改革工作。会议听取纪律检查体制改革专项小组、农村和生态文明体制改革专项小组等2个领域专项小组工作汇报，并对2个专项小组下一步改革工作进行专题研究部署。

7月12日，区委书记余兴国在区政务服务综合楼二楼主持召开中共北海市铁山港区委员会全面深化改革领导小组第十次会议，集中学习中央全面深化改革委员会第三次会议精神，审定区委全面深化改革领导小组2018年工作要点（送审稿）及区委全面深化改革2018年督察计划（送审稿）。会议听取了经济体制改革专项小组及开放合作体制改革专项小组关于2018年改革任务推进情况的汇报。会议提出三方面要求：一是认清形势，以坚韧不拔的精神更加有力地推进改革；二是提高质量，以严密细致的举措更加精准地推进改革；三是抓好落实，以高度负责的态度更加务实地推进改革。10月18日，区委书记余兴国在区政务服务综合楼二楼主持召开区委全面深化改革领导小组第十一次会议，集中学习中央全面深化改革委员会第四次会议精神，听取相关专项小组汇报并进行专题研究。会议听取民主法制领域和社会体制改革专项小组、党的建设制度改革专项小组及区教育局、区卫计局2018年改革任务推进情况汇报。会议对各个专项小组下一步改革工作以及全区2018年承担自治区和北海市下达全面深化改革方面绩效考评指标任务推进工作进行专题研究部署。12月20日，区委书记余兴国在区政务服务综合楼二楼主持召开区委全面深化改革领导小组第十二次会议，集中学习中央全面深化改革第五次会议和自治区党委全面深化改革领导小组十二次会议主要精神，会议审议通过《关于完善农村土地所有权承包权经营权分置办法的实施方案（送审稿）》等方案；听取区农业局关于农村集体产权制度改革进展、区教育局关于统筹推进县域内义务教育一体化改革的情况汇报，并对2个专项小组下一步改革工作及深化改革绩效考评指标任务推进工作进行专题研究部署。

【推动各项改革落地】 2018年铁山港区采取有力措施，推动各项改革落地，开创全面深化改革工作新局面。一是把全区改革工作细化为“任务清单”，明确牵头单位、责任单位和完成时限等，确保改革工作有条不紊；二是把北海市委下达的7项重点改革任务列入绩效考评统筹推动落实，促使各单位积极推进改革工作，较好完成各项任务；三是7个专项小组有力推动各项改革举措落地，取得明显成效。建立健全行政权力中介服务清单和各类证明事项清单，推进工商登记全程电子化；开展乡镇食药监所规范化建设，实施“双随机一公开”监管，统一规范基层执法行为；基本完成农村土地确权任务，颁证率93.18%，产权流转交易市场建设工作稳步推进；

2018年7月12日，中共北海市铁山港区委员会全面深化改革领导小组第十次会议在区政务服务综合楼二楼召开　　区委改革办　供

法院内设机构改革任务基本完成,检察院内设机构优化整合,深化纪法衔接制度;推动一村(社区)一法律顾问制度试点工作,建立法律顾问制度;统筹推进县域内城乡义务教育一体化和医共体建设;深化县区党政机构改革,设立铁山港区纪委监委机关,完成区农业局等部分单位机构职责调整工作;扎实推进"农事网通""阳光红页"平台建设,落实上级深化人才发展体制机制改革实施办法。

【重点督察】 2018年,铁山港区制订并严格执行全面深化改革督察办法和督察工作计划,全年开展专项督察4次,采取督察7个领域专项小组并联合专项小组督察责任单位的方式,做到重点督察和全面督察相结合,层层传导压力,推动全年改革任务落实。在督察过程中,既注重了解改革任务落实情况,也注重了解改革过程、经验做法及存在问题,及时将改革推进情况汇总上报区委全面深化改革领导小组。在督察方式上,采取提前通知到点督察、随机到点督察、电话督察等。 (庞进凤)

组织工作

【概况】 中国共产党北海市铁山港区委员会组织部(简称区委组织部)是区委主管组织工作、干部工作和人才工作的工作部门,增挂中国共产党北海市铁山港区委员会老干部局牌子。2018年,区委组织部内设办公室、组织股、干部股。下属参照公务员法管理事业单位北海市铁山港区党员干部现代远程教育管理办公室,区委派出机构北海市铁山港区非公有制经济组织和社会组织党工委挂靠在区远程办,由组织部管理,实有8人。另有非常设机构北海市铁山港区基层组织建设协调领导小组办公室、关心下一代工作委员会办公室和区发展村级集体经济工作领导小组办公室设在区委组织部。

【"两学一做"学习教育】 2018年,区委主持召开铁山港区推进"两学一做"学习教育常态化、制度化工作座谈会,持续推进"两学一做"学习教育常态化,推行"三个活动日",统一规范党的组织生活"四个本子"。按照"四有三报一公开"要求严格组织生活,从严从实开好民主生活会、组织生活会和民主评议党员,组织全区321个党支部按要求召开专题组织生活会,5559名党员参与了民主评议党员和测评,党员领导干部主动落实双重组织生活制度,共234名党员领导干部参加所在支部组织生活。抓住重点推进学习教育,举办"不忘初心　牢记使命"主题培训班,重点学习中共十九大和习近平系列重要讲话精神特别是习近平考察广西及北海市、铁山港区的重要讲话精神。定期组织入党积极分子和发展对象到市委党校进行集中培训,全年集中参加培训学习138人。

【基层党组织建设】 2018年,区委组织部夯实基层党建基础,推行"三会一课"标准化,组织开展基层党建工作督查5次。建强村级后备干部库管理,共有166名优秀青年纳入村级后备干部库,解决村级干部队伍后继乏人的问题;投入110多万元在全市率先完成驻村干部公寓标准化建设并投入使用;投入党组织服务群众专项经费440多万元,实施项目181个,推动基层党组织更好地服务群众;推进"农事网通"和"阳光红页"平台建设,全年为群众办理事项951件,把党组织服务群众"最后一公里"变"最美一公里";将6个符合条件的村(社区)党总支部升格成党委,解决基层"大支部"问题;在农村基层党组织中开展"星级化"管理,共有12个村(社区)党组织被自治区评星定级;落实党员发展计划,全年共发展入党党员50名;推进"三员新九有"建设,投入150万元打造南康镇夏塘村、营盘镇盐灶村、兴港镇小马头村3个"新九有"示范点;推进营盘社区"海上党旗红"党建示范点建设,打造服务向海经济新工作亮点。年内,区委召开8次区委常委会会议研究基层党建工作，整顿提升8个软弱涣散村党组织，提高全区基层党建工作整体水平；落实抓党建促脱贫攻坚六项措施要求，落实第一书记每人每年1.5万元工作经费和5万元帮扶经费；选派99名作风硬、能力强的机关干部组成脱贫攻坚（乡村振兴）工作队；推进“百日攻坚”活动，全区非公企业党组织和社会组织党组织覆盖率分别为99.07%和100%，率先并超额完成北海市下达的工作任务；广西新鑫能源、东华体育公司、南康镇老体协、顺达物业、丰硕合作社5个两新组织被北海市授予市级第一批两新党建示范点。发挥远程教育平台的优势作用，全区站点每月使用率达到100%，走在全市前列；组织摄制的党员教育专题片《小龚书记》在中国梦·扶贫攻坚影像盛典颁奖晚会暨高峰论坛上荣获脱贫攻坚党建单位三等奖，《为了那片土地》荣获自治区党员教育电视专题片典型人物类一等奖；区委组织部被评为2018年全区党员教育电视片摄制工作先进单位。

【发展壮大村级集体经济】2018年，铁山港区制订三年发展规划和工作要点，因地制宜指导各镇、村（社区）科学整合资源，发展特色项目，以强村带弱村、村企合作、自主经营等多种形式发展壮大集体经济。通过严把“七个关”（资产管理关、项目合法关、项目资金关、项目合同关、项目质量关、合法收益关、合理支配关）和把牢“五个抓手”（坚持党建引领抓管理，龙头企业带动抓特色，盘活用好资源抓产业，强村联手弱村抓共享，找准市场需求抓短板），多渠道发展壮大村级集体经济，推进项目加快实施。全区42个村（社区）共发展村级集体经济项目39个，年纯收入共426.12万元，每个村级集体经济年纯收入均超过5万元，其中9个村（社区）的集体经济年纯收入超过10万元，超过40万元收入的2个村（社区），分别是鹿塘村收入54.54万元和南康社区收入44.8万元。

【领导班子和干部队伍建设】2018年，区委组织部共选拔调整12批49名科级干部，其中提拔8名干部，交流重用17名干部，并按要求完成纪委监察委改革人员配备，开展届中考察工作共考察干部175人，做好人事解冻后配齐班子准备。制订并下发《2018年干部教育培训工作要点》，筹措90万元培训专项经费，开展专题培训162期，其中异地培训班12期，共培训科级干部1825人次、科级以下干部8635人次、企业经营管理人员458人次、专业技术人员2857人次；落实“凡提四必”（对拟提拔或进一步使用人选，做到干部档案凡提必审，个人有关事项报告凡提必核，纪检监察机关意见凡提必听，反映违规违纪问题线索具体、有可查性的信访举报凡提必查）要求，加强干部管理和监督，扎实做好2018年领导干部个人有关事项报告填报工作，组织全区241名区委管理干部全部完成《领导干部个人有关事项报告》的规范填写，其中抽查核实25名科级干部的个人事项报告；对1名符合“领导干部带病提拔倒查”条件的人员启动倒查程序，对4名区委管理干部进行承包经营农村土地问题专项清理工作。

【人才工作】2018年，铁山港区实施“人才强区战略”，调整铁山港区人才工作领导小组成员，实行导师传帮带制度，为引进人才安排导师28名，通过导师带动、实践锻炼、岗位培训等方式，加大青年人才的培养力度。定期召开全区青年人才座谈会，了解人才思想、工作、生活动态，及时帮助他们解决实际困难和问题；举办青年“修身书社”，为青年干部了解港区、研究工作、展现才干搭建平台；配合17名引进人才、选调生做好申请公租房和发放21万元安家补贴等工作；对2017年引进的3名研究生人才实行先挂后任制度，分别安排挂任区工信局、区编办、区文体广电局副职领导职务，提高人才工作积极性。年内，区委组织部完成公开招录公务员、选调生和事业单位急需人才112名，落实区委引智引才经费300万元，公开招聘引进大学本科以上基层组织专职人才50名(含2017年20名)，夯实基层党建工作队伍，助力脱贫攻坚和乡村振兴。（何 鹏）

宣传工作

【概况】 2018年，中国共产党北海市铁山港区委员会宣传部(简称区委宣传部)内设办公室、新闻宣传股、理论教育股，有工作人员3人，是区委主管宣传工作的部门，挂牌单位有北海市铁山港区精神文明建设委员会办公室、中国共产党北海市铁山港区委员会对外宣传办公室；下设二层机构北海市铁山港区互联网新闻传播研究中心；合署办公单位有北海市铁山港区社会科学界联合会。

【理论武装工作】 2018年，铁山港区理论武装工作坚持以区委中心组学习“龙头”引领，把深入学习宣传贯彻中共中央总书记习近平系列重要讲话精神和治国理政新理念、新思想、新战略作为首要政治任务，认真开展区委中心组学习和干部理论教育，按时完成4次集中学习和1次专题学习任务；举办理论专题讲座，组织全区党员干部学习《习近平新时代中国特色社会主义思想学习纲要》《习近平谈治国理政》等权威读本及深入学习领会习近平关于生态文明、脱贫攻坚等重要思想，不断推动理论的系统学习、系统应用，进一步增强党员干部的政治觉悟。在改革开放40周年庆祝大会和自治区成立60周年庆祝大会召开后，通过区委常委扩大会议、全区领导干部大会第一时间传达学习会议精神。坚持理论联系实际指导实践，结合区委“深入推动产港高质量融合发展，谱写新时代铁山港向海经济新篇章”的部署，积极策划了23条区委理论中心组成员的调研参考课题，使中心组成员带着课题，有目标、有方向、有重点地进行学习研究，让研究成果推动实际工作。

【创新理论宣讲】 2018年，区委宣传部创新搭建“固定课堂”“流动课堂”“网络课堂”等多层次、立体化的理论宣讲平台，畅通理论学习“最后一公里”，把党的声音直接传递到全区各个角落；对标新时代，创新举办“新时代 新跨越”领导干部大讲堂17期，以“领导带学”为突破点，与“讲、评、促”相结合，引领党员领导干部学理论、谈体会，由领导干部走上讲台，分享学习体会，探讨发展思路，提出发展举措；各单位积极展开交流研讨，全力将理论研究成果转化为促进发展的推动力；立足“新作为”，创新打造“百姓流动讲习所”，携手“卖鸡调”、戏曲、快板等特色元素，以“唱”和“谈”相结合，用通俗易懂的语言和鲜活生动的事例向群众宣讲中共中央总书记习近平新时代中国特色社会主义思想、中共十九大精神和习近平系列重要讲话精神，年内共开展集中宣讲活动6场；适应新形势，创新推出“指尖微课堂”，以“线上”讲习为切入点，让干部群众充分利用零碎时间学习“充电”。年内，“两微”平台共发布“微课堂”18期，阅读量达3万次。

2018年7月27日，铁山港区“新时代 新跨越”领导干部大讲堂活动开班仪式暨生态环境保护和工业高质量发展大会在南珠会堂举行，区委书记余兴国(主席台左)在会上宣讲《大力推进生态文明建设，推动铁山港产港城绿色高质量发展》 邓 符 摄

【意识形态工作】 2018年，区委认真落实责任制要求，把党管意识形态工作落到实处。区委主要领导亲自部署全区宣传思想文化工作和全区意识形态工作，明确要求意识形态工作必须落实“四同”（把意识形态工作与“五位一体”建设一同部署、一同落实、一同检查、一同考核）“四纳入”（把意识形态工作纳入重要议事日程，纳入党建工作责任制，纳入领导班子领导干部目标管理、纳入党的纪律监督范围），每年与区辖各党工委签订意识形态工作责任书。区辖各党工委也与所属支部签订《落实意识形态工作责任制责任书》，层层落实意识形态工作责任制。

【网络舆情监管】 2018年，区委宣传部继续加大互联网的宣传管理，有效应对网络舆情，牢牢掌握网上意识形态话语权和主动权；区委定期分析研判网络意识形态领域工作，各类舆情处置做到早研判、早解决；建立意识形态提醒制度，对舆情研判中发现的问题或苗头，及时提醒相关部门采取针对性措施，避免事态恶化。年内，全区共处置网络舆情13条，在应对“铁山港区有妇女偷小孩”网络谣传事件中，区委宣传部积极配合公安部门核实处置，及时发布警情通报，驳斥谣言；在应对“群众举报非法开采矿产资源”事件中，区政府迅速召开会议专题研究，并组织联合执法队开展打击整治行动，及时回应群众关切，占领舆论主动权，杜绝网上炒作。

【新闻报道宣传】 2018年，区委宣传部围绕中心工作，牢牢把握团结奋进、昂扬向上的宣传基调，聚焦中心发力，重点宣传中石化、新材料两大千亿产业达产扩能，林纸一体化、LNG、信义玻璃等50多个项目落地开花结果。区委宣传部全力做好庆祝改革开放40周年、自治区成立60周年以及中共中央总书记习近平视察铁山港一周年纪念活动等各项工作，尤其在总书记视察铁山港一周年之际，邀请服务中央、自治区和北海市主流媒体和网络媒体到铁山港区开展“向海经济”、南珠振兴、工业发展等主题集中采访活动；继续加强与《广西日报》《北海日报》和北海电视台的合作，年内，共接待中央、自治区、北海市媒体记者采访50多批次，在市级以上新闻媒体共刊发稿件1500多篇，其中自治区级以上新闻报道100多篇，市级重点报道100多篇，专版24版。

【城市形象宣传】 2018年，区委宣传部精心策划城市推介活动，组织开展“寻访铁山港品牌”活动，深入寻访、挖掘、宣传、推广铁山港区特色与文化标签的品牌和城市名片；举办“改革·印记——镜头里的铁山港”故事征集活动，以图为媒，全面反映铁山港区从无到有，经济社会发展从弱到强的崛起历程；举办铁山港区庆祝改革开放40周年和自治区成立60周年成就展，集中展现铁山港区建区以来在经济、政治、文化、社会、生态等方面取得的辉煌成就。圆满完成中央广播电视总台“心连心”艺术团小分队走进铁山港慰问演出服务任务。自治区成立60周年之际，中央电视台《新闻联播》播出铁山港区打

2018年9月6日，铁山港区“新时代 新作为”百姓宣讲活动走进南康社区，为群众宣讲中共十九大精神 邓 符 摄

造向海经济显著成果,《铁山港“杠杠的”》等多个专题短片在广西电视台大型节目《扬帆新时代 锦绣新广西》亮相,铁山港区在“一带一路”中的战略地位和影响力不断提升;顺利完成“南珠新城”“活力铁山港 绿色新崛起”“重振南珠产业”三个宣传片,全力唱响主旋律、提振精气神。组织召开“畅通理论宣讲最后一公里”等4场新闻发布会,借助各级新闻媒体传播平台讲好铁山港区故事,铁山港区知名度和美誉度不断提升。

【干部队伍建设】 2018年,区委宣传部创新学习形式,激发队伍活力,组织思想宣传文化干部深入开展全面从严治党、“不忘初心,牢记使命”、八项规定精神、“三坚持两改变”等主题教育,锤炼高素质的宣传干部队伍;组织宣传干部到南康镇开展意识形态和思想宣传工作调研,研究探索基层宣传文化系统建设管理的有效途径,推动基层宣传文化工作实现“五有”目标;组织全区40多名核心网评员、宣传文化系统干部参加学习中共十九大精神、舆情应对和新媒体工作专题培训班,进一步加强全区意识形态工作队伍建设,提高网评员的思想政治素质和政策理论水平。通过各种途径,努力培育一批政治强、业务精、纪律严、作风正的宣传思想文化干部队伍。 (邓 符)

统战工作

【概况】 2018年,中国共产党北海市铁山港区委员会统一战线工作部(简称区委统战部)[含中国共产党北海市铁山港区委员会台湾工作办公室、北海市铁山港区人民政府台湾事务办公室(简称区台办)、北海市铁山港区人民政府侨务办公室(简称区侨办)],内设办公室,有工作人员8人;北海市铁山港区民族宗教事务管理局(简称区民宗局)委托区委统战部管理。

【党外代表人士队伍建设】

加强党外干部配备工作 2018年,区委统战部按照区委部署,积极加强党外干部物色培养及推荐工作。年内,铁山港区再提拔一名党外干部任政府部门正职,全区实有担任政府部门正职的党外干部2名。

强化党外代表人士教育培训 2018年,区委统战部突出服务引导,深入学习宣传贯彻中共十九大精神,先后22次组织开展“两学一做”主题学习教育活动和理想信念教育活动,组织党外人士参与纪念中共中央发布“五一口号”70周年主题活动1次,组织召开2018年党外代表人士情况通报会1次。全年共组织党外人士异地培训学习2批次15人次,以活动为载体,积极加强对党外人士政治引领。

成立铁山港区知识分子联谊会 2018年,区委统战部坚持统一战线工作“团结人、凝聚人”的永恒课题,积极加强与党外知识分子的联系。年内筹备并成立了铁山港区党外知识分子联谊会。

【非公有制经济工作】

打造“同心”品牌 2018年,铁山港区积极开展“同心·助学”捐赠活动。8月28日,铁山港区举办“同心·助学”捐赠仪式,区委统战部、区工商联发动北海义洋矿业有限公司、北海乃志科技有限公司、北海市新奥华恒流物流有限公司等22家非公企业为25名应届考上大学的建档立卡贫困学子和8名优秀学生共捐赠助学金14.5万元;积极向非公企业负责人宣传“广西统一战线同心水柜”捐赠活动的意义,累计筹集捐赠资金3万元。

加强基层商会组织建设 2018年,区委统战部严格按照换届程序和工作纪律,指导做好乡镇商会和行业商会的换届工作,发扬民主,做好基层商会领导班子配备工作,铁山港区率先在全市完成全部乡镇商会的换届工作;区委统战部加强乡镇商会建设,积极探索乡镇商会发展新模式,7月18日—19日,牵头组织三镇统战委员、三镇商会会长赴异地开展商会建设学习考察。

开展走访非公企业活动 2018年，区四家班子主要领导心系非公企业发展，分别走访慰问了北海市南海洋石英砂有限公司、北海市恒久石油化工有限公司等10余家非公企业，深入生产一线详细了解企业发展现状及面临的实际困难，现场帮助企业解决问题；与企业家交心谈心，征求非公企业对区委、区政府工作的意见建议，助推优化营商环境。

服务非公企业发展 2018年，铁山港区继续完善《北海市铁山港区四家班子领导联系非公有制经济代表和非公有制企业工作制度》，围绕推动区非公经济领导小组成员单位服务非公企业工作常态化，以问题为导向，针对非公企业反馈的困难开展实地调研，分析原因、及时协调、认真督办，形成合力推动解决企业问题。年内，区委统战部、区非公有制经济工作领导小组办公室、区工商联领导班子联系走访非公企业60家(次)，联系非公经济代表人士200多人次。

创新非公经济人士培训模式 2018年，区委统战部积极创新非公经济人士培训模式，于12月23日—29日牵头组织13名非公企业负责人到浙江开展培训，克服以高校课堂教学为主、花费高、效果不明显弊端，采取现场教学为主，结合红船精神和知名经济学者宏观分析，同时兼顾两地企业家间交流商机，以商招商，与浙江5市县区缔结签约友好工商联。

搭建平台引智助力 2018年，区委统战部、区非公有制经济工作领导小组办公室领导主动作为，探索短期技术服务工业区企业的渠道和汇集产业人才服务向海经济的途径，提方案，积极与自治区党委统战部加强党外知识分子服务企业合作。铁山港(临海)工业区被自治区党委统战部确定为“广西统一战线双百双创服务基地”。

2018年12月23日—29日，区委常委、统战部部长刘将远(前排左五)率领铁山港区非公经济代表人士到浙江省余杭区、海宁市、桐乡市、德清县、宁海县5个市县区学习培训，并与当地工商联签署友好工商联协议。图为到浙江知名企业“得力集团”参观学习　　区委统战部　供

【助力招商引资工作】

“走出去”招商引资 2018年，经报区委同意，区委统战部领导分别拜访了自治区党委统战部、自治区工商联等部门有关领导，参加广西深圳商会举办的2018年桂深投资项目合作交流会，随自治区台办、自治区农业厅组团前往江西省考察台资农业企业、对接台企入桂。4月22日—28日，全区组团赴台湾开展经贸考察，推介项目，引导鼓励台商到铁山港区考察投资。

“引进来”投资考察 2018年，区委统战部积极推荐宣传铁山港区发展优势，促成佛山市三水瑞源燃料销售有限公司、台湾南璋股份有限公司、台湾丽胜集团等15家企业35批次客商到铁山港区考察洽谈，达成意向投资项目11个。

筹办现代农渔业示范园项目签约 2018年，区委统战部采取“保姆式+亲友式”方式服务项目建设，积极推动桂台产业合作北海示范区铁山港现代农渔业示范园建设工作，发扬攻坚克难精神，短短3天完成区委、区政府交办的桂台产业合作北海示范区铁山港现代农渔业示范园项目签约仪式的筹办工作。3月27日，签约了香港喜记工厂化生态养蟹及海洋生态亲子体验项目等港台项目。10月11日，北海市委书记王乃学到铁山港区考察工作时专程到香港喜记工厂化生态养蟹及海洋生态亲子体验项目考察并给予了充分的肯定。

【港澳台及海外联谊】 2018年4月22日—28日，区委书记余兴国带领赴台湾经贸考察团一行12人，先后拜访台湾工业总会、台湾品牌农业协会、台湾中小企业协进会和科技产业协会等工商社团，组织台湾工商界、桃园工商界知名人士召开座谈交流推介会，实地考察了台湾南璋股份有限公司、华伟国际渔业集团、本腾农业生技有限公司等7家企业，考察期间拜访台湾钦廉四属同乡会，畅叙故乡情谊。此次考察，开阔了眼界，推介了铁山港区，推动了桂台产业合作北海示范区铁山港现代农渔业示范园建设。年内，区委统战部接待到访的港澳台爱国社团，接待李济深、何香凝后人和抗日名将邓世增、张君嵩后人等港澳台友好人士12批次；台湾知名词曲创作家黄仁清参观考察铁山港区后有感而发，创作并亲自演唱《铁山港颂》。通过"抓项目、叙乡情、请进来、走出去"为主线，激发港澳台及海外工作活力，不断提升铁山港区知名度。

【民族宗教工作】 2018年，区民宗局发挥宗教工作"三访三通"（即走访宗教场所、走访民间信仰场所、走访信教群众，畅通乡村宗教信息渠道、畅通三级网络机制、畅通应急协作机制）工程的联动作用，打牢群众基础。区民宗局组织人员入户走访信教群众，宣传党的宗教政策；定期组织宗教界人士外出培训，支持帮助宗教场所建设。通过"三访三通"工程，解决铁山港区宗教工作信息不灵、协作不畅、处置不力的难题，处置化解全区宗教工作一些历史遗留问题和私设聚会点等违规现象蔓延，为全区宗教工作治理打下了良好基础。

开展"三月三"和民族团结宣传月活动 2018年，区民宗局通过民族团结进校园、民族团结进机关、民族团结宣传阵地等多形式开展民族团结宣传月和壮族"三月三"宣传活动，形成机关宣传教育常态化、校园宣传日常化。

组织实施少数民族发展资金项目 2018年，区民宗局积极组织实施了46万元少数民族发展资金项目，修建了营盘镇能村村委山口村、彬彬村道路工程，黄丽窝村委垭垌村村中道路工程，兴港镇富屋村委谭村产业基地道路工程。

【侨务工作】 2018年，区委统战部、区侨办积极为归侨侨眷做好排忧解难服务工作。5月27日，国营滨海农场前卫分场三队归侨因土地纠纷与周边群众发生冲突，事件发生后，区委统战部、区侨办领导多次到现场了解情况，并积极协调各有关部门公正调处，确保纠纷得到合理化解，保护归侨合法权益；为解决赤江华侨陶器厂经营不善及系列历史遗留问题，主动到自治区侨办、自治区侨联汇报工作并争取上级有关政策支持及招商项目推荐，积极热心服务归侨侨眷，认真解答归侨侨眷在侨务政策方面的问题。年内，为"三侨"考生开具证明20人次。 （卢　娜）

巡察工作

【概况】 中国共产党北海市铁山港区委员会巡察工作办公室（简称区委巡察办）成立于2016年11月15日，设在铁山港区纪律检查委员会，2018年4月16日，明确为正科级机构，正、副主任按正、副科级干部配备，工作人员从有关部门抽调内设综合股；工作职责：完成每年巡察任务、组织开展相关培训、拓宽宣传渠道、创新管理方式、督查指导巡察工作、进行巡察情况通报等。

2018年12月6日，自治区党委巡视办副主任曾坚带队到铁山港区检查指导，对铁山港区巡查监督工作给予肯定。

【巡察事务】 2018年，区委共开展4轮巡察，已完成对6个区直单位和21个行政村（社区）的巡察工作，共发现问题线索359条，其中移交纪检监察机关线索45条，立案21件。开展"交叉巡察"1轮，完成对区人社局、区民政局2个区直单位的巡察，发现问题线索46个，移交线索11条；村级巡察2轮，完成对全区21个行政村（社区）的巡察，实现对贫困村巡察全覆盖，共发现问题线索256个，移交线索31条，立案21件；常规巡察1轮，完成对区政府采购中心、区发改局、区残联、区财政局4个区直单位的巡察，发现问题线索57个，移交线索3条。

【学习培训】 2018年，区委巡察办多次组织干部参加各级巡察工作业务培训，提升业务水平。8月，区委巡察办干部黄晓明参加铁山港区国家保密局组织的陕西保密管理高级研修班培训学习；10月，区委巡察办干部黄晓明参加自治区党委巡视工作办公室组织的巡视巡察数据管理系统业务培训班学习；11月，区纪委书记张会、区委巡察办主任郑春贺以及区10名巡察干部参加十一届北海市委第七轮巡察动员部署暨巡察业务培训。

【巡察工作规范化】 2018年10月，根据北海市纪委和区纪委的指示精神，区委巡察办结合实际打造"表格式管理"亮点工作，通过制订《铁山港区巡察干部考勤情况周报表》《铁山港区巡察工作周报表》《铁山港区涉农部门有关情况统计表》《已巡察单位相关情况记录表》《巡察干部工作情况记录表》《巡察问题线索移交表》《五届区委巡察组工作情况记录表》等一系列表格，认真组织实施，对巡察工作实行清单式、表格式管理，推动巡察工作规范化、清晰化、高效化发展。

【信息上报】 2018年，区委巡察办共上报工作信息24篇，其中，在铁山港区纪检监察网上刊登24篇、北海市纪检监察网刊登20篇、广西纪检监察网刊登2篇、北海日报刊登12篇、党风廉政教材刊登1篇。（李恩晓）

2018年12月6日，自治区党委巡视办副主任曾坚（正面右二）带队到铁山港区检查指导巡察工作　　区委巡察办　供

老干部工作

【概况】 中国共产党北海市铁山港区委员会老干部局（简称区委老干部局）在区委组织部挂牌，区委组织部副部长兼任区委老干部局局长。2018年，铁山港区有离休干部4人，退休干部924人，其中处级干部7人，科级干部102人，科员及以下干部815人。区委老干部局按照中央关于做好离退休干部工作的部署，坚持精准服务工作理念、求真务实工作作风，加强离退休干部政治、思想和组织建设，用心用情做好服务工作，引导广大离退休干部为党和人民事业增添正能量。

【离退休干部党组织建设】 2018年，区委老干部局落实自治区党委组织部、自治区党委老干部局、自治区财政厅《关于落实离退休干部党组织工作经费保障机制有关事项的通知》，强化离退休干部党组织建设工作保障，按100%比例返还退休支部上交的党费，督促区离退休党支部所在单位将离退休党支部工作经费纳入单位预算并为退休支部书记按时发放300元/月的工作补贴。加强涉老社团离退休干部党组织建设，组织老干部开展"两学一做"学习教育，向退休支部发放《十九大党章修正案学习问答》260余册，引导广大老同志全面准确领会习近平新时代中国特色社会主义思想，争做全面从严治党的坚定支持者和模范践行者。

【服务老干部】 2018年，区委老干部局及时了解老干部的思想状况、心理状况、生活状况，做好精准服务，实现对服务对象的联系全覆盖。做好老干部医疗保健、丧事办理和遗属抚慰工作，传递党和政府对老干部的关心关爱。认真贯彻落实《自治区党委组织部自治区党委老干部局关于做好2018年春节前走访慰问离退休干部工作的通知》精神，在春节、中秋节等重要节日前制订走访慰问方案，严格执行慰问标准，区委主要领导登门看望慰问离退休干部，及时把党和政府的温暖送到离退休老干部心坎上。落实《关于提高生活长期完全不能自理的离休干部护理费标准的通知》精神，将全区符合条件的离休干部护理费标准从每人每月1000元提高到每人每月2500元。贯彻执行《关于缴纳2018年企事业单位离休人员医疗统筹金的通知》精神，督促离休干部所在单位按照通知的要求，及时缴纳本单位离休人员的医疗统筹金。年内，区委老干部局电话询问或走访离休老干部家庭20余次，及时了解离休干部身体及思想状况，为他们答疑解难；联系铁山港区人民医院，为生活不能自理的离休干部姚贻亨确定固定联系人，为其看病及家属取药建立绿色通道；做好来访退休干部接待工作，全年共接待其他县市及上级部门退休老干部5批共230人次，受到了老干部广泛好评。

【老干部优势和作用发挥】 2018年，区委老干部局紧扣“增添正能量 共筑中国梦”这一主题主线，发挥涉老组织的作用。春节前夕，区委老干部局联合区委组织部、区关工委在南康镇文化广场联合举办“为困难党员、群众书写赠送春联”活动，邀请书法家为党员群众送出春联600余幅，营造浓厚节日氛围，传递和谐友爱的情谊。开展“传承红色基因，争做时代新人”主题教育活动，以退休教师陈祖芬为主讲的宣讲团，在全区中小学中开展15场以英模事迹为主题的报告会，参与的师生、“五老”同志达3000多人次，引导青少年深刻认识共产党革命和建设的“根”和“魂”。以退休老干部为主，配合铁山港区相关单位相继开展“传优良家风，扬孝德传统”“广西五好家庭进村宣讲十九大精神暨寻找最美家庭”“关爱留守困境儿童 庆六一传家风学法律”等系列活动，为青少年健康成长营造良好社会环境。召开“家风家训与党风政风”暨离退休老干部座谈会，聆听离退休老干部代表的家风故事，以优良的家风家训带动社会风气、带动党风政风，以老干部的丰富阅历，发挥离退休干部余热，弘扬中华优秀传统文化，传播社会主义核心价值理念，传播向上向善的正能量。 （何 鹏）

区直属机关党建工作

【概况】 2018年，中国共产党北海市铁山港区直属机关工作委员会（简称区直属机关工委）内设综合办公室，有在编工作人员2人，聘请工作人员1人，管辖3个党总支、56个党支部，有党员564名。

【机关党员爱国拥军教育】 2018年3月9日，区直属机关工委组织机关部分党员和入党积极分子共97人观看正气电影《红海行动》，12位发展对象、入党积极分子还分别写了观后感；强化铁山港区机关党员、发展对象、入党积极分子的爱国拥军意识，活跃机关党建工作气氛，提高了机关党员的凝聚力和感召力。

【机关基层党组织书记理想信念教育】 2018年6月28日至7月4日，为加强区直属机关基层党组织书记“不忘初心、牢记使命”主题教育，使基层党组织书记深刻领悟中共十九大精神，增强“四个意识”，提升政治思想觉悟和理论水平，适应新时代中国特色社会主义发展要求，区直属机关工委组织举办2018年区直属机关基层党组织书记“不忘初心、牢记使命”理想信念培训班，培训分市内培训和市外(重庆)培训两个阶段，采取专家授课与现场教学相结合，用感性直观的方式来加强机关党员干部的党性教育和党性修养。

【党务骨干业务知识培训】2018年12月27日，为提高机关各支部党建工作整体水平，适应新形势党建工作的需要，区直属机关工委在广西干部学院举办铁山港区直属机关基层党组织书记业务知识培训班，还组织全体学员到北海市人民检察院参观学习机关党支部标准化建设经验，大力推进铁山港区机关党支部标准化、规范化建设。

【党建工作规范化制度化建设】2018年，为发挥区直属机关基层党组织围绕中心服务大局的引领带领作用，提升机关基层党组织整体功能，全面落实《关于在区直属机关中开展“党支部建设年”活动的实施方案》的文件精神，进一步推进机关党建工作规范化、制度化，区直属机关工委联合区委组织部成立5个检查考评组，于2018年4月9日至4月17日对区直属机关42个党(总)支部2017年开展“党支部建设年”活动进行全面检查考评。评出好的支部13个、较好的支部22个、一般的支部7个，并在“七一”进行表彰奖励，树立了学习榜样。

【机关意识形态工作】2018年初，区直属机关工委与42个党(总)支部签订了意识形态工作责任状，明确要求各党(总)支部将意识形态工作情况纳入年终民主生活会和组织生活会，及时总结剖析单位和党员干部个人的意识形态情况；11月7日，配合区委宣传部参与中央广播电视总台“心连心”艺术团慰问演出摄制工作，圆满完成录制工作任务；为庆祝改革开放40周年和自治区成立60周年，区直属机关工委组队60人参加铁山港区“国民银行杯”“唱响北海”合唱比赛，并获得二等奖，比赛过程中，北海电视台全程跟踪拍摄播放，展示机关党员干部良好的精神风貌，营造了团结奋进、热烈喜庆的社会氛围。

【发展党员】2018年，区直属机关工委严格按规定程序发展党员，重视在青年和业务骨干中发展党员，完善入党积极分子和发展对象报备制度、培训测试制度、材料预审制度等，进一步规范发展党员的程序和每个时间节点的具体工作要求。年内，共审批接收预备党员5名，审批转正党员7名，为基层党组织输入新鲜血液。

【机关党建示范点建设】2018年，区直属机关工委继续抓好并巩固区法院、区卫计局、区人民医院和区直属机关工委等4个支部的党建软硬件设施建设，同时把示范建设拓展到区海洋与渔业局党支部，辐射带动区民政局、区林业局等支部的建设，加强全区机关党支部建设的示范引领；抓好中共十九大提出的新时代党的建设总要求的宣传，发动机关党员重温入党誓词，要求各机关党(总)支部把入党誓词、党员的

2018年6月28日至7月4日，区直属机关工委在重庆大学举办2018年区直属机关基层党组织书记“不忘初心、牢记使命”理想信念培训班 谢文丽 摄

义务和权利制成精美制度牌悬挂上墙，开展区直属机关基层党组织“红色元素”建设，增强机关党员的责任感和荣誉感，努力增强先锋模范意识。

【帮扶关爱慰问活动】 2018年，区直属机关工委组织开展庆祝改革开放40周年暨广西壮族自治区成立60周年“挥春赠联送温暖”活动，慰问联系点社内村6名特困党员和联系帮扶的贫困户，并将党的思想理论、国家的方针政策撰成对联，赠送给社内村全体贫困户和部分困难群众，做到既扶贫又扶智，促使他们自强不息，早日脱贫致富。年内，共发出贫困户慰问品4000元，支持联系点——社内村脱贫攻坚工作经费2000元，帮助村委完善扶贫工作队员驻村公寓建设，同时督促指导挂点村完成各项工作任务；结合“挥春赠联送温暖”活动组织开展走访慰问机关老党员、患病党员、生活困难党员40多人，共发放慰问金2.6万元。（谢文丽）

机构编制工作

【概况】 北海市铁山港区机构编制委员会办公室（简称区编办）成立于2010年12月。2018年，区编办有工作人员3人；下属北海市铁山港区事业单位登记管理局，是相当副科级财政全额拨款事业单位，有工作人员2人。工作职责：拟定全区各级行政管理体制和机构改革的总体方案、指导区辖各镇行政管理体制改革和机制改革以及机构编制工作、指导全区各级事业单位登记工作。

【推进机构改革】 2018年，区编办把推动全区机构改革工作任务落实作为首要政治任务和全年工作的头等大事切实抓紧抓好。5月，区编办部署草拟方案的准备工作，围绕转变政府职能、优化机构设置、理顺职责关系等问题深入到各镇和区直部门进行走访调研，听取各部门意见，对反馈的意见进行梳理，经反复研究论证，起草了《北海市铁山港区机构改革方案》，经区委审定后，以区委、区政府名义报北海市委、市政府，统一上报自治区党委、自治区政府审批。

【深化乡镇“四所合一”改革】 2018年，按照自治区关于深化乡镇“四所合一”改革相关要求，由区编办牵头组织铁山港区各镇及各相关部门进一步深化乡镇“四所合一”改革，3月30日，完成乡镇“四所合一”机构编制方案制订和印发，并在区政府网上公布乡镇“四所合一”权责清单和服务清单；建立由区编办牵头，会同区发改局、区住建局、区安监环保局等11个部门参与的铁山港区深化乡镇“四所合一”改革部门联系会议制度。全区各镇均制定完善考核评价机制、责任追究机制、工作激励机制、内部工作机制。

【统筹其他各项改革工作】 2018年，区编办统筹做好其他各项改革工作。一是推进监察、巡察机构改革和群团机构改革。做好监察体制改革相关工作，明确铁山港区巡察办、巡察组机构级别和性质，把巡察办列入区委工作机构序列，设在铁山港区纪委。根据自治区、北海市的部署稳步推开群团机关改革；二是完成铁山港区农业和海洋与渔业机构调整工作，按照北海市的要求，对区农业局和区海洋与渔业局职能进行了调整，涉及的下属事业单位机构编制职责一并进行了调整；三是完成铁山港区计划生育和妇幼保健部门机构职能调整工作，按照北海市的要求，整合铁山港区妇幼保健和计划生育服务机构，调整区辖各镇卫生和计划生育监督执法机构。

【取消和调整行政许可事项】 2018年，区编办根据自治区和北海市关于取消和调整行政许可事项相关精神，会同职能部门对铁山港区行政许可事项进行4次取消和调整，由区政府办和区审改办分别印发《北海市铁山港区人民政府办公室关于取消和调整一批行政许可事项的通知》《北海市铁山港区行政审批制度改革工作领导小组办公室关于调整一批行政许可事项相关依据的通知》，共取消行政许可事项3项，调整行政许可事项114项。

【保留行政审批中介服务事项】 2018年，区编办根据《北海市人民政府关于印发北海市保留行政审批必要条件的中介服务事项目录的通知》精神，对铁山港区行政审批中介服务事项进行梳理，梳理出保留为行政审批必要条件的中介服务事项33项，并由区政府印发《关于印发北海市铁山港区保留为行政审批必要条件中介服务事项目录的通知》。

【优化行政审批流程】 2018年，为贯彻落实国务院提出的“放管服”改革“六个一”要求和自治区、北海市优化营商环境的任务部署，区编办组织铁山港区相关部门开展了优化审批流程专项工作，进一步精简审批手续，压缩审批时限，印发《北海市铁山港区人民政府办公室关于公布优化行政审批项目流程结果的通知》，并要求各部门严格按照优化后的审批承诺时限办理业务，经过优化流程后，全区95%行政许可事项承诺办结时间比法定办结时限压缩75%以上，方便了企业和群众办事，优化了铁山港区营商环境。

【事业单位登记管理和社会信用体系建设】 2018年，区编办落实事业单位法人年度报告政策法规，做到“优化服务”和“强化审批”同时推进；采用“不见面办理”的方式，上报、审核、回退、公示等环节全程网上办理，无须事业单位上门办理；对事业单位提交的材料，做到当天收到、当天审核、当天告知结果；严格审核上报材料，把好审核关，对材料不全或不符合要求的年报，立即网上退回材料，并一次性告知其退回原因和修改方法，避免办理人员多次补充材料；3月底顺利完成2017年事业单位法人年度报告公示工作，年报率100%。区编办严格按照《事业单位登记管理暂行条例》及其实施细则，认真开展铁山港区事业单位登记管理工作，依法依规办理各项登记业务和监管事业单位运行情况；本着能简则简、能减则减的原则，除标准化规范明确要求提供的材料外，原则上不再增加额外申报材料；对于无不良信用记录的事业单位，其申报材料存在个别形式欠缺，但不影响后续审查和判断的经申请人作出书面知情说明和承诺补充材料限期后，给予“容缺受理”。

（李启方）

信访工作

【概况】 2018年，中国共产党北海市铁山港区委员会、北海市铁山港区人民政府信访局（简称区信访局）内设办公室和接访办信股，有工作人员5人（聘用人员3人）。3个镇党委、政府设有综治信访维稳中心（年底设立群众信访服务站），有兼职信访人员1人。年内，铁山港区信访形势总体持续向好，国家信访局授予铁山港区信访工作“三无”（无发生进京越级上访，无发生大规模集体上访，无发生因信访问题引发的极端恶性事件和负面炒作）县（市、区）荣誉称号。

【办理群众来信来访】 2018年，区信访部门信访总量共144批（件）895人次。其中接收群众来信35件，同比减少14.6%；接待群众来访109批860人次，同比批数减少20.4%，人数减少3.7%（其中集体访38批653人次，同比批数减少5%，人数减少2.7%）；中央（国家机关）、自治区和北海市交办（转办）信访件19件，到期办结率100%；区本级立案16件，到期办结率100%；信访事项复查6件，到期办结率100%；自治区排查交办的3件信访积案年内全部化解，化解率100%。群众来信来访主要问题：国土（海洋）水利林业问题，占信访总量的36.8%，较突出的是渔民上访要求按照2014年以前的政策发放2015年和2016年渔船渔排柴油补贴问题；征地搬迁问题，占信访总量的23.6%，较突出的是北海永明珍珠有限公司欧育祯反映公司房屋及地上附着物征收搬迁问题;民办、代课教师问题,占信访总量的10.4%,原民办、代课教师多次信访,要求经济补偿,要求按照自治区人力资源和社会保障厅相关文件要求补缴基本养老保险费;涉军和参战民兵问题,占信访总量的5.6%,此类人员多次信访,要求统一享受低保、危房改造政策,要求解决就业和社保问题;企业职工社保问题,占信访总量的5.6%,较突出的是赤江华侨陶瓷厂职工要求解决社保问题。

【信访源头预防工作】 2018年,铁山港区着力抓好信访源头预防工作,深入开展矛盾纠纷排查,对可能引发群体性事件和非正常上访的苗头隐患、群众关心和反映强烈的热点、难点问题以及相对活跃的重点群体及重点人员,分别建立矛盾纠纷排查化解台账;对排查出的信访突出问题和重点人员,按"五个一"(一个问题、一名领导、一班人马、一套方案、一包到底)要求,落实"五包"(包掌握情况、包解决问题、包教育转化、包稳控管理、包依法处理)责任制;加强信访信息收集研判,对可能引发大规模集体上访和群体性事件的苗头性、倾向性的信息,及时分析研判,采取措施,妥善化解,共发现并消除可能引发群体性事件苗头4起,可能进京赴邕非正常上访隐患3起,化解重大矛盾纠纷4起。

【领导干部接访下访】 2018年,区信访局制订《2018年北海市铁山港区深入开展领导干部接访下访活动实施方案》和重大活动时期(全国、自治区、全市"两会"召开期间和自治区成立60周年、全国改革开放40周年庆祝活动期间等时段)区领导接访轮值制度,推进领导干部"四访一包"(定点接访、专题接访、重点约访、带案下访、领导包案)制度的实施,促进矛盾纠纷和信访问题的化解。年内,全区正科级以上领导干部接访下访群众180批900多人次,解决和化解信访问题91件。

2018年4月,铁山港区获国家信访局授予信访工作"三无"县(市、区)荣誉称号的牌匾　区信访局　供

【信访基础设施建设】 2018年,根据自治区信访局、自治区发改委的要求,区政府划拨30万元作为信访基础设施标准化、规范化建设经费,年内完成区群众信访服务中心和南康镇、营盘镇、兴港镇群众信访服务站以及秋风塘村、彬畔村、小马头村等13个试点村(社区)群众信访服务室的建设任务,为群众信访活动创造良好的环境。（甘焕远）

党校工作

【概况】 中国共产党北海市委员会党校铁山港区分校(简称市委党校铁山港区分校)于2012年7月10日成立机构,同年12月28日揭牌。市委党校铁山港区分校位于铁山港区三塘职业学校内,有电教室、多媒体教室各1间,并建立了铁山港(临海)工业区干部教育基地、塘仔村干部教育基地等2个现场教学培训基地。市委党校铁山港区分校没有编制,校领导班子由区委领导和区直部门领

导干部兼任；没有专职的教师，培训教师主要聘请区直各涉农部门、各领域的专业技术骨干及“田秀才”和“土专家”共27人。市委党校铁山港区分校务实奋进、扎实开展工作，以服务北海市发展大局和服务区委、区政府的中心工作为重点，开展特色办学，发挥基层党员干部教育主阵地的作用，进一步提高全区党员干部加快推进打赢脱贫攻坚战、实现乡村振兴、全面建成小康社会的能力，认真抓好“不忘初心、牢记使命”主题教育，紧密地团结在以习近平为核心的党中央周围，把党的十九大精神落到实处。

【党校建设】 2018年，市委党校铁山港区分校不断拓宽和提升办学条件，及时更新硬件设施改善办学条件，对已破旧不清晰的投影仪、电脑和损坏的桌椅进行了更换；与区委宣传部合作，建设了乡村讲习所，并开展中共十九大精神、乡村振兴理论等系列的宣讲活动；与三塘职业学校合作，加强对全区农村外出务工青年的学习培训；邀请部队领导给党员、干部进行国防知识教育，推动全区精神文明建设和国防建设共同发展；通过多渠道、多层次、多形式开展学习培训，促进了铁山港产港城高质量融合发展。

【干部培训】 2018年，市委党校铁山港区分校坚持党要管党、全面从严治党指导方针，以提高党员领导干部政治站位、履行政治责任、强化政治担当和提升服务发展大局能力素质为导向，坚持“科学发展需要什么就培训什么，干部成长缺什么就补什么”，着眼急需，重在实用，为党员干部搭建更新知识、提升素质、增强能力的综合平台。年内，市委党校铁山港区分校发挥主渠道主阵地作用，以中共十九大精神和中共中央总书记习近平视察广西及北海重要讲话精神为主线，围绕“不忘初心、牢记使命”主题教育，结合铁山港区中心工作，以严肃党规党纪、脱贫攻坚乡村振兴、党风廉政专题教育、扫黑除恶、党务知识、职业技能培训以及其他业务知识为主要内容，通过邀请北海市委党校教授赖文葵、副教授许旭和市委组织部部分科室负责人等专家、领导进行专题培训、组织异地考察学习培训等各种形式，分层分类开展各级党员干部能力素质培训，与区委组织部联合对区直单位和三镇村(社区)党员干部进行“阳光红叶，农事网通”的培训，提高学员业务水平。年内，市委党校铁山港区分校举办培训班17期，培训党员干部1448人次，其中异地培训2期，培训党员干部370人次。通过教育培训，增强了铁山港区各级党员领导干部的四个意识(政治意识、大局意识、核心意识、看齐意识)，提高履职能力。

【特色教学】 2018年，铁山港建立处级领导每人每年到市委党校铁山港区分校等干部教育培训机构至少讲一次课的制度，结合“不忘初心、牢记使命”学习教育，区委书记余兴国带头给全区领导干部上专题党课和专题学习会；实行开门办学，与各系统、各单位、各行业举办多层次、多方位的联合办学，分系统、分单位、分职能、分行业开展培训；采取“走出去学回来”的异地培训方式和“请进来促提高”的基地学习交流方式，市委党校铁山港区分校与区委组织部、区人大办、区政协办、区直属机关工委等单位共同组织党员领导干部到湖南、贵州、成都等省、市开展异地培训，发挥党校阵地熔炉作用，提高党校教育的政治效益和社会效益。 (陈宏宇)

北海市铁山港区人民代表大会

综　述

2018年，铁山港区有各级人民代表大会4个，其中区人民代表大会1个，镇人民代表大会3个。北海市铁山港区第五届人民代表大会常务委员会（简称区五届人大常委会）组成人员25人，其中主任1人，副主任4人，委员20人。北海市铁山港区第五届人民代表大会内设办公室，设法制与内务司法委员会、财政经济委员会等2个专门委员会，还设有人大选举联络工作委员会、教育科学文化卫生与民族工作委员会、农业农村与环资城建工作委员会3个工作委员会。年内，区五届人大常委会共召开常委会会议7次，主任会议17次，开展执法检查、考察、调研、跟踪督办17次，听取专项工作报告、履职工作汇报15次。共依法任免国家机关工作人员22名，接受辞职6人，补选市、区人大代表共6名。受理群众来信来访31件次；代表提出53件建议全部办结；举办全区代表履职培训班3期，其中人大常委会组成人员及部分代表履职培训班（异地培训）1次。

2018年，区人大常委会加强监督工作力度，促进经济社会稳健发展。围绕全区财政预决算、国民经济和社会发展计划的执行、专项工作、执法检查、视察调研、跟踪督办等方面加强监督工作。听取和审议预算报告、审查批准区本级决算，定期听取和审议财政预算执行情况报告，对政府财政预算调整、政府债务限额和重大资金使用情况进行监督，提高财政资金使用效率，防范债务风险。一年来，就2017年财政决算、2018年财政预算调整等工作依法作出6项决议决定，并紧跟督办，使重大事项决定权得到落实；围绕推动区委重大决策部署的贯彻落实和人民群众普遍关注的重大问题的解决，坚持正确监督、有效监督。一年来，针对脱贫攻坚、乡村振兴、振兴南珠产业、优化营商环境、民族宗教工作、卫生服务、校外午托等工作，共听取政府专项工作报告7项，提出审议意见5件，组织专题调研和跟踪检查10次，开展执法检查2次，形成调研报告16篇。围绕民主法制建设，听取和审议区政府关于法治政府建设专项工作报告。围绕办好专题汇报会，听取了区林业局、区工信局、区教育局、区农业局、区人力资源和社会保障局、区审计局、区统计局等政府职能部门负责人履职情况汇报，推动相关部门改进工作。

区人大常委会创新履职载体，发挥代表主体作用。实现"人大代表履职活动中心"全覆盖，"人大代表之家"以点带面开展工作。2018年，全区共投入资金34.5万元，建成"人大代表之家"31个，其中彬池村委、扫管龙村委和秋风塘村委成为市级示范点。北海市人大常委会高度重视铁山港区履职平台建设，年内共投入资金4.2万元，用于完善三镇"人大代表履职活动中心"和市级示范点的"人大代表之家"建设。人大代表履职活动中心和"人大代表之家"成为全区400多名各级人大代表在闭会期间的履职平台和载体，激发了代表履职内生动力。年内，全区各级人大代表累计开展集中接待活动70多次，接待群众来访300

多人次，提出意见建议170多条，协调解决实际问题40多件，较好地发挥了人大代表联系群众的桥梁和纽带作用。9月，南康镇在北海市人大常委会召开的全市人大代表联系人民群众履职平台建设经验交流现场会做经验介绍，全面总结和推广铁山港区在代表履职平台建设中的创新做法和工作经验。

区人大常委会配合自治区人大常委会、北海市人大常委会完成《广西壮族自治区扶贫开发条例》《北海市老街保护条例》《北海市沙滩保护条例》《北海市红树林保护条例》《北海市城市市容和环境卫生管理条例》等进行执法检查和立法调研，积极配合完成全市乡村旅游建设及特色小镇建设情况、全市海洋渔业资源保护等工作的专题调研和跟踪督办；配合自治区人大调研组对北海市2018年上半年计划、预算执行情况调研；配合全国人大农业与农村委员会对《中华人民共和国森林法修订草案(征求意见稿)》征求意见等工作。区人大常委会加强理论学习，提升履职能力，深入学习贯彻中共十九大精神、习近平新时代中国特色社会主义思想、关于坚持和完善人民代表大会制度的重要思想和习近平总书记考察广西和北海市的重要讲话精神，增强“四个意识”，坚定“四个自信”，做到“两个维护”，自觉以新的发展理念引领区人大工作；深入推进“两学一做”学习教育常态化，精心组织机关党支部“三会一课”活动；围绕意识形态，做好人大宣传工作。年内，区人大常委会组织召开人大宣传和意识形态工作座谈会2次，提高了人大宣传队伍的业务水平；组织投送各级各类的人大信息稿件获得采用刊登28篇，位居一县三区之首。区人大常委会强力推进挂点村脱贫攻坚和基层组织建设，共为挂点村落实帮扶资金11万元，解决挂点村基础设施建设、村委办公设施改善等问题。年内，区人大常委会被自治区人大办公厅授予2018年度先进单位(三等奖)，1人被评为先进个人。

人大重要会议

【区五届人民代表大会第三次会议】 2018年2月14日至16日，北海市铁山港区第五届人民代表大会第三次会议在南珠会堂召开。会议听取和审议区人民政府区长曾玲所作的政府工作报告、区人大常委会主任黄小健所作的区人大常委会工作报告、区人民法院院长孟繁刚所作的区人民法院工作报告、区人民检察院检察长陈伟意所作的区人民检察院工作报告，审查铁山港区2017年国民经济和社会发展计划执行情况报告及2018年国民经济和社会发展计划草案的报告，审查铁山港区2017年财政预算执行情况报告和2018年财政预算草案报告，并做出决议。区委书记余兴国出席闭幕会并作讲话。

【区五届人大常委会会议】 2018年，区五届人大常委会共举行7次常委会会议。

五届第12次会议　2月2日举行。会议听取区人大常委会办公室主任张毅汇报区五届人大三次会议筹备工作情况；听取和审议通过区人大常委会代表联络工委主任徐莲所作的代表资格审查委员会关于代表资格审查报告；审议通过关于召开区五届人大三次会议的决定(草案)；审议区五届人大三次会议建议议程；审议区五届人大三次会议日程安排(草案)；审议区五届人大三次会议主席团和秘书长、主席团常务主席、执行主席分组、大会副秘书长等建议名单；审议通过区五届人大三次会议议案审查委员会名单(草案)；审议区五届人大三次会议代表分组和各代表团召集人名单；审议通过区五届人大三次会议列席人员名单(草案)，并做出决定；审议通过区五届人大三次会议关于议案截止时间的决定(草案)；审议通过区五届人大三次会议关于大会表决方式的决定(草案)；审议通过区五届人大三次会议关于代表联名提名推荐候选人截止时间的决定(草案)；审议区五届人大三次会议选举办法

（草案）；审议通过区五届人大三次会议议案办法（草案）；审议并原则通过区人大常委会工作报告；审议关于设立北海市铁山港区人民代表大会法制与内务司法委员会、财政经济委员会的决定；审议通过关于设立北海市铁山港区人民代表大会常务委员会农业农村与环资城建工作委员会（草案）并做出决定；会议审议人事任免事项。

五届第13次会议　2月11日举行。会议审议有关人事任免事项。

五届第14次会议　3月28日举行。会议学习了全国"两会"精神；会议听取了区人大常委会办公室主任张毅所作的《关于区人大常委会2018年工作要点（草案）的说明》；会议听取和审议区安监环保局局长郑开伦受区人民政府委托所作的《北海市铁山港区人民政府关于2017年铁山港区环境状况和环境保护工作情况的报告》；会议审议有关人事任免事项。

五届第15次会议　5月31日举行。会议听取和审议区法制办主任郑光平受区人民政府委托所作的《北海市铁山港区人民政府关于2017年度法治政府建设工作情况的报告》；会议听取和审议批准区财政局局长张祖钊受区人民政府委托所作的《北海市铁山港区人民政府关于提请审议批准2017年政府债务限额的议案》；会议听取了区水利局局长李源军、区教育局局长范先铭所作的部门履职专题工作汇报；会议审议有关人事任免事项。

五届第16次会议　7月17日举行。会议听取和审议批准了区财政局局长张祖钊受区人民政府委托所作的《北海市铁山港区人民政府关于2017年铁山港区本级财政决算的报告》；听取区林业局局长韩有才所作的专题工作报告；会议审议有关人事任免事项。

五届第17次会议　9月16日举行。会议听取和审议区审计局局长莫深伟受区人民政府委托所作的《北海市铁山港区人民政府关于2017年年度区本级预算执行和其他财政收支的审计工作报告》；会议听取和审议区发改局局长陈绪贤受区人民政府委托所作的《北海市铁山港区人民政府关于铁山港区2018年上半年国民经济和社会发展计划执行情况报告》；会议听取和审议区财政局局长张祖钊受区人民政府委托所作的《北海市铁山港区人民政府关于2018年上半年全区预算执行情况的报告》；会议听取区人力资源和社会保障局局长陈凯华报告履职情况；会议审议有关人事任免事项。

五届第18次会议　11月29日举行。会议听取和审议了区人民政府副区长秦彬受区人民政府委托所作的《北海市铁山港区人民政府关于区五届人大三次会议代表建议、批评和意见办理工作情况的报告》《北海市铁山港区人民政府关于2018年为民办实事工作情况的报告》；会议听取和审议批准了区财政局局长张祖钊受区人民政府委托所作的2018年铁山港区本级财政预算调整方案的请示和2017年度铁山港区本级预算执行和其他财政收支审计查出问题整改情况的报告；听取和审议了区司法局副局长曾达雄代表区司法局所做的《北海市铁山港区司法局社区矫正工作情况报告》；会议听取了区审计局局长莫深伟、区统计局局长梁旺有的履职情况报告；会议审议有关人事任免事项。

人大监督工作

【社会民生监督】 2018年，铁山港区人大常委会创新监督机制，依法推进政府及有关部门解决民生突出问题。开展《北海市城市市容和环境卫生管理条例》《中华人民共和国消防法》的贯彻实施情况进行执法检查，对基础设施建设及规划进行专题询问；聚焦民生热点，把2018年的"八件实事"工作列入监督议题，提出"开工不等于建成"的建议，督促区人民政府加快并扎实推进校园设施、水利工程、乡村道路、亮化工程、村级集体经济建设发展等项目的建成；加强重点建议督办，深入督查了"关于加大力度支持南康特色小镇建设的建议”“关于要求解决滨江生活区居民饮水问题的建议、滨江生活新区用电难问题的建议”“关于要求简化入户手续的建议”和“关于区政府加大对兴港镇水毁水利设施修复的建议”等代表意见办理情况，并开展“回头看”，解决了一批群众呼声较高的问题；关注卫生服务，开展全区社区卫生服务中心建设工作专题调研和对全区城乡居民基本医疗保险工作审议意见整改情况进行跟踪督办；关注学生学习、生活的健康和安全，开展校外午托机构调研，了解掌握铁山港区校外午托机构发展的态势和管理情况，对规范机构运行形成常态化管理，对创新托管形式促进全区午托机构健康有序和谐发展提出建议；助推脱贫攻坚，专题调研全区农村脱贫攻坚工作，提出大力发展产业扶贫，加强扶贫资金整合使用和管理等审议意见，全区脱贫攻坚工作取得成效。

【计划和财政监督】 2018年，区五届人大常委会深化全口径预算审查监督工作，督促政府依法加强和改进预算工作。加强对预算执行情况的监督，听取和审议预算执行情况的报告、年度审计工作的报告，跟踪调查投资项目建设和资金使用情况，跟踪调研审计发现问题的整改落实情况，督促政府强化措施，提高财税征管水平，优化财政支出结构，推进财政预算绩效管理，发挥财政对经济发展的作用，提高铁山港区经济发展质量。

【法律监督】 2018年，区五届人大常委会支持“一府一委两院”依法行政。推动政府严格依法行政，提高公信力、执行力和服务水平；推动铁山港区人民法院、人民检察院加强队伍建设和业务建设，提高司法公信力；加强对信访案件的督办力度，严格执行“诉访分离”，加强与司法机关协调，依法依规、公平公开处理信访问题，维护群众合法权益。听取“一府两院”半年工作报告，推动年度目标任务按时按质完成。听取和审议《北海市铁山港区人民政府关于法治政府建设工作的情况报告》，法治政府建设取得新进展。开展社区矫正工作调研，推动社会管理创新、促进铁山港区的和谐稳定。加强对拟任法官、检察官的任职资格审查，推动司法人员提高政治业务素质。

2018年7月26日，区五届人大常委会在政务服务综合楼五楼会议室召开“一府两院”半年工作报告会　　区委宣传部　供

人大代表工作

【人大代表建议办理】 2018年，修改完善代表建议、批评和意见办理办法，召开代表建议交办会，明确任务责任、落实承办单位。强化督办措施，抓好承办单位办理、重点建议督办、建议办理回头看等工作，听取代表意见建议办理情况报告，督促政府及有关单位认真办理代表建议，推动代表建议落实。将综合性强、涉及面广、反映比较集中的5件建议作为重点督办件，重点督办件涉及户口入户、用水用电、水毁水利、环境整治等一批群众普遍关注的问题。

在区五届人大三次会议上，代表们履行法律赋予的职责，围绕改革发展、稳定大局和人民群众普遍关心的问题，提出代表建议53件，其中南康镇代表团提交16件，营盘镇代表团提交23件，兴港镇代表团提交14件。年内代表提出的建议已经全部办理完毕并答复代表。从办理结果看，代表提出的建议、批评和意见已经解决或基本解决的，建议意见被采纳并取得阶段性成效（即A类）有24件，占承办建议总数的45.3%；正在解决或已列入计划逐步解决的（即B类）有23件，占43.4%；不能解决、给予解释的（即C类）有5件，占9.4%；作为参考的（即D类）有1件，占1.9%；区人大常委会认真督办，各部门真抓实干，较好地完成了本年度的代表建议办理工作。从反馈的意见看，全年收到代表反馈的征询意见表100份，其中很满意58份、满意35份、基本满意2份、未反馈意见5份。

【人大代表活动】 2018年，区五届人大常委会组织代表开展和参加有关活动。围绕为民办实事，组织代表考察营盘镇卫生院公共卫生服务楼、营盘中学学生食堂施工现场、兴港公安派出所建设用地、三塘回建区农贸市场建设用地等项目，督促政府按时按质完成建设项目；围绕经济发展，组织代表视察铁山港区现代农业创业孵化基地、南珠产业（核心）示范区、信义玻璃控股有限公司、香港喜记“蟹将军”生态工厂化养殖基地等情况，为区人民政府建言献策，推动铁山港区经济建设事业加快发展；围绕推进特色小镇、乡村振兴、生态文明等重点建设，组织代表到北流市陶瓷小镇、玉林市玉州区五彩田园、钦州市钦南区欢乐农庄、容县柚子种植基地等先进地区调研考察，形成调研报告，为区委科学决策提供重要参考；坚持开展“双联”活动，10月，区五届人大常委会组成人员到各选区联系代表、联系选民，通过完善履职登记表，收集代表选民意见建议，促进了区五届人大常委会组成人员与代表间的交流互动；年初开展慰问退休干部、军烈属、人大代表、困难户等活动，增进对基层的了解，密切与选民间的联系，增强了区五届人大常委会工作的公开性和透明度。

2018年12月13日，区五届人大常委会组织市、区两级人大代表考察信义玻璃控股有限公司　　杨薇 摄

人大各专门委员会和工作委员会工作

【区人大法制与内务司法委员会】 2018年，区五届人大常委会加强对推进司法公开、家事审判改革、基本解决执行难等工作的监督，督促区人民法院依法履行审判职能，提高办案质量、效率，努力让人民群众在每一个司法案件中感受到公平正义。听取和审议区人民检察院关于法律监督、侦查监督、司法改革等工作的专项报告，工作中要求进一步深化检察院司法体制改革，不断加强监督管理，提高执法水平，完善协调配合机制，促进行政执法与刑事司法有效衔接。年内对《中华人民共和国消防法》的贯彻实施情况进行执法检查，开展对社区矫正等工作。组织区人大法制委全体人员到百色市田阳县学习，提高区人大法制委委员的业务水平。

【区人大财政经济委员会】 2018年，区人大财经委积极探索“政府全口径预算决算监督”新方法，听取和审议区人民政府关于2017年度区本级预算执行和其他财政收支情况的审计报告和2018年财政预算调整方案等报告，督促区人民政府强化预算编制、预算执行和预算监管工作，重视财政规范、债务管理和预算绩效，优化财政支出结构，保障民生重点支出。组织对2019年计划预算草案和部门预算草案进行初审，在审查中把握好问题关键，对报告草案进行修改和完善，为区五届人大常委会第四次会议审查批准计划和预算报告提供参考依据。开展振兴南珠产业专题调研，支持区政府统筹做好南珠产业用海规划，划定南珠专用海区，并落实好南珠专属养殖区，实施好南珠产业标准化提升行动、南珠养殖转型升级行动。组织区人大财经委全体人员到南宁横县学习，提高了区人大财经委委员的业务素质和履职能力。

2018年11月22日，区五届人大常委会在政务服务综合楼五楼会议室举办区五届人大代表履职培训班　　区人大办公室　供

【区人大常委会教育科学文化卫生与民族工作委员会】 2018年，区五届人大常委会教育科学文化卫生与民族工作委员会主动出击，加强对民族宗教、教育、卫生等工作的监督检查。4月，实地走访宗教活动场所、部分村委和社区信教群众，了解宗教部门在贯彻落实党和国家的宗教政策中对信教群众的宣传教育和管理等工作所取得的成效情况；5月，组织代表视察全区社区卫生服务中心建设工作和旅游文化产业建设情况；6月，跟踪督办全区推行城乡居民基本医疗保险工作审议意见整改落实情况；9月，对校外午托机构管理工作进行专题调研。在各项视察、督办和调研中，对存在的问题提出了具体的做法和建议，为区人民政府做好民族宗教、教育、卫生等各项工作提供参考。

【区人大常委会选举联络工作委员会】 2018年，区五届人大常委会选举联络工作委员会抓好代表培训工作，共举办2期区人大代表履职培训班，指导组织三镇人大代表学习培训班5期；坚持代表“双联”制度，引导和支持代表依法履职。区五届人大常委会组成人员在“双联”活动月期间注意联系代表和选民，收集选民的建议和意见。此外，在南康镇社内选区、营盘镇石村选区、兴港镇川江选区选出的代表还向选区选民报告履行代表职务的情况，创新了代表服务载体，代表工作迈出新步伐；加强对代表之家的指导，开展对2017年“人大代表之家”建设情况进行跟踪督查活动，并对2017年三个“人大代表之家”建设示范点进行验收。

【区人大常委会农业农村与环资城建工作委员会】 2018年，区五届人大常委会农业农村与环资城建工作委员会围绕环境保护、脱贫攻坚、乡村振兴开展监督工作。3月，区五届人大常委会农业农村与环资城建工作委员会牵头组织区人大常委会首次听取区人民政府关于环境状况和环保工作情况的汇报，督促政府进一步落实环保措施，践行生态立区职责；开展对《北海市城市市容和环境卫生管理条例》执法检查；组织开展跟踪督办精准脱贫攻坚工作的推进落实、南康特色小镇建设、乡村振兴特色示范区建设等工作。（杨　薇）

北海市铁山港区人民政府

综　述

【概况】2018年，铁山港区实现地区生产总值367.45亿元，同比增长3.5%；财政收入45.61亿元，同比增长20.62%；城镇居民人均可支配收入为33252元，同比增长6.4%；农村居民人均可支配收入为14651元，同比增长10.1%。

【工业项目建设】2018年，铁山港区发挥龙头企业带动作用，统筹推进“六大产业园区”建设，注重抓好服务项目和征地搬迁工作，仅用两个月时间完成了拆通进港铁路“最后一公里”的任务，得到自治区政府的肯定和红榜表扬，全年完成征地和清场139.93公顷、搬迁269户，确保一批项目落地和建成投产；国内最大的催化汽油吸附脱硫装置项目竣工运营，北海石化炼油结构调整已获批准并将于近期开工，石化产业链得到延伸；诚钢在新三板上市，诚德新材料填平补齐技改项目建成投产，北部湾表面处理中心项目一期建成运营，新材料产业园启动区和标准厂房等加快推进；总投资超百亿元的信义玻璃产业园开工建设，成为临港新材料产业未来新的增长点。铁山港工业园区全年实现规模以上工业总产值1034.73亿元，其中石化产业实现产值394.06亿元，新材料产业实现产值546.13亿元，林纸产业实现产值22.03亿元，其他产业实现产值72.51亿元，成为北海首个千亿元产值园区；通过积极争取，2018年2月铁山港工业园区列入自治区级开发区。狠抓招商引资，增强发展动能。2018年，铁山港区实施“投资促进年活动”，紧扣石油化工、不锈钢、玻璃产业等3个“产业树”精准招商；全年“走出去”招商41批次，接洽客商259批次，签订项目34个，合同投资总额230亿元，全口径实际利用外资2.5亿美元，同比增长56.25%。通过招商引资，信义、颂领环球、中诚再生、凯洋生物、凯森等一批企业进驻铁山港工业园区，石油化工、临港新材料等优势产业集群得到发展；工业园区基础设施得到完善，铁山港生活污水管网、经四路、九号路支线等项目开工，纬五路、十三号路前期工作扎实推进，为铁山港经济发展积蓄新动能。

【现代特色农业】2018年，铁山港区稳定粮食生产功能区2667公顷，糖蔗生产功能区667公顷，保障粮食安全和传统产业稳步发展；成功创建自治区级南珠产业(核心)示范区、松柏山生态种养产业示范区等4个县级示范区、南康镇水磨岭林下养鸡产业示范园等2个乡级示范园和南康镇陂塘村大棚设施栽培等14个村级示范点，以点带面推进特色农业蓬勃发展；培育新型农业经营主体160个，新增自治区级、市级农业产业化龙头企业各1家；大棚种植方兴未艾，台资企业芦笋种植基地建设如火如荼，松柏山贡柑、沙糖橘供不应求。创新传承并重，拓展特色渔业。创新海水养殖模式，大力发展深海抗风浪网箱养殖，面积超过35万平方米，产量4.4万吨，产品远销欧美等地；铁山港区已成为广西最大的网箱养殖基地，深水抗风浪养殖得到自治区肯定，广西电视台进行专题采访，作为向自治区成立60周年献礼节目。“南珠产业振兴计划”初战告捷，培育南珠养殖企业12家，插核育珠1000多万贝，年产量同比增长4倍多，青山头至白龙海域正式命名为南珠湾，南珠产业传承及振兴步伐加快；中央电视台对南珠产业发展成就进行专题报道。桂台渔业合作扎实推进，香港蟹将军工厂化养蟹一期建成投产，澳洲小龙虾养殖项目加紧推进。

【乡村旅游业】 2018年，铁山港区大力改善乡村面貌，提升乡村环境质量，促进乡村旅游发展。投入8145万元，建设村屯硬化道路91.59千米；完成农村危房改造93户、改厨改厕6424户；投入226万元巩固、修复一批水利设施；塘仔村市级综合示范村创建扎实推进；引进北京环境有限公司对农村生活垃圾开展全覆盖清运处理。青山头旅游区被评为广西四星级乡村旅游区，夏塘高村旅游扶贫项目、铁山港区圆海梦农家乐、白东大王岭等重点旅游项目扎实推进，扫管龙杨桃采摘园等休闲农业园热闹非凡。铁山港区全年接待游客89万人，同比增长146.6%；旅游消费总额8.6亿元，同比增长112.59%。

【新城建设】 2018年，铁山港区认真落实北海市委、市政府发展向海经济部署，积极回应广大干部群众对“有区无城”多年关切，加快推进新城区建设步伐。聘请上海同济设计院完成《南珠新城——铁山港配套城区总体规划和城市设计》，完成《营盘镇总体规划》修编和《铁山港(临海)工业区向海大道综合服务组团概念性总体规划及控制性详细规划》编制。成功举办南珠新城——铁山港配套城区开发招商推介会，碧桂园、恒大等120多家地产企业、金融机构、商会和其他投资企业积极参会，并高度关注新城的开发建设；同时开展前期出让土地盘整、收储以及向海大道综合配套服务区的征地搬迁，并与广西农垦集团初步达成土地联合开发协议。策划和推进道路工程、高品质学校、文体中心、排涝整治工程、污水处理厂及配套管网等一批项目前期工作。同时有序推进南康特色小镇、行政中心区建设。

【脱贫攻坚】 2018年，铁山港区投入188万元扶持1880户贫困户发展到户产业，投入332万元入股农民专业合作社，整合资金8100多万元加强贫困村庄基础设施建设，落实小额信贷5264万元，对1072户贫困户实施产业扶持；“雨露计划”投入76.85万元扶持贫困学子283人，民政低保兜底扶持贫困人口608人。农村贫困人口大病专项救治住院费用报销比例90.12%，慢性病门诊费用报销比例80.2%。全年共高质量脱贫294户1336人，通过自治区“四合一”核验。投入1595万元扶持42个村(社区)发展集体经济，集体经济收入全部超过5万元，其中村(社区)收入超过50万元1个，超过30万元2个。

【生态治理】 2018年，铁山港区树立“绿水青山就是金山银山”理念，抓好中央环保督察“回头看”和国家海洋专项督察指出问题的整改，妥善解决冶炼矿渣清运及临时堆放问题，一般工业固体废物集中处置场建设加快推进；全区设立4个联合执法点，派出2个海上巡查组，开展24小时不间断值守巡查，查处偷采海砂船舶17艘和一批非法运输矿产品车辆，行政立案7起，刑事立案5起，严厉打击非法采矿行为，偷挖白泥问题得到遏制。修复采泥坑20多个，完成土地平整、种林、种草、改造养殖水塘等生态恢复174.42公顷。大力开展水源保护工作，“河长制”进一步完善，“滩长制”正在建立。开展南康江环境清理10多次，拆除沿江、沿海生猪养殖场10个，整治直排入海排污口9个，南康江婆围段水质监测站建成使用，陆源入海水质稳定向好。全年完成造林139.6公顷，森林覆盖率不断提高；推进大气污染防治“百日攻坚”行动，治理扬尘、禁烧秸秆、严控企业排放标准，空气质量持续向好，两项指标均优于北海市区，空气质量优良率为96%。

【重点领域改革】 2018年,铁山港区持续推进各领域改革。全面完成深化改革任务,调整区农业局和区海洋与渔业局职能,推进税务系统改革和乡镇"四所合一";医疗体制改革及区人民医院和区妇幼保健院综合改革全面启动;农垦改革"两个三年"任务全面完成,农村集体资产清产核资基本完成,产权制度改革深入推进,土地确权颁证登记工作基本完成,颁证率95.25%,并通过自治区验收。落实口岸开放措施,统筹推进"放管服"、财税体制等重点改革。优化营商环境。迁移铁山港区政务服务中心,升级改造软硬件,优化服务窗口,编制优化"一次性告知""最多跑一次"和"一次不用跑"3张清单,清理证明事项21项,建立"容缺后补"机制,提供"一站式"服务;调整行政许可事项114项,取消行政许可事项3项。实施"农事网通"、"阳光红页""354560"改革,普惠人民群众。"双随机"监管纵深推进,由"事前审批为主"向"事中事后监管"转变;推行工商登记1个工作日办结制度和营业执照、网上登记全程电子化;成立投资项目并联审批办公室和项目帮办中心,开通"审批绿色通道",为项目为群众提供更优服务。

【民生工程】 2018年,铁山港区民生支出7.67亿元,占一般公共预算支出82.15%。深入开展文化惠民活动,全年文化下乡演出、农村公益性电影放映共494场;社会保障有新改善,综合福利院"公建民营"养老服务业试点项目加快推进。城乡低保、特困供养人员等救助标准进一步提高,社会保险覆盖面扩大,城乡居民养老保险和居民医疗保险参保率分别达95%和96%;城镇新增就业1008人,农村劳动力新增转移就业1370人,城镇登记失业率2.93%;实施龙门村、大塘村饮水安全巩固提升工程,农村饮水安全保障率进一步提高。白龙社区被评为全国综合减灾示范社区。

【社会事业】 2018年,铁山港区投入2205万元改善办学条件,南康中学等9所学校的跑道和运动场完成标准塑胶改造,建设营盘中学学生食堂;全面启动学区制改革,教育均衡程度提高,南康中心校学生郑璐明获评全国优秀少先队员;教师队伍建设提质增量,学校安全建设工作进一步巩固。铁山港区第二幼儿园开园招生,兴港镇和工业园区适龄儿童就读公办幼儿园愿望得以实现。年内,铁山港区投入200多万元支持和保障兴港、滨江2个社区卫生服务中心正常运转,工业区人民医院筹建完成前期工作,铁山港区中医院、疾控中心被列入自治区规划建设盘子;村卫生室建设覆盖全区并配齐乡村医生,实现贫困户家庭医生签约率100%、重点人群签约率71.75%;营盘卫生院被评为"全国百姓放心医院",铁山港区获评自治区计划生育优质服务先进单位。区文体科技完成1160套广播电视直播卫星户户通工程,建成2个村级公共服务中心、标准篮球场、乒乓球台等一批文体基础设施。沙蟹汁制作、赤江陶器烧制技艺入选自治区级非物质文化遗产代表性项目名录。培育北海诚德镍业为专利密集型企业,并完成10件发明专利和1项科技成果转化,有力推动创新驱动发展和经济转型升级。侨务、民政、地方志、档案、妇女儿童、残联、国防动员、海防管控、人民防空、优抚安置、防震减灾等工作均取得新进展。

【社会综合治理】 2018年,铁山港区社会大局和谐稳定,法治铁山港和平安铁山港建设有力推进。平安天网二期建设全面完成,技防和人防相结合的立体化社会治安防控体系更加完善;扫黑除恶、严打"两抢一盗"等专项行动深入推进,打掉涉恶团伙8个;畅通信访渠道,完善"三级联调"矛盾纠纷化解机制,各类不稳定因素得到及时化解;群众安全感、政法队伍和扫黑除恶满意度等均居广西县区前列、领跑全市。防范化解财政运行风险,消化历年财政赤字2.06亿元。积极创建广西食品安全示范城市，食药监系统荣获自治区二等功集体。生产、交通、校园等重点领域安全隐患排查治理覆盖率进一步提升，全年没有发生重特大安全生产事故和食品药品安全事故。

【政府建设】 2018年，铁山港区坚持党的领导，自觉接受区人大法律监督和区政协民主监督，办理人大代表建议97件、政协委员提案122件，人大代表、政协委员提出的意见建议得到较好落实。进一步完善政府法律顾问制度，强化行政执法监督，制定实施铁山港区法治政府建设考评指标和评分标准，对各镇、各部门加强考核，确保公权力依法行使；落实民主集中制，坚持“三重一大”事项集体研究决定，科学民主决策水平不断提高。充分发挥审计职能，推进审计监督全覆盖。严格落实中央“八项规定”，深入开展“作风建设年”活动，大力整顿工作作风，政风行风进一步改善。

政府重要会议

【南珠新城——铁山港配套城区开发招商推介会】 2018年9月8日，铁山港区召开南珠新城——铁山港配套城区开发招商推介会，来自全国各地的120多家地产企业、金融机构、商会和其他企业、媒体记者300多人参加会议。北海市副市长陈勋出席会议并讲话。推介会通过播放南珠新城的宣传片，展示南珠新城的区位优势、发展蓝图及璀璨未来。会议指出，南珠新城的建设将彻底解决铁山港区“有区无城”的问题，并希望以推介会为契机，架起北海、铁山港和各界沟通与交流的桥梁，进一步增进了解，加强协作，实现地方和企业共赢。与会人员还就南珠新城投资政策、土地使用、价格定位、销售方向、环境保护、基础设施配套等相关问题进行互动交流。

【整顿工作作风优化营商环境工作再部署会议】 2018年12月20日，铁山港区再次召开整顿工作作风优化营商环境工作会议，贯彻落实北海市整顿工作作风优化营商环境工作会议精神，进一步部署全区优化营商环境工作，努力营造一流的营商环境。会上，区委副书记、代区长龙起云传达全市整顿工作作风优化营商环境工作会议精神。区委书记余兴国结合本区情况，分析铁山港区在优化营商环境方面存在的具体问题并指出其细节表现，要求全区上下要从讲政治的高度抓好优化营商环境工作，坚决整治影响营商环境的作风问题，对照北海市委书记王乃学在全市整顿工作作风优化营商环境工作会议上点出的全市营商环境存在的问题，深刻反省、反思，认领责任，强化责任担当，增强服务意识，把服务项目、服务企业、服务群众作为第一职责，把群众呼声作为第一信号，把群众满意作为第一标准，从严从快整治影响营商环境的作风问题，对不作为、拖延推诿，破坏营商环境的，要坚决处理，决不留情。会上还要求全区各级各单位要增强服务意识，采取有力措施，拿出过硬的作风，创造一流营商环境和一流业绩。领导班子要担当作为，要求区四家班子、铁管委班子领导干部牢固树立“营商环境也是生产力，抓营商环境就是抓发展”的思想和“不抓营商环境是失职，抓不好营商环境就是不称职”的观念，做到在其位、谋其政、负其责、亲自抓、抓到底，真正调动整个班子、整个部门的力量，齐心协力推动优化营商环境取得实质性突破。明确“一把手”就是最大的营商环境，要求一把手必须亲力亲为亲自抓，为企业和群众创造便捷高效的服务环境。班子成员要敢抓敢为，抓好职责范围的工作，管好分管的科室和下属，落实一岗双责。工作人员要敢做有为，要积极为企业服务，特别是窗口工作的人员要进一步强化服务意识。为企业发展提供优良服务，努力争创全国一流营商环境，推进产港城高质量融合发展、打造新时代铁山港向海经济。

重大决策和政务活动

【王乃学到铁山港(临海)工业区督查调研项目建设】 2018年6月8日,北海市委书记、市人大常委会主任王乃学先后到铁山港(临海)工业区临港新材料产业园、北部湾表面处理中心、信义玻璃项目建设工地,就全力推进产业项目建设进行督查调研。他强调,全市各级各部门要按照“强龙头、补链条、聚集群”的发展思路抓产业项目,以只争朝夕、一鼓作气的精神,以超常规思维和速度强力推进项目建设。铁山港临港新材料产业园(启动区)占地约93.3公顷,年内征地搬迁任务已完成,土地基本完成清表。2017年7月,北海市在广东佛山举办铁山港(临海)工业区临港新材料产业招商推介会,期间成功签约总投资95.8亿元的12个项目,年内,这批项目的前期准备工作基本完成。王乃学认真听取相关工作情况汇报,详细了解产业园(启动区)推进过程中遇到的实际困难和问题,现场研究调度、现场协调解决。他强调,全区一定要按照“强龙头、补链条、聚集群”的发展思路抓产业项目,踏踏实实紧抓项目建设过程中的每一个环节和时间节点,驰而不息,一鼓作气,以超常规思维和速度强力推进项目建设。在广西北部湾表面处理中心,王乃学了解项目建设进展情况。项目的综合服务中心大楼主体已建成,正进行装修;2栋建筑面积共1.5万平方米的标准厂房已封顶,7月完工。王乃学指出,这个项目是完善广西北部湾地区千亿电子信息产业发展的关键配套,也是自治区统筹推进的重大项目。要提前做好项目招商引资工作,确保项目尽快落地,抓紧项目早日开工。在信义玻璃项目建设工地,王乃学听取相关情况汇报。王乃学希望信义玻璃项目列出时间表和发展路线图,创造北海项目建设速度,成为北海高质量发展的亮点和品牌。在督查调研中,王乃学反复强调,各级各部门要切实提高产业项目审批效率,全力破解项目落地难、征地难、供地难问题。相关领导要深入基层收集问题、解决问题,实现北海经济高质量发展。同时,要抓一批不作为、乱作为、久拖不办、推诿扯皮以及企业反映大的反面典型,形成思想大解放、问题大查摆、效率大提高的良好氛围。北海市委常委、秘书长彭鸣达一同督查调研。

【王乃学到铁山港区调研生态修复以及项目推进工作】 2018年8月14日下午,北海市委书记、市人大常委会主任王乃学到铁山港区调研检查非法采矿点生态修复以及项目建设推进工作时强调,各级各部门要有高度的责任感和紧迫感,牢固树立生态就是北海的生命、工业就是北海的脊梁理念,坚持保护生态和推动工业高质量发展“两手抓”,实现工业发展和生态建设双赢,走出一条产业强、百姓富、生态美的绿色崛起之路。在南康镇里头塘村委缸瓦窑以及兴港镇谢家村委邓九洞两处非法采矿点,王乃学详细了解土地权属、破坏面积和恢复生态工作情况。两处非法采矿点共有13公顷,年内都已经种上速丰桉、蓖麻,且长势良好。王乃学指出,北海市委、市政府对违规采砂、采高岭土以及各种破坏耕地、破坏生态环境等问题态度鲜明坚决,必须铁腕整治。对已经开挖、损毁地带要制订时间表,迅速进行修复,切实整改到位。有关部门要严格督查,狠抓生态恢复工作落实。王乃学强调,各级各部门要坚决贯彻落实习近平在全国生态环境保护大会上的重要讲话精神,牢固树立绿水青山就是金山银山理念,确保存在问题整改到位。王乃学对铁山港区临港新材料产业园(启动区)标准厂房及配套设施项目进行调研检查。该项目(启动区)占地约93.3公顷,场地平整土方工程于7月下旬开工。年内,4.8万平方米标准厂房已经完成项目概念性规划方案设计等前期工作,将完成项目前期工作并进行实质性开工,建成标准厂房2幢。王乃学强调,全市一定要按照“强龙头、补链条、聚集群”的发展思路抓产业项目,踏踏实实紧抓项目建设过程中的每一个环节和时间节点,以超常规思维和速度强力推进产业和项目建设。北海市领导彭鸣达、缪佃江、刘志明陪同调研检查。

【铁山港南珠新城建设】 2018年,铁山港区认真落实北海市委、市政府发展向海经济部署,回应干部群众对“有区无城”多年关切,加快推进新城区建设步伐。区政府聘请上海同济设计院完成《南珠新城——铁山港配套城区总体规划和城市设计》,完成《营盘镇总体规划》修编和《铁山港(临海)工业区向海大道综合服务组团概念性总体规划及控制性详细规划》编制。成功举办南珠新城——铁山港配套城区开发招商推介会,碧桂园、恒大等120多家地产企业、金融机构、商会和其他投资企业积极参会,并高度关注南珠新城的开发建设。同时开展前期出让土地盘整、收储以及向海大道综合配套服务区的征地搬迁,并与广西农垦集团初步达成土地联合开发协议。策划和推进道路工程、高品位学校、文体中心、排涝整治工程、污水处理厂及配套管网等一批项目前期工作。同时有序推进南康特色小镇、行政中心区建设。 (陈传栋)

后勤服务工作

【概况】 北海市铁山港区机关事务管理中心于1995年12月成立,2002年更名为北海市铁山港区机关后勤服务中心(简称区机关后勤服务中心)并增挂北海市铁山港区机关事务管理局牌子。2007年,区机关后勤服务中心(铁山港区机关事务管理局)增挂“北海市铁山港区接待办公室”牌子,形成“三块牌子一套人马”的管理体制。2018年,区机关后勤服务中心有工作人员25人,负责区本级的房产管理、国有资产管理、公务用车管理、区直部分机关单位账务核算管理、公共机构节能管理、后勤综合服务管理及有关政策法规指导等工作,为铁山港区行政中心运转提供后勤服务保障。

【行政管理服务】

办公用房管理 2018年,区机关后勤服务中心规范区党政机关办公用房管理工作,建立健全区机关办公用房管理制度,实现统一规划、统一权属、统一配置、统一处置,督促办公用房移交范围内原产权单位相关房地产资料移交,实现统一登记和管理。年内,再次对区本级办公用房进行清查,根据《党政机关办公用房建设标准》和全区53个单位、部门“三定”方案核定的办公用房面积规定,区基本办公用房(含办公室、服务用房、设备用房)核定面积应为1.33万平方米,查后根据各单位填报统计数据显示,区实际基本办公用房使用面积为0.51万平方米。7月和12月,对区四家班子及区各部委办局领导班子办公用房情况核查,未发现超标现象。

公务用车管理 公务用车制度改革后,全区部分涉改应急公务用车由区机关事务局集中管理,共有45辆公务用车由区机关事务局统一调配,年内完成车辆过户手续。根据《关于公务用车制度改革保留应急、机要通信用车使用管理有关事项的通知》等文件要求,严格贯彻落实中共十九大精神和《党政机关厉行节约反对浪费条例》,坚持科学管理、提倡集中乘车出行公务,在日常公车管理过程中对派车流程节点、车辆维修、经费使用做到详细记录,全年累计派车4680次。持续开展区公务用车管理信息平台建设工作,4月,将区公务用车管理信息平台建设方案报区政府审定并于5月得到同意批复;8月,在公务用车加装GPS定位系统,接入自治区及北海市公务用车管理信息平台端口,区本级公务用车管理信息平台系统开始试行。

财务管理 2018年,区机关后勤服务中心财务室完成全区39个单位的财务核算工作和4个单位的出纳工作;完成

按时序进度请款、用款,对各类支出票据审核、把关,及时报支各项费用工作;完成票据、单证保存的工作;完成编制年度经费预决算工作;完成机关国有资产登记管理、统计报表填报工作。

公共机构节能管理 2018年7月,区机关后勤服务中心印发《2018年铁山港区各公共机构能源消耗指标分解表》,将节能工作目标任务逐级分解到区本级各公共机构,明确节能工作重点和部门职责。完成项目改造建筑面积1.67万平方米,投入经费13.3万元,对大院内非节水型螺旋升降式铸铁水嘴进行更换,开展水平衡测试,取得水平衡测试报告,安装27个三相表箱、14个水表,实现分区、分户、分项计量的目标。11月,完成铁山港区机关大院节水型单位示范创建工作并通过北海市节水办验收;12月,组织铁山港区人民医院开展能源审计,支出审计费用2.5万元。铁山港区与北海市能源再生资源有限公司签订《北海市公共机构废旧商品回收利用体系合同》,制定区公共机构生活垃圾分类制度工作方案,成立工作领导小组,按要求设置分类垃圾桶,开展资源回收利用活动。加强节水周宣传力度,利用短信平台、微信平台播报节水周活动消息,通过悬挂横幅、印发海报、张贴标语等方式宣传节水节能。推广应用新能源汽车,完成区政府大院内新能源汽车充电桩的建设工作,与北海恒天易开汽车运营有限公司签订《新能源汽车租赁点充电桩配电协议》,充电桩预留安装条件超过全区现有停车位10%。

【后勤保障服务】 2018年,区机关后勤服务中心后勤保障服务主要有:饮食服务、周转房服务、会务服务、安保建设保障、基建维修保障、环卫绿化等。

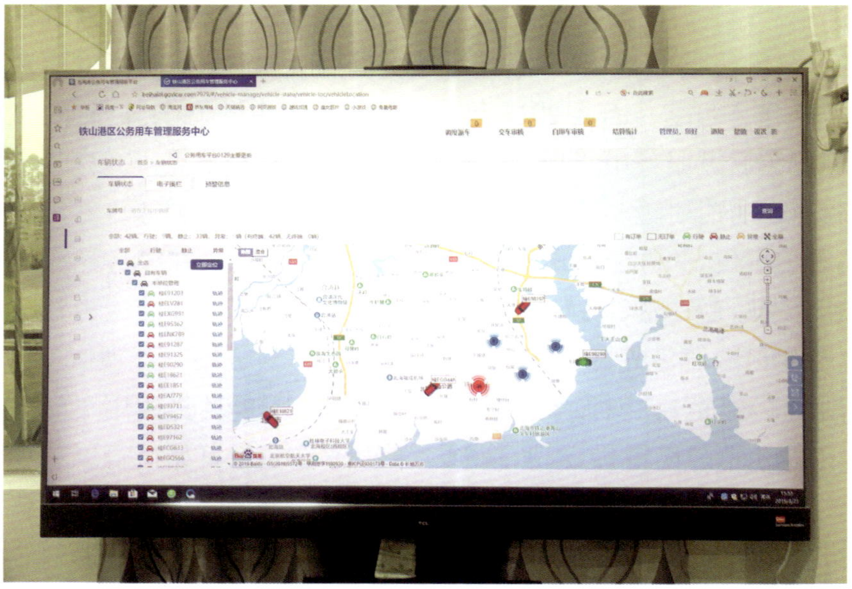

2018年,区本级公务用车管理信息平台系统开始试行,通过区公务用车管理信息平台对公务用车行车轨迹进行实时监控 杨之逸 摄

饮食服务 严抓食品安全,改进菜品菜色,为全区400多名干部职工提供贴心餐饮服务,严格执行中央八项规定及有关接待规定为外来客人提供优质接待服务。10月23日—25日,区机关后勤服务中心主任林洪率区机关食堂的厨师到南宁参加第四届自治区机关事务管理系统食堂饮食文化交流日活动,加强与其他地区机关食堂餐饮服务队伍的学习与交流。

周转房服务 2018年,区机关后勤服务中心共处理职工住宿申请75次,尽全力进行宿舍资源整合,共安排44人入住,入住率为58.67%。

会务服务 区机关后勤服务中心配合全区各单位高标准做好会务工作,安排专人负责会务及接待室的管理,精准把握会议流程,严格执行操作标准,精心组织、周密安排、热情服务,做到每次会议及时做好会议会标、会场布置、卫生保洁及音响设备调试等准备工作,确保各项会议如期举行,全年协助完成各项会议450多场次。

安保建设保障 区政府与北海兴邦保安服务有限公司铁山港分公司签订合同,28名保安人员在铁山港区行政中心及南珠会堂范围24小时值班巡逻,设置来访登记岗,负责对来访人员进行登记,对来访车辆进行引导,同时加固视频监控设备及相关防盗网,不断加强与公安、消防、信访和应急部门的密切配合；在政府大院及南珠会堂范围内安装火灾探测器等消防基础设施，建成南珠会堂微型消防站以加强消防安全保障工作。

基建维修保障　2018年，区机关后勤服务中心主动安排预防性维护，及时完成日常保养，认真进行改善性维修，做到及时高效，随报随办，全年完成日常维修1400多次。承办区人武部民兵训练基地驻兵楼配套设施采购任务，7月完成并交付使用，共完成57.05万元的驻兵楼配套设施采购；11月，在平房临时宿舍后加建洗澡间，改善区干部职工的住宿环境；对干部职工宿舍楼下的车库进行维修改造，解决区食品药品稽查大队的办公用房问题。

环卫绿化　2018年，区机关后勤服务中心坚持对职责区域进行每日清扫、全天候保洁，对大院绿化进行定期养护修剪，每月进行一次消毒及杀虫灭鼠工作，定期对铁山港区行政中心办公楼室内外卫生和周边绿化进行督促检查，对责任范围内路段进行绿化整治。

（杨之逸）

政务服务

【概　况】　2011年8月10日，成立北海市铁山港区政务服务中心管理办公室，2012年12月，根据《关于调整铁山港区政务服务管理机构设置形式的通知》精神，铁山港区成立区政务服务管理办公室，并将北海市铁山港区政务服务中心管理办公室更名为北海市铁山港区政务服务中心（简称区政务服务中心），属于铁山港区人民政府办公室直属财政全额拨款事业单位，为正科级事业单位。核定领导职数2名，其中主任1名（由铁山港区人民政府办公室领导担任）；下设监督部、管理部和技术部。区政务服务中心的主要职责是负责推进行政审批事项和审核事项的集中办理，进行规范和监督管理。

2018年，区政务服务中心进驻窗口单位共27个。其中政务服务事项较多或办件量较大的单位设立独立服务窗口，共14个单位，分别为区发改局（物价局、粮食局）、区民政局、区交通局、区人社局、区住建规划局、区林业局、区海洋与渔业局、区卫计局、区食药监局、区安全生产监督管理和环保局、区工商分局、区税务局、区社保局和太平人寿北海支公司；审批服务事项少业务量小且季节性强的13个单位设置综合窗口，轮岗值班，办理政务服务事项，分别是：区农业局、区水利局、区文体广电局、区财政局、区教育局、区城管局、区工信局、区司法局、区侨务办、区民宗局、区编办（事业单位登记管理局）、区残联和区档案局。

【优化行政审批】　2018年，区政务服务中心按照国务院、自治区及北海市取消和下放行政审批等事项以及市级部门委托下放事项要求，严格履行职责，深化行政审批制度改革，优化办事流程，对现有行政许可事项、公共服务事项进行全面清理、调整。根据铁山港区政府印发的《北海市铁山港区人民政府关于调整一批行政许可事项的通知》精神，及时组织进驻区政务服务中心的各单位对服务事项进行调整。年内，经梳理后，在区政务服务中心可办理的事项有581项，其中有345项行政许可项目、32项公共服务事项。

【推进“一事通办”优化营商环境】　2018年，区政务服务中心根据《自治区党委办公厅　自治区人民政府办公厅关于印发〈全区优化营商环境大行动工作方案〉的通知》《自治区人民政府办公厅关于开展全区优化营商环境大查摆行动的通知》《自治区人民政府关于印发广西推进“一事通办”改革若干措施的通知》《自治区人民政府办公厅关于开展“一事通办”利企便民改革清单编制工作的通知》等文件精神，监督各有关单位及时更新数据库，编制、修订相关事项操作规范和流程图，缩短审批时间，改进审批流程，优化审批流程事项共179项，确保与北海市保持统一。年内，区政务服务中心围绕“一事通办”改革与优化营商环境，积极协调、配合或组织各有关部门认真梳理行政权力和公共服务事项清单，编制“一次性告知”清单、“最多跑一次”清单(2018年实现“最多跑一次”事项比例98.97%)、“一次不用跑”清单和可容缺受理的政务服务事项清单，积极开展“减证便民”行动，加快推进政务服务“一张网”建设(2018年审批事项中可在网上申报事项比率为92.08%)，加快推进“一事通办”的改革，进一步优化营商环境。

【政务服务中心迁新址】 2018年，根据区委、区政府的部署，为了优化政务服务环境，提升政务服务质量，区政务服务中心实施选址搬迁工作，与铁山港客货运输站达成场地租赁协议。9月开始对新址进行改造、更新办公设施设备等工作，12月12日正式开放为公众办理业务；搬迁后的区政务服务中心使用面积增加，服务大厅光洁、明亮、宽阔，环境好，缓解旧址窄小、设施陈旧等因素对政务服务活动的不便。区政务服务中心新址位于南康镇朝阳大道南172号(原北海市铁山港客货运输站内)。

2018年12月12日，区政务服务中心搬迁到原北海市铁山港客货运输站办公　　区政务服务中心　供

【政务服务软件系统升级】 2018年6月20日，自治区政府办公厅组织技术力量升级改造广西一体化网上政务服务平台、自治区政务服务通用软件V4.0与全区政务服务标准化数据管理平台V2.0。根据《广西壮族自治区人民政府办公厅关于推进自治区政务服务通用软件V4.0等新系统部署应用工作的通知》文件精神，为推进“一事通办”改革，推动企业和群众办事线上“一网通办”(一网)、线下“只进一扇门”(一门)、现场办理“最多跑一次”(一次)，营造更好的政务服务环境，区政务服务中心在北海市政府技术支持下安装新系统，升级改造广西一体化网上政务服务平台、自治区政务服务通用软件V4.0与全区政务服务标准化数据管理平台V2.0。7月6日，区政务服务中心组织了各进驻单位的窗口工作人员，对自治区政务服务通用软件V4.0、全区政务服务标准化数据管理平台V2.0系统的使用做了一次全面的培训与指导；7月16日，区政务服务中心正式运行自治区政务服务通用软件V4.0、全区政务服务标准化数据管理平台V2.0系统，替代原自治区政务服务通用软件V3.0、全区政务服务标准化数据管理平台V1.0系统。新系统的使用提高了网上申请、网上办理的比例，做到“应上尽上、全程在线”。按照“统一规范、全面准确、合法有效、动态管理、便于应用”的要求，区政务服务中心牵头组织各进驻单位全面梳理政务服务事项，纳入自治区政务服务标准化数据管理平台V2.0进行动态管理。在自治区统一的政务服务事项目录库上进行动态调整，严格进行检查监测形成实时更新的基础数据。落实专人负责，登陆全区政务服务标准化数据管理平台V2.0，按照《全区政务服务标准化数据管理平台V2.0基础使用说明》《区直中直部门政务服务办事一次性告知(限时办结)清单标准》逐一对各事项、要素进行核对、修改或补充完善，确保事项完整性、准确性、时效性和实用性。同时，通过广西电子政务外网登录广西一体化网上政务服务平台对各

事项要素核对，确保线上线下政务服务事项清单要素、办事指南要素规范统一。

【政务服务事项受理】 2018年，区政务服务中心共接受政务服务事项申请8846件，全部受理，办结总数8912件(其中66件为2017年12月受理，2018年正常办结期限内办结)，其中即办件为1600件、承诺件为7312件，承诺件平均办结时间2个工作日，100%按时办结，投诉0件，满意率100%。(说明：以上数据不包括区工商分局、区税务局和区社保局的数据，以上三个单位有独立的数据系统，相关数据不在区政务服务中心的数据系统中）（戚海平）

土地房屋征收管理

【概况】 2018年，北海市铁山港区人民政府土地房屋征收管理办公室(简称区征收办)内设综合股、土地征收股、房屋征收股、政策法规股，有工作人员23人，负责辖区的征地、搬迁工作。

【征地搬迁工作】 2018年，区征收办完成征地和清场139.93公顷，搬迁269户，其中诚德新材料项目(含回建地)完成净地验收97.84公顷；全部完成征地补偿的项目共6个，分别是铁山港1号—4号泊位铁路专用线、铁山港区进港路延长线工程、铁山港区特殊用地、经四路、南洋修造船厂配套工程、诚德回建区一期等项目。年内，区征收办及征地工作组共同努力，完成推进重点项目征地搬迁工作，推进铁山港1号—4号泊位铁路专用线项目的征地搬迁，该线项目涉及征地任务4.14公顷，搬迁任务182户。从4月10日至5月29日，用49天时间完成182户需搬迁房屋的合同签订和征地协议签订工作，至6月10日全面拆迁完毕。2018年7月21日，自治区党委常委、自治区常务副主席秦如培在《关于北海市铁山港进港铁路项目征地搬迁攻坚工作情况的报告》上批示：工作得法有力，征地搬迁成效好。经自治区人民政府同意，将北海市铁山港进港铁路项目先进典型予以红榜通报。

【提升业务水平】 2018年，区征收办加强征地业务培训，多次组织全体干部职工培训。9月，全体征地工作组参加北海市举办的征地业务培训，10月，聘请上级业务部门领导对区征收办全体干部职工进行征地搬迁业务培训，力争每个干部职工都成为征地搬迁工作的行家里手，能够独当一面。

【成立工会委员会】 2018年5月，区征收办成立北海市铁山港区人民政府土地房屋征收管理办公室工会委员会。选举产生首届工会委员会、经审委员会、女工委员会以及工会主席。工会成立以来，认真履行职能，结合实际情况，履行工会职责，维护干部职工的合法权益。

【党务工作】 2018年，区征收办加强作风建设和党建工作：一是抓好干部职工的职业道德教育，端正干部职工的工作态度，使干部职工依法依规履行

2018年10月15日，区征收办在北海市委党校举办2018年铁山港区征收办干部职工征地搬迁业务培训班，邀请北海市征收办科长为区征收办全体干部职工培训　　区征收办　供

2018年10月15日，区征收办党支部在北海市委党校举行入党誓词再次宣誓　　区征收办　供

工作职责。二是加强党务工作力度，发挥党员先锋模范作用。党风廉政建设是事关依法行政和队伍建设的重大问题，区征收办党支部一直以来都严格要求各党员干部要注重自身作风，遵纪守法，用交流学习心得等形式，对全体党员干部进行经常性的理想、信念和宗旨教育。完善党员教育工作制度，以"三会一课"为载体，进一步深化"两学一做"学习教育，坚持"学党章""学系列讲话""做合格党员"，及时传达十九大会议精神并组织党员学习十九大重要讲话内容。长期坚持廉政警示教育制度，以正面积极事例与违法违规案件相结合，加强对党员的理想信念教育，寓教于学，使得各党员在党性方面得到了很大的提高。

2018年，区征收办党支部积极开展"争当八桂先锋、争当合格党员"行动，每月通过线上平台学习和在线自测模拟答题。区征收办党支部站在讲政治的高度认真组织全体党员参加中共十九大精神学习竞赛，把组织开展学习竞赛活动纳入学习中共十九大精神的总体部署，迅速掀起学习竞赛的热潮，坚持每月学习，做到党员全参与。

【精准扶贫工作】 2018年4月，区征收办根据北海市委组织部《关于做好全市驻村干部公寓标准化建设的通知》文件精神，经区征收办班子会讨论决定，对杨屋村委驻村干部的公寓标准化建设给予3万元的资金支持，为驻村工作队员提供必要的生活条件。6月，区征收办帮扶人员走村入户，对"扶贫培训政策"进行宣传，通过参加"雨露计划"，使贫困户中的初中、高中毕业生和青壮年劳动力接受学历教育和技能培训，提高扶贫对象的素质，增强就业创业能力，实现脱贫致富。帮扶人员积极完善脱贫程序，把握时间节点，按要求完成信息动态管理、APP位置采集等各项程序；帮助贫困户建档立卡，及时下载建档立卡APP、社会扶贫APP。（林海华）

民政工作

【概况】 2018年，北海市铁山港区民政局（简称区民政局）内设办公室、救灾救济股、社会事务股3个股室，下辖城乡居民最低生活保障服务所、综合福利院、婚姻登记服务中心3个事业单位，全系统共有干部职工14人。工作职责：贯彻落实上级民政部门的工作部署和国家有关方针、政策，拟定民政事业发展规划，并负责组织实施和监督检查执行，指导全区民政工作的改革和发展；负责婚姻登记管理工作；负责民间组织的登记和年审，查处民间组织的违法行为和非法民间组织；承担区拥军优属拥政爱民工作领导小组的日常工作，负责落实各类优抚对象优待、抚恤、补助，审核报批，革命烈士称号及重点烈士纪念建筑物保护单位等；承担区政府抗灾救灾领导小组的日常工作，组织、协调全区抗灾救灾工作，接受并发放救灾物品，安排灾民生活；研究提出加强基层政权和基层自治组织的意见和建议，依法推进基层民主政治建设；负责全区的乡镇行政区划界线的勘定和管理；负责村（社区）行政区划的设立、撤销、调整、更名和界线变更及村（居）民委员会驻地迁移的审核报批；落实城乡居民最低生活保障工作；指导实施老年人、孤儿、特困人员等弱势群体的社会福利救济工作；督促落实老年人合法权益；负责全区殡葬管理，推行殡葬改革；负责收养登记工作；负责全区福利彩票的发行，指导全区敬老院建设，下属福利企业的安全生产，老龄工作；承办区委、区政府和上级主管部门交办的其他工作。

【城乡低保】 2018年，区民政局注重抓好城乡低保工作，保持动态管理应保尽保基础上，针对物价上涨的实际，抓好提高低保标准、提高平均补差等工作。从1月1日开始，全区将农村低保补助从170元提高到190元，城市低保补助从330元提高到350元，全年共发放城乡低保金888.60万元，累计受益人员41574人次。在城乡低保的申请、审核、审批、发放低保金等环节都实现无纸化、规范化和制度化；探索、推进农村低保制度与扶贫开发政策衔接。严谨开展农村建档立卡贫困人口核查，及时将符合低保政策的608户、1960人建档立卡贫困人口纳入低保范围，实现应保尽保、兜底脱贫。

【医疗救助和临时救助】 2018年，区民政局精心组织开展医疗救助和临时救助工作，缓解城乡困难群众医疗负担和家庭突遭重大变故带来的生活困难。充分整合资源，规范完善审批程序和“一站式服务”工作机制，提高医疗救助水平，确保救助对象准确并得到及时救助，全年累计医疗救助5589人次，发放救助资金202.8万元；发放临时救助金34.79万元，救助困难群众101人次，保障因突发性、临时性因素造成基本生活暂时困难群众的基本生活，确保了社会的和谐、稳定。

【“双拥”工作】 2018年，区民政局积极兑现义务兵家属和优抚对象的补助金发放工作。为全区744位优抚对象及时、足额发放抚恤补助金371.2万元；积极筹措资金，兑现义务兵家属优待金，发放120户农村义务兵家属优待金184万元。增强军民团结，开展拥军慰问活动，在春节、八一建军节期间，组织和筹备区四家班子领导走访慰问驻区部队和重点优抚对象活动，送去慰问金及实物价值57.78万元。

【退役军人和其他优抚对象信息采集】 2018年，区民政局根据党中央和国务院的部署以及自治区民政厅的要求，全面摸清了全区退役军人和其他优抚对象的底数，积极开展退役军人和其他优抚对象信息采集工作，全区采集退役军人和其他优抚对象信息2463人，完成了上级安排的采集任务。

【特困供养调标和养老院改造】 2018年，区民政局推进城乡特困供养人员救助工作，对特困供养人员基本生活标准调标，按全市城乡最低生活保障标准的1.5倍发放特困供养人员供养金，共发放416.22万元，惠及687人，其中城市特困供养人员15人，供养金标准为每人每月930元，农村特困供养人员672人，供养金标准为每人每月500元，保障了他们的基本生活。开展养老院服务质量建设专项行动，通过政府采购，投入68.36万元对营盘镇敬老院的食堂和公厕进行改造，完善了敬老院的基础设施。

【提升灾害应急救助能力】 2018年，区民政局将营盘镇白龙社区打造成国家级减灾示范社区，进一步提升村（社区）抵御自然灾害的综合防范能力。加大宣传力度，提高全民防灾减灾意识。5月12日，区民政局开展“5·12全国防灾减灾日”宣传活动，在主要路口、重要路段悬挂防灾减灾宣传横幅，营造舆论氛围，同时利用防灾减灾科普知识进校园的契机，开展科普防灾减灾法律法规、逃生技能和自然常识，展出防灾减灾板报并发放防灾减灾宣传资料。

【巩固基层政权】 2018年，区民政局加强对村（居）委会自治章程、村规民约(居民共约)等基层民主法制建设的指导,推动全区基层民主政治建设。10月,滨海农场改制工作完成,成立滨海社区。

【地名和边界管理】 2018年,区民政局逐步推进铁山港区第二次全国地名普查工作;实地开展边界联检工作,铁山港区与毗邻的银海区、合浦县共有行政区域界线2条,界线总长62.55千米,埋设界桩3个。

【社团组织年检】 2018年,区民政局严格按照审批程序,依法开展对社会组织进行审查、核准、颁证、公告等工作。年内,全区批准登记成立民办非企业单位32个、社会团体20个;按时间节点对全区民办非企业单位和社团组织进行年检,对不参加年检的民办非企业发出催检通知,确保全区社会组织在法律法规下运作发挥作用。

(唐文媛)

人力资源和社会保障管理

【概况】 2018年,北海市铁山港区人力资源和社会保障局(简称区人社局)下设办公室、人事股和劳动保障股,有工作人员7人。下辖参照公务员管理事业单位2个,铁山港区公共就业和人才服务局,铁山港区劳动保障监察大队;下辖事业单位2个:铁山港区仲裁院,铁山港区社会保险事业局。

【项目建设工作】 2018年,区人社局积极跟踪对接项目建设顺利推进。积极对接,跟踪落实自治区下达各项建设任务。积极推进新建营盘镇就业社保服务中心项目立项、规划选址、开工建设各项工作,项目主体工程已完成;跟踪三镇就业社保服务能力提升建设项目,确保项目服务提升质量。推进创业孵化基地项目建设,实现创业带动就业。鼓励和引导本地经济实体——北海市德智现代农业开发有限公司申请创业孵化基地认定,将大棚种植园分包给有意创业的农村富余劳动力,重点引导贫困户中有创业愿望的劳动者入园创业并提供技术指导。年内,共进驻业主49户,其中4户是建档立卡的贫困户,进驻的业主第一期种植的哈密瓜全部获利1万元以上。

【就业创业工作】

就业技能培训 2018年,区人社局大力开展职业技能培训,先后在南康镇水鸭塘村、夏塘村、高田村、雷田村、龙门村,兴港镇粟山村、彬池村,营盘镇盐灶村等地举办职业培训班,开展中式烹调师、育婴员、中式面点师、美容师、创业培训等职业(工种)培训班16期,培训农村劳动力544人,其中培训贫困劳动力227人。6月16日,在区职业教育中心成功举办广西区第五届农民工技能大赛初赛,开展中式面点师、育婴师、茶艺师、中式烹调师、餐厅服务5个工种的技能比赛,参加大赛选手149人,提升全区农民工职业技能水平和就业创业竞争力,为促进农民工转移就业创造良好的氛围。

就业创业服务 2018年,区人社局立足服务大众创业,全区就业形势平稳。完善劳动力管理,提供就业创业服务。

2018年6月16日,铁山港区举办广西第五届农民工技能大赛初赛现场,评委正在对中式烹调参赛作品进行评分　　区人社局　供

收集贫困劳动力就业、创业意向及培训愿望等信息，以"一户一表"方式，建立贫困劳动力台账，按月更新，动态管理，有针对地制订帮扶措施，促进贫困劳动力转移就业。年内，全区完成农村劳动力资源调查登记并录入、更新信息共2839条。召开返乡农民工座谈会，搭建农民工交流平台。年内召开返乡农民工座谈会3场，参加座谈会的返乡农民工112人次，宣传家乡发展优势，为农民工搭建与企业、政府之间相互沟通交流的平台，鼓励外出务工农民工返乡就业创业。扎实开展就业专项招聘活动，力促城乡劳动力充分就业。重点利用外出务工人员和高校毕业生集中返乡节点，通过开展"就业援助月""春风行动""民营企业招聘周""金秋招聘月活动"等各类就业服务专项活动，千方百计促进就业。2月28日，在南康镇文化广场举办"春风行动暨脱贫攻坚就业帮扶"现场招聘会，共组织41家企业参加，提供5000多个岗位。当天达成就业意向259人，其中30多人是精准扶贫对象。

2018年2月28日，区人社局在南康镇文化广场举办春风行动现场招聘会　　区人社局　供

公益就业扶持　2018年，区人社局办理就业创业证42人，办理就业困难人员认定50人，就业困难人员实现再就业55人；办理新增公益性岗位20人，办理公益性岗位补贴1082人次，补贴金额171.82万元，公益性岗位社会保险补贴464人次，补贴金额97.64万元，灵活就业困难人员社会保险8人，补贴金额3.5万元。鼓励扶持城乡劳动者、贫困劳动者创业，年内共为14名劳动者（其中1名为贫困劳动者）发放一次性创业奖补资金4.2万元，为53名入驻创业孵化基地的农村转移就业劳动者发放业主场地和水电补贴资金44.67万元。

【社会保障工作】2018年，区人社局扎实推进社保体系建设，社会保障惠普于民。全区机关事业单位养老保险在职应参保目标任务数为2163人，实际参保人数2320人，完成目标任务的107%，已累计征缴5424.2万元（包含清算金额），待遇累计发放928人，发放金额4977.52万元。城乡居民养老保险参保目标任务数为56520人，实际参保57781人，完成目标任务的102%，续保人数32715人，续保率85.86%，累计缴费金额411万元，城乡居民基本养老保险待遇累计发放20693人，累计发放2719.72万元，发放率100%；城乡居民医疗保险应参保目标任务数14.89万人，实际参保15.37万人，完成目标任务的103%，城乡居民医疗保险报销人次共86892人次，医保基金总报销金额6150.44万元，其中住院报销15882人次，报销金额5942.91万元，门诊报销71010人次，报销金额207.53万元。委托制卡公司对全区所有中小学11382名学生进行相片采集，为制作社会保障卡奠定基础。社会保障卡累计发放59806张，上传至卡管系统制卡数据信息70453条。为确保社会保险基金安全运行，通过手机APP"广西人社12333""智慧眼"设备、电脑设备对城乡居民养老待遇领取人员进行生存认证工作，全区领取城乡居民社会养老保险待遇人员生存验证19198人。年内，全区被征地农民参保1617人（兴港镇888人，营盘镇729人），已享受养老保险待遇2740人（兴港镇1691人，营盘镇1049人），解决了部分被征地农民实现老有所养的问题。根据《北海市人民政府办公室关于自筹资金参加城镇企业职工基本养老保险的被征地农民享受政府补助的通知》精神，全区开展自筹资金参加城镇企业职工基本养老保险的被征地农民享受政府补助工作，年内已完成88名被征地农民的申报工作。结合“服务惠民”专项活动，以签订“三方协议”和POS机银行代扣代缴等方式收取保费，方便群众，保障资金安全。全区签订城乡居民基本养老保险“三方协议”涉及人数31314人，签订率达80.34%，代扣代缴社保费309.12万元。

【人事人才工作】 2018年，区人社局认真做好机关、事业单位招考工作。按照招录招聘公告和简章严格把关，实行阳光招考，真正做到及时、准确、公开、透明。年内共为区城市管理综合执法大队等12个机关、参公事业单位招录31人，为全区事业单位招聘23人，其中含卫生类3人，为全区中小学（幼儿园）公开招聘教师55名，为区青少年学生活动中心招聘随军家属1名。完成2017年公务员考录20人转正定级及事业单位试用期满转正工作。年内全区机关事业单位调动198人，其中调出区外14人，调入8人。根据自治区“三支一扶”办统一部署，全区“三支一扶”大学生招募工作顺利完成，共为3个乡镇招收14名优秀大学生。做好事业单位岗位设置和工资福利审核发放工作，年内共完成各事业单位二次岗位设置236人，并兑现新岗位工资，完成2017年度铁山港区机关事业单位绩效考评奖励、离退休人员生活补助发放审批工作及预发2018年度机关事业单位绩效考评奖励发放审批工作，共涉及3127人。年内，共完成4名机关参公单位科员晋升至副科级，并兑现工资待遇。做好职称评审工作，年内全区共组织180人参加教育、卫生、工程、农业、文化等系列的职称评审。

【劳动关系工作】 2018年，区人社局坚持劳动维权，努力构建和谐劳动关系。年内对各类用人单位的日常巡查次数83次，主动检查用工单位229户（含个体工商户），涉及职工4645人，全年全区企业劳动合同签订率达97%以上。全区在建工程项目共10个，其中非政府工程项目4个，政府工程项目6个，在建工程劳动合同签订率98%，实行实名制分账制度管理项目的占比为100%。区人社局与区公安分局、区住建局、区总工会等单位联合开展4次农民工工资支付情况专项检查，对全区10个在建工程项目进行联合检查。劳动监察受理日常举报、投诉案件6件，其中协调解决3件，移交司法机关3件，办案期限内结案率100%，涉及人数86人、金额295.69万元。区人社局加大劳动保障法律法规宣传力度，采用日常巡查和法律法规宣传活动相结合的方式深入到企业、建筑工地发放宣传资料1万多份。年内，铁山港区仲裁院共接待来电、来访人数175人次，接收劳动仲裁申请书9件，涉案金额为143.8万元，其中立案受理3件，涉案金额31万元，已全部结案，结案率100%；不予受理6件、对不予受理的案件指导当事人持不予受理通知书到法院提起诉讼。共接到劳动者申请案前调解7件，涉及金额15.5万元，已全部案前调解成功。

【服务惠民工作】 2018年，区人社局落实“服务惠民”专项活动工作要求的所有村级综合服务中心建设务必全部完成任务。年内，区人社局牵头，发挥专责小组成员单位的联动作用，分工协作，采取5+2的工作模式，按照“六有”（有网络，有设备，有人员，有经费，有场地，有流程）标准，在示范村的建设经验上全面开展24个村的建设，通过政府采购为所有村统一配置电脑、打印机，并对每村下拨3000元日常运行经费，确保每村日常工作正常运行。年内,全区累计投入629.54万元,其中自治区配套26万元、市级投入356.52万元、区级财政配套247.02万元。全区37个行政村都已实现“六有”,且正常开展服务工作,其中社保、就业服务窗口建设工作于2018年3月通过自治区的核验并再获好评。

【精准扶贫工作】 2018年,铁山港区有劳动能力的贫困家庭2036户,贫困劳动力4756人,农村劳动力转移就业1370人,其中贫困劳动力新增转移就业516人,完成全年目标任务的206.4%。共举办职业技能培训班16期,参加培训人员544人次,其中建档立卡贫困劳动力227人次。协调区水产局、区残联、区扶贫办等部门推进实用技术培训,共培训贫困劳动力35人;大力开展贫困“两后生”免费就读政策宣传,悬挂宣传横幅7幅,鼓励帮助贫困“两后生”联系就读职业学校,报名25人,实际到校培训7人。同时,做好全区建档立卡贫困人员参加养老保险、医疗保险工作,建档立卡贫困人口9111人,符合参加城乡居民养老保险条件为5961人,实际参加城乡居民养老保险为5961人,参保率为100%;符合领取城乡居民养老保险待遇的建档立卡贫困人口1587人,实际领取城乡居民养老保险待遇1587人,领取率100%;全区建档立卡贫困人员应参加基本医疗保险人数9111人,实际参加基本医疗保险人数9111人,参保率100%。年内,全区需医疗保险兜底补助的建档立卡贫困人员共有2040人次,医疗总费用954.95万元,基本医保报销601.13万元、大病保险报销141.65万元、医疗救助报销9.9万元、临时救助报销5000元,实际兜底金额为141.97万元。

（赖崇海）

2018年11月14日,区人社局联合区卫计局、区扶贫办在南康镇政府举办铁山港区开展慢性病集中认定暨健康扶贫政策宣传活动

区人社局 供

党史编研与地方志工作

【概况】 中国共产党北海市铁山港区委员会党史办公室(简称区委党史办)成立于2011年5月,与北海市铁山港区地方志编纂委员会办公室(简称区志办)一个机构两块牌子合署办公。2018年,区委党史办(区志办)有工作人员2人。

【党史及地方志资料征编】 2018年,区委党史办(区志办)按照征编工作方案,完成党史和地方志资料征集约50万字,具有参考价值和存史价值的照片图片170多张,充实了党史和地方志工作资料库。

【党史研究工作】 2018年,区委党史办按照北海市委办公室转发的《北海市委党史研究室关于编纂〈中国共产党北海历史〉第三卷的工作计划》的通知精神,确定了党史征编专题,制订《北海市铁山港区委党史办公室关于党史专题征编的工作计划》,向铁山港区70多个单位和部门征集党史资料,并根据收集到的原始资料撰写2篇关于铁山港区经济、社会事业的改革与发展历程及党建工作的党史专题,完成北海市委党史研究室下达的工作任务。

【《铁山港年鉴·2018》出版】 2018年，区志办根据《铁山港年鉴·2018》编纂工作方案，组织专家、学者和铁山港区年鉴编纂人员，按照《铁山港年鉴·2018》编纂工作方案，设计年鉴篇目、研究制定编纂大纲、印发了年鉴编纂工作计划，向铁山港区党政机关、各类企业事业共90多个单位和部门征集稿件，并按计划完成编纂工作，全面、系统地记载铁山港区2017年的自然、经济、政治、文化、社会等方面的历史与现状。12月，《铁山港年鉴·2018》正式出版发行。按自治区的要求，铁山港区年鉴编纂实现了“一年一鉴”的工作目标。

【自治区和北海市年鉴撰稿工作】 2018年，区志办根据自治区政府、北海市政府关于做好本级年鉴撰稿工作的文件要求，完成《广西年鉴·2018》（铁山港区部分）和《北海年鉴·2018》（铁山港区部分）编撰工作。4月，经区政府审核后分别报送广西年鉴社和北海市志办。

【资政育人】 2018年12月27日，区委党史办联合团区委举办主题为“纪念改革开放四十周年——青年干部看铁山港发展”活动；邀请铁山港区退休干部为铁山港区选调生、引进人才及2018年新招录公务员等20多名青年讲党史，组织他们参观北海诚德不锈钢有限公司、中石化广西北海炼化有限责任公司、旺海珍珠养殖基地、北部湾港股份有限公司北海港分公司、中石化北海液化天然气有限责任公司等5家企业，利用多种形式开展资政育人活动。

【革命遗迹遗址挖掘工作】 2018年，区委党史办对铁山港区革命遗迹遗址进行挖掘，对南康镇扫管龙革命老区、南康老街等地方进行走访了解，在自治区党委党史研究室和北海市委党史研究室的帮助下，挖掘出2处革命遗迹遗址：南康镇扫管龙革命遗址和南康老街一处革命遗迹（现南康镇解放路53号）。 （马瑞银）

2018年12月27日，区委党史办与团区委联合举办“纪念改革开放40周年——青年干部看铁山港发展”活动。图为青年干部参观北海港分公司铁山港作业区 周芳供

档案工作

【概况】 北海市铁山港区档案局（馆）〔简称区档案局（馆）〕成立于2002年8月，隶属北海市铁山港区人民政府领导，2006年12月经自治区党委组织部批准参照公务员法管理，2010年7月由相当副科级事业单位升格为相当正科级事业单位，2012年10月列为中共北海市铁山港区委员会、北海市铁山港区人民政府直属事业单位。2018年，区档案局（馆）实有干部职工3人，其中本科学历2人，大专学历1人，主要工作职责是：宣传贯彻执行《中华人民共和国档案法》，负责辖区各机关、企（事）业单位及组织档案的建立、接收、保管、开发利用，对档案干部专业知识培训，征集编研和开发档案信息资源等工作，并提供档案查询服务。

【党组织建设】 2018年，区档案局（馆）争取区直属机关工委支持，于2018年9月29日成立了建局（馆）以来的第一个党组织——中共北海市铁山港区档案局（馆）支部委员会。10月30日，在北海市委党校召开的区档案局（馆）党支部全体党员大会上，杨中敏全票当选为区档案局（馆）党支部第一届支部书记，2018年区档案局（馆）党支部有党员3人。

【档案基础业务建设】 2018年，区档案局（馆）继续抓好档案基础业务建设。进一步完善档案馆功能建设。2018年完成第三、第四档案库房以及档案利用服务中心（政府信息公开查阅中心）、档案数字化加工室和档案接收整理室等功能室的标准化建设。抓好到期档案移交进馆工作。通过争取区委、区政府下发《关于做好到期档案移交工作的通知》，明确档案接收范围和移交进馆时限，全年接收2014—2016年文书档案共8632件进馆，结合工作实际，面向社会征集档案2批次，接受档案捐赠4批次。积极推进档案信息化建设。通过组织动员，全区51个立卷单位统一使用或更新使用GD2016V1.0档案综合管理系统，加快档案数字化建设，全年共完成文书档案数字化10.1万页，年内，全区数字化工作已完成馆藏档案的69.8%。紧抓档案安全不放松。年内争取区政府支持10万元安全建设资金，对部分防盗设施进行升级改造；通过定期和不定期开展档案安全检查，提高档案管理人员的安全防范意识，降低档案风险系数。扎实推进档案业务规范化建设。区档案局（馆）抓好档案工作人员业务培训，提高档案干部的安全意识和安全操作技能，12月，举办1期规范政治建设文件材料管理业务培训班，培训90多人。

【档案服务】 2018年，区档案局（馆）落实“送服务上门”工作，对各相关单位档案整理中遇到的问题，通过预约，及时上门提供业务指导。为辖区内重大建设项目提供档案服务工作。4月，区档案局（馆）主动联系重大建设项目业主，深入北部湾表面处理中心项目（一期）现场开展项目档案的调查了解，提供工程档案全程跟踪指导服务。抓好全区精准扶贫档案的监督指导。指派专人负责与区扶贫办联络，同步跟进建档服务指导工作，多次组织人员深入基层现场指导精准扶贫档案的整理、归档、保存、管理等工作。全年完成精准扶贫档案整理、归档、数字化226盒，0.4万件4.6万页。做好农村土地承包经营权确权登记颁证档案工作。安排专人进行全程跟踪服务，区档案局（馆）领导带头深入区辖三镇检查指导农村土地确权资料的收集、整理和归档等工作。全年完善“一户一档”权证类档案2.5万件、综合类档案1.3万件、照片档案690张、声像光盘8张、电子档案165件，全区农村土地承包经营权确权登记颁证工作档案资料的收集整理得到自治区第三方验收工作组的高度评价，并顺利通过自治区验收。

【档案宣传】 2018年，区档案局（馆）加大档案宣传力度。通过责任落实，提高档案工作信息的撰写质量和上报数量，年内获得自治区以上刊物、网站刊登稿件24篇。以“6·9国际档案日”活动为契机，发动区直各单位积极参与档案知识宣传工作，形成齐抓共管的合力，有效提升档案工作的宣传力度。通过印发档案宣传资料，引导干部群众学习，普及档案政策法规，增强干部群众的档案意识。 （陈丽萍）

中国人民政治协商会议广西北海市铁山港区委员会

综　述

【概况】 2018年，中国人民政治协商会议北海市铁山港区第四届委员会（简称区政协）内设政协办公室，有机关在职干部职工9人；下设提案法制委员会、经济联谊委员会、科教文卫委员会3个专门委员会，共有政协委员120人，其中政协常务委员22人。

【视察调研】 2018年，区政协贯彻落实中共十九大战略部署，聚焦区委、区政府中心任务，助推现代化工业新城区建设的决策部署落实，统筹安排年度协商议政和民主监督的4个重点课题。围绕深入实施绿色发展战略，组织开展“加强南康江水环境治理”“加强果蔬农产品安全监管”专题调研，助推全区生态环境建设和种养产业健康发展；围绕实施乡村振兴战略，组织开展农村建房专题调研，助推全区现代化新农村建设；围绕加快推进现代化工业新城区建设，组织开展征地搬迁工作专题调研，助推铁山港重大工业项目落地和南珠新城建设。采用实地查看、座谈讨论、调查问卷等形式调研，形成《关于铁山港区征地搬迁工作情况》《关于铁山港区农村农民建房情况》《关于南康江水环境治理情况》《关于铁山港区果蔬产品安全情况》4篇调研报告，提出可行建议，为区委、区政府的科学决策提供依据和参考。同时，配合北海市政协及兄弟县（市）区政协对南向通道建设、北部湾港口资源整合等问题开展调研，为促进铁山港区南珠文化与旅游产业融合发展，主动融入“一带一路”建设，打造南珠新城提供有力支持。

【提案办理】 2018年，区政协认真抓好提案工作，严格立案审查，坚持和完善重点提案区委、区政府、区政协领导领衔督办制度，创新提案办理民主测评、民主评议以及优秀提案和承办提案先进单位评选表彰工作机制，使政协提案和提案办理质量得到提升。区交通局主动与区政协提案法制委对接，将涉及农村道路建设的提案作为年内优先考虑指标，做到既能办实事，又能回应委员关切，也能将群众的诉求付诸实施，做到多方兼顾，一举多得。区政协四届三次会议以来，委员提出提案61件，立案57件，提案办复率、满意率均为100%。

【参政议政】 2018年，区政协制定社情民意信息评选表彰办法和社情民意信息联系点实施方案，将反映社情民意信息情况纳入委员日常履职管理。把人民群众的呼声转化为党委政府决策的重要依据，协助区委、区政府多谋民生之利，多解民生之忧，发挥好人民群众在政协民主监督中的作用，共向区委、区政府和北海市政协报送社情民意信息33篇，其中15篇被市直有关部门采纳并反馈，稿件数、采用率在北海市政协系统25个单位中位列第三，在县区政协中排名第一，被北海市政协评为全市社情民意信息工作先进单位，2位委员被评为全市先进个人。

【精准扶贫】 2018年，区政协党组统筹推进本单位的扶贫工作，指导、督促干部开展精准扶贫，在经费上予以大力支持，严格按照上级要求完成各项工作任务。区政协机关干部落实区委、区政府的部署，进村入户走访，宣传政策，开展帮扶工作，对照考核指标整理完善扶贫资料，为贫困户办实事、做好事，解决实际困难。全年投入扶持资金17万多元，帮助挂点村修建道路、完善文化设施，帮扶贫困户发展种植业、养殖业等扶贫产业项目，帮助5户22人脱贫，扶贫攻坚工作稳步推进。区政协积极配合组织部门全力推动铁山港区村级集体经济的发展，协助镇、村（社区）抓住乡村振兴和发展壮大集体经济有利机遇，围绕南珠新城和南康特色小镇建设、现代农业、乡村旅游等项目，整合资源，多渠道发展壮大集体经济。年内，全区43个村（社区）按上级要求获得收益5万元以上集体经济收入，其中集体经济收入10万元以上的村（社区）有9个。

【自身建设】 2018年，区政协注重委员的政治意识、履职能力和理论水平的提升，让委员准确把握政协性质定位，不断加深对人民政协的认识和理解，做到懂政协、会协商、善议政。2018年先后在成都村政学院和北海市委党校举办全区政协委员履职能力提升专题研修班。委派委员参加市级以上政协系统举办的业务培训班7期，参加党委系统组织的理论知识培训班25期，为委员们适应新形势、新任务、新要求，更好地履行政协职责打下了坚实的基础。区政协深入探索和研究中共中央总书记习近平关于加强和改进人民政协工作的重要思想理论，积极撰写上报7篇理论文章，其中《把促进民生改善作为人民政协工作着力点》等6篇论文入选北海市政协编纂的《加强和改进人民政协工作重要思想论文集》，论文《借鉴优秀传统文化，加强政协履职能力建设》在北海市政协召开的理论研讨会上做发言交流，入选率位列一县三区政协之首。

政协重要会议

【区政协四届三次全体会议】 2018年2月9日—10日，区政协四届三次全体会议在南珠会堂召开，区政协委员110人出席会议。区委、区人大、区政府、铁管委、区“两院”领导，区直各部门、辖区各镇、企业单位、驻区单位领导等参加开幕大会和闭幕大会。区委书记余兴国在开幕会上作重要讲话。受政协北海市铁山港区第四届委员会常务委员会委托，区政协主席彭岳军向大会作常委会工作报告，区政协副主席邓明仪作提案工作报告。会议期间，全体委员列席区五届人大三次会议，听取并讨论政府工作报告和其他报告。会议审议通过政协第四届北海市铁山港区委员会常务委员会工作报告决议、政协第四届北海市铁山港区委员会常务委员会提案工作报告决议、政协第四届北海市铁山港区委员会第三次会议政治决议。

【区政协常委会议】 2018年，区政协共召开4次区政协常委会议。

2018年2月9日，政协第四届北海市铁山港区委员会第三次会议在南珠会堂召开　　邓　符　摄

四届六次常委会议 2018年2月5日，区政协四届六次常委会议在区政协常委会议室召开，区政协主席彭岳军主持会议。会议传达学习区委书记余兴国在区委44次常委会上对政协调研报告和社情民意信息工作的指示精神，审议通过了《政协第四届北海市铁山港区委员会常务委员会工作报告》《关于政协四届二次会议以来提案工作情况的报告》《铁山港区政协2018年工作要点》《铁山港区政协2018年调研视察计划》等，会上听取了铁山港区副区长秦彬代表北海市铁山港区人民政府做关于区政协四届二次会议以来提案办理情况的汇报。随后区政协常委对提案办理工作进行民主评议和测评。

四届七次常委会议 2018年2月10日，区政协四届七次常委会议在南珠会堂讨论室召开，区政协主席彭岳军主持会议。会议听取各委员小组组长汇报四届三次大会期间各小组讨论情况，审议通过了《政协第四届铁山港区委员会常务委员会工作报告决议》《政协第四届铁山港区委员会常务委员会第三次会议政治决议》。

四届八次常委会议 2018年6月28日，区政协四届八次常委会议在区政协常委会议室召开，会议讨论通过了《中共铁山港区委员会关于加强和改进政协民主监督工作的实施办法》《铁山港区政协社情民意信息评选表彰办法》和《关于建立政协委员知情明政平台工作方案》等2018年区政协重点工作事项。组织区政协常委学习《中华人民共和国宪法》。区政协主席彭岳军在会上对区政协2018年重点调研课题调整情况和近期重点工作情况进行通报。

2018年6月28日，政协第四届北海市铁山港区委员会常务委员会第八次会议在区政协常委会议室召开　　区政协办　供

四届九次常委会议 2018年12月28日，区政协四届九次常委会议在区政协常委会议室召开。会议审议通过了《关于南康江水环境治理情况的调研报告》《关于铁山港区果蔬产品安全情况的调研报告》《关于铁山港区农村村庄规划和农民建房情况的调研报告》《关于铁山港区征地搬迁工作情况的调研报告》。组织区政协常委学习中共中央总书记习近平在庆祝改革开放40周年大会上的讲话精神、全国政协主席汪洋在自治区成立60周年庆祝大会上的讲话精神和赴北海慰问座谈会上的讲话精神、传达学习自治区党委书记鹿心社在自治区成立60周年庆祝大会上的讲话精神。

调研视察和民主协商

【调研视察】

专题调研铁山港区征地搬迁工作 2018年7月至9月，根据区政协四届八次常委会审议通过的《关于铁山港区征地搬迁工作情况的调研》专题，区政协办公室制订调研方案，成立调研领导小组，对全区征地搬迁及安置工作开展为期3个月的调研。调研组深入黄稍村委、彬定村委、南乐社区等重点征地搬迁地区，进行实地调查研究，与征地干部、村"两委"成员和被征地群众等进行深入的交流与探讨。通过召开座谈会、现场考察、调查问卷等形

2018 年 9 月 11 日，区政协提案法制委调研组到营盘镇塘仔村委开展专题调研　　区政协办　供

式，对全区征地搬迁工作的基本情况、存在问题及对策措施等方面进行调查，并撰写调研报告。

专题调研铁山港区果蔬产品安全　2018 年 6 月至 9 月，区政协成立果蔬产品安全调研小组，对铁山港区果蔬产品安全情况进行专题调研。调研组赴百色市田阳县无公害果蔬种植基地、生态农业示范基地考察和交流果蔬食品安全和生态农业等方面的经验，并深入走访铁山港区果蔬种植基地、农贸市场、种植农户和农资销售点，召开专题协商会，听取区农业局、区食药监局、区工商分局关于果蔬产品安全监管工作的情况介绍，并与市场管理方、群众代表开展交流探讨，了解全区果蔬产品安全监督管理情况，分析存在的主要问题，并就完善监管机制，加大果蔬产品安全监管力度，确保果蔬产品的食用安全提出了具体的意见和建议。

专题调研南康江水环境治理　2018 年 7 月，区政协成立南康江水环境治理调研小组，对南康江水环境的保护和治理情况进行专题调研。调研组分别到南康江流经的南康镇火甲路段、南康老街桥头到水门站路段、营盘塘仔河段进行实地考察调研。邀请区安监环保局、区水利局、区农业局、区辖三镇政府相关负责人参加座谈会，听取有关部门的情况汇报，围绕调研内容进行交流发言，全面了解南康江水环境治理的现状及面临的困难和问题，并形成调研报告，为南康江水环境的治理和保护建言献策。

专题调研农村农民建房工作　2018 年 9 月，区政协成立调研组，分别到营盘镇塘仔村委及白东村委大王岭村进行实地考察，邀请相关部门负责人、基层干部群众进行座谈，现场听取考察地点村庄规划及建设，尤其是农村宅基地报建、审批、验收、产权登记等情况介绍，探讨加强农村农民建房工作的有效途径，形成对策建议，撰写《关于铁山港区农村农民建房情况的调研报告》，为区委、区政府决策提供参考。

【民主协商】

建立社情民意信息联系点　2018 年，区政协按照推动协商

2018 年 7 月 11 日—12 日，区政协科教文卫委调研组赴百色市田阳县开展专题调研　　区政协办　供

民主广泛、多层、制度化发展的要求，创新社情民意工作机制，打造集聚社情民意的新载体，拓宽委员履职渠道。年内，创建了南康社区、营盘烟花厂、兴港恒久码头3个社情民意信息联系点，专门对现代农业发展和特色小镇建设、非公经济发展、现代海水养殖产业等方面了解情况、交流信息，为铁山港区经济社会发展服务。年内，区政协上报社情民意信息33件，其中15件被市直有关部门采纳并反馈，稿件数、采用率在北海市政协系统25个单位中位列第三，在县区政协中排名第一，被北海市政协评为全市社情民意信息工作先进单位，2位委员被评为全市先进个人。

开展委员走访日活动　2018年，区政协制订《政协北海市铁山港区委员会开展“委员走访日”活动工作方案》，区政协班子成员、常委主动下基层一线联系委员和群众，听取委员和群众对全区经济社会及民生发展等的意见和建议，把人民群众的诉求和智慧转化为政协履职建言的宝贵财富。年内，区政协走访委员、群众200多人，协调相关部门解决委员、群众关于企业发展、子女上学、拆迁补偿等诉求40余件，为政协履职注入不竭动力。

健全知情明政平台　2018年，区政协通过学习培训、调研视察、政情通报、会议知情、新媒体联系五大平台建设，深入学习把握中共中央总书记习近平系列重要讲话精神和治国理政的新理念、新思想、新战略，充分利用互联网新媒体，让委员认识形势、领会要求、交流思想，引导和促进委员着眼改革发展全局，围绕党政所需、群众所盼、政协所能的热点等重要问题，提高协商议政的能力和水平，真正做到建诤言、献良策、出实招。

创建履职管理新制度　2018年，区政协制订《铁山港区政协委员履职情况通报实施办法》，将委员们提交提案、论文、社情民意信息，参加会议、学习培训、调研视察、民意测评等12项履行职责活动纳入通报范围，一年通报2次。既加强对委员的管理考核，又促进全体委员自觉履行各项职责，主动投身发展大局，深入基层一线，积极为全区的社会经济发展建言献策做贡献。

2018年4月10日，铁山港区政协主席彭岳军（左三）到黄丽窝集体经济项目肉牛养殖基地了解集体经济发展状况　　区政协办　供

提案督办和民主监督

【提案办理】 2018年，区政协围绕区委、区政府中心工作和人民群众普遍关心的热点难点问题开展调研，共提出提案61件，涉及经济建设、民生民政、道路交通等方面，提案数量比2017年略低，但质量较2017年有大幅提升，这些提案内容丰富、重点突出、问题导向鲜明。经审查，立案57件，分别交给区政府41个部门或单位办理。年内，立案的57件提案均已办复。提案所提问题已经解决或列入计划正在解决的54件，占办理的94.74%；因受现行政策、建设计划等限制暂时不能解决的3件，占办理的5.26%。委员对提案办理的满意率达100%。其中很满意的占78.31%，满意的占19.28%。区政协常委会对区政府办理提案工作情况给予高度评价，并对区政府办理区政协提案工作情况进行民主测评和民主评

议，民主测评中表示很满意占52.63%，满意占47.37%，总满意率100%。

把好提案质量关　一是提前部署。在区政协四届三次全会召开前一个月，区政协开展提案征集，要求政协委员尽早酝酿提案，减少“临时提议”现象；二是积极引导。区政协通过每年一训、政协微信群、知情明政平台等，宣传普及提案工作要求和相关知识，通过深入调查研究，提出有质量的提案；三是认真审查。根据《提案工作条例》规定，对符合条件的提案予以立案；对只有情况而无具体建议的，引导委员补充完善后再立案；对不适合作为提案的，以委员来信的形式交有关部门办理或作退案处理。既保证提案整体质量，又激发委员撰写提案的积极性。

健全提案督办机制　一是跟踪督办。提案交办后，提案委与承办单位保持经常性联系，及时认真做好沟通工作，对提案落实进程及时跟踪，对办理过程中存在的问题和困难积极协调，组织承办单位进行“回头看”，督促兑现承诺；二是突出重点。筛选部分质量高的提案作为重点，提交区委、区政府、区政协领导领衔督办，区委、区政府主要领导领衔督办重点提案，亲自部署，亲自参与取得了明显实效；三是关注热点、难点。每年承办提案任务较重的交通、教育、社会保障等部门涉及的工作，都是委员最为关注的热点、难点。区政协把提案承办任务多的单位作为重点联系对象，常沟通、多协调，确保委员的正确建议得到落实。

提高提案办理质量　一是深化办理协商。要求提案承办单位主动和提案者进行沟通协商，按照“面商在前、答复在后”的程序，采取“走出去、请进来”的方法开门办理。二是转变办理态度。大多数单位对提案办理变被动为主动。区交通局在提案交办之前就主动和区政协提案委对接，做到提早谋划，提前部署。如针对委员提出的涉及农村公路的提案，力争将建设指标纳入当年计划，这样既能办好实事又能及时回应委员关切。区人社局等单位坚持“提案办实”和“不满意再办”的工作宗旨，对委员不满意的地方反复沟通协商，赢得相互理解与支持。

【民主监督】　2018年，区政协紧扣中心、服务大局，发挥好民主监督的作用，做好精准扶贫的监督员。区政协班子领导带领调研组分别到挂点村开展扶贫领域腐败和作风问题专项治理巡查调研工作。通过召开座谈会、现场查阅工作台账、帮扶手册、实地走访贫困户，了解扶贫资金、政策落实和脱贫致富有关情况，并对巡查调研情况形成报告报区委，为区委加强扶贫领域腐败和作风问题专项治理工作提供决策参考。年内，区政协选派政协委员60多人次参加全区各类民主监督活动，选派委员列席区政府常务会议，参与廉租房分配抽签仪式、巡查调研、旁听案件审理、司法宣传、社会治安满意度测评等监督活动；组织委员120多人次参与组织部门满意度测评、绩效考评社会评价测评等民主评议检查活动；组织委员40多人次对党政部门的班子建设、党风廉政建设和落实主体责任建设等进行评议，推动党政机关工作作风持续向好。

（陈玉玉）

中国共产党北海市铁山港区纪律检查委员会（北海市铁山港区监察委员会）

综　述

【概　况】 2018年2月13日，北海市铁山港区监察委员会正式挂牌成立。中国共产党北海市铁山港区纪律检查委员会机关与北海市铁山港区监察委员会机关合署办公（简称区纪委监委），履行纪检、监察两项职能。2018年，区纪委监委内设办公室、党风政风监督室、纪检监察室、信访室、案件监督管理室、案件审理室6个室，下辖事业单位北海市铁山港区纪检监察信息中心。

【自身建设】 2018年，区纪委监委稳步推进监察体制改革，纪检监察机关自身建设进一步加强。区委切实担起主责，区纪委认真履行专责，相关部门各负其责，按时完成区监察委员会组建挂牌，积极稳妥推进监察体制改革试点工作。制订了《北海市铁山港区深化监察体制改革试点工作纪法衔接制度》，通过专题讲座、以案带训和外出培训学习等方式，不断促进思想融合、队伍融合和工作融合，提高工作的规范化和法治化水平。区监委成功办结杨某某涉嫌挪用公款案件，该案是区监委成立以来首例移送检察机关起诉的案件，也是北海市首例不需要采取留置措施，调查终结后直接移送起诉的案件。成功办结北海市监委指定管辖的2件留置案件；共立案14件，移送司法机关处理3人。区纪委监委深入学习贯彻自治区纪委提出的“十自觉、十严禁”部署，全区纪检监察干部签订“承诺书”；配足配强区纪委监委领导班子成员，6名纪检干部得到提拔使用。

2018年2月13日，北海市铁山港区监察委员会正式挂牌成立。区委书记余兴国（右一），区人大常委会主任黄小健（左一），区长曾玲（左二），区委常委、纪委书记、监委主任张会（右二）共同为区监委揭牌

苏莉婷　摄

廉政建设

【落实“两个维护”】 2018年，区纪委监委坚持把党的政治建设摆在首位，切实担负起“两个维护”（坚决维护习近平总书记党中央和全党的核心地位；坚决维护党中央权威和集中统一领导）特殊使命和重大政治责任。精心谋划、高位推进“政治建设六项重点任务”（六项任务：第一，深入学习贯彻中国

2018 年 10 月 30 日，铁山港区纪检监察系统在南康镇政府大院开展“政治建设重点任务”公开大接访活动。北海市纪委副书记、市监委副主任劳太强（坐接访台左二），区委常委、区纪委书记、区监委主任张会（坐接访台左一）在接访点热情接待来访群众　　苏莉婷　摄

特色社会主义理论的体系，着力用马克思主义中国化最新理论；第二，继续加强党的执政能力建设，着力建设高素质的领导班子；第三，积极推进民主建设，着力增强党的团结统一；第四，不断深化干部人事制度改革，着力造就高素质干部队伍和人才队伍；第五，全面巩固先进性教育成果，着力加强基层党的组织建设；第六，切实改进党的作风，着力加强反腐倡廉建设）专项监督检查。区委组织深入学习习近平新时代中国特色社会主义思想和中共十九大精神，制订铁山港区落实党的政治建设重点任务的工作方案并推动落实到位；区委书记率有关部门到南康镇开展政治建设重点任务监督检查，区委常委带队对 16 个单位部门开展专项检查，发现问题 35 个，督促整改问题 35 个；探索开展政治生态科学评价工作，出台了考核评价细则。区委常委会 11 次研究党风廉政建设涉及 33 个议题，确定了从严治党主体责任清单 62 项；把专项治理工作纳入从严治党主体责任清单和监督责任措施内容。认真学习中共中央纪委副书记徐令义在广西调研讲话精神，制订 33 条整改落实工作措施，逐条逐项整改落实。各级党组织书记和“一把手”主动扛起“第一责任人”职责。区四家班子领导认真履行“一岗双责”，深入挂点村开展调研，推动专项治理向纵深推进。建立汇报送达阅批制度，使党委、党组书记及其他班子成员对专项治理工作的批示、阅示形成常态。认真落实《北海市铁山港区落实主体责任约谈暂行办法》，对一些倾向性、苗头性、一般性问题，及时开展谈话提醒、诫勉谈话，进行经常性教育。全区处级领导共约谈乡镇和区直部门 162 人次，使“咬耳扯袖、红脸出汗”成常态。

【作风建设】 2018 年，区纪委监委把贯彻落实中央八项规定精神作为一项长期坚持的重要政治任务来抓，修订《贯彻落实中央八项规定精神的实施办法》，从调查研究、会议活动等 8 个方面细化工作要求、明确纪律规定。坚持重大节日必提

2018 年 4 月 28 日，铁山港区在政务服务综合楼二楼会议室召开铁山港区“传承良好家风·凝聚家国情怀”活动会议　　苏莉婷　摄

醒,严防“四风”反弹回潮。深入开展作风建设年活动,扎实开展形式主义、官僚主义突出问题专项整治,着力构建作风建设长效机制。开展“重整行装再出发·悬利剑执纪如山”监督提醒全覆盖活动,使全区党员干部全部接受一次廉政教育。区纪委监委以“五个一”为抓手,着力开展“传承良好家风·凝聚家国情怀”活动,在全区营造家风好、民风纯、党风正、政风清的良好氛围。坚决查处违反中央八项规定精神行为,全区共立案5件、结案5件,给予党纪政务处分5人。

【廉政教育】 2018年,区委坚持把意识形态工作纳入政治巡察重要内容,牢牢把握意识形态工作主动权。坚持传统宣传与现代媒体同时发力、正面教育与反面教育同步推动,多措并举持续宣传教育,提升教育效果。区纪委监委印发主动说明问题的公开信、致全区广大干部一封信,在全区各自然村张贴鼓励举报黑恶势力保护伞的公告。编发《中国共产党纪律处分条例学习解读》《中华人民共和国监察法学习解读》小读本。大力开展“指尖宣传”,全区建立党风廉政建设宣教群48个,实现全覆盖。坚持加强廉政警示教育,组织党员干部集中观看违纪案件警示录,组织党员干部到区法院旁听案件庭审。加强典型案例通报曝光,使案例通报直抵自然村屯,发挥通报的震慑和警示作用。南康镇李某某主动向组织说明违纪问题、主动清退违规领取的危房改造补助款1.65万元。区纪委监委持续加强信息报送和宣传工作,报送的信息多次得到各级媒体和纪检监察机关网站采用,其中中央纪委国家监委网站采用1篇、《广西日报》采用3篇、广西纪检监察网采用38篇、自治区纪委《党风廉政教材》采用11篇、广西纪检监察信息内刊采用2篇、自治区纪委监委内网采用8篇、北海市纪检监察网采用148篇、北海日报采用61篇。

2018年6月4日,区纪委监委在政务服务综合楼五楼会议室组织各镇各部门党员干部约110人集中观看《广西三起县级扶贫办主任严重违纪案件警示录》 苏莉婷 摄

案件查处

【执纪审查】 2018年,区纪委监委积极畅通信访举报渠道,优化健全“来信、接访、电话、网络”四位一体举报平台,全方位挖掘问题线索,接收群众信访举报63件次,共收集问题线索211件。全年共办结信访举报积案34件次,实现“未办结信访积案清零”和“未息访息诉积案清零”双清零目标。认真贯彻落实自治区纪委“五项硬措施”和“五项硬要求”,坚持无禁区、全覆盖、零容忍,既正风肃纪又反腐惩恶。2018年共处置问题线索165件,立案104件、结案102件,给予党纪政务处分98人,其中科级干部7人、一般干部9人、其他人员82人,移送公安和检察机关3人,涉案违纪违法金额836.55万元,收缴违纪款471.24万元,挽回经济损失358.52万元。运用监督执纪“四种形态”处理干部158人次,其中,第一种形态56人次(占比35.4%)、第二种形态95人次(占比60.2%)、第三种形态3人次(占比1.9%)、第四种形态4人次(占比2.5%)。

【基层反腐】 2018年,区纪委监委根据自治区纪委“一年见成效、两年抓巩固、三年促提高”的目标要求,实现了深化扶贫领域腐败和作风问题专项治理一年治理目标。制订专项治理49项重点任务清单,制订工作例会制度、蹲点督导制度、汇报送达阅批制度等11项工作制度,使工作有章可循。以中央纪委副书记徐令义在广西调研时指出专项治理工作存在“六个方面问题”和专项治理自查自纠为切入点,动员全区各级对照自查自纠方案开展自查,发现问题131个,签订“零违纪”承诺书2596份。发挥廉洁监督员的“前哨”和“探头”作用,抽调廉洁监督员对扶贫领域政策落地、项目实施等方面开展监督检查,发现问题19个,全面推动从严治党向基层延伸。扶贫领域立案查处23件,在全市率先消除乡镇扶贫领域执纪审查空白点;立案查处涉黑涉恶“保护伞”1件。规范巡察机构,成立区委巡察办和区委第一巡察组、第二巡察组,配备了区委巡察办主任及巡察组领导。全区共开展4轮巡察,其中“交叉巡察”1轮,完成对区人社局、区民政局2个区直单位的巡察,发现问题线索57个,移交线索11条;村级巡察2轮,完成对全区21个建制村(社区)的巡察,实现对贫困村巡察全覆盖,共发现问题线索256个,移交线索32条,立案21件;常规巡察1轮,完成对区政府采购中心、区发改局、区残联、区财政局4个区直单位的巡察,发现问题线索52个,移交线索3条;同时积极配合并顺利完成自治区第六巡视组开展巡视联络工作和市委第五巡察组对区文体广电局、区城管局、区城管执法大队等三个单位开展的“提级巡察”工作。经过强力整治,有力惩治基层“微腐败”,违纪干部付出代价,广大党员干部受到深刻教育,基层干部作风明显好转,党的执政根基得到巩固。 (苏莉婷)

绩效管理与考评

【概况】 2010年9月,北海市铁山港区绩效考评领导小组办公室(简称区绩效办)在区纪委挂牌,与区纪委合署办公;2016年12月,成立铁山港区绩效评估中心,为区委、区政府直属全额拨款事业单位,委托区绩效办管理。2018年,区绩效办(评估中心)有工作人员2人。区绩效办职责主要是围绕自治区、北海市和铁山港区党委、政府年度总体工作部署,以重点完成北海市年度绩效目标而开展的自评迎考工作和区本级绩效管理与考评工作。2018年6月,铁山港区被确定为北海市辖县区2017年度绩效考评一等等次。

【绩效自评迎考工作】 2018年,北海市对市辖县区的绩效考评按千分制计分,从职能工作目标、专项目标、创新目标和满意目标4个维度进行考评,考评结果分为一、二、三和不合格四个等次。年内,铁山港区主要从如下5方面做好自评迎考工作:一是细化任务明确职责。区绩效办及时将上级下达的指标体系共细化量化为71项三级指标和453项具体考核项目,层层分解压实责任,做到事有人专管、人有责专管、责有标可对。二是强化过程监管。对指标进展完成情况实行“一季度季报、二季度月报、三季度半月报、四季度周报”制度,组成5个督查组到基层开展滚动式随机抽查和专项督查,推行工作群督导“微”模式,确保督办整改落实“零时差”。三是主动回应关切。区绩效办对社会评价公众反馈的意见,统一建立问题台账,实施立项管理,逐项解决销号,年内社会公众提出的10条意见得到全面整改到位,年度共有3项公众评议得分位居市辖县(区)第一。四是着力创先争优。区绩效办认真做好创新加分项目的摸底、培育、实施和申报工作,全年共有32项工作创新项目分别获自治区和北海市加分,完成指标超额加分项目73项,累计工作创新加分值位居市辖县(区)第一。五是精心自查备检。区绩效办组织对指标任务执行完成情况进行实事求是的评估,逐项查漏补缺和健全工作台账，指定专人跟进负责，落实各项备检要求，全年顺利通过自治区、北海市的年终核验，其中职能工作目标得分排位市辖县（区）第一，连续4年进入市辖县（区）一等等次行列。

【区本级绩效考评】 2018年，铁山港区继续以考评督促区辖镇和各有关单位落实各级党委、政府重点工作任务和履行职能责任，分别制订区辖镇、区直机关和驻区单位3个考评工作方案，对区辖3个镇按功能定位和发展重点等实行各有侧重的差异化考评，对区直机关50个部门按党政管理类、经济管理类、公共事务管理与执法监管类、党委群团及其他类划分实行分类考评，对区税务局等驻区单位重点开展服务区经济社会发展试点绩效评价。年内，铁山港区主要从4个方面开展区本级绩效考评工作：一是目标考核。区绩效办将上级业务部门部署或下达到铁山港区的工作任务和区委、区政府的重大决策部署、体现各镇和部门职能要求的重点工作以及社会公众所提意见建议整改等方面的工作，纳入年度绩效目标管理，逐个编制指标体系及评分细则，通过法定采集、专项采集和部门采集等方法，由各牵头考核单位按照规定的标准、既定的计分方式和时限、程序，对各项指标完成情况进行初步考核评分，经区绩效办组织审核及实地抽查核验后，形成目标任务考核结果。二是公众评议。由区绩效办牵头，采用问卷调查和电话访问等方式，邀请各级党代表、人大代表、政协委员、基层干部职工、服务对象、利益相关者及其他社会公众，对各考评对象重点履行职责、部门协作、服务基层、服务态度、工作效率、勤政廉政等方面进行评议。三是领导评价。区绩效办邀请区四家班子领导成员、区辖镇和区直机关事业单位党政主要领导，对各考评对象重点从落实区委、区政府工作，工作任务量、工作难度、工作效率、工作思路创新、服务态度、勤政廉政等方面进行评价；四是察访核验。由区绩效办牵头，组织对各镇各部门年度绩效目标的真实性、准确性和有效性进行实地核验，对核验查实的问题，按有关规定进行扣分，其中对弄虚作假行为加重扣分；对未全面履行职责的，采取“双挂钩”的办法，既扣被考核单位的得分，又扣业务主管考核单位的得分，推动层层履职尽责。

2018年6月，铁山港区在区政务服务综合楼二楼会议室召开2018年度全区绩效管理与考评工作会议　　区绩效办　供

【强化绩效考评导向作用】 2018年，铁山港区不断强化目标责任和创新争优，对承担自治区、北海市指标任务因主观原因被扣分的牵头单位和责任单位，予以5倍扣分；对在党风廉政建设、社会治安综合治理、计划生育、安全生产、环境保护等方面出现严重问题被一票否决的，降低考评结果一个等次；对标杆指标超额完成获加分的，予以1—3倍加分；对经上级绩效部门考评审核获创新争优和表彰奖励加分的，予以8倍加分。注重考评结果的运用，把考评结果作为评价各级各部门及其领导班子和领导干部工作实绩、选人用人、廉洁自律、评先评优的重要依据，与行政奖励、行政问责、行政预算和绩效审计相挂钩，严格按考评等次兑现奖励。　（韦乔丹）

群众团体

铁山港区总工会

【概况】 北海市铁山港区总工会(简称区总工会)成立于1995年7月。2018年,区总工会内设办公室、财务室,有工作人员10人;下辖兴港镇、南康镇、营盘镇三个基层工会联合会,机关、厂场、教育、卫生4个系统工会和私企、国企2个行业工会委员会;建立铁山港区总工会职工援助中心、铁山港区总工会法律援助站和铁山港区总工会职工维权中心。

【基层组织建设】 2018年,区总工会加强基层组织建设工作。成立物流企业和货运司机工会。按照自治区总工会和北海市总工会将建立物流企业和货运司机工会的工作部署,区总工会在全市率先建立物流企业和货运司机工会,将货运司机群体吸纳进工会组织进行组织管理。年内,在区内先后成立北海新奥华恒物流货运司机工会委员会和铁山港码头汽车货运企业联合工会委员会2个物流货运司机工会,覆盖10个企业,发展货运司机会员468人。同时,按照自治区总工会和北海市总工会的工作部署,在铁山港公用码头举行“货车司机入会集中行动”现场推进会暨铁山港码头汽车货运企业联合工会委员会揭牌仪式,为推进物流货运企业建设工会宣传造势;按照上级工会和区委的工作部署,结合铁山港区实际,区总工会从建立健全工会组织体系、加强队伍建设、夯实基层工会工作基础、创新工会工作方式、开展服务农(渔)民工工作、用好“网上工会”工作平台、做好服务职工品牌和工作阵地、切实加强党对工会的工作领导等八个方面进行改革,完成群团改革工作;对区直机关工会管理的会员单位进行调整,推进部分会员单位成立单独基层工会,指导21个会员单位完成成立单独基层工会工作。

【服务农民工】 2018年,区总工会继续开展服务一线劳动者活动;开展“送清凉”活动,投入2500元,先后走访慰问在

2018年10月22日,北海市人大常委会副主任、市总工会主席柳金红(右二),广西北部湾国际港务集团有限公司党委副书记、工会主席谢志双(左二),自治区总工会产业工会工作部部长梁海章(右一),铁山港区委副书记李玉婷(左一)在铁山港区公用码头为铁山港码头汽车货运企业联合工会委员会揭牌　　区总工会　供

北海新奥华恒物流有限公司和区城管局四号路环卫工人集中点以及南康环卫服务公司的一线工人、农民工549人，为他们送去毛巾和冬瓜茶等清凉用品和饮品，宣传和普及安全生产和防暑降温知识；举办“春风行动”招聘会，联合区人社局、区扶贫办等单位，在南康镇文化广场开展春风行动送岗位活动，组织30多家企业入场招聘，提供保安、保洁、普工、技工等总计2000多个就业岗位，并在现场设立就业创业、医疗保险、劳动权益等多个宣传咨询点；联合区人社局、区扶贫办在区职业教育中心开展北海市铁山港区第四届农民工技能大赛，举办家政服务员、餐厅服务员、中式烹调师、中式面点师、茶艺师5个比赛项目，共计组织149人参加比赛。

【职工队伍素质提升】 2018年，区总工会组织职工开展各项活动，从身体素质和精神文化两方面提升职工队伍综合素质。6月，区总工会面向区辖三镇机关工会、区直机关各有关工会已参加职工医疗互助保障活动的职工，开展送健康上门体检服务活动，体检项目包括胸部DR、心电图、彩色B超等13项内容，采取分批体检方式，共计为260名职工进行免费体检。区总工会与区卫计局、区妇联等单位联合开展“防艾”宣传活动，在南康镇圩镇中学旁通过摆放宣传板报、设立咨询点、发放宣传资料等方式，向职工群众宣传艾滋病的危害和传播途径，普及预防办法和措施。区总工会通过开展“网聚职工正能量 争做中国好网民”主题活动，宣传好网民理念和网络安全知识，组织“好网民正能量”系列征集活动，发动全区工会组织和广大职工踊跃参加，报送符合活动主题的正能量作品；其中，铁山港区南康镇第一小学工会委员会苏莉洁报送的朗诵作品《再别康桥》获得自治区总工会评选的三等奖。区总工会和区委宣传部联合在区南珠会堂共同承办了“国民银行杯”唱响北海铁山港赛区合唱比赛，共组织10支参赛队伍和3支表演队伍参加比赛，庆祝改革开放40周年和自治区成立60周年。

2018年6月27日—28日，区总工会组织职工在铁山港区南珠会堂进行免费体检　　区总工会　供

【职工帮扶工作】 2018年，区总工会开展帮扶工作，为困难职工解困脱困。开展“送温暖”工作。元旦、春节期间，区总工会走访慰问兴港镇赤江陶器厂和营盘镇烟花厂11户困难职工，共计发放2.2万元慰问金和11瓶食用油，并对14户困难职工集中发放每户2000元的慰问金；开展困难职工医疗、生活、助学救助，金秋助学救助3人，共计发放助学金1.5万元；继续推进职工医疗互助保障工作，加大宣传力度，共办理职工医疗互助保障2873份，为职工办理理赔42人次，补助金额达13.76万元。

【维权机制建设】 2018年，区总工会开展宪法日宣传活动，联合区司法局等单位在南康镇主要街道旁悬挂宣传横幅、设立宣传咨询点、发放宣传资料，向广大职工群众宣传有关职工切身利益的法律法规。区总工会与区劳动保障监察大队组成检查组，对辖区内的劳动密集型企业开展工资集体协商专项检查行动，对企业推进工资集体协商制度进行现场指导，推动铁山港区建会企业依法建立工资集体协商制度。（蔡欧玲）

共青团铁山港区委员会

【概况】 2018年，中国共产主义青年团北海市铁山港区委员会（简称团区委）有工作人员3人；下辖4个团委、1个团工委、9个团支部，共有团员1839名。团区委工作职责：开展青少年思想教育、组织青年服务中心大局、帮扶困境青少年、服务青少年等。

【青少年思想教育】 2018年，团区委开展中共十九大精神和共青团十八大精神专题培训推进青少年思想教育活动。在五四、六一、清明节、国际禁毒日、少先队建队日等时间开展“传承红色基因　争做时代新人”“扣好人生第一粒扣子”“童心向党”等主题活动，教育广大青少年；同时通过开展“诵国学”“我与国旗合影”“争当美德小达人”“传承好家风　传播正能量”演讲比赛等活动，培育社会主义核心价值观；全年共计发动青少年4.3万人次参加网上“青年大学习”活动。

【服务中心大局】 2018年，团区委聚焦服务中心大局工作。开展学雷锋系列活动。组织发动青年志愿者近200人次，开展“情系孤寡老人　共度温暖元宵”“孝行天下　情暖夕阳”等关爱老人志愿服务活动，以及开展义诊、普法宣传、免费维修家电、免费理发等便民活动。组织发动青年志愿者近800人次开展植树造林、清洁卫生、保护南康江、交通文明劝导等志愿服务活动，助力文明创城；组织40多名创业青年、贫困户到银海区、海城区、合浦县等县（区）现代特色农业示范基地参观学习，推进全区产业扶贫工作，助力脱贫攻坚。

【帮扶困境青少年】 2018年，团区委聚焦开展“同心助学”活动，资助33名优秀贫困大学新生共14.5万元；关爱贫困留守儿童，在春节、六一、中秋节等节日开展“让温暖一起回家”“与爱同行　欢度六一”“牵手度中秋　情暖在港区”“欢乐暑假平安自护”系列活动；年内，筹资1.5万元关爱113名贫困、留守儿童；拥有5个“共青团员屋”和1个在建的“青少年之家”；预防青少年违法犯罪，召开2次预防青少年违法犯罪专项组联席会议，多部门联合开展预防青少年违法犯罪研究和部署工作，回访帮教缓刑未成年人，联合区法院和区司法局开展“送法进校园”等活动。

【服务青少年】 2018年，团区委编发《铁山港青年先锋》杂志，为青年提供展示自我的平台；开展青年气排球赛、“唱响铁山港”青年歌手大赛、“青春勇担当　弘扬‘铁’精神”主题征文比赛等文体活动，丰富港区青年业余文化生活；创办铁山港青年“修身书社”，举办3期青年“修身书社”读书会活动；打造产业青年“团缘汇”联谊品牌，开展“青公益　团缘汇”等线上线下产业青年联谊

2018年8月28日，2018年铁山港区“同心助学”捐赠仪式在区政府政务服务综合楼举行　　曹世阳　摄

会3场,服务200多名单身青年,募集关爱贫困留守儿童善款1万多元;组织召开“奋发有为新时代　青年建功主战场”2018年青年工作会议、举办“建功五个主战场　锻造四铁团干部”经验分享会。

【共青团组织建设】 2018年,团区委聚焦共青团改革,加强组织建设。一是解决“四缺”(缺人员、缺经费、缺编制、缺阵地)问题。团区委配备专兼挂副书记,同时增加1名编制;乡镇团委和村(社区)团支部完成换届,团组织书记配备齐全;落实各镇“2+2”工作经费;解决村(社区)团组织书记“半定工”待遇问题。二是推进学校共青团和少先队改革工作。成立教育团工委;控制入团标准和入团人数;落实中学在校生每人每年20元标准的学校团委日常工作经费;出台《铁山港区少先队辅导员管理办法》。三是完善基层团组织建设。推进“智慧团建”信息录入工作,基本摸清全区团员青年底数;对村(社区)团组织进行指导,制订《铁山港区激发基层团组织活力方案》。　（冯　巍）

铁山港区妇女联合会

【概况】 2018年,北海市铁山港区妇女联合会(简称区妇联)内设综合办公室,实有3人;辖乡镇妇联3个、社区妇联5个、村妇联37个。

【思想建设】 2018年,区妇联继续深化思想建设,团结带领妇女听党话、跟党走,凝聚共识:一是开展系列教育实践活动。三八国际妇女节期间,在营盘镇青山头村开展“巾帼心向党·建功新时代”主题教育实践活动启动签名仪式暨三八节种植海防林活动,全区300多名女干部职工参加,共种植1500株木麻王树苗,为铁山港区的绿色生态建设增添色彩,贡献力量;区妇联联合铁管委女工委在诚德公司开展“向海经济·巾帼出力”学习十九大精神知识竞赛,共有6支代表队参加竞赛,全场200多人观看,营造浓厚的社会宣传氛围。二是花式宣讲十九大精神。6月26日,区妇联在广西青年农场主——旺海珠宝有限公司营盘彬塘珍珠插核基地开展“卖鸡调”曲艺下基层暨十九大宣讲活动,南康镇民间曲艺家将十九大精神与非物质文化遗产“卖鸡调”相结合,创作出《歌唱农村新面貌》《歌唱南康特色小镇》《精准实施·脱贫攻坚》《巾帼心向党·共唱十九大》等歌唱十九大的曲目,中国妇女网、《广西妇联》、北海电视台、《北海日报》、北海网上妇联等多家主流媒体争先报道宣讲活动。三是“中国妇女十二大”精神宣讲入基层。11月15日,在巾帼脱贫示范基地——勇伟特种农业基地举办“中国妇女十二大精神宣讲进巾帼脱贫基地”活动,区妇联主席陈丽艳给在场妇女群众上党课,宣讲中国妇女十二大精神,宣讲活动除融入“卖鸡调”演唱外还进行了农业知识培训,帮助农村妇女坚定信心、早日脱贫。区妇联执委、各乡镇妇联执委和妇女群众代表共30余人参加宣讲活动。

2018年11月15日,区妇联执委、各乡镇妇联执委和妇女群众代表共30余人在巾帼脱贫示范基地——勇伟特种农业基地举办铁山港区妇联系统学习宣传贯彻中国妇女十二大精神活动　区妇联　供

【妇联基层组织建设】 2018年，区妇联坚持巩固妇联改革成果，着力打造一支高素质的基层妇联干部队伍，加强基层妇联组织建设：一是加大干部培训力度。7月5日，区妇联联合区委组织部在北海市委党校举办铁山港区2018年基层妇女组织“领头雁”素质提升培训班，区妇联执委和乡镇、村（社区）妇联干部共60多人参加培训，通过培训提升妇联干部的综合素质和履职能力。二是建立健全制度。区妇联印发实施《关于印发〈北海市铁山港区妇联第四届常委联系妇女组织一览表〉〈北海市铁山港区妇联第四届执委联系妇女代表及群众一览表〉的通知》，进一步加强对妇情民意的掌握力度，发挥妇联常委、执委为妇女办实事的作用。三是开展争当“最美娘家人”活动。按照北海市妇联的工作部署和要求，区妇联联合区委组织部、区民政局开展争当“最美娘家人”活动，各镇党委及有关单位精心组织，经广泛宣传、层层发动、评审推荐，铁山港区南康镇三塘村妇联主席苏著芹、南康镇南康社区妇联副主席刘梅娅、营盘镇彬塘村妇联副主席陈升连、兴港镇彬池村妇联主席欧兰梅、兴港镇小马头村妇联主席廖文娇等5人被认定为2018年度北海市“最美娘家人”。

【服务妇女儿童】 2018年，区妇联以服务妇女儿童为工作主基调，推动铁山港区妇女儿童各项工作不断取得新发展：一是主动服务妇女就业创业。2月28日，联合区人社局等部门在南康镇文化广场组织举办铁山港区“春风行动”大型招聘会，为妇女群众与企业之间打造就业直通车。招聘会当天，广西渤海农业有限公司、北海承德公司等41家企业共提供5000多个就业岗位，区妇联干部现场服务300余人次，成功介绍138名妇女就业。二是积极推动“巾帼脱贫示范基地”创建。区妇联重点指导铁山港区勇伟特种农业基地、铁山港区茂叶生态园等2个基地开展创建工作，2个基地被评为2018年北海市巾帼脱贫示范基地，铁山港区勇伟特种农业基地还被评为自治区巾帼脱贫示范基地，铁山港区茂叶生态园负责人赖铭叶被评为2018年广西“巾帼风采现代青年农场主”。三是着力提升妇女就业能力。9月26日，区妇联联合南康镇妇联在夏塘村委开展铁山港区“产业到家·牵手妈妈”巾帼脱贫行动暨家政培训“大篷车”进村活动，参加活动的妇女100余人，其中建档立卡贫困妇女54人。活动让广大妇女在家门口享受到免费的家政技能培训，帮助妇女提高知识和就业能力，助力脱贫致富。四是服务儿童健康成长。区妇联落实创建经费6万元，新建南康镇社内村、营盘镇白龙社区、兴港镇彬定村3个“儿童之家”，并按照“七有”创建标准配备儿童娱乐、锻炼、游戏、学习设施设备；组织开展12场寓教于乐的主题活动，受益儿童及家长660多人；开展未成年人主题教育活动，利用各种节庆日开展“馨香一束报春晖”感恩母亲节、“传承良好家风·凝聚家国情怀”“珍爱生命·预防溺水”等主题活动，“六一”儿童节期间，全区各村（社区）“儿童之家”共开展20多场活动，进一步引导未成年人养成良好品德。

【家庭文明建设】 2018年，区妇联注重家庭文明建设，积极开展寻找“最美家庭”活动。在三八国际妇女节期间，区妇联联合营盘镇妇联在彬畔村举办“传家规、立家训、扬家风”文艺晚会，晚会上宣讲“最美家庭”的优秀事迹，并现场征集好家规好家训，传承良好家风，弘扬社会主义核心价值观。5月14日，铁山港区印发《关于2018年继续在全区深入开展寻找“最美家庭”活动和推选推荐北海市第十一届五好家庭的通知》，在全区深入开展寻找“最美家庭”活动；5月28日下午，区妇联联合区文明办、区直属机关工委、区法院等单位在营盘镇白东村委文化广场举办铁山港区“广西五好家庭”进村宣讲十九大精神暨寻找“最美家庭”活动，现场征集铁山港区“最美家庭”典范事例，邀请广西“五好”家庭代表吴梅良讲述家风故事，宣讲中共十九大精神；年内，朱维家庭被评为广西“最美家庭”，陈雪凤、金廷源、赖铭叶、徐坚和杨立等5个家庭被评为北海市“最美家庭”；廖文娇、张卫娟等2个家庭被评为“第十一届北海五好家庭”，朱维家庭被评为北海市文明家庭；组织代表队参加北海市第五届“我爱我家”家庭才艺展比赛，教育局教师杨立家庭获得最佳创意奖，中石化文星家庭获得最佳风采奖；组织营盘镇的刘俐、蓝欣怡母女参加“2018年广西‘少年阅读纪　阅读陪伴我的家’——亲子家庭阅读能力提升”大行动，其参赛作品《乌龟一家去看海》获自治区二等奖。

【维权帮扶工作】 2018年，区妇联深化维权机制建设，积极做好帮扶关爱工作：一是“送法下乡”，加强维权宣传。三八国际妇女节期间，联合南康镇妇联举办纪念《中华人民共和国反家庭暴力法》实施二周年暨反家暴知识讲座，南康镇女干部职工、各村（社区）妇联干部250多人参加；联合兴港镇妇联在兴港镇石头埠社区开展“送法下乡”三八维权周宣传咨询活动，现场200多名妇女群众参加，发放宣传资料3000多份，取得良好的宣传效果。二是成立铁山港区“婚姻家庭纠纷人民调解委员会”，搭建纠纷化解新平台。10月，区妇联联合区委政法委、区法院、区民政局等部门成立铁山港区“婚姻家庭纠纷人民调解委员会”，组建了14人的专业调解队伍，年内，“婚姻家庭纠纷人民调解委员会”共受理12起婚姻家庭纠纷案件，成功调解10起，发挥了家庭纠纷预防化解的作用，同时为上门咨询的妇女提供针对性的指导意见，帮助她们更好地经营婚姻和管理家庭。三是慰问资助特殊妇女儿童。在春节和三八妇女节期间，区委副书记李玉婷、区妇联主席陈丽艳到基层走访慰问19户优秀女干部、村（社区）妇联主席、“最美家庭”代表、18户困难儿童和留守儿童，并送去慰问品和慰问金；六一儿童节期间，组织铁山港区女能人协会捐赠3000元的礼品及慰问金，对鹿塘村和白东村的8名留守儿童进行慰问；对全区贫困女童进行摸底排查，收集全区193名特困女童和留守女童信息，并建立档案库，广泛宣传呼吁各界爱心人士参与“春蕾计划”活动，全年共组织各界爱心人士资助资金14300元，直接救助贫困女童26名。8月下旬，联合区委统战部、团区委开展“同心助学”活动，发动铁山港区女能人梁萍萍出资3000元帮助1名贫困大学生。四是积极开展妇女“两癌”（宫颈癌和乳腺癌）检查救助工作，关爱女性健康。继续宣传发动农村妇女积极参加“两癌”免费检查项目，为全区2949名农村妇女免费进行“两癌”筛查，超额完成任务数245.75%；推进关爱女性健康，服务“两癌”妇女保险工作，年内，全区共有6043人购买了“两癌”保险，超额完成任务数302%。（黄启莉）

2018年5月28日，区妇联联合区文明办、区直属机关工委、区法院等部门在营盘镇白东村委文化广场举办铁山港区“广西五好家庭”进村宣讲十九大精神暨寻找“最美家庭”活动　　区妇联　供

铁山港区科学技术协会

【概况】 2018年，北海市铁山

港区科学技术协会(简称区科协)与区科技局合署办公。

【技术培训】 2018年12月15日,区科协在营盘镇盐灶村组织开展科普服务乡村振兴,助力精准扶贫工程——甘蔗栽培技术培训,邀请北海市农业科学研究所副所长(高级农艺师)、国家糖料体系北海试验站站长杨忠伟作指导,结合当地的气候和自然条件,对品种和田地的选择、甘蔗生长水肥管理以及病虫害防治等进行分析和讲解,共116人参加培训,为推进糖料甘蔗产业发展,实现农业增效、农民增收提供技术保障。

【科普活动】 2018年10月26日,区科协在北海市铁山港区青少年学生校外活动中心举行"中国流动科技馆"巡展活动(铁山港站)启动仪式,营盘中学的500多名师生在活动第一天参观"中国流动科技馆"。巡展活动通过"参与、互动、体验"等方式,为青少年学生提供参与科学实验、感受科技神奇的交互体验式的科普平台,让广大青少年学生走出课本,走出课堂,近距离感受科学魅力,激发他们对科学的浓厚兴趣,启迪他们的科技思维,培养、提升动手和实践能力。此次铁山港站巡展活动以"公平、普惠、创新、提升"为主题,共设置了声光体验、电磁探秘、运动旋律、数学魅力、健康生活、安全生活、数字生活七个主题展区,40多件互动展品,为青少年学生提供一场生动有趣的互动体验式"科普盛宴"。此外,设有"消防科普教育体验教室"和"交通安全科普教育体验教室",专业教师通过"情景式、体验式"的教学模式,向学生传授消防安全常识、自救逃生技能、火灾预防措施、心率复苏救护措施等科普知识。 (陈翠华)

2018年10月26日,区科协在北海市铁山港区青少年学生校外活动中心举行中国流动科技馆巡展活动(铁山港站)启动仪式。图为师生在模拟学习应急救助知识 陈翠华 摄

铁山港区残疾人联合会

【概况】 2018年,北海市铁山港区残疾人联合会(简称区残联)为正科级群团组织,内设办公室,有工作人员3人;下设铁山港区残疾人综合服务中心。

【重度残疾人集中托养扶贫示范基地】 2018年,区残联配合北海市残联在铁山港区南康镇秋风塘村创建残疾人扶贫项目——重度残疾人集中托养扶贫示范基地,投入120万元,通过改建形式,将南康镇秋风塘敬老院改建为重度残疾人集中托养扶贫示范基地。基地占地面积约800平方米,实行"一对二护理"的托养模式,配备24小时的监控和护理服务,集中托养贫困重度残疾人9名,聘有6名建档立卡的贫困人口作为护理人员,缓解因家庭看护造成贫困家庭劳动力短缺的矛盾,同时实现就近解决就业问题,重度残疾人家庭劳动力人口可专心在外从业,实现托养、扶贫双赢。

【残疾人辅助性就业爱心车间】 2018年,区残联与东华体育产业有限责任公司合作共建,投入13万元,建成残疾人辅助性就业爱心车间1个,该车间位于南康镇南康社区旁东华皮具厂内,面积约80平方米,内设工作间、休息室、娱乐等区域，安排7名重度肢体、智力残疾人集中就业，实现残疾人自食其力，减轻社会和家庭负担，助力脱贫致富。

【残疾人文化进家庭"五个一"项目】 2018年，为满足残疾人精神文化需求，营造全社会扶残助残氛围，区残联会同区委宣传部组织落实贫困或重度残疾人家庭开展读一本书、看一次电影、游一次园、参观一次展览及参加一次文化活动等残疾人文化进家庭的"五个一"项目。项目活动把长期在家的农村残疾人带出了家门，开阔了视野，享用了文化大餐，使残疾人感受到了社会的关爱，增强了残疾人主动融入社会的信心，使广大残疾人能够共享改革开放带来的社会经济发展成果。项目活动累计惠及残疾人100人，参与活动的志愿者40人次，群众超过2000人次，对弘扬关爱残疾人、帮扶残疾人的社会道德风尚起到推动和促进作用。 （吴伟霞）

2018年，位于铁山港区南康镇秋风塘村委、投资120万元建设的北海市铁山港区贫困重度残疾人集中托养扶贫示范基地投入运营

区残联 供

铁山港区社会科学界联合会

【概况】 2018年，北海市铁山港区社会科学界联合会（简称区社科联）与区委宣传部合署办公，实有1人。区社科联第一届常务委员会由主席1名、专职副主席1名、兼职副主席4名组成，委员共18人，第一届代表资格于2018年10月届满，为配合机构改革工作，按规定延期换届。

【协助区委中心组开展学习及课题调研】 2018年，举行5次中心组学习，除8月13日的专题学习为1天外，其他每次自学和集中学习的时间均为3天：4月15日至4月17日第一季度学习、6月29日至7月1日第二季度学习、8月13日正确认识妥善应对中美经贸摩擦集中理论专题学习、9月30日至10月2日第三季度学习、12月21日至12月23日第四季度学习。学时累计13天。学习后做到档案完备，有会议通知、学习方案、会议记录、学习汇报等资料。中心组成员加强学习调研，结合实际深入基层开展调研，理论研究取得实效。区委中心组共撰写提交31篇调研报告（理论文章），围绕征地搬迁、脱贫攻坚、社会民生、振兴南珠产业、创建南康特色小镇、文化教育、机构队伍建设、食品环保、法律执行等方面工作提出有针对性的对策和建议，为推动全区社会发展提供决策的理论依据。推出一批高水平的理论研究成果，一大批理论文章获奖或获得各级刊物刊发，其中，余兴国撰写的《优良作风是加快发展的强大正能量——北海市铁山港区区域经济跨越发展的再认识与再思考》获得北海市庆祝改革开放40周年理论研讨会优秀论文奖；余兴国撰写的《抓好产港城发展规划 推动高质量融合发展》、黄小健撰写的《落实发展理念 写好向海篇章》、曾玲撰写的《夯实基础招商引资 扎实推进项目》、彭岳军撰写的《竭力服务重大项目建设 推进高质量融合发展》、李玉婷撰写的《砥砺前行 写好新篇章》在《北海日报》刊发；沈志平撰写的纪念改革开放40周年理论研讨人征文《党的建设对北海发展的引领作用研究——以铁山港区为例》在《北海发展论坛》刊发。

【协助自治区乡土文化传承发展联合调研组开展调研】 2018年3月20日下午，广西社科院农发所副所长、副研究员刘东燕一行4人，到营盘镇白龙村等地开展实地调研。北海市社科联主席伍朝胜，区委常委、区政府副区长、区委宣传部部长林昌斌及区、镇、村三级相关负责人陪同。区社科联在陪同实地调研外，还收集、整理相关文献资料，包括铁山港区年鉴和地方志，铁山港区美丽乡村的政策文件、经验总结、典型汇报和调研成果，加强地方特色文化、民族文化、农耕文化、民俗文化、村庄治理文化等保护与传承的相关资料。

【调研基层干部思想文化建设】 2018年，区社科联针对基层思想文化宣传队伍建设的弊病，结合区委、区政府中心工作和经济社会发展重大问题开展调研，并形成调研报告《北海市铁山港区基层思想文化干部队伍建设的报告》上报市委宣传部。

【汇编资料】 2018年，区社科联共汇编区委中心组学习资料6册和4册笔记参考重点，每册字数均在3万字左右。为配合新时代讲习所宣讲活动，区社科联搜集近期从中央到地方的各种惠民政策措施，分门别类整理汇编成《惠民政策汇编》，共计20万余字。

【社科知识普及】 2018年，区社科联开展形式多样的宣教活动，通过送科普书籍、宣传资料到乡镇、企业、学校，开展社会科学走进新农村科普活动，共发放《广西壮族自治区社会科学普及条例》400多册。

（欧作合）

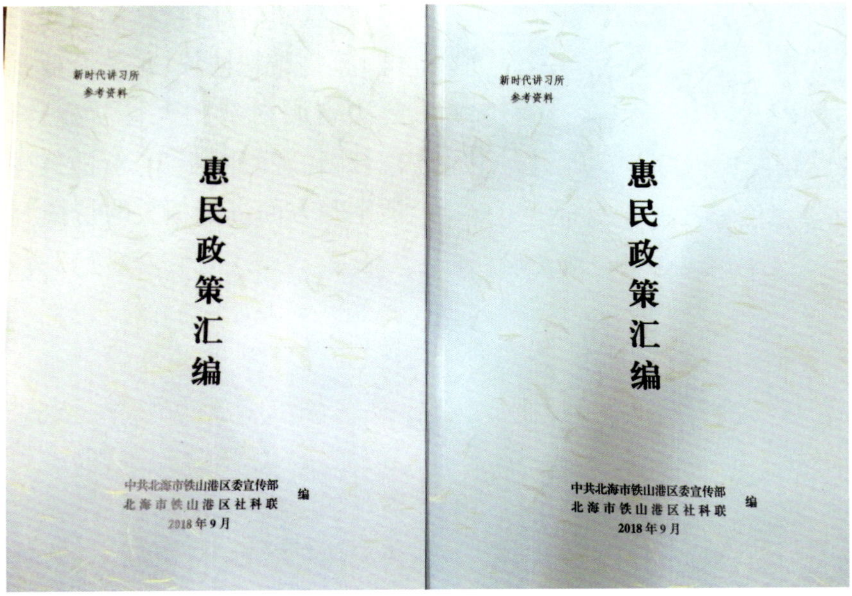

2018年9月，区社科联搜集从中央到地方的各种惠民政策措施，分门别类整理汇编成《惠民政策汇编》，全书分八类，共计20万字

区社科联　供

铁山港区工商业联合会（铁山港区商会）

【概况】 北海市铁山港区工商业联合会（北海市铁山港区商会）（简称区工商联），成立于2002年8月。设主席、常务副主席、秘书长、常委、执委等，每届任职5年。2017年1月10日，区工商联第四次会员代表大会选出主席1名，副主席8名（其中常务副主席1名，专职、副主席兼秘书长1名）、常委17名，执委47名，现任主席（会长）邓明仪（兼），专职副主席为陈俊良。

【思想建设】 2018年，区工商联始终把非公经济人士的理想信念教育作为重要工作抓实抓好。把深入学习贯彻中共中央总书记习近平新时代中国特色社会主义思想和十九大精神作为首要政治任务，以习近平关于民营经济发展的重要指示和重要讲话精神为重点，组织机关干部采取集中学习、座谈会、自学等方式进行学习，领会精神实质，凝聚思想共识。区工商联与非公经济管理办公室共同组织部分非公经济人士到浙江大学和西安交通大学进行相关业务知识培训；组织铁山港区企业参加生态北海自行车比赛、参加金融理财投资座谈会议;组队参加北海市工商联组织的业务知识竞赛、参加区统战部组织的考察广西区先进乡镇商会等活动。深入细致做好非公经济人士的思想政治工作,以爱国、敬业、诚信、守法、贡献为准则,帮助企业健康发展,大力推进亲、清型政商关系。

【参政议政】 2018年,铁山港区非公经济人士担任区人大代表4名,区政协委员8名。他们深入开展调查研究,积极建言献策议政,主动向人大、政协提交议案,提案。及时向区委、区政府等有关部门反映,协调解决非公企业在发展壮大过程中遇到的困难。

【服务企业】 2018年,区工商联积极开展走访企业调研工作。每位领导联系不少于6位企业会员和基层商会。主动收集整理非公企业的意见、建议和难题,协调解决非公企业在发展过程中的困难。针对企业情况进行汇总,及时向区委、区政府等有关部门反映,上报北海市工商联,并实行跟踪服务。

2018年3月,铁山港区工商业联合会第四届二次执委(扩大)会议在营盘镇商会会议室召开 唐爱华 摄

【公益事业】 2018年8月,铁山港区举行“同心助学”活动。区工商联组织区内22家企业参与,筹集爱心资金共计14.5万元,捐助25名考上高校的贫困学生和8名优秀毕业生;各镇商会及企业、非公经济人士在节日开展慰问活动,共慰问112人,折合慰问金共计3.36万元。

【开展万企帮万村活动】 2018年,区工商联引导会员积极参与“万企帮万村”精准扶贫行动,共有9家企业(北海诚德镍业有限公司、北海和源投资有限公司、北海南洋修造船厂、北海恒久石油化工有限公司、铁山港区南珠砖厂、铁山港区营盘烟花爆竹厂、广西华南建设集团北海分公司、广西新鑫能源科技有限公司、广西海洋投资集团)分别和铁山港区4个贫困村(南康镇黄丽窝村、夏塘村、营盘镇盐灶村、兴港镇栗山村)签订帮扶协议,帮扶企业在解决贫困村贫困人口就业、修桥补路、慰问困难户、资助贫困学生等方面进行相关的帮扶。

(李丽菁)

法　　治

政法协调和社会治安综合治理

【概况】 2018年，中国共产党北海市铁山港区委员会政法委员会（简称区委政法委）是区委领导管理铁山港区政法工作的职能部门，内设办公室、执法监督室，有干部职工7人；铁山港区综治办、铁山港区防范和处理邪教办、铁山港区维稳办、铁山港区国安办与区委政法委机关合署办公。

【维护社会稳定】 2018年，区委政法委协调全区各级各部门强化忧患意识，正确处理好改革发展和稳定的关系、维稳与维权的关系、活力与秩序的关系，强化法治观念，把法治思想和法治方式融入政法工作，以解决群众利益诉求为根本，维护社会大局稳定，获评广西信访工作"三无"县区。年内，妥善处理一批敏感案（事）件；加强了反恐防恐工作力度；深入开展反邪教工作，组织开展专项打击行动，转化一批邪教人员；突出信访源头排查，开展信访积案治理，带动全区解决一批多年信访积案；开展矛盾纠纷排查调处和社会稳定风险评估，为重点项目保驾护航，对重点项目建设出现的不稳定问题，做好预知预警，及时落实化解稳控工作措施，确保重点项目顺利推进。全区实现了"五个不发生"工作目标（不发生暴力恐怖事件、不发生影响重大的恶性刑事案件、不发生重大的影响社会稳定的群体性事件、不发生影响恶劣的安全生产责任事故、不发生重大公共安全事件）。年内，全区共调处民间纠纷522起，调处成功505起，调处率为100%，成功率为96%。信访立案43件，上访群众860人次，比2017年分别下降9.5%和3.7%，没有发生集体赴邕进京非正常上访事件，平稳度过一系列重要节庆日期和政治敏感时期。

【建设平安铁山港】 2018年，全区政法机关认真贯彻落实中央、自治区、北海市政法工作会议精神，按照打好"三大攻坚战"工作要求，以争创自治区级平安县（区）为目标，全面提升新时期政法工作的能力与水平，在深化平安建设全面提升群众安全感专项工作中，取得显著成效。年内，全区群众安全感满意度97.36%，创历史新

2018年，铁山港区在区政府政务服务综合楼五楼会议室召开2018年北海市铁山港区政法工作会议　　区委政法委　供

高,在全市县(区)中排名第一,在广西县(区)中排名第9位,连续7年在全市县(区)中排名首位。

构建治安防控体系　推进公共安全视频监控建设,全区新建500多个视频监控探头,整合驻区大中型企业、学校等视频监控资源,建成"全域覆盖、全网共享、全时可用、全程可控"的综合性大情报指挥系统。继续完善"三级巡控"工作机制,对区、镇、村等场所实行24小时巡逻,提高街面见警率,全面构筑"屯警街面、武装巡逻、动中备勤"的治安防范勤务模式。建立警社联动组织领导保障机制,推行公安干警进村(社区)制度,强化综治工作在基层的贯彻落实。

强化基层基础建设　充分发挥镇、村(社区)在维护社会稳定中第一道安全屏障的作用,不断强化社会治安综合治理工作的新要求,在乡镇设立综治工作中心,整合综治、司法、派出所、巡回法庭等部门职能,采取集中办公、派员进驻、联动协作的方式,构建分工配合、精干高效、便民利民的实体化工作平台。在村(社区)设立综治工作站,安排专人开展综治维稳事项受理、矛盾排查、法律咨询等工作,统筹协调辖区民警、企业、物业、社会组织参与综治工作,提升基层社会治理能力。创新网格化管理机制,合理配备网格员,承担网格日常巡查、社情民意收集、治安协防、公共安全隐患排查、矛盾纠纷化解、特殊人群服务管理等信息搜集和上传任务,使社会治理和服务触角延伸到每个角落。引导全区各镇、社会团体、驻区企事业单位加大人力、财力、物力投入,广泛动员群众参与社会治理,按照"打防结合、预防为主,专群结合、依靠群众"的原则,加强群防群治队伍建设,有效提高治安防控能力和水平。

提升特殊人群管控水平　2018年,铁山港区对易肇事肇祸精神障碍患者开展大排查,逐一明确稳控责任、稳控措施,贯彻落实严重精神障碍患者监护人"以奖代补"政策。全区共排查出严重精神障碍患者182人,同比增加70人,全部签订监护管理协议,把发生精神障碍患者易肇事肇祸风险降到最低。同时加强对吸毒、社区矫正人员管理,统筹运用行政管理、法律规范、道德感化、心理疏导等手段,努力实现社会善治。

司法救助　2018年,区委政法委聚焦民生,开展司法救助。通过救助减少矛盾纠纷的发生,解决群众实际困难,消化一批涉法涉诉信访案件,取得良好的社会效果。全年共司法救助18件,救助36人,支出救助经费34.25万元。

【司法体制改革】　2018年,全区政法机关顺应司法管理体制改革的新要求,完成改革任务,着力构建开放、动态、透明、便民的阳光司法机制,依法及时公开执法司法依据、流程、结果和生效法律文书,杜绝暗箱操作,公、检、法部门均按要求完成年度改革工作任务。铁山港区人民法院在落实法官员额制基础上,组建新型审判团队,全面取消行政化的案件审判制,97%以上的案件直接裁判,提

2018年9月21日,区委常委、政法委书记陈文初(左一)在营盘镇白龙社区调研扶贫工作　欧华安　摄

交审委会讨论的案件大幅下降；同时，按照“繁案精审、简案快审”的工作思路，制订与之相配套的分案规则、繁简分流方案等相关制度；全年繁简分流案件212件，占民商事案件总数的63.28%，速裁结案159件，占收案总数的43.09%，平均审限42天；入额法官人均结案数倍增，审判质效呈现出良好的发展态势。全年共受理各类案件882件，涉案标的金额1.6亿多元，审执结786件，结案率89.12%，同比上升2.12%；法定审限内结案率99.58%，民事行政一审服判息诉率86.47%，多项审判质量效率指标优于区间值并位居全市前列。铁山港区人民检察院建立检察官、检察官助理和书记员分类管理机制，坚持“谁办案谁负责、谁决定谁负责”，严格落实入额检察长、副检察长带头办理大案、要案、疑难案要求，充分发挥示范引领作用；年内，院领导共办理侦监、公诉案件118件267人，占案件总数42.6%，院领导带头办案比例在全市检察机关中名列第一。铁山港区公安分局“放管服”改革工作稳步推进，实现异地办理身份证和农业转移人口及其他常住人口落户城镇，全面实行“零准入”户籍制度改革政策，完全放开城镇居民落户条件。

【队伍建设】 2018年，区委政法委贯彻落实自治区党委政法委全面从严治警“五查五整顿”决策部署（查思想，着力整顿理想信念滑坡问题；查纪律，着力整顿有令不行问题；查作风，着力整顿不严不实问题；查担当，着力整顿不作为、乱作为问题；查管理，着力整顿领导责任落实不力问题，扎实推进从严治警专项行动精神）。从“五查”入手，增强全面从严治警的责任感和紧迫感，自觉将思想和行动统一到自治区党委、北海市委、区委的决策部署上来，提升政法队伍思想政治素质和工作水平；政法部门牢牢抓住“让群众满意”这一根本标准，推出一系列便民服务、维护群众利益的新举措。区法院进一步落实司法为民举措，完成诉讼服务中心改造升级建设工作，当场立案率达98%，为群众提供优质高效便捷的司法服务；深化家事审判方式改革，与区妇联成立婚姻家庭纠纷人民调解委员会，审判婚姻家庭纠纷案件117件；注重当事人权益保障与人文关怀，不断加大司法救助力度，解决一起长达20年的交通肇事刑事附带民事赔偿纠纷案。区检察院改造升级“12309”一站式检察服务中心，积极探索“党建＋业务”“党建＋团建”“党建＋扶贫”模式。区司法局加强公共法律服务体系建设，在村（社区）设立法律服务窗口，整合法律援助、人民调解、法律顾问等法律服务项目，为群众提供一站式法律服务，打通服务群众的“最后一公里”。 （张 越）

法治政府建设

【概况】 2018年，北海市铁山港区法制办公室（简称区法制办）内设1个机构，有工作人员6人；在区委、区政府的领导下，认真学习贯彻中共十九大、十九届二中、十九届三中全会精神和中共中央总书记习近平系列重要讲话精神，树立依法执政、依法行政和依法办事的法治理念，加快法治政府建设，为促进铁山港区经济社会发展创造良好的法制环境和提供有力的法治保障。

【法治政府建设工作】 2018年，区法制办深入推进依法行政，加快法治政府建设工作：8月，区法治政府建设工作领导小组办公室制订《2018年北海市铁山港区法治政府建设工作任务（要点）》，明确了全年具体工作目标任务，并将各项工作任务分解到各镇和区政府各部门。各镇、各部门结合实际，制订相应的工作计划，有序地推进落实；10月，区法治政府建设工作领导小组办公室印发《2018年度北海市铁山港区法治政府建设考评指标和评分标准》，作为2018年区政府对各镇政府和各部门开展年度法治政府建设工作考核的依据，组织完成对辖区三镇和各部门的年度法治政府建设工作考核。

【政府法律服务】 2018年，区法制办积极参与政府法律事务工作，提升法律服务质量。完善区委、区政府，区辖各镇党委、镇政府及各部门的法律顾问制度。12月，制订印发《关于印发〈北海市铁山港区推行法律顾问制度实施方案〉的通知》，健全完善铁山港区各级党委，政府的法律顾问制度，推进铁山港区各级党委、政府依法、科学、民主决策，提高依法行政水平。区法制办为北海市铁山港（临海）工业区管理委员会和区政府处理有关法律事务以及行政决策提供法律支持，共审核修改《信义北海兴港50MWp工矿废弃治理渔光互补光伏并网电站投资合作框架协议》《道路清扫保洁服务劳动合同》等40多份合同，对《铁山港区处置农民工讨薪突发应急预案》《关于请求同意签订〈铁山港（临海）工业区综合科技企业孵化咨询服务合同〉的请示》等问题出具140多份法律意见书。区法制办提供专业法律服务，全力助推铁山港区经济发展，积极参与重大项目的征地、搬迁工作，及时为有关项目工作组解决工作中出现的法律问题，建言献策30次。区法制办依法化解社会矛盾，维护社会稳定，年内，配合有关单位、部门接待民办教师和其他群众上访160多人次。

【行政执法监督】 2018年，区法制办加强行政执法监督力度，进一步规范行政执法行为：牵头组织开展行政执法专项监督检查工作，10月印发《北海市铁山港区2018年创建广西食品安全城市行政执法暨专项监督检查工作方案的通知》，由区法制办和区相关行政执法部门工作人员组成的行政执法专项监督检查组分别对辖区各镇政府、区各行政执法部门进行行政执法专项监督检查，并对检查中发现的行政执法问题，共发出整改意见书7份，指导相关单位进行整改，并形成工作报告报区政府；继续抓好全区行政执法人员资格（续职）培训考试工作，组织辖区各行政执法部门有关人员参加2018年行政执法人员资格（续职）培训考试，增长行政执法人员的综合法律知识和增强工作能力。

【规范性文件审查清理】 2018年，区法制办认真做好规范性文件审查、清理工作；组织辖区各镇政府、各有关部门开展关于涉及著名商标制度的地方规章和规范性文件专项清理工作，关于涉及产权保护的规章、行政规范性文件自查自纠和证明事项清理工作，关于涉及民营经济发展的政府规章和规范性文件清理工作，对涉及的相关文件进行全面审查清理，并按时向北海市法制办报送清理结果。

【行政复议和行政诉讼】 2018年，区法制办依法化解纠纷，做好行政复议和行政诉讼工作：受理了行政复议案2件，均按时提交行政复议答复书和相关证据材料，坚持按程序办案、协调在先、案结事了的办案原则，依法办理行政复议案件，发挥行政复议在解决行政争议中的主渠道作用；代理行政诉讼案5件，均在法定期限提交答辩状或相关证据材料，履行行政

2018年9月30日，区法制办在区行政中心新政务大楼五楼会议室举办2018年铁山港区行政机关政策文件解读实施办法学习班

张　可　摄

应诉职责，积极组织应诉及协助法定代表人出庭应诉。

【法治教育学习培训】 2018年，区法制办共举办2期学习培训班：一是行政复议法培训班，邀请广西启迪律师事务所律师谢宗保讲解授课，区、镇两级领导干部90多人参加培训。二是政策文件解读培训班，邀请广西启迪律师事务所律师赖勇强授课，70多人参加培训。通过学习培训，增强了领导干部学法用法意识和推进法治政府建设进程。 （张 可）

法 院

【概况】 北海市铁山港区人民法院（简称区法院）成立于1995年6月1日，同年10月26日正式挂牌办公，法院审判办公楼坐落于铁山港区行政中心西侧，占地2.3公顷，审判综合大楼于2003年建成，大楼建筑面积5200平方米。2018年，区法院内设立案庭、刑事审判庭、民事审判庭、行政审判庭、审判监督庭、执行局（下设执行一庭、执行二庭、执行综合管理办公室）、司法警察大队、办公室、政工科、监察室，有工作人员73人。年内共受理各类案件882件，涉案标的金额1.6亿元，审执结786件，结案率89.12%，比上年上升2.12%；法定审限内结案率99.58%，民事行政一审服判息诉率86.47%，多项审判质量效率指标优于区间值并位居全市前列。

【刑事审判】 2018年，区法院受理刑事案件149件，审结133件，结案率89.26%。严惩严重危害群众生命财产安全犯罪，审结故意伤害罪案12件13人，盗窃罪案8件19人，增强群众安全感；严惩腐败犯罪，配合监察体制改革，健全职务犯罪案件审判机制，保持惩治腐败高压态势；严惩传销犯罪，审结组织、领导传销活动罪案14件44人，回应社会关切；开展扫黑除恶专项斗争，完善工作机制，深入开展宣传；加强人权司法保障，推行量刑建议机制、刑事和解制度，保障简案快审机制实施；加强未成年人案件审判工作，从宽从轻判处未成年人案犯6人，对未成年人案犯回访帮教3次6人；突出人文关怀，保障妇女儿童合法权益，在办理苏某某非法持有毒品案件中，为保障被告人未成年子女的正常生活及教育，主动与合浦县政府、区妇联等部门协调，对苏某某未成年子女进行妥善安置后再执行逮捕；积极参与社会治安综合治理，推进平安港区建设。

【民事审判】 2018年，区法院受理民商事案件369件，审结335件，结案率90.85%。畅通劳动者维权绿色通道，保障劳动者的合法权益，审理道路交通事故损害赔偿、人身损害赔偿类案件25件，审理劳务合同纠纷案件9件，确保矛盾纠纷得到妥善化解；贯彻新发展理念进一步优化营商环境，引导建立健康的市场秩序，审理涉企业案件48件；加强对婚姻家庭、教育、就业等领域的民生司法保障，深化家事审判方式改革，与区妇联成立婚姻家庭纠纷人民调解委员会，审结婚姻家庭纠纷案件117件；创新家事巡回法庭进村工作，不定期将家事临时法庭设到农村，把服务送到妇女身边；规范行政审判，坚持司法与行政行为良性互动，发挥庭审观摩、联席会议和司法建议功能，推进法治政府建设，营造良好的法治环境。

【案件执行】 2018年，区法院构建“党委领导、人大监督、政府支持、政法委协调、法院主办、部门配合、社会参与”的基本解决执行难工作新格局。积极采取措施，克难攻坚，多方联动执行合力，与区公安、国土资源等部门建立执行联动机制，实现各部门与法院执行网络查控平台对接，与交警部门联动扣押被执行人车辆9辆，提高执行效率；错峰执行破解查人找物难，打击逃避执行、规避执行行为，最大限度促使其履行义务，发出限制消费令432人，纳入失信被执行人名单153人次，采取拘传措施23人，实施司法拘留6人，涉嫌拒执罪移送司法机关6件4人，经法院判处有期徒刑1件1人。年内，全区共受理执行案件334件，执结案件288件，结案率86.23%，“四个90%，一个80%”的核心指标任务已完成，实际执行到位率、执行完毕率等指标位居全市两级法院前列。

【阳光司法和司法救助】 2018年，区法院按时完成诉讼服务中心改造升级建设工作，完善诉讼服务中心功能，由原先单一的立案功能拓展为集诉讼服务、纠纷分流、矛盾化解为一体的综合性服务职能；建立简易民商事案件集中快速审判机制，实现“简案快审、繁案精审”。一次性告知补充完善材料，当场立案率达98%；返聘退休法官担任专职调解员，调解案件15件；加强审判流程公开、裁判文书公开、执行信息公开三大平台建设，公开裁判文书532份，庭审直播206件，坚持以公开促公正，着力构建开放、动态、透明、便民的阳光司法机制；完善人民陪审员参审机制，全年陪审员共参审案件170件，参审率91.4%，让人民参与司法、监督司法；注重当事人权益保障与人文关怀，不断加大司法救助力度，主动向上级法院和区委、区政府汇报工作争取财政支持，发挥联动救助优势，解决救助资金问题，2月12日，解决一起长达20年的交通肇事刑事附带民事赔偿纠纷案，赢得双方当事人的赞许，被广西《法治日报》刊登在头版头条《“压在我心底20年的大石头终于落地了”——北海铁山港法院与多方联动啃下一起“骨头案”》。11月15日上午，区法院联合北海市中级人民法院向困难申请执行人陈某某、杨某某发放司法救助金，两人露出久违的笑容，广西电视台新闻频道《海案线》做了跟踪报道。年内，全区共为15件案件29名困难申请执行人申请到位司法救助金28.4万元，体现了国家的人文关怀，化解社会矛盾。

【机构改革】 自2017年以来，区法院作为铁山港区6个内设机构改革先行试点单位之一，试点期间本着精简效能、服务审判的原则，将内设机构由原来的13个调整为6个，优化审判资源，有效解决原有内设机构过多导致审判资源分散和碎片化问题。在落实法官员额制基础上，组建6个新型审判团队，形成相应的专业队伍结构，入额院、庭领导编入相应审判团队，带头审理重大复杂、疑难、适用法律具有指导意义等新类型案件；根据“让审理者裁判，让裁判者负责”的要求，全面取消行政化的案件审批制，规范院、庭领导审判管理权行使方式，97%以上的案件直接由法官、合议庭裁判，提交审委会讨论的案件大幅下降；按照“繁案精审、简案快审”的工作思路，制订与之相配套的分案规则、繁简分流方案等相关制度。全年繁简分流案件212件，占民(商)事案件总数的63.28%，速裁结案159件，占收案总数的43.09%，平均审限42天，入额法官人均结案数和审判质效均有提升。

【队伍建设】 2018年，区法院推进“两学一做”学习教育常态化、制度化，抓好“不忘初心，牢记使命”主题教育。加强区

2018年6月22日，自治区高级人民法院法官管理处处长禤达理(左排中)到铁山港区法院调研指导司法体制改革工作　　廖仁英　摄

法院领导班子建设，落实意识形态工作责任制，严格执行政法机关党组织向党委请示报告重大事项规定；组织开展大学习，区法院党组成员带头上党课，规范党内政治生活，营造学习宣贯彻中共十九大精神的浓厚氛围；加强教育培训，定期组织参加审判业务培训班，强化"传帮带"作用，组织干警118人次到国家法官学院、广西法官学院、四川大学等地培训，提升干警司法能力和水平；突出政治标准，完成3名法官晋升法官单独职务序列等级，激发干警干事创业的热情和动力，持续推进队伍正规化、专业化、职业化建设。先后获北海市烟草市场清理整顿和打私工作特殊贡献单位、全市法院先进集体、铁山港区基层党组织建设"好支部"称号等多项荣誉，分别有1份裁判文书、1个庭审在全区基层法院"百篇优秀裁判文书""百个优秀庭审"评比活动中获奖，涌现出全国法院司法警察教练员教学技能竞赛三等奖、全市法院个人三等功王诗韵等一批先进个人。

【廉洁司法】 2018年，区法院认真落实党风廉政建设"两个责任"（党委负主体责任，纪委负监督责任），层层传导压力，强化责任追究，形成工作合力。区法院深入学习贯彻《中国共产党章程》，严格执行中央八项规定精神，推进全面从严治警"五查五整顿"专项行动，坚持把审判执行工作与"五查五整顿"紧密结合起来；加强廉政风险防控，签订党风廉政建设责任状，进一步查找员额法官、司法辅助人员和行政后勤人员岗位廉政风险点；开展纪律作风专项督查活动，落实谈话提醒、防止干预过问案件等制度；发送廉政短信，综合运用"四种形态"（党内关系要正常化，批评和自我批评要经常开展，让咬耳扯袖、红脸出汗成为常态；党纪轻处分和组织处理要成为大多数；对严重违纪的重处分、作出重大职务调整应当是少数；而严重违纪涉嫌违法立案审查的只能是极少数）严格问责，全年开展集体约谈1次，进行个人提醒谈话20人次，开展审务督查19次，抽取121件案件进行回访案件当事人。坚持以案释纪，发挥违纪违法典型案例"活教材"作用，营造风清气正的司法生态。

【文化建设】 2018年，区法院组织编撰第一本《北海市铁山港区人民法院院志》，总结经验，传承智慧，启迪未来。发挥党支部、工会作用，组织开展丰富多彩的文体活动，培养干警积极向上的精神风貌，在铁山港区"向海经济，巾帼出力"学习十九大精神知识竞赛中获得第一名。抓好法治阵地建设，打造北海市青少年学生法治教育基地和铁山港区廉政文化教育基地等具有规模和特色的普法阵地，助推铁山港平安建设取得新成效；抓好新闻宣传工作，积极服务审判执行工作，全年发布信息类稿件564余篇次，其中被省级以上各类媒体采用近百篇次。 （梁新伟）

检　察

【概况】 2018年，北海市铁山港区人民检察院（简称区检察院）内设监察室、政工科、办公室、侦查监督科、公诉科、民事行政检察科、控告申诉检察科、检察技术科、案件管理办公室、司法警察大队、人民监督员办公室、派驻兴港检察室12个科（局）室。实有检察人员24人，其中本科以上学历20人。年内，区检察院立足检察职能，综合运用打击、预防、监督、教育、保护等手段，把服务大局贯穿于执法办案的各个环节，为铁山港区向海经济提供有力司法保障。年内，1名干警被自治区检察院授予个人三等功，2篇调研文章获广西检察机关理论研究优秀成果奖三等奖、党建调研论文三等奖，1名干警入选全区检察研究人才库。

【服务经济社会】

打击涉众型经济犯罪 2018年，区检察院严惩非法吸收公众存款，集资诈骗，组织、领导传销活动等涉众型经济犯罪，批捕7件68人，起诉7件

36人。办理涉案人数较多的传销案件共2件66人，其中，依法批准逮捕“9.25传销专案”的36名犯罪嫌疑人，依法提起公诉“2.17传销专案”的30名被告人。重视非公有制经济平等司法保护，依法妥善办理涉企案件1件3人。

服务脱贫攻坚　2018年，区检察院加大对农村地区侵害留守老年人、儿童犯罪的打击力度，出台保护意见，建立专案快办、法律援助办案机制，共办理该类案件5件5人；开展精准扶贫工作，选派1名优秀青年干警到挂点村，全脱产担任驻村工作队员，区检察院24名干警与35户贫困户结对帮扶，年内开展扶贫工作300多人次，已有12户核准脱贫；完善乡村基础设施建设，协调筹集资金5.2万元，组织干警捐款、捐物0.65万元，翻修驻村干部公寓50平方米；积极参与“美丽广西”乡村建设，助力北海创城工作，定期组织干警到挂点村开展环境综合整治及卫生清理工作。

保障生态环境建设　2018年，区检察院认真贯彻落实中共中央总书记习近平关于扎实推动经济持续健康发展、推进生态环境保护的重要讲话精神，坚决打好“蓝天、清水、净土”环境污染防治攻坚战。以“零容忍”态度严惩破坏生态环境行为，办理破坏生态环境资源犯罪12件20人，其中非法采矿案件5件10人，非法占用农用地案件2件3人，盗伐林木案件5件7人。区检察院高度重视破坏生态环境资源案件的办理，检察长带头出庭公诉非法采矿案件，在服务铁山港区经济社会发展的同时，保护全区的青山绿水。根据最高检察院的统一部署，连续6年开展破坏环境资源及危害食品药品安全专项立案监督活动，监督立案10件13人，2018年办理的1件案件获评全区检察机关两个专项监督活动优秀案件。

2018年8月2日，区检察院检察长于海（右）出庭公诉一起非法采矿案件　　潘远镇　摄

【打击刑事犯罪】

惩治刑事犯罪　2018年，区检察院全面推进群众安全感、满意度“双提升”工作，在辖区刑事案件大幅增加的情况下，克服案多人少的困难，履行批捕、起诉职能，批准逮捕各类刑事犯罪案件111件225人，分别同比上升11%、66.67%；提起公诉137件210人，分别同比上升21%、38%。严厉打击多发性侵财案件，共批准逮捕“两抢一盗”案件12件18人。深入推进“扫黑除恶”专项斗争，严厉打击黑恶势力犯罪，与侦查机关、审判机关通力协作，批准逮捕1件1人，提起公诉2件4人；强化对涉黑涉恶案件法律监督，追加起诉1人；深入社区、农村开展“扫黑除恶”普法宣传月活动，拓宽案源，寻找突破口，为推动“扫黑除恶”专项斗争向纵深发展营造浓厚的宣传和舆论氛围。

落实宽严相济刑事政策　2018年，区检察院准确适用刑事和解特别程序，在检察办案环节最大限度化解社会矛盾，促进社会和谐。坚持办案与化解矛盾并行，成功化解一起因交通肇事上访长达20年的案件，双方自愿达成和解协议，区检察院依法作出相对不起诉的决定；成功化解一起因土地纠纷引起的故意伤害案，涉案人员多达7人，在检察官的调解下，双方自愿达成协议，握手言和。

创新社会治理　2018年，区检察院深化司法便民举措，改造升级12309一站式检察服务中心。贯彻落实“谁执法谁普法”责任，与区教育局联合开展推行检察长担任中小学法治副校长活动，5名院领导及4名业务骨干担任辖区中小学法治副校长。成功举办“关爱祖国未来，擦亮未检品牌”检察开放日活动、“法治进校园”巡讲活动和禁毒宣传系列活动，组织学生到庭旁听涉毒案件庭审，加强对未成年人等弱势群体的司法保护。组织开展法律“六进”（法律进机关、进乡村、进社区、进学校、进企业、进单位）活动，开展各类普法宣传活动14场，覆盖5000余人次。积极参与药品“净网2018”专项行动，起诉生产销售有毒有害食品、假药劣药犯罪被告人3人。联合区食药品稽查大队开展公益诉讼专项行动，对辖区的食用油生产经营场所开展专项检查，保障群众食品安全。

【诉讼监督】

立案、侦查和刑事审判监督　2018年，区检察院共监督侦查机关立案7件，同比上升75%，监督撤案1件1人；纠正漏捕25人，同比上升525%；追诉犯罪嫌疑人判决生效7人；追诉遗漏犯罪事实5起；书面监督纠正侦查活动违法14件，同比上升250%。

刑事执行检察监督　2018年，区检察院办理羁押必要性审查18件18人，提出检察建议并全部被办案部门采纳。依法落实检察长列席同级法院审判委员会制度，起诉辖区首例拒不执行民事判决裁决、裁定的刑事犯罪案件，得到依法追究；履行社区矫正检察监督工作，向执行机关发出检察建议8份，杜绝脱管、漏管、虚管现象发生，办案成绩在全市基层检察院中名列前茅。

民事行政检察监督　2018年，区检察院开展民事行政非诉执行监督专项活动，充分发挥民事行政检察监督职能，协助解决农民工讨薪问题。共受理民事行政检察监督案件3件，提出民事执行监督检察建议2件，已获采纳1件，开展民事行政法律宣传8次。

【司法责任制改革】　2018年，区检察院完成第二批员额检察官遴选工作，共有员额检察官8名，占全院编制总数的34.8%；落实办案责任制，建立检察官、检察官助理和书记员分类管理机制，坚持“谁办案谁负责、谁决定谁负责”，严格落实入额检察长、副检察长带头办理大案、要案、疑难案要求，发挥示范引领作用。区检察院领导共办理侦监案件49件95人，占案件总数40.2%；办理公诉案件69件172人，占案件总数45%，院领导带头办案比例在全市检察机关中列第一位。区检察院把公益诉讼工作列为“一把手”工程，共摸排12件公益诉讼案件线索，并将掌握的公益受损情况，形成书面报告，分别向区委、区政府进行专题汇报；北海市人大常委会领导带队到铁山港区开展现场调研生态环境保护公益诉讼工作，并对检察机关开展公益诉讼工作提出意见和要求。年内，区检察院完成职务犯罪侦查和预防职能、机构、人员转隶工作，向监察委、派驻纪检组划转政法专项编制8个，转隶5人；受理区监察委移送的第一例审查起诉案件、第一例留置案件，依法对辖区某村党支部书记杨某某涉嫌挪用公款罪案，对海城区某村党支部书记、村委会主任李某某涉嫌贪污罪、非国家工作人员受贿罪、行贿罪案提起公诉。

【接受监督】　2018年，区检察院执行重大事项向党委请示报告制度，主动汇报检察工作重大事项、重要案件、重要工作情况，提高政治站位，增强“四个意识”，坚定“四个自信”，确保检察工作政治方向正确。区检察院主动向人大及其常委会报告工作，认真落实人大及其常委会决议。开展检察开放日活动，邀请人大代表、政协委员、人民监督员、党外人士视察评议检察工作，始终将检察工作置于人大、政协及社会各界的监督之下。年内，区检察院依托“两微一端一站”、人民检察院案件信息公开网及其他社会化媒体，发布案件程序性信息302件、重要案件信息37条、终结性法律文书137份，发布官方信息725条，被各级媒体采用100余条，让群众了解和支持检察工作。

【队伍建设】

强化素质能力提升　2018年，区检察院坚决维护以习近平为核心的党中央权威和集中统一领导，高位推进“政治建设六项重点任务”，探索“党建+业务”“党建+团建”“党建+扶贫”，通过党组中心组理论学习、“三会一课”、党员活动日、每周学习日等形式，组织参加各类培训53人次，干警五天以上脱产培训率达80%，区检察院党支部被区机关工委授予“好支部”荣誉称号。

持续正风肃纪　2018年，区检察院落实履行检察长向上级检察院述职述廉报告工作，班子成员开展约谈提醒38人次；落实意识形态工作责任制，强化警示教育力度，每月通报各领域违纪违法典型案例；狠抓思想纪律作风建设，深入推进“五查五整顿”专项行动，深化“两学一做”学习教育常态化、制度化。加强检务督查，改进司法作风，落实中央八项规定，运用“四种形态”，坚决防止“四风”问题反弹。　（赖小梅）

公　安

【概况】　2018年，北海市公安局铁山港分局（简称区公安分局）内设行政科、户政科、政工室、办公室、纪检监督室等5个科室；有督察大队、国保大队、治安大队、刑侦南康责任区大队、刑侦综合大队、网侦大队、法制大队、禁毒大队8个大队，其中纪检监督室、督察大队合署办公；有兴港派出所、南康派出所、营盘派出所、石头埠派出所4个派出所（三个边防所2018年12月份转隶为地方公安派出机构）。

【社会治安管理】　2018年，区公安分局加强维护社会治安稳定。坚持底线思维，扎实抓好反恐维稳工作；加大矛盾纠纷排查化解力度，有力维护政治稳定。把维护国家安全、政治安全和政权安全摆在首位，加强情报信息收集，严密防范和打击敌对势力和邪教犯罪活动，确保辖区政治大局安全稳定。全年共收集上报情报信息119期；对辖区341名关注人员信息进行完善，对7个敏感群体、13起敏感事件、19名重点人员进行稳控，捣毁制造邪教宣传书籍窝点1个，查处邪教人员4名，化解矛盾纠纷92起，处理来信来访共36起，办结36起；向区委政法委上报申请司法救助2起共3.5万元。年内，辖区没有人员非法进京上访。

【户籍制度改革】　2018年，区公安分局加快户籍改革步伐，户政业务实现可异地办理身份证，可以微信扫码支付，极大方便临海工业区企业外地员工；治安、户政部门坚持定期联合走访服务企业制度，上门为企业员工办理居住证一批，化解企业周边治安问题，深受企业好评。全年户政审核签发二代身份证10566张，受理临时身份证932张，办理户口迁移1751次、变更34052次，采集登记流动人口信息1698条，办理居住证174张。

【惩治犯罪】　2018年，区公

2018年1月21日，北海市公安局铁山港分局组织巡防人员对铁山港码头进行徒步巡逻，确保辖区社会稳定　区公安分局　供

安分局坚持主动出击，改革创新，多措并举，成果显著，实现辖区278天刑事零发案、120天“两抢一盗”零发案，全年共立刑事案件260起，同比上升37.4%，破案148起，同比下降0.67%；治安案件受理365起，同比下降23.8%；刑事拘留各类犯罪嫌疑人259名，同比上升75%；逮捕各类犯罪嫌疑人212名，同比上升57%；毒品案件立案38起，破案38起，分别同比下降15.6%，缴获各类毒品900.73克，强制戒毒108人。年内，区公安分局主动出击，攻坚克难，辗转13个省市，破获了公安部督办的网络贩枪案件2起，刑事拘留犯罪嫌疑人13人，逮捕7人，收缴以火药动力发射枪支7支、气动力发射枪支1支、其他枪支零配件一批。年内，区公安分局深入摸排黑恶势力线索，坚持“打早打小打苗头”，收集涉恶涉黑线索12条，打击涉恶团伙4个，刑拘团伙成员17人。同时狠打狠抓涉及破坏环境资源的各类案件，根据国土等行政执法部门移交线索，立案侦办非法采矿等破坏生态环境类刑事案件4起，刑事拘留8人，网上追逃4人，查处环境污染（非法倾倒矿渣）治安案件1起，行政拘留1人，配合环保等部门开展联合执法16次，联合整治突出问题2个。6月15日，区公安分局在侦办一起非法采矿案件中，协助纪委监察机关查获4名涉嫌参与非法采矿犯罪的公职人员，清理了为非法采矿提供便利的“保护伞”。

【基层基础工作】 2018年，区公安分局全力做好基层基础工作：一方面加大平安村屯建设力度，促双提升工作有新成效，结合辖区实际，积极探索“基层党建＋警务工作”治安治理模式，在斯道拉恩索北海林浆纸公司、兴港镇小马头村、南康中学等处建立示范点，通过民警挂任党支部领导，以企业党建、农村党建、平安校园等与基层警务结合的方式，完善基层治理工作，在服务群众、服务企业、治安防控方面取得较好的成效。随着社会治安治理体系的不断深化，秩序好、发案少的局面逐步显现。区公安分局制订《北海市公安局铁山港区分局提升群众安全感和满意度工作实施方案》，通过持续开展专项打击行动、加大辖区社会面巡逻防范、加大电话回访、加大宣传走访等各项措施狠抓提升群众安全感和满意度工作，年内，辖区群众安全感和满意度排名均在北海市一县三区前列。另一方面，加紧软硬件建设，增强公安工作发展后劲，总投资近300万元的分局执法办案中心封顶，进入装修阶段，预计2019年建成投入使用；兴港派出所业务用房于12月26日开始动工建设；分局档案室于11月通过自治区公安厅考评组验收，评定为特级档案室；接近3000平方米的室内训练馆进入装修阶段。落实完善“一村一警一助理”警务机制，各村（社区）全部配备驻村民警，并建立网格信息员，重点抓好三级巡逻组织和“两员”（情报信息员、辅警员）建设，在辖区范围共建立情报信息人员120名。加快应急特勤队建设，建制为60人的应急特勤队已获区委常委会通过，进入人员招聘录用阶段。

【执法规范化建设】 2018年，

2018年，北海市公安局铁山港分局办公大楼全景 区公安分局 供

区公安分局抓好案件执法质量考评，以评促改，确保执法办案规范化。组织区公安分局全体民警参加执法资格考试，提高民警执法水平；组织开展法律大讲堂5期，参训民警200人；组织民警到机关、学校、企事业单位上普法宣传课12期，接受普法教育7000多人次；到镇、村、街道市场等人员密集场所悬挂普法宣传横幅89幅，张贴、发放普法宣传单3.1万张；通过电视、电台、报刊、微博、微信公众号、手机短信等多种传媒大力宣传法制知识，提高群众的安全防范意识。

【队伍建设】 2018年，区公安分局加强队伍建设，为公安工作提供组织保障：要求有扶贫任务的民警坚持每月一次到贫困户家开展结对帮扶活动，切实帮扶，拉近警民关系。结合“两学一做”主题教育常态化、制度化，开展“北海公安形象我有责”“讲、比、做”以及“读书分享”等主题活动，全年共开展相关主题活动16次，提升了民警的思想认识。深化从严治警“五查五整顿”专项活动，落实队伍建设“一岗双责”责任制，层层签订队伍管理责任书和党风廉政建设责任书，确保队伍风清气正。强化公安队伍纪律作风建设，严格遵守中央八项规定，严防“四风”发生，实行每周一点名一检查一点评和每日两签到工作机制，加强内部管理，深入推进从严治警，全年未发生民警违法违纪事件。加大宣传，通过微信、微博及主流媒体开展矩阵式宣传，年内发布微信公众号205篇，微博623篇，被自治区公安厅采用11篇，刊登各类媒体报刊40余篇次，群发短信300多万条，为树立良好公安形象作出积极贡献。同时，强化警营内部文化宣传长廊建设，营造浓厚的文化育警氛围。队伍建设再上新台阶，得到上级机关领导和人民群众的充分肯定，群众安全感和满意度民意调查在全自治区111个县区中分别排名第9位和第29位，扫黑除恶民意调查全自治区排名第5位，区公安分局被自治区公安厅评集体二等功，获授北海市五一劳动奖状，被北海市公安局评集体三等功，1人被自治区公安厅评个人二等功，5人被北海市公安局评个人三等功。

（欧婷婷）

司法行政

【概况】 2018年，北海市铁山港区司法局（简称区司法局）内设办公室、综合股、调处股、法律援助工作股、社区矫正工作股，下辖南康、营盘、兴港3个司法所，全系统共有干部职工49人；全区有律师事务所1个、基层法律服务机构1个、法律援助工作站45个、人民调解组织47个，有基层法律服务工作者1人、人民调解员275人。

【法治宣传教育】 2018年是“七五”普法的第三年，区司法局围绕法治建设，深入开展法治宣传教育，制订学习计划，确保领导干部定期进行法律、法规的学习，建立健全领导干部学法制度。区司法局主要利用上法制课、电子屏幕播放、发放宣传资料等方式开展法律进机关、法律进单位活动，进一步增强领导干部职工的法治意识。拓宽法律宣传渠道，加强农村普法宣传教育。积极探索农村法制宣传渠道，通过印发宣传资料、悬挂横幅、举办法律咨询活动等方式，年内还新建南康中学法治广场和扩建小马头法治广场，加强农村法治宣传教育，提高群众的法治观念；及时更新在兴港回建区、营盘回建区和南康高田村委法制宣传长廊的宣传内容，使群众在农耕休闲时学习法律知识；开展学习贯彻宪法主题活动。联合区法学会、区教育局、区法院、团区委等单位，开展“学法用法守法，点亮美好未来”法治宣传教育活动，以宣传宪法为主题，以征文比赛、上法治教育课、展板宣传等形式，加强学校青少年法治教育，并通过“小手拉大手”形式，加强全区法治宣传教育，使法治教育深入人心。年内，全区共印发宣传资料3万份，悬挂宣传横幅30幅，张贴标语210条，出版法制专栏10期，上法制课8次，受教育群众5万多人次，公民法治意识得到增强，依法办事能力得到了提高，为铁山港区的经济建设和社会稳定营造良好的法治氛围。

【人民调解】 2018年，区司法局贯彻“调防结合、预防为主、多种手段、协同作战”的工作方针，发挥调解员的智慧和力量，做好人民调解工作，消除各种不稳定因素，努力做到“大事不出，中事不出，小事少出”，维护铁山港区的社会稳定。一方面，坚持预防为主的原则，通过以案说法开展法制宣传活动，提高群众的法律意识，引导群众依法办事，预防纠纷扩大；另一方面，坚持调解工作的时效性，将春节、“两会”期间和春耕清明等敏感时段排查及每月一查形成制度，对排查出的矛盾纠纷，坚持调解工作宜早不宜迟、宜细不宜粗，做到发生一起调处一起，把纠纷化解在基层和萌芽状态。年内，区司法局共调处民间纠纷522起，调处成功505起，调处率为100%，成功率为96.5%；防止民间纠纷激化6件，维护了全区社会稳定。

【社区矫正】 2018年，区司法局采取多种措施管理教育社区矫正对象，维护社会稳定。定期不定期对三个驻镇司法所开展社区矫正执法检查，通过查阅工作台账和工作档案、听取工作汇报等方式，重点对社区矫正工作操作是否规范，监管教育措施落实是否到位，外出请假、居住地变更、进入特定场所、实施奖惩等审批是否严格等内容进行检查。定期组织社区服刑人员参加公益性的社区服务，促使他们感受到自己的社会价值。加强分工协作开展社区矫正信息系建设，社区矫正数据录入由区司法局社区矫正股负责录入人员接收信息，各司法所负责录入日常管教和解矫的信息。年内，全区共接收社区矫正人员80人，历年累计接收社区矫正人员440人、累计解除矫正人员360人，在册社区矫正人员得到有效监管，无脱管、漏管、虚管现象，维护了社会稳定。

【法律服务】 2018年，铁山港区继续完善一村（社区）一法律顾问制度，在全区42个村（社区）设立法律顾问工作室，协调有关律师或法律工作者的照片及联系方式公示，制作公共法律服务便民联系卡，并建立了相关法律顾问制度，使群众了解法律顾问的性质，在需要法律服务时，寻求相关帮助。村（社区）法律顾问通过电话咨询为主、到点服务为辅的方式开展法律服务，为群众排忧解难。全年共有15名律师和法律工作者担任42个村（社区）的法律顾问。

【法律援助】 2018年，区司法局充分发挥法律援助专职人员和志愿律师、基层法律工作者的作用，帮助解决弱势群体告状难的问题，维护弱势群体合法权益。完善全区法律援助联络员制度，全区42个村（社区）建立完善了法律援助联络员，实现法律援助联络员全覆盖，方便了农村群众申请法律援助。年内，全区受理112件法律援助案件，发挥法律援助为党和政府分忧，为百姓解愁的作用，树立了法律援助的良好形象。

（欧　萍）

军事

铁山港区人民武装部

【概况】 中国人民解放军广西北海市铁山港区人民武装部（简称区人武部）成立于1996年，与北海市铁山港区国防动员委员会属于一个机构两个牌子合署办公。2018年，区人武部内设军事科、政治工作科、保障科，受区政府委托主管北海市铁山港区民兵训练基地，下辖3个基层武装部：南康镇武装部、营盘镇武装部、兴港镇武装部。主要工作职责：围绕国防和军队建设主题主线，按照“稳中求进”的总基调，开展预备役民兵工作和兵员征集工作。

【政治工作】 2018年，区人武部党委以“强班子带强队伍、抓基础创佳绩、守规矩树形象、抓安全保稳定”为工作思路，重点建设党委班子和干部队伍，深入开展“传承红色基因、担当强军重任”专题教育，认真落实民兵政治教育、征兵宣传、人员政治考核、国防教育、新兵役前训练、“双重”组织生活和“三会一课”等各项制度，对“郭徐流毒”进行彻底肃清，完成年度各项工作任务。

【廉洁征兵建设】 2018年，区人武部重点抓廉洁征兵建设，建立区、镇两级廉洁征兵监督员制度和廉洁征兵零报告制度。广泛接受社会监督，增加征兵工作公开透明度。在社会各界监督下，年内征兵工作零举报。

【双拥共建】 2018年，区人武部利用春节、八一建军节等时机，协同区民政局对辖区的困难老党员、退伍老军人、军烈属进行节日慰问；给在部队立功受奖官兵家庭送去喜报和祝贺，为官兵家庭挂上“光荣军属”牌。年内，区人武部筹集17.8万元经费用于精准扶贫，帮助贫困户脱贫致富，挂钩的21户贫困户已认定6户脱贫。

【安全稳定】 2018年，区人武部坚持以条令法规为依据，以安全防范为重点，以综合治理为抓手，以严明责任为保证，按照军分区“统一部署、自主组织、上下联动、逐级落实”的方法，组织实施“百日安全活动”。并与区公安分局、区信访局、区维稳办、区民政局等单位建立信息互通机制，落实联防联治制度，制定6种信访预案，提升快速处置能力。

【新兵回访】 2018年10月10日至16日，区人武部开展建部以来首次新兵回访活动，派出由区人武部部长向勇担任组长的回访小组，历时7天，分别到各部队所在营地回访新兵，组织新兵谈心、慰问，以稳定新兵思想，增强新兵服役信心，确保年内没有退兵。

（曹珍山）

国防动员工作

【概况】 北海市铁山港区国防动员委员会（简称区国动委）成立于1996年，与区人武部一个机构两个牌子合署办公。下设主任、副主任、委员三级成员，主任由区政府区长兼任。

2018年1月，区国动委根据地方和部队人事变动情况，对区国动委领导小组成员进行调整，并修订完善年度国防动员方案和保障计划。

【国防动员潜力调查】 2018年，区国动委根据年度动员方案，建立组织领导机构和潜力调查机构，协调军地多个部门，涉及8大类181项统计内容，经过3个月的大量调查、汇总，在3月底完成辖区国防动员潜力数据统计。

【民兵建设】 2018年，区国动委按民兵组织规模结构调整工作计划安排，对全区民兵组织规模、结构进行调整，重新构建民兵力量体系，提升平时服务、急时应急、战时应战能力，组编普通民兵连。

【调整改革】 2018年，区国动委根据军区《中国人民解放军后备力量建设"十三五"规划》和《民兵调整改革工作实施方案》指示精神，按照北海市军分区的统一部署，进行调整改革、优化编组，依托辖区3个镇、11个企事业单位共组建民兵连队，包括基干民兵连、专业力量、特殊力量。

【新质力量】 2018年，区国动委推进新质力量编组，通过挖掘潜力，在原有民兵连的基础上新编建新质民兵力量。

（曹珍山）

民兵训练基地

【概况】 广西北海市铁山港区民兵训练基地（简称区民兵训练基地）是根据《中共中央国务院中央军委关于县（市、区）人民武装部收归军队建制的通知》，于1996年随中国人民解放军北海市铁山港区人民武装部一起成立的。区民兵训练基地属于区政府直属事业单位，由区人武部管理，指导日常业务工作，接受区政府和区人武部双重领导，属副科级事业单位。

【役前训练】 2018年9月3日—7日，区民兵训练基地组织全区首次预定新兵役前教育训练活动，让新兵提前体验军营生活，感受军营训练管理氛围，了解军营纪律要求，端正入伍动机，提高入伍适应能力；活动全时淘汰有拒服兵役思想、有身体隐性疾病等不合格人员，最终从预定新兵中挑选出正式新兵入伍，确保年内无退兵。

【海上民兵训练】 2018年7月9日—23日，区民兵训练基地坚持以"能打仗、打胜仗"为指导思想，突出海上维权准备，根据年度训练计划，组织民兵开展为期15天的基地化军事训练；7月22日组织1次支援保障海上作战行动综合演练，促使海上民兵建设合成战斗力。

【后勤保障】 2018年，区民兵训练基地投入36万元购置民兵生活、训练设施设备，不断完善基础建设，逐步提升训练保障能力。年内，区民兵训练基地组织民兵连队历时6个月部队式基地化训练；实践检验，区民兵训练基地基本训练保障能力已初步形成。

【国防教育】 2018年，区民兵训练基地坚持以"时时国防、事事国防"为指导思想，针对辖区实际情况，制订实施年度学生军事训练计划。9月，区民兵训练基地向辖区各中学派出训练班长分队，对全区的初中、高中入学新生进行军训。军训科目含队列训练、体能训练、国防观念养成、国防军事浅析、国际安全形势分析等内容。辖区各中学军训活动同时展开，前后历时半个多月，圆满完成年度学生军训任务。

（曹珍山）

铁山港区公安边防大队

【概况】 北海市铁山港区公安边防大队（简称区公安边防大队）下辖南康、营盘、石头埠3个边防派出所，共管辖33个村委会、350个自然村，管辖面积313.6平方千米，占铁山港区总面积的84%；管辖人口14.83万人，占铁山港区总人口的85%。管辖区域内有海岸线73.6千米，港湾2处，码头10个，各类渔船舶3756艘，渔民7133人。

【执法执勤】 2018年，区公安边防大队协调区公安分局为民警开展业务培训5场次、法制讲座9课时，围绕广西“两会”的召开及2018年环广西公路自行车世界巡回赛等做针对安保工作，对预防群体性事件、恐怖袭击等险情进行模拟演练10多次，开展现场处置、警械使用警务实战技能培训30多场次，有效提升了官兵协同应急处置能力和实战技能水平。所属3个边防派出所在年内严格落实办案区“四个一律”，做到每一起警情有所领导把关，每一起案件有法制员审核，每一起涉案财物有指定人管理，每一份卷宗有评审员检查打分，有效确保办案质量。聘请地方党委政府、企事业单位、辖区群众等6名代表担任执法监督员，主动邀请其参与纠纷调解、案件回访、群众满意调查和投诉处理等工作当中，征求群众执法意见32条，采纳并整改26条。

【治安管控】 2018年，区公安边防大队先后组织官兵450人次深入开展各类宣传教育活动80多次，张贴海报2215份，防“盗抢骗”提示卡4982张，悬挂横幅85幅，发放宣传单3750份。制订治安管控措施，先后组织265组次警力1287人次深入到辖区街道、村庄、工厂、学校等区域进行巡逻，做到白天见警车，晚上见警灯。年内，区公安边防大队通过深入推进“扫黑除恶”“神剑活动”“铁拳出击”等行动，共破获刑事案件127起(同比上升4%)，查处治安案件215起(同比下降430%)，抓获各类违法犯罪人员474人(同比下降14%)，行政拘留169人，强制戒毒59人，刑事拘留70人，逮捕46人，抓获在逃人员11人，收缴非法枪支7支，侦破毒品案件24起。区公安边防大队协调全区政法部门形成联动合力协作，严力打击涉黑涉恶势力、两抢一盗、黄赌毒枪等突出违法犯罪行为，大力整治群众关心的治安问题，铁山港区群众安全感和对公安工作满意度“双提升”，据广西民调中心公布的2018年群众安全感调查设区市结果数据显示，北海市2018年群众安全感得分96.38分，位居全自治区第五位，平安建设继续保持在自治区第一方阵。

【队伍建设】 2018年，中共中央印发《深化党和国家机构改革方案》，公安边防部队不再列武警部队序列，全部退出现役，转为人民警察编制。改革期间，区公安边防大队持续开展好部队改革期间各项教育工作，让官兵稳住人心，珍惜荣誉，最大限度地凝聚起改革共识，提升队伍整体层次。1月，区公安边防大队领导组织官兵成功举办“迎新春，庆十九大——强军杯”篮球比赛；7月，开展“迎八一 铸忠诚”警官唱歌比赛；12月，开展“投身改革强警交出合格答卷”专题讨论会，官兵围绕“面对改革怎么办”“投身改革怎么办”等问题展开讨论，及时捕捉和发现带有趋势性、倾向性、苗头性的问题，坚定官兵的道路自信、理论自信、制度自信和听党指挥的自觉自信，官兵普遍能正确看待个人利益、正确看待实际困难等问题，做到“积极投身改革，服从大局安排”，始终保持在位1分钟、干好60秒的精神作风；通过举办的活动，牢牢把握官兵的思想动态，确保了队伍思想不乱，工作不断，作风不散。同时，区公安边防大队先后在报刊、广播电台宣传部队改革，其中北海人民广播电台用稿5篇、法治电报用稿1篇。区公安边防大队党委班子成员通过日常检查，蹲点帮扶、视频点评等方式，坚持每日一检查、每周一点评、每月一小结，对单位部队建设情况进行研讨分析，及时整改自身问题隐患21处。同时通过举办“家属放忠诚”座谈会、寄送《致官兵家属的一封信》等活动，发挥家庭监督作用，争取家属对工作的支持，有效预防了官兵违法违纪事件。

（梁建志）

北海市消防支队铁山港区大队

【概况】 北海市消防支队铁山港区大队(简称区消防大队)组建于1997年3月,前身为铁山港公安分局消防科、中国人民武装警察部队北海市消防支队铁山港区大队(北海市公安消防支队铁山港区大队)。2018年10月9日,公安部、应急管理部召开"公安消防部队移交应急管理部交接仪式"大会,公安消防部队集体退出现役,成建制划归应急管理部。2018年,区消防大队下辖铁山港、金港、兴港3个中队,配有执勤消防车辆18辆、消防宣传车1台、消防摩托车1辆;主要负责营盘、南康、兴港3个镇的防火、应急救援工作,保护面积394平方千米。年内,区消防大队金港中队被北海市消防支队评为先进中队;区消防大队多人荣获各级表彰:1人被公安部评为优秀中队指挥员,1人被应急管理部评为优秀标兵,2人荣立二等功,1人荣立三等功,3人获广西消防总队嘉奖;13人获北海市消防支队授予各种荣誉称号(其中1人获十佳指挥员称号,2人获十佳消防员称号,1人获十佳政府专职消防文员称号,2人获十佳政府专职消防队员称号,1人获优秀党务工作者称号,4人获支队优秀团干称号,2人获支队优秀团员称号);9人获北海市消防支队嘉奖。

【教育管理】 2018年,区消防大队注重发挥班子核心引领作用,配齐配强大队、中队两级班子,狠抓改革宣传教育、整治涉赌涉贷问题、集中教育整训等主题教育活动,升级改造红门影院、荣誉室、健身房、文化长廊四个阵地,建立基层风气监察联系点,贯彻落实党风廉政建设责任制。年内,区消防大队全面贯彻落实中共中央总书记习近平"对党忠诚、纪律严明、赴汤蹈火、竭诚为民"训词精神,着力夯实城乡消防基础,严厉整治火灾隐患,确保了全区消防形势持续稳定。

【灭火救援】 2018年,区消防大队"以管促训",狠抓正规化建设,把"训练摆到战略地位",在各种比赛中勇夺佳绩,3人代表广西参加东盟地区消防运动会,夺得团体项目"双车三枪操"第一名、"楼层火灾内攻操"第二名和"负重登十楼"单兵第二名。在北海消防支队夏季比武竞赛中,区消防大队金港中队获第一名、铁山港中队获第二名。区消防大队聚焦实战,开展辖区"六熟悉"400多次,组织石化企业、人员密集场所等消防演练120多次,制定预案60多份,开展微型消防站联勤联训40多次,圆满完成广西消防部队博鳌亚洲论坛消防安保跨省增援集结等大型活动承办任务、环广西公路自行车世界巡回赛、自治区成立60周年庆祝活动及其他重大活动和节假日等消防安保任务。全年共接警出动156次(含增援、甘蔗火灾),出动车辆328辆次,出动警力1968人次,抢救被困群众18人,抢救财产价值534万元,成功处置"4·16"四号路与七号路交汇处五金店火灾等多起典型灾害事故。

【火灾防控】 2018年,区消防大队聚焦火灾防控,净化社会面消防安全环境:政府主导抓责任落实,自治区人民政府副秘书长周长青、法国开发署专家考察组、自治区财政厅、广西消防总队及北海市政府主要领导等深入铁山港区调研指导消防工作,区委、区政府主要领导亲自抓消防工作,听取消防工作汇报10余次,带队开展消防安全检查5次。年内,铁山港区重新调整消防安全委员会成员单位及职责,召开消防工作联席会议4次。深化各职能部门联动执法机制,推进行业消防标准化管理工作,开展联合执法行动10余次;高压态势抓火患整治,大力开展冬春火灾防控、春夏火灾防控、"三合一"场所、石化企业、电气、电动自行车等10余个专项整治行动,撰写消防工作简报14期,以区政府名义印发方案5份。年内,区消防大队共检查单位(场所)2491家次,督促整改火灾隐患3065处,临时查封7家,责令

“三停”9家，下发行政处罚决定书31份，罚款4.45万元，顺利完成自治区人民政府挂牌督办的1家重大火灾隐患单位整改销案工作；优化服务抓防灾能力，区消防大队上门服务指导企业30余次，推进16家重点单位“户籍化”管理及“两队一站”建设等工作，完善社区微型消防站建设、建立区域联防协助机制，以区政府名义印发方案推动消防安全“网格化”管理，积极推广应用新技术，安装独立式感烟探测器650个。

2018年，北海市消防支队铁山港区大队营区　　区消防大队　供

【消防宣传】 2018年，区消防大队加强宣传抓意识提升，推动“七进”宣传，开展消防宣传车万里行活动，重点针对人员密集场所、电动车等火灾易发、多发的特点开展精准宣传。区消防大队联合区教育局开展为期1年的“学校消防安全”主题教育宣传；联合顺丰快递公司成立快递消防义务宣传队，组织消防代言人开展企业消防宣传；以“进红门，学消防”为主题开放消防队站宣传，邀请学生代表、企事业单位团体零距离体验消防生活；利用“一微一短信”、大型广告牌、户外LED显示屏、宣传横幅等固定阵地扩展宣传的末端触角；依托“119消防宣传月”“5·12防灾减灾”“安全生产月”等有利契机，举办消防知识进渔港、暑期“小小消防员”消防夏令营、消防安全趣味运动会、第二届微型消防站运动会等活动。年内，全区共新增消防公益广告牌3块，发放消防宣传资料3.9万份，悬挂宣传横幅600多幅，消防科普教育馆开放56次、出动消防宣传车宣传94辆次，发送手机短信2.3万条，消防安全培训4.2万人次。

【后勤保障】 2018年，区消防大队夯实后勤保障工作。落实消防业务经费760万元，同比增长40%；推进消防队站建设，北海市消防培训基地开始基础施工；铁山港临海工业园特勤消防站设计方案已批复，年内正在征地；铁山港水陆消防站正在选址定点；兴港消防救援站建成并投入使用。投入160余万元完成铁山港消防站、金港消防站升级改造；投入76万元购置消防宣传车；投入23万余元购置机动链锯、玻璃破碎器、手抬式机动消防泵等灭火救援器材；配备消防机器人1台；区消防大队金港中队配备远程供水车辆装备1套，为自治区内为数不多有此装备的中队之一。　（石　丽）

工　业

综　述

【概况】 2018年，北海市铁山港区工业和信息化局（简称区工业和信息化局）为区政府工作部门，内设办公室和综合股；下属财政全额拨款事业单位北海市铁山港区节能监察中心。区工业和信息化局主要职责：负责全区工业和信息化发展规划、经济运行调节工作；中小企业、民营经济的宏观管理；信息产业技术创新、固定资产投资项目及节能项目评估工作；装备制造业的组织协调、能源节约、资源综合利用、清洁生产、循环经济等规划；协调处理网络与信息安全的重大事件；协调民用船舶等行业的管理；负责全区对外贸易管理、监测分析外贸运行情况；负责流通领域行业管理；协调整顿和规范市场经营秩序工作；旅游管理开发工作等；负责全区重点工业企业用能状况进行监督检查。

【工业产值】 2018年，全区实现地区生产总值367.45亿元，同比增长3.5%，三次产业增加值分别为32.49亿元、305.75亿元、29.21亿元，分别同比增长6.8%、2.3%、8.4%；规模以上工业总产值1040.82亿元，同比增长14.68%，总量占北海市的53.86%；辖区内税收129.77亿元，同比增长5.45%，占北海市的64.34%。

【工业园区】 2018年，铁山港（临海）工业区规模以上工业总产值1034.73亿元，同比增长14.61%，进入广西千亿元园区行列；税收123.6亿元。石油化工和临港新材料两大千亿元产业共实现产值940.19亿元、税收120.62亿元。其中临港新材料实现产值546.13亿元，同比增长15.2%；石油化工完成产值394.06亿元，同比增长15.4%。中石化北海炼化汽柴油质量全面提升到国VI标准，汽油产品达到国VIB，提前四年实现产品质量升级换代。S-Zorb催化汽油吸附脱硫装置项目投运，总投资9.6亿元的结构调整项目获批实施，北海LNG（液化天然气）接收站气化外输天然气量突破10亿立方米，中航化项目竣工，石化产业链进一步延伸。诚德新材料填平补齐优化结构环保项目完成项目备案，新材料产业园启动区标准厂房及配套设施项目以及部分新材料产业招商签约项目抓紧推进。林浆纸产业全年实现产值21.76亿元，同比增长13.19%。

【产业发展】 2018年，铁山港区全力发展优势产业和园区经济，突出主导产业集聚作用，强龙头、补链条、聚集群、促发展，工业发展加快向集群化高质量迈进，对北海市经济发展作用持续增强。铁山港区充分发挥龙头企业带动作用，统筹推进“六大产业园区”建设，注重抓好服务项目和征地搬迁工作，全年完成征地和清场139.93公顷，搬迁269户，用2个月时间完成拆通进港铁路“最后一公里”的任务，得到自治区政府红榜表扬，保障一批项目落地开工和建成投产。国内最大的催化汽油吸附脱硫装置项目已竣工运营，北海炼化炼油结构调整已获批准即将开工，石化产业链有力延伸。诚钢在新三板上市，诚德新材料填平补齐技改项目已建成投产,北部湾表面处理中心项目一期建成运营;新材料产业园启动区和标准厂房等加快推进。总投资超百亿元的信义玻璃产业园开工建设,成为临港新材料产业新的增长点。工业园区基础设施进一步完善,铁山港生活污水管网、经四路、九号路支线等开工建设,纬五路、十三号路前期工作扎实推进。全年实现石化产业产值394.06亿元,新材料产业产值546.13亿元,林浆纸产业产值21.76亿元。铁山港(临海)工业区成为北海首个千亿元产值区,2018年2月列入自治区级开发区。

【项目建设】 2018年,铁山港区不断完善重大项目策划与推进工作机制,形成“1+8”工作组,进一步加强项目组织协调,确保项目按计划推进。年内,铁山港区的市重点项目共95个,其中区本级和铁管委作为牵头责任单位推进的项目共73个,计划总投资724.63亿元。北海市下达项目年度投资任务21.24亿元,实际完成投资21.6亿元,完成率101.7%;开工任务15个,实现开工13个,开工率为86.7%;竣工任务8个,实现竣工7个,竣工率为87.5%;前期工作任务18个,按目标任务完成。全区谋划自治区三年滚动计划(2018–2020年)建设项目29个,总投资1003.6亿元,增强投资增长后劲,固定资产投资快速增长,达21.67%,其中工业区增长24.22%,区本级增长12.63%。

【服务企业】 2018年,铁山港区加强对企业的服务和指导。加强对中小企业调研、了解,完善全区中小企业信息数据库,对企业进行动态跟踪,对中小企业发展急需解决的问题、企业融资情况及项目进展情况,针对性指导企业融资和项目申报工作;加强与上级部门沟通,积极寻找项目申报途径,帮助企业申报各类扶持资金项目,争取有关部门在项目及资金上对企业给予更大支持,促进企业发展;完善中小企业服务体系,构建全区中小企业信息化服务平台,充分发挥行业协会等中介组织作用,完善中小企业社会化服务体系,加大对中小企业在政策、企业管理、融资和信息化等方面的培训力度,提高全区中小企业管理人员素质,促进中小企业健康发展。

(吴　亮)

制糖工业

【概况】 2018年,铁山港区有糖厂1家,是中粮集团旗下的子公司——中粮屯河北海糖业有限公司(简称屯河北海糖业公司),产权属国有性质,有职工315人。2017/2018年榨季从2017年11月15日开榨,至2018年3月23日收榨,历时128天,日榨生产能力5100吨。糖料蔗种植面积约1.09万公顷,甘蔗总量82万吨。榨季进厂原料蔗总榨蔗量64.11万吨,同比增长1万吨;产糖7.42万吨,同比增加2038吨;混合糖率11.58%,同比提高0.14个百分点。

【生产经营】 2018年是屯河北海糖业公司坚持细化、低成本和技改创新的一年,实现全年产值4.16亿元,纳税总额2921.11万元。年内,屯河北海糖业公司进行节能降耗项目改造及维修项目,引进行业先进技术装备更新改造,解决主要工艺和技术线路上存在的缺陷,取得了良好的效果:一是确保生产安全率达标,没有发生重大的人身安全事故,环保零投诉;二是提高煮练收回率1.55%,保证白砂糖一级品率90%以上,同时减少搬运用工,节约人工成本;三是实现节能减排,耗标煤率较上年同期降低0.46%,实现了环保外排废水COD(化学需氧量)平均含量每升29毫克,优于国家一级标准;吨蔗耗新鲜水量0.29立方米,达到清洁生产一级标准;水重复利用率98%,达到清洁生产一级国家标准;吨蔗的废水产生量、吨蔗化学需氧量产生量、吨蔗悬浮物产生量均达到清洁生产一级水平。

【蔗区与原料蔗管理】 2017/2018年榨季,铁山港区认真贯彻落实自治区、北海市有关文件和糖业工作会议精神，强化榨季指挥协调，各有关部门通力协作，抓好蔗区与原料蔗管理，改善蔗区糖料蔗砍运秩序，减少糖料蔗外流，维护广大蔗农的根本利益，确保财政收入和社会稳定。全区严格执行糖蔗收购政府指导价标准，稳定增加蔗农收入，在市场糖价回升的前提下，甘蔗收购价从上榨季的480元每吨提高到本榨季的500元每吨，全区蔗农种蔗收入达3.34亿元；加强对蔗区糖料蔗砍运管理，严格实行轮签砍运的公正透明做法，杜绝坑农、伤农现象发生；大力扶持蔗农生产，投入1300多万元，用于扶持蔗区发展，其中约300万元为直接投入扶持，主要用于蔗区道路维修、机械化推广、基地建设和砍工补助等；大力推广机械装蔗，每年为蔗农节约种蔗成本700万元以上。引导群众将零星、分散的土地进行规划整合，促进全程机械化操作，每公顷减少成本9000元以上，通过一系列扶持蔗农措施，为地方经济发展做出贡献。（吴　亮）

冶金工业

【概况】 铁山港区域内冶金工业企业是北海诚德公司，该公司成立于2009年，是广西北部湾国际港务集团有限公司全资子公司，地处广西北海市铁山港临海工业园区，占地273.33公顷，实有员工4400余人。2018年，北海诚德公司秉承“诚信立足，厚德载物”全力打造诚德品牌，具备年产300万吨镍铬合金板坯、300万吨热轧板卷、300万吨固溶板卷和120万吨冷轧板卷生产能力，是国内一家从红土镍矿冶炼到镍铬合金宽板冷轧成品全流程覆盖型企业，各项工艺技术和装备均达到国内外同行业先进水平，环境保护以及节能降耗达到国家环保标准。北海诚德公司已形成流程复合、产品多元化、成本集约型、高附加值的镍铬合金产业链，生产规模在全国不锈钢企业中排行前三位，年产值近550亿元，人均产钢量排名全国第一。年内，北海诚德公司累计生产钢坯281.3万吨，同比增长18.69%，营业收入268亿元，同比增长16.17%，实现产量、营收“双增长”，产值537亿元，占北海市GDP（国民收入）总额38.46%。

【安全管理】 2018年，北海诚德公司通过强管理、抓落实，开展安全大检查5次，安规抽考3000余人次，隐患大排查2次，完成隐患整改450项；定期召开季度安全会议、组织安全演练，全面提高员工安全意识。年内，北海诚德公司安全形势可控，全年没有重大伤亡事故、重大生产事故和重大安全事故，圆满完成安全管理目标。

【环境保护】 2018年，北海诚德公司积极投入环保设施建设，尽心尽责履行企业社会责任，环保设施和综合整改治理工作累计投入1.19亿元；全面建成烟气脱硫系统并加装在线检测系统、初期雨水收集池、雨污分离系统等环保项目；同时加大科研力量投入，加强研发力度，实现矿渣综合利用显效益。年内，北海诚德公司厂区安装了33套环保在线监测系统，实现了烟气达标排放实时监控；投用雨污分离系统，工业废水回收利用，实现了零排放；矿渣磨成微粉，每年可实现利润3000万元以上。开展现场环境综合整治工作，杜绝厂区“脏、乱、差”现象，大幅度改善厂容厂貌；高度重视中央环保督察组“回头看”提出的问题，立行立改，聘请国家生态环境部华南环境科学研究所制订合理、科学的综合治理方案并如期推进治理，取得了显著成效。

【质量管理】 2018年，北海诚德公司顺利通过GB/T19001–2016/ISO9001：2015质量体系年度认证、复审，顺利通过TUV（德国技术监督协会）德国莱茵PED材料制造商年度复审，获得认可。2018年北海诚德公司重点开展“质量月”活动，通过TQM教育方式提高全员质量意识，积极组织各分厂开展QC小组活动。2018年累计注册17个QC（质量控制）活动小组，其中《提高五连轧成材率》和《减少冷轧酸洗线炉辊压痕降级率》两个小组参加全国冶金行业质量管理小组成果评比活动，获得冶金行业“优秀质量管理小组”；《减少冷轧酸洗线炉辊压痕降级率》小组在2018年度“冶金质量联盟杯”成果发表中获得二等奖。

2018年，北海诚德公司热轧粗轧板材成品　　北海诚德公司　供

【装备设施】 2018年，北海诚德公司是国内同时拥有初炼、回转窑－矿热炉（RKEF）生产工艺的不锈钢企业，凭借装备生产优质产品，整个生产过程布局紧凑，全程热装热送，热能利用效率高，属于一条龙集中生产方式。北海诚德公司配备一套1700毫米热轧系统，建成投产5条固溶酸洗产线。3号、5号固溶线采用直接轧制退火酸洗技术；5号固溶产线还实现在线切换不同表面等级和不同材质不锈钢带材生产；同时，配置一套国内领先水平的五连轧，年产量60万吨；配置4套20辊轧机，用于高档冷轧板及精密板轧制，年产量40万吨；配置2条CAPL产线，运行速度高达每分钟200米，列居国内首位，单条产线年产量50万吨。

【科技创新】 2018年，北海诚德公司进一步加大研发力度，和科研院校加强合作，积极优化品种和研发新产品，不断地丰富产品结构，增加品牌竞争力；成功研发出CJ5L节镍型高氮无铜不锈钢、410S和430不锈钢产品，实现批量化生产。同时，优化生产排产工作，在确保目标产量的基础上多轧制薄规格产品，提升产品附加值，实现效益，提高市场竞争力。积极拓宽品种规格，发展不锈钢长材产品，投资建设五机五流方坯连铸项目，实现北海诚德公司产品多元化，由板材跨入长材领域，企业发展后劲显著。同时，创新发展节能降耗，开发出中频炉直接上料工艺，提高生产效率，降低生产成本；论证炼钢电炉技改措施，充分发挥设备能力，提高产量；加大炉渣研发力度，成功突破精炼钢渣用于生产建筑材料复合粉技术瓶颈，实现矿渣综合利用，该技术申报了《不锈钢精炼钢渣制造建筑材料复合粉》专利。通过设备技改、工艺改进和技术提升，实现固溶5号产线在线快速切换不同表面等级和材质的钢带固溶连

2018年，北海诚德公司热轧粗轧车间　　北海诚德公司　供

续作业。该工艺获得《一种可在线切换多等级不锈钢带材的连轧连退洗生产系统》国家实用新型专利。

【成就荣誉】 2018年,北海诚德公司荣获广西壮族自治区"高新技术企业"和"企业技术中心"称号,获批自治区级"院士专家工作站"。年内,院士专家工作站开展"烧结工况智能识别与质量监测""烧结皮带异常下料智能监测系统"和"耐热不锈钢生产关键技术及其产业化"等工作。"镍铁合金制备技术及产业化项目"获得2018年度广西科技进步奖二等奖。年内,北海诚德公司申请专利10项,含发明专利7项、实用新型专利3项;授权的专利3项,含发明专利1项、实用新型专利2项;登记的计算机软件著作权4项。

【党建工作】 2018年,北海诚德公司党委充分发挥"把方向、管大局、抓落实"的重大作用,把党建总体要求写入公司章程,明确党委在公司治理结构中的法定地位。健全"三重一大"议事决策机制和"党委议事办法",重大经营管理事项全部由党委事前把关定向,加强廉政风险防控管理,落实主体责任。加强党支部制度建设,各党支部党员活动做到会议有考勤、事事有记录,按月编印《党员学习参考》共计23期,建立标准党员活动室,培养入党积极分子45名,发展新党员25名,不断增强党员队伍的生机和活力。坚定不移推进全面从严治党,党委召开研究党风廉政建设有关会议6次,审批督导(重要)案件线索6件,通报批评7名职工干部,纪委出台相关制度4个,受理核实职工举报问题线索20个,教育提醒职工5人,落实中央八项规定精神,为公司稳定发展、优化结构改革、强化党建、防范风险提供坚强保障。积极为职工办实事,建立困难职工台账,慰问困难职工7人次,开展"职工运动会"等喜闻乐见文体活动,为职工发放生活物资费用218.44万元。增强了公司职工的凝聚力和向心力,提升职工的生活品质和幸福。

(余 端 蓝 健)

浆纸工业

【概况】 铁山港区域内林浆纸工业企业主要有斯道拉恩索(广西)浆纸有限公司(简称斯道拉恩索公司),是一家全球领先的供应商,为包装、生物质材料、木材产品和纸张等领域提供可再生解决方案。斯道拉恩索集团在全球逾30个国家拥有约2.6万名员工,2018年销售额为105亿欧元。斯道拉恩索公司在广西的经营包括人工林管护及北海高档包装纸板厂,是广西最大的外商投资项目,也是斯道拉恩索集团战略转型中的重要投资项目之一。年内,斯道拉恩索消费纸板中国区正式成立,斯道拉恩索公司北海工厂原总经理叶万霆(Pentti Ilmasti)被任命为包装纸板事业部中国区高级副总裁,斯道拉恩索公司广西工业运营有员工418人。

【生产经营】 2018年,斯道拉恩索公司北海工厂主要纸板产品为LPB(液体包装纸板)、CKB(涂布牛卡)、FSB(食品包装纸板)和FBB(折叠箱板纸),年产量47万吨。年内,斯道拉恩索公司北海工厂的深加工产品——聚乙烯淋膜纸板年产量8万吨。全年斯道拉恩索公司在广西租赁的林地面积8.33万公顷,共种植桉树人工林7.73万公顷,其中保护林面积1300公顷(含184公顷公益林)。所有林地都通过了中国森林认证(PEFC)及国际森林管理委员会认证(FSC),且未在经营的林地上发现原生生态系统。第四季度,斯道拉恩索公司广西林业实现息税前利润为正。

【市场营销】 2018年,斯道拉恩索公司北海林纸一体化的产品销到43个国家,玛瑙涂布牛卡遍及全球大部分地区,在国内市场的同类产品中市场占有率排第一,产品进入国内食品及药品包装的各个领域,硕果累累。

【安全管理】 2018年，斯道拉恩索公司安全工作永远摆在一切运营工作的首位，安全生产也是每个员工的职责，安全工作目标是实现“零事故”。斯道拉恩索公司的安全工作覆盖企业员工、承包商、供应商和参观访客。年内，斯道拉恩索公司继续健全职业安全管理体系，提高职业安全管理水平，全年无死亡事故和职业病伤害事件。7月26日，斯道拉恩索公司北海工厂再次实现365天无损时工伤的安全工作成绩。

【燃煤替代探索】 2018年，斯道拉恩索公司北海工厂持续探索和研究长期可行的燃煤替代解决方案，逐步以生物质和其他非化石的可再生燃料取代煤炭。年内，斯道拉恩索公司北海工厂使用了少量的废水污泥、林木残渣及生产过程中产生的一些副产品作为混合燃料，有望实现每年减少1万吨煤炭使用量。6月6日，斯道拉恩索公司在北京“第十三届中国企业社会责任国际论坛”上获评“生态文明奖”，企业责任案例同时入选《2017金蜜蜂责任竞争力案例集》。年内，斯道拉恩索公司北海工厂通过ISO 50001能源管理认证。

【环保治污】 2018年，斯道拉恩索公司北海工厂获评“广西工业节水型企业”称号。斯道拉恩索公司北海工厂拥有完善的供水和污水处理能力，采用先进的节水技术和行之有效的节水管理模式处理工厂废水和厂内生活污水。污水处理系统设计日处理量为2.8万吨，污水处理工艺为当前国际先进工艺。污水处理系统运行后，企业排放废水水质保持远远优于国家控制排放标准。年内，斯道拉恩索公司北海工厂成功完成所有建成项目的环保验收。

【志愿服务环境保洁】 2018年1月，斯道拉恩索公司北海工厂在铁山港坡尾底海滩举行“铁山港海洋海岸保护行动”总结会暨环保标牌揭牌仪式。这一海岸线保护行动由斯道拉恩索公司联合广西生物多样性研究和保护协会、共青团北海市委、北海市青年志愿者协会、铁山港区川江南乐社区等共同发起。自2017年6月至2018年1月，历时6个多月，发动志愿者354人次，投入志愿义工约1000工时，开展清洁海滩活动7次，清理垃圾5.62吨，清洁海滩15.4万平方米。

【服务社区居民】 2018年，斯道拉恩索公司致力成为社区的“好邻居好伙伴”，根据社区的实际需求开展多样的服务社区活动，帮助企业周边的社区提升基础设施建设水平，改善居民生产生活条件。年内，斯道拉恩索公司开展20个社区项目，重点是改善乡村卫生条件和提升饮用水水质，体现了企业的社会责任。（吕丹丹）

电力工业

广西电网有限责任公司北海供电局铁山港供电分局

【概况】 广西电网有限责任公司北海供电局铁山港供电分局（简称铁山港供电分局）前身为1996年成立的北海供电局铁山供电所，2011年按南网一体化管理要求将组织机构更名。2018年，铁山港供电分局下辖配电运维班、配电抢修班、配电检修试验班、供电服务班一班、供电服务班二班、用电检查班、抄维班及营业班共8个班组，实有在册员工127人。年内，铁山港供电分局主要承担着北海市铁山港区南康镇、营盘镇、兴港镇，银海区福成镇共4个乡镇67个村（居）委会681个自然村（街道）的电力供应及用电服务，供电区域面积703.2平方千米，用电人口24.91万，直供用户数6.62万户。辖区内共有变电站10座，总容量129.9万千伏安。其中，500千伏变电站1座、220千伏变电站2座、110千伏变电站1座、35千伏变电站6座；公变828台，专变635台；10千伏配电线路40回，线路长度约1015.89千米。

【电网安全】 2018年，铁山港供电分局深入开展涉电公共安全专项治理，整改配电缺陷隐患135处，完成低压台区改造300余处，防范乡镇供电所人身事故专项治理行动，整改隐患40处，全年没有发生乡镇人身触电事件。大力推进依法治理，出动管控人员592人次，现场监督312处，发现各类违章6次，累计扣分32分。聚焦配电网管理薄弱点，大力开展线路树障清理专项行动，共清理树障隐患点860余处，清理树障1.7万余棵，树障原因跳闸同比下降64%，治理成效显著，为迎峰度夏提供坚实保障。持续推进配网设备主人工作机制，常态化开展辖区公变变压器测温、负荷电流测量、三相不平衡测量等工作，重点对防雷金具、避雷器以及耐张瓷瓶、线夹等设备进行巡视，发现并处理缺陷256处；加快基建、技改项目进度，完成台区改造290台，辖区内重过载、低电压以及小容量、残旧变压器数量大幅减少，配变故障下降56%。成功应对双台风“山竹”“百里嘉”，圆满完成党和国家领导人视察北海、自治区60大庆以及铁山港区“两会”等时段保供电任务18次。

【电力供应与服务】 2018年，铁山港供电分局加强电力供需形势分析，全力做好电力供应。年内，全区用电需求保持较快增长态势，供电量18.89亿千瓦时，同比增长28.74%。助力中国首批特色小镇南康镇打造特色名镇和商贸重镇建设，认真落实自治区深化电力体制改革系列措施，一般工商业用户电价降幅达10%以上，惠及南康镇一般工商业用户2000多户。

全面开展“我的片区我做主，电的问题请找我”的片区经理服务，将服务关口前移，减少客户诉求传递环节，提高客户诉求响应速度，有效减少客户投诉，第三方客户满意度测评得分76分，比上年提升8分；深入开展“减证便民”活动，零散居民、低压非居民新装客户实行“一证受理”，高压新装客户用电申请材料由15项精简到3项，一次性告知客户应备齐资料，避免客户多次往返营业厅，让客户办电业务“最多跑一次”。深化“互联网+电力服务”建设，每月组织进小区、社区、村委、商场、企事业单位等宣传南网APP、95598网上营业厅、微信公众号等南网统一服务平台，大力推广银行代扣、微信缴费、支付宝支付（代扣）等电费缴纳便捷方式，非现金缴费率100%。推行业扩延伸政策，提高业扩报装效率，主动上门为企业提供用电服务，解决用电问题，及时跟踪大客户报装情况，对负荷新增长点进行实时监控，确保企业早投产、早用电。 （梁泽均）

国投北部湾发电有限公司

【概况】 2018年，国投北部湾发电有限公司内设综合管理部、党群工作部（监察审计部）、经营管理部、财务管理部、生产技术部、商务部、运行管理部、设备管理部、安健环管理部、燃料管理部、工程管理部11个部门，有职工273人；下辖1家控股企业——北海市鑫源热电有限公司。年内，国投北部湾发电有限公司开展生产、经营、党建、提质增效和精准扶贫等各项工作，抓好管理，拓展市场，增加收益，上缴税收4500多万元；完成发电量39.08亿千瓦时，发电利用时数6105.68小时，同比提高1586.93小时，机组发电利用小时数在广西统调火电机组中排名第一。

【节能技改】 2018年，国投北部湾发电有限公司大力开展“检修质量提升管理”专项工作，从运行参数的调节、设备检修与维护、技术改造等多方面夯实机组可靠性管理工作，实现机组各项经济指标均在可控范围内。其中脱硫废水零排放工程的投入运行，为火力发电脱硫废水零排放开辟一条新途径，在国内外属领先技术。

机组日常维护 2018年，国投北部湾发电有限公司在巩固以往设备治理成果的基础上，通过加强对设备的运行巡回检查，强化点检定修管理，加大精密点检项目的数量和频度，秉持“小缺陷不过班，大缺陷不过天”的要求组织现场消缺，实现设备消缺率98.57%、及时率99.6%，确保机组安全、稳定、长周期运行。

设备检修 2018年，国投北部湾发电有限公司贯彻落实国家开发投资集团有限公司和国投电力控股股份有限公司“承包商管理年活动”的工作部署，安全、高效地完成1号、2号机组C级检修、四次机组临修以及机组启备变检修全过程管理，对于输煤、卸煤系统更是周密部署、高效推进，完成系统滚动检修10次，解决影响机组安全的重大隐患23项，2台机组检修后均实现一次启动并网成功，机组各项重要指标均得到提升。

技术改造 2018年，国投北部湾发电有限公司落实创新提效理念，通过优化技改方案，强化设备技术改造措施，重点完成脱硫废水对外零排放、脱硝系统优化、锅炉微油点火以及机组胶球系统等多项改造。通过设备技改，解决生产技术难点问题，使提质增效工作成效显著，为各项经济指标的完成提供保障。年内，国投北部湾发电有限公司获评6个自治区优秀质量管理小组，其中步步高QC（质量控制）小组获得铜牌奖，被中国质量管理协会评为“首届中央企业QC成果发布比赛三等奖”。

【燃煤掺烧】 2018年，国投北部湾发电有限公司通过对锅炉燃烧、掺配调整方案的优化，制订并实现“热值跟着负荷走”“印尼煤掺配比例最大化”的掺配思路，实现印尼煤掺配量的有效提升，入炉煤标煤单价降低。全年累计完成印尼煤掺配试验共30个工况，实现机组最大掺配比例60%、月掺配比例35%的重大突破。年内，掺烧印尼煤43.84万吨，同比增加33万吨；全年掺配比例25%，同比提升18个百分点。

【热电联产项目】 2018年，国投北部湾发电有限公司大力推进集中供热项目，新签约热用户70吨/小时，开工建设了石英砂项目供热管网。

【市场营销】 2018年，国投北部湾发电有限公司落实自治区电改政策，全年共签约47.97亿千瓦时，约7500小时，达到公司签约电量上限，创历史新高；长协交易足额签满电量上限9.22亿千瓦时，自治区内排名第一。

【党建工作】 2018年，国投北部湾发电有限公司坚持以习近平新时代中国特色社会主义思想为指导，深入学习贯彻中共十九大精神、全面从严治党新部署，开展“不忘初心，牢记使命”专题教育，推进“两学一做”常态化、制度化，不断加强“四个意识”教育，发布了《中共国投北部湾发电有限公司委员会关于落实国投党组决议精神，推动公司转型升级、稳健发展的决议》《党建管理体系》《廉洁自律规范手册》和《国投北部湾发电有限公司监督执纪与经营管理融合工作指导手册》，进一步实现党建和党风廉政建设的标准化、系统化管理，使“卓越党建管理提升”在公司落地。围绕新时代党的建设总要求，不断推进党建工作与生产经营中心工作深度融合。年内，国投北部湾发电有限公司荣获北海市国资委“最美共产党员先锋号”称号。

【精准扶贫】 2018年，国投北部湾发电有限公司大力支持帮扶贫困村——北海市合浦县石康镇瓜山村特色产业发展，支持瓜山村养猪特色产业，支持

2018年9月1日，国投北部湾发电有限公司青年志愿者开展“扶贫必扶志，扶贫必扶智”爱心支教活动　　国投北部湾发电有限公司　供

瓜山村驻村公寓建设，开展了春节慰问和"扶贫日"慰问、领导干部驻村访贫济困"五个一"以及"扶贫先扶志，扶贫必扶智"爱心支教等系列特色活动，共向该村捐赠2.7万元，得到北海市人民政府、北海市扶贫办和当地群众的一致好评。

（赵 华）

神华国华广投（北海）发电有限责任公司

【概况】 神华国华广投（北海）发电有限责任公司（简称国华北海电厂）成立于2012年1月31日，厂区位于北海市铁山港区。本期工程包括2×1000兆瓦超临界二次再热燃煤发电机组、2个10万吨级码头和1座1000万吨级煤炭储运配运中心（含堆场、铁路专用线）。2018年，国华北海电厂内设党建行政人事部、计划物资部、二期项目办公室、工程技术部、安健环监察部、发电部六个部门，实有员工41人。公司党支部下设三个党小组，党员19人。

【项目前期工作】 2018年，国华北海电厂前期工作稳步推进。4月27日，国华北海电厂取得北海市国土资源局颁发的神华国华广投北海能源基地进场道路项目不动产权证（海域）；开展铁路专用线接轨段用地手续办理，6月取得铁路专用线接轨段用地预审。针对外部铁路PPP项目推进缓慢，开工建设时间不确定的问题，国华北海电厂积极与北海市铁办、沿海铁路公司、北海市铁山港管委会、国投钦州码头等部门、单位对接，探索外部铁路建设方式的可行性，并完成外部铁路建设方式可行性调研报告编写；配合广西投资集团积极推进氧化铝项目；配合北海市海洋局完成国家海洋专项督查整改相关工作。

【项目建设】 2018年7月8日，国华北海电厂码头项目的1号码头后方堆场及道路工程（不含房建部分）项目按设计要求全部完成施工；9月17日，国华北海电厂1号、2号码头获得交通运输部、应急管理部2017年度公路水运建设"平安工程"冠名。年内，国华北海电厂做好电厂项目停工保护期间的定期巡查工作，按照《停工期间项目巡查维护制度》，明确检查项目、方法、周期和责任人。

【安全生产】 2018年，国华北海电厂构筑基建安全体系，实现了人员"零伤亡"、设备"零事故"、消防"零火险"、环保"零污染"的安全目标；应急管理经受住了双台风、强降雨等极端天气的考验；实现安全生产周期时长2212天。

【质量管理】 2018年，国华北海电厂质量管理体系运行正常，质量受控。国华北海电厂1号码头后方堆场及道路等施工规范和符合设计要求，电厂项目已按照停工保护性施工方案对已形成的工作面进行妥善保护，主厂房基础、锅炉基础、除氧煤仓间及循环水泵房基础等构筑物保护措施到位，没有发生锈蚀、损坏现象，全年未发生质量事故。

【生产准备】 2018年，国华北海电厂在生产准备工作方面，重点开展了码头组织的体系建设、货源市场调研、配煤堆场铁路线的设计优化、门机设备的日常保养、生产管理人员的技能培训等工作。经市场调研，国华北海电厂明确煤炭潜在货源单位。码头煤炭外运有铁路运输和汽车运输两种运输方式，全面了解铁路运价优势货源单位、铁路可争取货源单位、汽运优势货源单位。

【党建工作】 2018年，国华北海电厂以中共十九大精神为指导，认真贯彻党中央全面从严治党要求，坚持用习近平新时代中国特色社会主义思想武装头脑，全面落实国家能源集团"1169"战略部署、"六个起来"和国华北海电厂的工作要求，践行"党建领航工程"，坚持"有根、有力、有效"的原则，落实从严治党主体责任，不断强化政治建设、思想建设、组织建设、作风建设，开展整治形式主义、官僚主义，为建设"清洁、高效、智慧"码头提供思想政治保障。

（杨 帆）

北海市铁山港(临海)工业区

【概况】 2018年,北海市铁山港(临海)工业区管理委员会[简称铁山港(临海)工业区管委会]内设办公室、财政局、招商局、经济发展局、建设开发局,有干部职工14人;下属事业单位有综合服务中心,有干部职工10人。年内,铁山港(临海)工业区实现规模以上工业总产值1034.73亿元,同比增长14.61%,成为北海首个千亿元产值园区;实现税收123.6亿元,同比增长4.79%。年末,铁山港(临海)工业区共有入驻企业50多家,产值百亿以上企业3家;重点企业有中石化北海炼化有限责任公司、北海诚德镍业有限公司、斯道拉恩索(广西)浆纸有限公司、信义玻璃(广西)有限公司、广西渤海农业发展有限公司、中石化北海液化天然气有限责任公司、广西北部湾国际港务集团有限公司、国投北部湾发电有限公司等。2月,国家发展改革委员会、科技部、国土资源部、住房城乡建设部、商务部、海关总署联合发布《中国开发区审核公告目录》(2018年版),铁山港(临海)工业区被列入省(自治区、直辖市)人民政府批准设立的开发区,获得自治区级开发区身份。

【产业发展】 2018年,铁山港(临海)工业区管委会积极打造"向海经济",发挥临港优势,推动临港产业集群发展。

石油化工产业 2018年,铁山港(临海)工业区石化产业实现产值394.06亿元,同比增长15.41%。其中龙头企业——中国石化北海炼化有限责任公司实现375亿元,同比增长16.16%,上缴税金120.96亿元,同比增长6.41%。北海炼化S-Zorb催化汽油吸附脱硫装置项目正式投入商业运营,实现成品油升级国VI标准,炼油结构调整项目获批实施;引进的下游产业新鑫能源、和源石化及多家配套服务企业已投产见效,石化产业链格局初步形成。

临港新材料产业 2018年,铁山港(临海)工业区临港新材料产业实现产值546.13亿元,同比增长15.15%,税收4.51亿元。其中龙头企业——北海诚德公司是国内第一家从红土镍矿冶炼到镍铬合金宽板冷轧成品全流程覆盖的企业,生产规模在中国不锈钢行业中排行前三位。9月,信义玻璃项目签订扩大投资建设合同,增加投资79亿元,建设信义产业园及新能源项目。经过近10年的快速发展,临港新材料产业已发展成为带动效应明显、港口资源丰富、产业基础扎实、地理位置优越的优势产业。

林纸一体化产业 2018年,铁山港(临海)工业区林纸一体化产业实现产值22.03亿元,同比增长14.61%,其中斯道拉恩索公司完成21.76亿元,同比增长13.19%,税收0.46亿元。12月,引进的林纸配套宏大双氧水项目开工建设。

【项目建设】 2018年,铁山港(临海)工业区管委会强化管理机制,推进园区项目建设。3月,铁山港(临海)工业区九号路支线(铁山港大道至南洋修造船厂段)项目开工建设,10月,北海炼化S-Zorb催化汽油吸附脱硫装置项目正式投入运营,铁山港生活污水管网开工建设;12月,北部湾表面处理中心项目(一期)竣工,北海市铁山港区污水处理工程(厂区)提标改造工程完成建设,北海诚德公司5号固溶酸洗线完成设备安装并产出白皮产品,汽车前挡夹层玻璃及超白超厚超薄优质浮法玻璃项目、宏大双氧水项目、纬五路开工建设。

【招商引资】 2018年,铁山港(临海)工业区开展产业树全景图招商,实行“一棵产业树、一名领导、一支招商队伍”的工作模式,每棵产业树对应成立一个精准招商工作组,全力开展招商引资;多次组织人员出外开展驻点招商、精准招商和大型赴外招商推介会;全年完成签约项目24个,合同投资额162亿元,招商引资到位资金110亿元,其中全口径利用外资2.94亿美元。石油化工、临港新材料、林纸一体化等优势产业下游企业得到进一步夯实。

【营商环境服务】 2018年,铁山港(临海)工业区深化开展“三个零”“三个一”服务工作机制,即让企业零花费、零见面、零纸张,实行一个项目、一个负责人、一条龙服务,全力协助服务企业,提升入园项目的审批效能,加快项目落地建设;灵活运用“承诺”机制和“容缺”机制,通过对重大项目及时出具相应的承诺书,尽职尽责为项目推进保驾护航;推进降本增效,落实减轻企业税费、深化电力体制改革,年内,铁山港(临海)工业区企业减税降费约6亿元,电力成本降低近1亿元。

【港口运行】 2018年,北海港铁山港作业区完成吞吐量2033.91万吨,同比增长8.45%,其中集装箱19.13万标准箱,同比增长19.03%。外贸进口货物吞吐量893.45万吨,同比增长34.55%,其中金属矿石和粮食占外贸进口货物总值的86.39%。 (邵连鹏)

2018年,铁山港公用码头一角 刘毅坚 摄

农业农村·水利

农业综述

【概况】 2018年，北海市铁山港区农业局(简称区农业局)(挂铁山港区扶贫开发办公室牌子)内设办公室和综合股(农产品质量安全监督管理股)；下属事业单位7个，分别为：铁山港区农业技术推广中心、铁山港区农牧业经营管理指导站(参公单位)、铁山港区农业行政综合执法大队、铁山港区动物疫病防控中心和辖区三镇畜牧兽医站；区辖3个乡镇均设立镇农业服务中心(农产品质量安全监督管理站)。区农业局主要职能：贯彻落实中央、自治区、北海市有关农业和农村工作的路线、方针、政策、法律、法规；承担农业和农村工作的综合协调职责；制订农作物产品开发、技术试验、示范、推广计划方案并指导实施；贯彻农业产业化经营、农业产业化龙头企业和农民专业合作组织政策，负责农业行政执法体系建设和执法监督检查；承担完善农村经营管理体制的职责；参与组织农产品加工与流通，组织协调“菜篮子工程”建设；指导农业资源综合区划与开发利用，组织实施生态农业、休闲农业、循环农业与农业可持续发展工作；承担农产品质量安全监督管理的责任；实施科教兴农战略；指导农业防灾减灾工作；承担重大动物疫病防控和畜产品质量安全监管。铁山港区有3个乡镇，37个村民委员会，5个居民委员会，共863个村(居)民小组。全区总人口18.45万人，乡(镇)村劳动力资源数7.16万人，其中农业从业人员2.21万人。

【农业产业化建设】 2018年，铁山港区有市级农业龙头企业4家，家庭农场27家，在工商部门注册登记的农民专业合作社133家，出资总额2.91亿元，其中从事种植业40家、养殖业35家、服务业9家；工商登记成员715人，实有成员1057人。新型农业经营主体带动农户数7000多户，促进了农民增产增收。

【农产品网上流通体系】 2018年，铁山港区组织农产品企业参加广西第15届(桂林)名特优农产品交易会。全区在“互联网+农业”方面的工作主要是创惠农电子商务进农村项目，该项目首先在营盘镇背屋塘村、白东村建设示范点，计划行政村全覆盖，旨在互联互通，物流互通，实现最后一公里配送，促成农产品溯源的大数据建设。

【农业执法】 2018年，区农业局强化农资市场管理，规范农资市场经济秩序，完善农业执法各项规章制度，积极推进农业依法行政、依法治理。继续抓农业综合执法体系规范化建设。农业综合行政执法大队办公条件和执法条件进一步改善；开展全区性农资打假专项治理行动，全年共出动执法人员280多人次，检查农资生产、经营单位150多家次，立案3起，结案3起；抓案件质量成效显著，农业执法处罚案卷质量逐年提高，年内有一起肥料安监获自治区优秀案卷。加强农业法制宣传教育。区农业局深入开展“放心农资下乡进村”活动，全年出动宣传车25辆次，拉挂横幅30幅，发放宣传资料2万多份；开展农资产品质量抽检工作，全年抽检肥料和农药样本各8个，检测结果全部合格。

【农村综合改革】 2018年，区农业局推进农村土地承包经营权确权登记工作，全年农村土地确权工作实行整区推进。全面开展清理土地承包档案、调查土地承包方、开展权属调查等工作，完成权属调查100%；已完成地块测量11141.17公顷，占集体耕地面积的126.84%；已测量地块30.59万块。年内，全区完成了可颁证率的95.25%。

【减轻农民负担】 2018年，铁山港区落实减轻农民负担各项政策。全面推进涉农价格和收费公示制，提高收费透明度，执行涉农收费文件审核制；开展减轻农民负担执法检查；深入整治向村级组织乱收费问题；落实强农惠农政策，发放农业支持保护补贴资金821万元。区农业局组织开展了严肃整治涉农领域乱收费、乱罚款、乱摊派问题的专项治理。

【现代特色农业】 2018年，铁山港区开展创建各级现代特色农业示范园区共21个，其中，获得自治区三星级示范区认定1个，为北海市铁山港区南珠产业（核心）示范区；获得县级示范区认定4个，分别为铁山港区松柏山生态种养示范区、铁山港区山羊养殖产业示范区、铁山港区绿然生态鸡林下养殖示范区、铁山港区优势水产品产业示范区；获得镇级示范园认定2个，分别为：铁山港区南康镇水磨岭林下养鸡产业示范园、铁山港区南康镇茂叶生态休闲示范园；获得村级示范点认定14个，分别为：南康镇社内村紫米产业示范点、南康镇莲塘村果蔬间套种示范点、南康镇大塘村优质稻产业示范点、南康镇大塘村大棚设施栽培示范点、南康镇社内村果蔬产业示范点、南康镇陂塘村大棚设施栽培示范点、南康镇黄丽窝村粮菜轮作示范点、营盘镇彬畔村稻鱼生态种养示范点、营盘镇盐灶村种草养牛产业示范点、营盘镇石村村茂谷柑产业示范点、兴港镇大树岭村坚果产业示范点、兴港镇粟山村生态瓜果产业示范点、兴港镇粟山村沃柑产业示范点、兴港镇婆围村优质稻产业示范点。示范园区建设投入资金共计3.46亿元，其中财政投入1.1亿元，经营主体投入2.36亿元。

2018年，铁山港区发展现代特色农业成果之一的冬瓜种植产业
区农业局 供

农业科技

【技术培训】 2018年，铁山港区各级农业部门重点推广化肥减量增效、测土配方施肥、绿色植保、生态立体种养、市场营销等现代农业生产和经营技术；大力培育新型职业农民，结合产业扶贫开展农业实用技术培训。年内，全区共培训农民3800人次，其中特色产业技术培训2200人次，农村党员专题培训320人次，其他农业科技培训1280人次。开展新型职业农民培育共300人，其中生产经营型新型职业农民100

人、专业技能服务型新型职业农民200人。

【农业良种良法推广】 2018年，铁山港区推广水稻“兆丰优9958”、玉米“农大808”等粮食优良品种，全区推广作物良种覆盖率85.7%；以绿色环保为主题，全区加快农业面源污染防控技术推广。区农业局加大绿色植保技术的推广及应用，重点推广应用频振式杀虫灯、黄板、性诱剂等物理、生物防治措施进行农作物病虫害防治，达到农药使用量零增长。年内推广应用防治面积共计2800公顷；培育专业合作组织和建设示范基地，积极推进农作物病虫害专业化统防统治与绿色防控融合示范区建设，加大耕地质量提升与化肥减量增效技术推广力度。年内培育新型专业农业经营主体3家，推广应用“飞防”统防统治面积2133公顷，建设火甲、斑鸠冲两个粮油统防统治示范基地面积共计280公顷；大面积推广测土配方施肥技术，推进化肥使用量零增长行动的深入开展。年内指导农民在水稻、甘蔗、木薯、蔬菜等作物生产上开展配方施肥面积共计1.37万公顷，每公顷节支增效约6300元，节支增效共计8610万元；综合应用测土配方施肥、节水灌溉技术，推广应用水肥一体化技术，年内全区推广应用水肥一体化技术面积共计1.10万公顷，每公顷平均节支增效约8400元，节支增效共计9240万元；结合测土配方施肥技术，大力推广有机肥替代化肥施用技术；综合利用作物秸秆养殖牛羊，推广“过腹还田”和种养生态循环技术，尽可能减少化肥使用造成农业面源污染。年内推广应用有机肥共计4.7万吨，减少化肥用量1200吨；推广应用“猪—沼—果”等种养生态循环模式，面积1466.67公顷；推广应用“三品一标”农产品生产技术。年内，全区认定花生无公害产地面积2933.33公顷，已获无公害产品认证水果面积173.33公顷。

【农产品质量安全】 2018年，区农业局抓实农产品质量监管工作。继续健全农产品质量安全制度，区农业局分别与各乡镇签订责任书，并与农资生产经营业主签订守法责任状；通过召开农资经营人员培训、农民培训和放心农资下乡等活动加强宣传教育，接受农民咨询，推介放心农资；推进农业标准化生产，培育无公害农产品生产基地；加强农资打假执法检查，加大案件查处力度；加强蔬菜水果监测，加大对主要生产基地、农产品批发市场和主要农贸市场、超市蔬菜质量监督抽检的监测密度。通过这些措施对农产品生产的过程实行全程监管，重点对禁限用的高毒高残留农药的监管，从源头上杜绝高毒高残留农药的生产、销售和使用，确保全区农产品质量安全。全年全区蔬菜水果农药残留例行监测4820个样本，合格率为100%。全区已通过自治区认定的无公害农产品生产基地1个，获无公害农产品认证的产品1个，已通过自治区认定的无公害农产品生产基地总面积330公顷。

2018年，北海市农产品质量安全检测中心工作人员到南康镇指导乡镇农产品质量安全监管工作　　区农业局　供

种植业

【概况】 2018年，铁山港区农作物播种面积2.27万公顷。全年农业总产值49.95亿元，同比增长6.81%。铁山港区农民人均可支配收入14651元，同比增长10.1%。

【粮油作物生产】 2018年，铁山港区全年粮食（水稻、玉米、豆类、薯类等）作物播种面积5100公顷，产量2.28万吨；油料作物种植面积2717公顷，产量8372吨。

【甘蔗生产】 2018年，铁山港区甘蔗种植面积4107公顷，总产量25.77万吨，单产4.19吨。与上年相比，面积增长6.17%，产量增长8.73%。其中糖料蔗面积3800公顷，产量20.67万吨。

【蔬菜生产】 2018年，铁山港区蔬菜种植面积5046公顷，同比增长24.5%，总产量10.85万吨，增长27.1%，总产值3200万元。农民人均蔬菜收入2240元，同比增加354元。西（甜）瓜种植面积651公顷，同比增长36.98%，总产量1.63万吨，增长24.4%。以南康镇为中心的南瓜、辣椒基地等一批“一村一品”“一镇一业”或“多镇一业”的区域特色蔬菜生产基地，

2018年，铁山港区辣椒种植丰收在望　　区农业局　供

产品产量占全区蔬菜总产量的15%以上。蔬菜种植品种突出特色，结构不断优化。全区栽植蔬菜50多个品种，满足市场需求；蔬菜设施栽培快速发展，科技支撑作用明显。

【水果生产】 2018年，铁山港区水果种植面积888公顷，同比减少1%，水果总产量2.33万吨，增长23.12%，水果总产值5004万元，增长1.7%，农民人均水果收入799元。其中荔枝面积171公顷，产量823吨，同比增长3.91%；龙眼面积218公顷，产量1279吨，减少0.46%；蕉类面积269公顷，产量1925吨，增长10.56%；柑橙面积33公顷，增长153.84%，产量1202万吨，增长351.87%；其他水果面积79公顷，产量379吨，同比增长5.86%。大力实施特色果业提升工程建设，在水果结构调整、新品种引进推广、水果标准园建设、新技术推广应用等方面有所突破。2018年全区水果优质果品率85%，比上年提高18.15%；良种覆盖率94%，“三避”技术推广应用面积750公顷、间套种技术推广面积750公顷、节水灌溉技术800公顷；大力发展水果精深加工业，加大果园旅游观光、休闲度假等功能的开发力度，延长水果产业链，大幅提高果业效益。（梁统模）

畜牧业

【重大动物疫病防控】 2018年，铁山港区对高致病性禽流感和口蹄疫等一类动物传染病实行强制免疫，突出抓好春季、秋季的集中免疫，做到应免尽免。全区生猪口蹄疫、猪瘟、高致病性蓝耳病免疫15.2万头，

2018 年，铁山港区营盘镇盐灶村种草养牛产业示范点

区农业局　供

牛口蹄疫免疫 0.91 万头，羊口蹄疫免疫 0.36 万只，羊小反刍兽疫免疫 0.22 万只，高致病性禽流感免疫 48 万羽；全年动物疫病抗体监测采样 1600 份，抗体合格率 74% 以上，有效控制了重大动物疫病的发生。

【畜牧产品质量安全监管】 2018 年，铁山港区畜牧主管部门加强畜牧产品质量安全监管，组织开展饲料、兽药、养殖环节的违禁品及药物残留监督检查，全年累计开展专项整治和执法监管 51 次，检查生产经营企业 22 家次，养殖场 112 场次，交易市场 24 个次，检查屠宰企业 44 家次。加强“瘦肉精”等违禁药物监管，全年开展“瘦肉精”采样监测 106 份次，“磺胺类”采样监测 20 份次，未发现使用违禁药品违法行为。

【动物卫生监督】 2018 年，铁山港区畜牧主管部门加大动物卫生监管力度，抓好动物检疫工作，全年实施产地检疫生猪 1.54 万头，屠宰检疫生猪 5647 头，落实做好养殖环节病死猪无害化处理工作，全年无害化处理病死猪 1.57 万头，发放无害化处理补助 68.13 万元，加强动物卫生监督执法工作，全年立案查处违法违规案件数和结案数均为零。（蓝新禄）

扶贫开发

【概况】 2018 年，铁山港区共有建档立卡贫困户 2197 户 9111 人，其中精准识别建档立卡户 1890 户 7808 人，有 2014 年退出户 77 户 316 人，2015 年退出户 230 户 987 人。有贫困村 4 个，分别是南康镇夏塘村和黄丽窝村，营盘镇盐灶村，兴港镇粟山村。年内，全区脱贫贫困户 294 户 1336 人，其中南康镇脱贫 115 户 501 人，营盘镇脱贫 80 户 374 人，兴港镇脱贫 99 户 461 人，贫困发生率从 2016 年的 4.77% 降为 1.84%。

【精准帮扶】 2018 年，铁山港区持续落实“4321”干部精准结对帮扶机制，选派 99 名驻村工作队员（包括第一书记）到 42 个村委（社区）担任工作队员，落实 60 个单位定点帮扶 42 个村委（社区），落实 1537 名干部结对帮扶 2197 户贫困户，确保贫困户“一帮一联”结对帮扶工作全覆盖。确保每个贫困村至少有两个以上帮扶单位和两名驻村工作队员，非贫困村至少有一个帮扶单位和两名驻村工作队员，确保每个贫困户都有帮扶联系人、帮扶手册、帮扶联系卡。同时落实帮扶工作机制，要求帮扶人按规定进村入户，帮助解决贫困户的实际困难，宣传各项扶贫政策，并做好登记、签名等工作，同时更新、校正《帮扶手册》中所有数据，确保衔接一致，实行动态管理。

【基础设施建设】 2018 年，铁山港区整合交通、水利、水库移民、财政等部门资金，加大对贫困村基础设施建设的投入力度。投入资金 8145.3 万元，用于建设硬化屯路 91.59 千米、照明路灯 307 盏、排水渠道修复工程 3 个和小花园 1 个，改善全区基础设施条件；加快危房改造工作，全年贫困户危房改造计划 127 户，其中 23 户年内脱贫户危房改造全部完成，提高了贫困户的住房保障。

【产业扶贫】 2018 年，铁山港区结合各镇、各村(社区)的优势，引导发展农村经济合作组织，选准发展项目，扶持到户产业，助推群众致富。安排 188 万元扶持贫困对象 1880 户发展到户产业项目；安排 332.5 万元入股到有村“两委”干部入股的农民专业合作社发展资产性收益扶贫产业；安排 80 万元用于贫困村杂交构树种植 10.67 公顷。相关的产业项目实施已全部完成。年内，铁山港区推动特色经济发展，成立铁山港区绿牧农民专业合作社，合作社的主要项目是肉牛养殖，项目采用“支部 + 基地 + 农户”的新型模式，采取“合作社统一经营、农户自愿入股、股东定期分红”方式运作，建立牧草种植、畜牧养殖的生态农业循环经济发展模式；引进北海市福星商贸有限公司经营铁山港区众选(绿然)生态鸡林下养殖基地，带动农户走专业化、产业化经营道路。通过统一发放鸡苗和统一收购等方式带动农户积极参与林下养鸡，扶持农户和贫困户共 210 户，带动就业人数 650 人，以典型示范和辐射带动，扶持农户和贫困户共同致富。

【雨露计划】 2018 年，铁山港区根据“应补尽补、精准补助、限时补助”的原则，大力推进“雨露计划”补助政策，制订工作方案、培训计划和宣传实施方案，指定专人负责收集审核“雨露计划”申请材料；全年共发放宣传资料 3000 多份，并开展扶贫政策宣讲会 7 场，制作宣传板报 52 份，受理申请 417 人次，审核通过 414 人次，发放补助资金 76.85 万元。其中，春季学期受理 189 人，审核通过 188 人，补助金额 33.15 万元，秋季学期受理 228 人，审核通过 226 人，补助金额 43.7 万元。

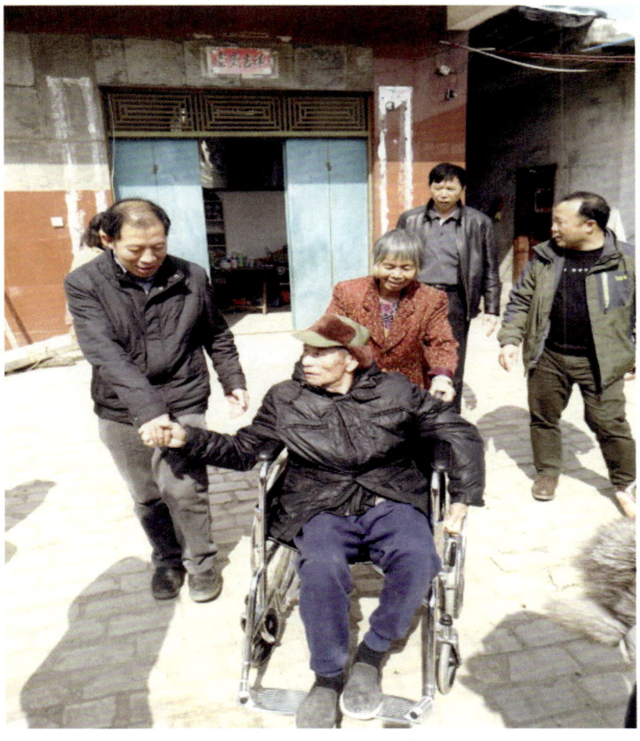

2018 年 2 月 6 日，区委书记余兴国(左一)到铁山港区营盘镇盐灶村慰问困难老党员 区扶贫办 供

【小额信贷】 2018 年，铁山港区加强与农村信用联社的沟通协调，加大对建档立卡贫困户的信贷支持，坚持贫困户自愿和贫困户参与两项基本原则，确保贫困户将贷款真正用于能够提升内生发展动力，获得稳定增收的生产经营性项目，实现脱贫增收。全区授信评级贫困户共有 1516 户，累计发放小额信贷 1072 户 5264.05 万元，其中全额委托经营 748 户 3710 万元，委托兼自主经营 196 户 967 万元，自主经营 128 户 587.05 万元，其中年内发放自主经营户贷款 8 户 29 万元。

【就业扶贫】 2018 年，铁山港区抓住临海产业园产业壮大的机遇，推进劳动力转移就业，进一步加大对贫困户的帮扶力度。2 月 28 日上午，区扶贫办与区人力资源和社会保障局、区总工会、区妇联在铁山港区南康镇中心广场联合举办“春风行动暨脱贫攻坚就业帮扶”现场招聘会，共有 41 家企业进场招聘，提供 5000 个工作岗位。当天达成就业意向 259 人，其中有 30 多人是精准扶贫对象；在园区各大企业用工总人数 9873 人，其中铁山港区农村转移就业 2900 人，占企业用工总数的 29.73%，贫困户就业人数 596 人，转移就业 67 人。

（陈小霞）

林　　业

【概况】 北海市铁山港区林业局（简称区林业局）属于机关行政单位，内设办公室和综合管理股，在职在编人员3名；下属单位铁山港区林业站，在职在编人员4名。区林业局负责指导、组织实施全区造林绿化和林业重点工程建设，指导各类公益林和商品林的培育；负责全区林木种苗、造林绿化质量管理，组织林业科技的应用和推广；组织指导全民义务植树、城乡绿化、部门绿化工作。北海市铁山港区乡镇林业事业单位3个，分别为：北海市铁山港区南康镇林业站、北海市铁山港区营盘镇林业站、北海市铁山港区兴港镇林业站。全区林业职工14人，其中有初级及以上专业技术职称的专业技术人员5名。

2018年全区林地面积7401.6公顷，完成林业总产值42.57亿元，其中第一产业产值3.59亿元，第二产业产值38.65亿元，第三产业产值0.34亿元，同比增长14.45亿元，增长率为51.36%；完成林下经济产值达12550万元，同比增长65.96%，其中林下种植4843万元、林下养殖3960万元、森林旅游3747万元；林业固定资产投资共5060万元；完成植树造林总面积139.6公顷，完成义务植树40.2万株，完成中幼林抚育666.67公顷，均超额完成任务；根据林地变更调查初步成果，年内森林覆盖率达到19.02%；管护生态公益林面积393.33公顷，其中国家级公益林353.3公顷，集体公益林40公顷。

【植树造林】 2018年，铁山港区山上造林实际完成造林总面积139.6公顷，完成义务植树40.2万株，完成中幼林抚育666.67公顷。

植树节植树活动　2018年植树节，区林业局在铁山港区南康镇三塘回建小区开展以“兴水利、种好树、优生态、惠民生”为主题的义务植树活动，为美丽铁山港添新绿，同时掀起义务植树新高潮。据统计，区四家班子成员、区直机关和南康镇政府干部职工及群众100多人参加义务植树活动，共计种植秋枫树116株。

沿海防护林保护宣传　为了增强海防林保护意识，区林业局联合区妇联，在妇女节前夕组织全区女干部职工，到营盘镇彬塘村委青山头村开展“不忘初心　牢记使命　巾帼竞建新功　创建绿色家园”为主题的种植海防林活动。通过开展实践活动进一步做好海防林保护宣传，同时为青山头村增添一片新绿，为海防林增加一批“后备役”。

村屯绿化景观提升工程　2018年，区林业局协调北海市林业局开展村屯绿化景观提升工程和营盘镇盐灶村集体经济项目的绿化工作。开展营盘青山头村绿化景观提升工程，提升青山头林下特色旅游环境，提升旅游形象，助力全域旅游工作推进。

【林业产业扶贫】 2018年，区林业局开展“一帮一联”工作，为11名结对贫困户共争取“一

2018年3月7日，区林业局联合区妇联组织全区女干部职工，在营盘镇彬塘村委青山头村开展种植海防林活动　　区林业局　供

帮一联”扶持金2.5万元；在中秋节、扶贫日对帮扶对象进行慰问并赠送慰问物资折合1.11万元，为挂点村提供财物支持折合1.39万元，争取2.5万元为龙门村驻村干部建设标准化公寓；引导和扶持贫困村盐灶村委争取到上级扶持资金20万元，建设铁山港区绿然生态土鸡林下养殖项目，带动当地经济发展，助力产业扶贫。投入4.89万元对铁山港区南珠产业城开展绿化景观提升，为南珠产业示范区的创建提供助力。

【林下经济】 2018年，铁山港区完成林下经济产值12550万元，同比增长65.96%，其中林下种植产值4843万元、林下养殖产值3960万元、森林旅游产值3747万元。区林业局积极申报林下经济项目，争取国家和自治区、市级资金支持，指导创建铁山港区绿然生态鸡林下养殖（核心）示范区，并通过验收，获得“北海市现代特色农业县级示范区”的称号。

【林政管理】 2018年，区林业局坚持依法治林，开展打击非法占用林地等涉林违法犯罪专项行动。区林业局结合林政资源综合检查和森林督查，全年共查处非法侵占林地行政案件21起，其中毁林开垦案件18起，滥伐林木案件3起，对发现的非法占用林地案均已依法查处。区林业局开展林地变更调查工作，并通过国家林业局审核；同时按自治区林业厅的布置，开展2018—2019年森林资源规划设计调查工作。

【动植物保护】 2018年，区林业局定期对依法获得国家或自治区重点保护野生动物驯养繁殖许可的单位、个人进行清理排查，同时设立举报电话，接受社会和群众力量监督；加强古树名木资源管理，区林业局在北海市林业局指导下，继续完善与村委签订管护协议，加强养护管理；为更好地保护辖区古树名木，科普传承古树名木文化，继续做好铁山港区古树名木确认工作，到拥有古树名木的村委张贴确认公示，并将公示情况上报北海市林业局。为更好落实管护、养护措施，区林业局积极向北海市林业局申请1万元工作经费，用于全区的古树名木签订管护协议与养护管理工作。

【森林防火】 2018年，铁山港区发生20起森林火灾，区林业局组织出动扑救人员213人次，救火车辆87车次，及时扑灭现场火险，均无人员伤亡，没有发生重大森林火灾。为做好清明节期间森林防火工作，区林业局通过印发《致全体公民的一封公开信》和《森林防火安全知识宣传资料》宣传单，在公路沿线、主要林区路口竖立防火宣传牌和悬挂宣传横幅110幅、张贴标语等形式开展森林防火宣传；同时与北海市森林公安铁山港区分局联合推行有奖举报活动，鼓励群众提供森林火灾案件线索；联合北海市森林公安铁山港区分局，组织三镇森林防火分管领导和林业干部职工、森林防火志愿者队伍、铁山港区重点林业企业业余消防队共32人，开展铁山港区2018年春季森林防火扑火实战演练暨扑火实战现场培训，提高区森林防火队伍扑

2018年3月30日，区林业局组织三镇林业站干部职工、森林防火志愿者等在南康镇大塘村委榄子根村举办铁山港区2018年春季森林防火扑火实战培训演练

区林业局　供

救火灾实战能力。

【林业有害生物防控】 2018年,铁山港区没有松林、松木及制品加工企业,仍坚持“预防为主、分类施策、分工负责、区域联防、统筹安排、长期作战”的防治松材线虫病疫情策略,落实区、镇两级政府防治责任,积极开展森林病虫害监测和普查工作。年内,全区没有发生松材线虫病疫情,对区内木材加工厂开展检查,未发现松材线虫病流入。区林业局组织各镇林业站开展林业有害生物普查工作,全区林业有害生物寄主树种面积6942.53公顷,应实施监测面积10.2万公顷次(其中病虫害合计8.81万公顷次,有害植物1.39万公顷次),实际监测面积10.2万公顷次,监测覆盖率100%。年内全区未发现薇甘菊疫情。

【集体林权制度改革】 铁山港区林改总任务为4353.33公顷,涉及3个镇30个村委会(社区)520个村民小组1.63万户7.84万人,人均林地面积0.05公顷。2018年,为做好全区集体林地林权证查漏补缺纠错工作,区林业局组织领导干部和三镇分管领导、林业站站长和业务骨干,分别赴贺州、梧州、崇左、百色等地进行查漏补缺纠错工作考察学习,汲取先进县区工作经验;全区年度查漏补缺任务为333.33公顷,权籍调查任务为55.53公顷,已完成查漏补缺413.87公顷,权籍调查外业勘界完成333.33公顷,可提交不动产权籍调查成果78.8公顷。年内全区查漏补缺纠错工作已初步通过自治区第三方检查验收。

【森林生态效益补偿项目】 2018年,铁山港区公益林面积为393.3公顷,其中国有公益林353.3公顷,集体公益林40公顷。分布在辖区南康、营盘、兴港三镇,公益林分布营盘镇380公顷(其中国有公益林面积为340公顷,集体公益林面积为40公顷),南康镇6.67公顷(均为国有公益林),兴港镇6.67公顷(均为国有公益林)。年内,森林生态效益补偿金兑付任务为6.56万元,区林业局按有关规定制订实施方案,发放办法,并组织技术人员对所有要补偿的生态公益林进行检查验收,于10月完成100%兑付。

(黄添凤)

水　　利

【概况】 2018年,北海市铁山港区水利局(简称区水利局)内设办公室、水利股、水利站、水政监察大队、防汛抗旱指挥部办公室等股室,下辖青山头海堤管理所,有干部职工24人,其中在职在编14人,聘用10人。

【水利工程设施】 2018年,铁山港区有海河堤防137千米,其中海堤39千米,河堤98千米;海堤有青山头海堤、白龙海堤、火禄港海堤、粟山海堤、雷田海堤、下担海堤等,河堤有南康江、火禄江、谢家河等;堤围38个,其中万亩以上1个,千亩以上9个,千亩以下28个,农村饮水工程74宗;主要灌溉渠系有南康西干渠34.50千米,南康东干渠35.80千米,营盘分干渠18.60千米,山塘陂坝76宗,排水涵闸99座,构成了铁山港区相对完备的防洪、防潮减灾体系。全区上年农田有效灌溉面积6590公顷,年内有新增加,有效提高铁山港区农业灌溉用水的利用效率与效益,提高农业抗御自然灾害能力,为促进铁山港区农村经济发展发挥了重大作用。

【水利工程建设】 2018年,铁山港区共实施水利项目11项,总投资1146.5万元。其中,中小河流治理工程投资375万元,治理河道1千米;应急度汛工程总投资483.5万元,新建和修复堤防400米;农田水利工程投资226万元,新建防渗渠道2450米;饮水安全工程(民生实事)投资62万元,解决2个村共1565人的饮水安全问题;水土保持工程治理水土流失面积4.2平方千米。

南康江南康镇下游河段综合治理工程　项目计划总投资2515.80万元,其中中央资金1862万元,自治区配套150万元,市配套503万元,计划按10年一遇防洪标准建设防洪堤5100米，恢复重建人行桥1座，排水涵闸19座，上堤、下河码头15座。工程于2016年10月30日开工，截至2018年底，共完成投资2087万元，完成工程进度：完成人行桥1座，C20砼基础3.24千米，C15砼挡土墙2.61千米，C15砼护坡3.8千米，土方筑堤4.2千米，排水涵闸14座，砼路肩3.3千米，砼防浪墙3.3千米。

防汛应急水毁工程修复　铁山港区累计完成投资483.5万元，主要修复营盘镇白龙坪底海堤、营盘镇火禄海堤和兴港镇富屋海堤工程等3处水毁工程，受益人口1.23万人。确保工程安全度汛，改善农业灌溉用水，保护人民群众生命和财产安全。

农田水利工程　2018年，铁山港区累计投资226万元，完成土石方1.75万立方米，修复防渗渠道2.85千米，清淤渠道2.45千米，恢复有效灌溉面积680公顷，改善灌溉面积433.33公顷，有效提高抗御自然灾害能力，为全区的粮食安全、用水安全、生态环境安全提供支撑和保障，为全区农业增产增收打下坚实基础。

水土保持工程　2018年，铁山港区认真贯彻落实“尊重自然、顺应自然、保护自然”的生态文明理念，加强水土流失综合治理，重点做好南康江流域和崩岗治理，治理水土流失面积4.2平方千米。

【水资源管理】　2018年，铁山港区降水量1547.9毫米，水资源总量6.56亿立方米，其中地表水资源量4.1亿立方米，地下水资源总量2.46亿立方米（其中非重复计算量0.2亿立方米）。年内，铁山港区用水总量1.08亿立方米；其中生活用水量0.14亿立方米、农业用水量0.68亿立方米、工业用水量为0.25亿立方米、公共生态用水量110万立方米；万元地区生产总值用水量46.6立方米（比2015年万元地区生产总值用水量59.8立方米下降22%），万元工业增加值用水量17.5立方米（比2015年万元工业增加值用水量21.3立方米下降17.8%），农田灌溉有效利用系数0.49。

【河长制】　2018年，铁山港区共14条河流名录，完成调查流域面积50平方千米以上江河名录4条，流域面积50平方千米以下江河名录10条；完成区镇级“一河一策”方案编制工作，河长制各项工作按照上级要求和部署稳步推进。

建立资金投入机制　2018年，铁山港区将河长制工作经费纳入区部门预算，保证河长制工作经费投入。全年落实河长制工作经费56.98万元，主要用于河长制公示牌的设立和内容更新、印刷宣传手册和制度上墙、编制《铁山港区“一河一策”管理保护方案》等。并落实专项经费15万元，主要用于谢家河、婆围河清淤治理。

河长履职情况　党政领导重视，认真指挥部署工作。2018年5月，区委书记余兴国、区长曾玲联名签署发布铁山港区第1号总河长令，要求全区各级河长迅速行动，及时、全面落实河长制工作各项任务，区总河长多次组织巡河

2018年1月30日，南康江下游河段综合治理工程项目施工现场

区水利局　供

行动，靠前指挥全区江河湖库管理保护的重大工作。各级河长积极巡河履职。全区各级河长严格按照“区级河长每月巡河不少于1次，镇级河长每旬巡河不少于1次，村级河长每周巡河不少于1次”的频率开展河长巡河活动，年内，全区区、镇、村三级河长累计巡河2557人次。各级河长通过巡河活动及时发现问题、积极统筹协调、认真组织行动，推动全区河流面貌有效改观、污染有效遏制、水质明显改善，河长作用在江河湖库管理保护工作中越来越明显。

河湖管理保护成效　2018年1月19日和5月28日，河长巡河中发现南康江流域车元根村、晚姑娘村河段有非法采砂行为，铁山港区于当天分别组织30多名联合执法人员取缔非法砂场2处，对涉案人员分别依照有关法规进行处理。同时，组织力量实施南康江南康镇下游河段综合治理工程，兴港镇谢家河、婆围溪彬塘段清淤治理工程，部分河流生态得到修复，保护堤内的农业生产及当地群众的财产安全，同时美化当地环境。

【水土保持和水源地保护】2018年，铁山港区区辖三镇都是北海市水土流失重点治理区，铁山港区水土流失面积为32.69平方千米，其中轻度水土流失面积占35.27%、中度以上（含中度）水土流失面积占64.73%。全区有崩岗274座（南康镇44座、营盘镇62座、兴港镇168座），其中活动型崩岗195座，相对稳定型79座，总崩岗面积2.39平方千米。崩岗破坏了地面的完整性，造成水资源匮乏，生态环境恶化。年内，全区贯彻落实“尊重自然、顺应自然、保护自然”的生态文明理念，加强水土流失综合治理工作，共组织5人次参加自治区和北海市举办的水土保持工作培训班；年内审批水土保持方案5个，组织开展监督检查16次，同时配合北海市水保站开展监督检查6次。通过检查，督促有关单位开展水土流失治理工作，年内完成水土流失综合治理面积4.2平方千米，依法征收水土保持补偿费共127.21万元。

【突发灾害性天气预警信号的发布】2018年，铁山港区共发布各类预警信号123次，其中台风蓝色预警9次，黄色预警0次，橙色预警2次，红色预警0次；暴雨蓝色预警0次，黄色预警0次，橙色预警18次，红色预警1次；雷电蓝色预警0次，黄色预警0次，橙色预警35次，红色预警2次；大风蓝色预警51次，黄色预警0次，橙色预警0次，红色预警0次；大雾蓝色预警0次，黄色预警3次，橙色预警3次，红色预警0次。

（陈家玲　郑燕燕）

水库移民工作

【概况】2018年，北海市铁山港区水库移民工作管理局（简称区水库移民局）内设办公室，实有4人，是副科级参公事业单位。年内，全区有移民村33个、移民组211个，水库移民4568人，其中劳动力人数2107人，劳动输出人数763人；移民人均纯收入13622元，人均耕地面积0.08公顷，人均住房面积28平方米，水库移民纯收入在移民人均纯收入线以下人数有186人，在全区农村居民人均纯收入线以上的人数836人，参加新型农村合作医疗4568人，参加新型农村养老保险3216人；移民后期扶持总人数是4568人，全部采取直补到人的方式，发放补贴资金274.08万元。移民项目总投资736.8万元，其中基础设施投资728.8万元，建设村屯道路3.84千米、建设生产道路10.67千米、架设安装太阳能照明路灯共145盏，移民受益2367人。投资8万元对水库移民劳动力技能培训和职业教育，培训劳动力40人次。

【水库移民后期扶持】

实施后期扶持人口动态管理　2018年，区水库移民局根据自治区发展改革委员会、自治区水库移民工作管理局及自治区财政厅《关于印发广西壮族自治区大中型水库移民后期扶持人口自然减员管理暂行办法的通知》精神,每年进行一次大中型水库移民后期扶持人口自然减员核定登记工作,自然减员人口核定登记成果报区政府审定,审定文件报北海市水库移民工作管理部门备案。年内,区水库移民局在第一季度开始实施大中型水库移民后期扶持人口动态管理,停止发放自然减员后期扶持人口的后期扶持直补资金。

后期扶持人口管理政策宣传　2018年,区水库移民局组织干部职工深入库区,走村串户宣传《国务院关于完善大中型水库移民后期扶持政策的意见》和《自治区发改委、移民局、财政厅关于印发广西壮族自治区大中型水库移民后期扶持人口自然减员管理暂行办法的通知》精神,宣传库区移民后期扶持资金发放的方式,让移民群众知晓后期扶持资金发放的时间,熟知大中型水库移民后期扶持政策。

后期扶持直补资金发放　2018年,区水库移民局按照文件要求"在每季度收到上级拨付的后期扶持资金20天内或季度终了20天内全部兑现到户或到村民小组"的规定,全年共发放大中型水库移民后期扶持直补资金274.08万元,惠及移民4568人。

【库区基础设施建设】

水库移民村屯道路建设　2018年,铁山港区继续推进库区基础设施建设,重点抓好水库移民村屯道路建设。全年实施建设大中型水库移民村屯道路项目5个,共投资172.6万元,建设村屯道路3.84千米,改善水库移民村屯基础设施条件,解决移民出行难。

2018年6月20日,南康镇黄丽窝村委水库移民生产道路建设项目——村级集体经济种养基地生产道路硬化工程施工现场

区水库移民局　供

水库移民村屯生产道路建设　2018年,区水库移民局开展水库移民增收项目,实施大中型水库移民生产道路建设项目8个,投资505.5万元,建设生产道路10.67千米,改善水库移民村屯生产设施,增加移民收入,促进水库移民贫困人口脱贫。

水库移民美丽家园建设　2018年,区水库移民局实施水库移民美丽家园建设项目1个,共投资50.7万元,架设安装太阳能照明路灯145盏,推进"美丽广西"乡村建设和水库移民美丽家园建设,促进库区和移民安置区社会和谐稳定发展。

【水库移民扶贫攻坚】

走访和慰问帮扶　2018年,区水库移民局对定点扶贫对象——铁山港区南康镇三塘村开展走访活动,慰问困难群众60余户,贫困户数36户,为帮扶贫困户送去温暖,并在国定"扶贫日"所在的10月组织干部职工开展"结对帮扶行动月"主题实践活动,为困难户送去慰问物资、慰问金折合共1600元;出资1万元,支持该村基层组织建设。

生产生活设施帮扶　2018年,区水库移民局把脱贫攻坚与水库移民美丽家园建设紧密结合起来,投资728.8万元,建设村屯道路3.84千米、生产道路10.67千米,架设安装太阳能照明路灯145盏,建设项目在11月前全部完成,惠及水库移民和附近群众2107户9301人,是全区脱贫攻坚战役的重要工程。

致富技术培训帮扶 2018年,区水库移民局共举办水库移民技术培训班2期,培训水库移民40人次。培训项目依托广西现代职业技术学院、广西水产畜牧学校等专业院校提供师资和教学设施,教学内容符合库区移民生产、生活需要。采取菜单式教学与现代农业发展、移民增产增效相结合的方式,开发设置农业特色种养、农家乐与观光农业、农村电子商务与农产品营销、农民专业合作社经纪人等精品课程,传授新技术,培育新观念,提供新信息,助力库区农业产业发展和移民增收。围绕库区移民外出务工需求和移民培训意愿,对接受能力较强、有外出务工需求的移民,开展厨师、低压电工、电焊工、汽车维修、叉车驾驶等职业技能培训,帮助受训移民通过考试获得国家职业技能证书,助力移民劳动力就业创业。 (朱 凯)

水 产

综 述

2018年,北海市铁山港区海洋与渔业局(简称区海洋与渔业局)内设办公室、海洋股、渔业股,实有公务员3人,事业单位人员19人。下辖铁山港区水产站、铁山港区海洋与渔业综合执法大队2个事业单位,实有事业人员19人。铁山港区海岸线长82千米,其中人工岸线57千米,沿海滩涂自东向西延伸面积2.57万公顷,海水可养面积1.33万公顷,海水养殖面积0.64万公顷,全区涉渔乡镇3个,涉渔村(社区)20个,渔业人口4.9万人,渔业从业人员2万人,渔业船只保有量3200多艘,其中持有合法证件船只1711艘。年内,全区水产品总产量18.59万吨,同比增长0.3%,其中海洋捕捞6.35万吨,海水养殖11.62万吨,淡水养殖0.62万吨。

海洋资源管理

【概况】 2018年,区海洋与渔业局加强海洋综合管理,强化海洋生态环境保护,严格执行伏季休渔制度和开展清洁海滩活动,进一步规范了海域使用管理工作,全年完成办理15宗海域使用权工作,优化了海洋资源配置方式。

【海洋防灾减灾】 2018年,区海洋与渔业局编制防汛防台风应急预案,建立了防台风值班和巡查机制,对全区相关海洋灾害防御措施和重要的隐患点进行排查;铁山港区涉海防灾减灾观测主要由北海市海洋局进行,主要观测水文、风力、浪高等要素;涉海防灾减灾预报方面主要通过接收区政府、应急管理局转发台风、暴雨、大潮等信息的预报并及时组织区海洋与渔业局下属单位、各涉海镇政府通知各用海业主,做好防范应对工作。

【海洋综合执法】 2018年8月,北海市海洋与渔业局将铁山港区范围的海洋与渔业执法职能划转至铁山港区,并成立

2018年10月26日,区海洋与渔业综合执法大队工作人员在现场调查违法采海砂情况　　区海洋与渔业局　供

铁山港区海洋与渔业综合执法大队。年内，全区海洋执法共查处并没收非法捕捞三无渔船8艘、扣押非法海上采砂船只16艘，行政处罚71.5万元，有效打击涉海违法行为。

【海洋科技创新】 2018年，铁山港区引进先进的抗风浪深水网箱养鱼技术，实现海水养殖管护、防台工作机械化、一体化，效率得到进一步提高。

【海洋管控能力建设】 2018年，区海洋与渔业局加大海洋管控力度，加快完善建设一支高素质、高效率海洋与渔业综合行政执法队伍，以渔业执法和海监执法工作分工，明确海洋与渔业综合行政执法的权力及职责清单，加强海洋与渔业综合行政执法，充分发挥综合执法和专业执法相互优势，提升管海控和海综合监管的效能，建立良好的制度保障。

【规范海域使用管理】 2018年，区海洋与渔业局进一步规范养殖用海制度，落实国家海域资源有偿使用政策，全年开展海籍调查15次，完成海域使用权证年审80宗，用海面积1025.52公顷，征收海域使用金76.92万元;续期11宗，用海面积220.27公顷，收缴海域使用金23.07万元。

2018年，区海洋与渔业局实施了养殖用海的招拍挂工作，年内挂牌出让用海海域4宗，面积43.33公顷，招拍挂收到的海域使用金43.08万元，4宗用海均为南珠养殖专用海域。

【增殖放流】 2018年，铁山港区加大海洋生态环境修复力度，保护海洋渔业生物多样性，6月13日，铁山港区联合中石化北海液化天然气有限责任公司、中国水产科学研究院南海水产研究所、北海市水产畜牧兽医局等单位开展渔业增殖放流活动，放流种类包括真鲷、黑鲷、黄鳍鲷、卵形鲳、长毛对虾、墨吉对虾和方格星虫等重要经济鱼虾类，增殖水生生物苗种共计1.02亿尾。

水产养殖业

【概况】 2018年，铁山港区水产养殖业稳步发展。全区水产养殖面积0.71万公顷，养殖总产量12.24万吨，同比增长5.2%；产值26.31亿元，同比增长9.6%。水产养殖主要方式有池塘养殖、网箱养殖、浅海滩涂养殖等，主要养殖品种有南珠、南美白对虾、金鲳鱼、象鼻螺、文蛤、方格星虫等。其中对虾养殖面积2133.33公顷、象鼻螺养殖面积1533.33公顷、鱼类养殖面积800公顷、马氏珠母贝养殖面积396.37公顷。年内，全区共有水产苗种场12家、水产养殖农民专业合作社15家。

【淡水养殖】 2018年，铁山港区淡水养殖面积660公顷，比上年减少1.35%；淡水养殖产量6201吨，同比增长9%；淡水养殖产值1.46亿元，同比增长15.49%。

【海水养殖】 2018年，铁山港区海水养殖面积6462公顷，比上年增长1.05%；海水养殖产量11.62万吨，同比增长5.00%；海水养殖产值24.85亿元，同比增长9.27%。

传统网箱养殖 2018年，铁山港区传统网箱养殖分布在兴港镇石头埠海域，共有305户养殖户，养殖面积35万平方米，有4600多口网箱，年产量4.4万吨，年产值5.2亿元，铁山港区已发展为广西最大的网箱养殖基地。产品主要销往广东、福建、上海等地，以加工销售为主，占比60%，冰鲜鱼销售占30%，活鲜鱼销售占10%。金鲳鱼产品连续3年出口到欧洲，连续17年出口到美国。

深水抗风浪网箱养殖 2018年，铁山港区加快发展深水抗风浪网箱养殖，带动传统网箱养殖向离岸养殖的转型升级，引进北海市铁山港区石头埠丰顺养殖有限公司、北海乃志海洋科技有限公司、北海市铁山港区嘉晟农民种养专业合作社、北海市铁山港区翔久农民种养专业合作社等4家企业发展深水抗风浪网箱养殖，发展网箱多层次生态养殖。全年组织申报

2018 年 12 月 4 日，北海市铁山港区南珠产业(核心)示范区

区海洋与渔业局　供

深水抗风浪网箱示范基地建设项目，争取资金 1600 万元，建造深水抗风浪网箱 77 口。

【现代特色水产业示范区】2018 年，铁山港区渔业主管部门积极创建现代特色水产业示范区工作，示范区建设取得新突破，铁山港区南珠产业(核心)示范区被自治区认定为三星级广西现代特色农业(核心)示范区；铁山港区优势水产品产业示范区入围北海市县级示范区创建规划。

海洋捕捞业

【概况】 2018 年，铁山港区有持证渔船 1711 艘，总吨位 2.42 万吨，总功率 4.08 万千瓦；海洋捕捞产量 6.35 万吨，同比减少 7.96%，产值 14.07 亿元。铁山港区籍渔船主要从事近海捕捞作业，主要作业区域有北部湾北部海区、北部湾中南部至湾口海区、海南东部近海和粤西近海海区、南海北部大陆架边缘海区及南沙海区，主要的作业类型有拖网、刺网等，主要渔获品种有鱼类、虾蟹类、贝类等。

【渔港码头建设】 2018 年，铁山港区有营盘中心渔港、石头埠渔港 2 个渔港，2 个渔港港内均存在港池淤积严重、避风条件差、渔港配套设施不足等问题，已达不到渔港应有作用。为解决以上问题，营盘中心渔港于 2015 年按国家一级渔港开工建设，后因概算调整问题停工。2018 年石头埠渔港委托中交广州水运工程设计研究院有限公司完成渔港项目地形测量及地质勘查、工程可研报告、实施方案编制等前期工作，经过组织专家评审后可落实项目建设资金。

【外海远洋渔业】 2018 年，铁山港区积极发展远洋渔业，拓宽海洋捕捞空间，缓解近海渔业资源压力。全年赴南沙海区生产的渔船 6 艘次，捕捞产量 456 吨，总产值 578 万元。引导和扶持渔民进行渔船更新改造，全年共更新改造渔船 8 艘，增强了外海渔业开发能力。

【减船转产项目】 2018 年，区海洋与渔业局组织渔民申报渔船减船转产项目，年内实施减船转产 34 艘，核减功率 1456.7 千瓦。

【北部湾共同渔区入渔管理】 2018 年，根据自治区海洋和渔业局对北部湾共同渔区渔船作业安排的要求，铁山港区共组织申报入渔渔船 11 艘，总功率 2872 千瓦，完成自治区下达的入渔任务，确保了中越北部湾渔业合作协定的顺利实施。

渔业行政管理

【伏季休渔】 2018 年，南海伏季休渔时间为 5 月 1 日 12 时起至 8 月 16 日 12 时，除钓具外的所有作业类型以及为捕捞渔船配套服务的捕捞辅助船同步休渔。2018 年铁山港区应休渔船 1711 艘，铁山港辖区内港窄船多的问题更加严重，休渔管理难度增大。为此，区海洋与渔业局严格按照上级部门的统一部署，加强组织领导，注重宣传教育,强化管理措施,全年休渔期间渔区没有发生安全事故。

【渔港渔船安全检查】 2018年,铁山港区狠抓渔港渔船安全工作,组织渔业、安监、消防、公安及沿海乡镇政府等部门开展渔港渔船安全大检查。悬挂宣传横幅56幅,发放宣传资料1400份,累计出动124人次,开展15次渔港渔船安全检查,检查渔港码头12次、渔船512艘次,现场整改安全隐患152起,督促限期整改15起,确保了全区渔业生产安全。

【渔业用油补贴】 2018年,区海洋与渔业局落实国家惠农政策,组织申报及发放2017年度渔业用油补贴工作。2017年度累计发放59艘渔船油补资金589.64万元,确保了惠农政策落到实处。

【水产品质量安全监管】 2018年,铁山港区完成水产品例行监测4批次,完成24个样品采样工作,其中成品样20个、水产苗种4个,完成水产品快速检测样品20个,样品全部符合抽样规范及要求。

【水域滩涂养殖证审批】 2018年12月,铁山港区重新修订养殖水域滩涂规划,增加了养殖区、限养区和禁养区,渔业主管部门加大水域滩涂养殖发证登记工作力度,年内核发完成养殖证18本,确权水域滩涂面积260公顷。截至2018年底,全区累计核发养殖证42本、确权水域滩涂面积934.16公顷,养殖业主的合法权益得到了保障。

【全国海洋经济调查】 2018年,铁山港区按照北海市第一次海洋经济调查工作部署,积极开展铁山港区第一次海洋经济调查工作,并委托第三方调查机构开展调查。年内已完成涉海单位清查、填报录入阶段工作。

2018年7月16日,区海洋与渔业综合执法大队在海面巡查,预防休渔期间的非法捕捞行为　　区海洋与渔业局　供

南珠产业

【概况】 北海南珠久享盛名,近年来由于受南珠珠贝种质退化、技术落后和销售市场混乱等原因,南珠产业逐年衰落。为了加快南珠产业的振兴,北海市在2017年成立了北海市振兴南珠产业领导小组,由市政协主席李蔚担任组长,吹响了振兴北海南珠产业的号角。同时,北海市委、市政府印发一系列重振南珠产业政策性文件,解决南珠产业发展振兴的瓶颈问题,坚定振兴南珠产业的信心,作为南珠主产地的铁山港区遇到千载难逢的发展良机。2018年,北海市政府办公室印发《关于修订振兴南珠产业扶持和奖励措施的实施意见部分条款的通知》,南珠产业振兴走上了快车道,铁山港区积极落实市委、市政府关于振兴南珠产业发展的要求,在上级业务部门的大力支持下,主动承担南珠产业发展的责任,推动南珠产业加快发展,南珠产业等来长足发展机遇。

【南珠专属海域】 2017年,铁山港区根据《北海市南珠养殖用海规划方案》,结合铁山港区养殖功能区划,划定1.47

万公顷南珠养殖专属海域。2018年内在专属海域中拟挂牌出让496.67公顷海域供发展南珠养殖。

年内,铁山港区加大对专属海区海岸生态保护力度,为珍珠养殖提供良好的海洋环境。加强海区海岸300米范围的海域滩涂的日常巡查监管,确保该范围内无违法抢建、电炸毒等危害南珠养殖现象;清理整治海区非法占海养殖,共拆除18所围箔,清理恢复海域滩涂5333公顷。

【南珠重点养殖企业】 2018年,铁山港区培育以旺海、精工、铭美、祥瑞等为重点的珍珠养殖企业15家(户),实施养殖396.67公顷,投放珍珠贝苗2.2亿粒,插核珠贝1025万只,年内,珍珠贝生长良好,共收获南珠588.08千克。

【南珠产业核心示范区】 2018年,北海市铁山港区南珠产业(核心)示范区获得自治区三星级现代特色农业示范区认定。北海市铁山港区南珠产业(核心)示范区主导产业为南珠产业,主导品种为马氏珠母贝。规划总面积1100公顷,其中核心区养殖面积100公顷,拓展区333公顷,辐射区含陆域面积667公顷。示范区经营主体为精工、旺海、铭美、南珠宫4家企业,共完成投资2.22亿元,其中经营主体投资1.82亿元,各级财政投资0.4亿元。

【南珠标准化生态养殖项目】 2018年,区海洋与渔业局主动与原自治区海洋和渔业厅沟通,争取支持南珠产业的项目资金用于建设南珠标准化生态示范园的陆域配套、海上管养平台及生态示范养殖设施。项目补助资金900万元,其中旺海公司240万元,精工公司220万元,铭美公司220万元,祥瑞合作社220万元。通过项目的实施,进一步完善了陆域基础设施、海上现代化管养平台以及海上养殖设施。

2018年3月29日,北海市委书记、市人大常委会主任王乃学(正面前排左)、市政协主席李蔚(正面前排右)考察旺海公司养殖基地

区海洋与渔业局 供

【南珠养殖技术培训】 2018年,区海洋与渔业局先后组织举办5期南珠养殖技术培训班,培训插核、切片、管养等技术人员270多人,并组织南珠养殖企业、合作社、专业户的技术人员到广东海洋大学参加南珠养殖技术高级研修班学习,组织南珠养殖技术骨干到广东等地和赴越南、菲律宾等国进行考察,组织南珠养殖技术骨干参加北海市南珠养殖技能大赛,全区钻研南珠养殖技术风气更加浓郁。

【南珠养殖海区监管】 2018年5月,北海市将海洋与渔业综合执法职能下放到铁山港区,为了维护南珠养殖用海环境,铁山港区开展打击海上非法采砂行动,立案查处5宗非法采海砂行为,查处违法抽砂船8艘,行政处罚35.5万元,同时加大对南珠养殖海区的监管力度,部署一艘海监执法艇专门用于对南珠养殖海区的监护。 (陈定军)

交通运输·港口码头

交通运输综述

【概况】 2018年，北海市铁山港区交通运输局(简称区交通运输局)内设办公室、综合股、财务股，下辖北海市铁山港区交通综合行政执法大队(财政全额拨款事业单位)、北海市铁山港区公路管理所(自收自支事业单位)、北海市铁山港区交通运输管理所(自收自支事业单位)、北海市铁山港区航务管理所(自收自支事业单位)4个事业单位，下辖北海市铁山港区客货运输服务站等6个企业，干部职工总人数218人。年内，全区公路管养里程352.34千米，营运载货汽车2261辆，公路客运量449万人次，公路货运量846万吨，港口吞吐量2604.45万吨。

【交通基础设施建设】 2018年，区交通运输局把农村公路建设作为稳增长的重要抓手，建立项目台账，明确时间节点，确保交通项目快速推进。完成了2017年修建农村水泥路51.31千米验收结算工作，共完成总投资3792.9万元；完成了2017年为民办实事工业区内道路10.82千米验收结算，实际总投资282万元；完成了南康至石头埠路面大修2千米，总投资200万元；完成南康至石头埠(大树岭至石头埠)6.8千米联网路的建设工作，总投资1217万元；完成了南康至婆围县道大修2.72千米，总投资272万元；完成了北铁一级公路安全隐患整治2千米，投资74.5万元；投入70万元加强水毁道路工程抢修工作。完成了2018年铁山港区农村公路项目建设工作，修建农村公路21条共34.34千米，投资2928.77万元；投入20万元建设5个村级候车亭。

【公路养护】 2018年，区交通运输局管养公路里程352.34千米，主要从以下五方面开展工作：一是坚持“建管养”并重原则，按照“四好”农村路建设要求，在抓好县养公路日常养护和水毁修复基础上，不断强化养护工作管理和主体责任，明确养护范围，公路养护质量持续提升。北铁一级公路清洁养护，出动人工222工日，投入运输车辆18台次，割草机30台次，种植草皮1490平方米；其他乡村道下放乡镇管护，共计232.66千米，投入资金107.2万元。二是每天出动路政执法人员巡查辖区重要路段，发现安全隐患，及时整治，保障公路安全畅通。全年完成高南线等路面修补坑槽约7600平方米，整修路肩约6560平方米，清挖水沟约2000米，投入资金40多万元。三是根据农村公路养护方案，落实养护资金，分别与各镇签订养护协议，明确养护目标和养护责任，提高农村公路养护工作效率和工作质量。四是加强路政“宣传月”、国防公路法、道路“平安年”的宣传工作，使相关法律法规深入人心，确保出行安全。五是抓好“四好”农村路工作推进。以创建“四好”农村路示范县为重点，积极与上级主管部门和区政府协调，推进创建“四好”农村路示范县各项工作。以《铁山港区农村公路养护管理办法》为指导，辖区农村公路养护管理工作和公路通行能力稳步提升。县道优良路率61.4%，乡道优良路率31.6%，村道优良路率50.2%，管养道路晴雨通车率为100%。

【公路运输】 2018年，铁山港区有营业性运输汽车2261辆8789吨位，比上年减少610辆1153吨位。全区《道路运输经营许可证》在册数2979张，比上年增加87张，增加3%；《车辆营运证》在册数2261张，比上年减少874张，减少27.88%；道路客运企业3家，客运班线17条；机动车驾驶员培训学校2家，均属于2级业户。全区有机动车维修业户71户，其中一类1户，二类3户，三类39户，摩托车维修业户28户。全年全区共完成客运量449万人次、旅客周转量2.69亿人公里，同比增长13%；完成货运量846万吨、货运周转量10.15亿吨公里，同比增长13%。

【水路运输】 2018年，随着铁山港公共码头十万吨级泊位和LNG（液化天然气）专用码头等港口码头的相继投入使用，辖区的水运业向大型化、专业化、高速化的方向发展。全区有码头17个，其中26.3万立方米LNG专用泊位1个、10万吨级泊位5个（其中北暮作业区1号—4号泊位水工结构15万吨级）、5万吨级电厂专用煤码头1个。近几年来，辖区的港口货物吞吐量每年以10%以上的速度递增，2018年全区实现港口货物吞吐量2604.45万吨（区交通局口径），同比增长18.51%；集装箱吞吐量完成19.13万标箱，同比增长26.39%，全区水路运输增量高于全国平均水平，水运发展活力不断增强。

【行业管理】 2018年，区交通运输局加强源头监管，全面梳理货运企业，实行网格化管理，对辖区重点货运单位逐一造册建档，日常重点监管；开展送法上门服务，积极宣讲政策，与企业签订承诺书，明确源头企业治超责任和任务。根据《北海市铁山港区人民政府办公室关于印发铁山港区整治道路货车违法超限超载、改装行为和非法运输矿产品专项行动方案的通知》文件要求，开展超限超载专项治理行动，设置治超点2个（玉铁高速南康出口、铁山港出口路段），年内与公安、交警、城管等部门联合开展整治公路货车违法超限超载行为专项行动，并加大重点路段、重点时段、运输砂石料、水泥、煤炭等货物的大型运输车辆的联合治理力度，消除违法行为。全年全区出动执法人员1.06万人次，检查车辆1.23万辆次，查处违章车辆275辆次，维护了辖区正常的交通运输秩序。全年没有出现行政复议撤销和行政诉讼案件。

【交通运输安全】 2018年，区交通运输局坚持“安全第一、预防为主、综合治理”的理念，深入开展交通行业岁末年初安全生产大检查、“安全生产月”“打非治违”、水上交通安全检查等专项活动，防范和遏制较大以上生产安全事故的发生，确保全区交通运输行业安全生产形势持续平稳。年初，区交通运输局分别与本单位各部门负责人和交通运输行业各单位负责人签订4份安全生产责任书，全年组织开展行业安全生产大检查6次，共出动检查人数232人次，检查企业81家次，发出责令限期整改通知书30份，完成整改30起，整改率100%；召开安全生产专题会议3次，参会42人次；发放交通安全宣传资料500多份；排查病害涵洞、公路标志缺失等公路安全隐患12处，并全部完成整改，投入资金75万元。年内，全区交通运输系统安全生产四项指标（事故起数、死亡人数、受伤人数和直接经济损失）可控，安全形势持续健康平稳。

【道路交通整治】 根据区委、区政府专题会议指示精神及北海市交通运输局的工作安排，2018年，区交通运输局结合辖区道路交通的实际，利用清明节休假期间加班加点开展整治工作，全力营造良好道路环境。年内，完成施画北铁路、四号路、七号路、兴港路、营闸路标线标志共计3.18万平方米；完成清理北铁路（四号路至玉铁高速以东500米）路肩12万平方米、北铁路公路水沟双边共2.6万米；完成草皮种植4600

2018年8月，区交通运输局干部职工与群众一起参加铁山港区创城——美丽港区清洁乡村活动　　区交通运输局　供

平方米；每天派出保洁员50人次进行保洁、清洗护栏；完善北铁公路指示牌，拆除标志牌2块，安装黄闪灯8盏，确保了道路环境畅通、整洁。加强行业监管，整顿交通运输市场，联合区城管执法大队分别在进港路口、玉铁路口、四号路口、小马头路口共设4个点，开展整治车辆超限超载和撒漏工作，确保了创城工作见成效。

【交通扶贫】　按照区委脱贫攻坚工作统一安排部署，区交通运输局领导每月深入挂点村开展帮扶工作，了解负责的29户贫困户的实情，想方设法，一户多策，寻求脱贫方法。2018年，区交通运输局领导干部筹措资金5800元为贫困户购买化肥和种子，筹措资金5000元为贫困户打井解决生活用水，筹措资金1300元为贫困户解决自来水开户装表接通生活用水；筹措资金11000元为贫困村夏塘村委建设驻村公寓。节日期间，区交通运输局领导干部为贫困户送上大米、花生油和慰问金，达到了真帮实扶的效果。年内，区交通运输局选派2名基层工作经验丰富的干部分别到南康镇大村岭村委和兴港镇南乐社区开展驻村帮扶工作，选派干部严格按照规定与单位工作完全脱钩，全身心投入到驻村扶贫工作中。驻村队员根据区委组织部相关制度要求驻村，驻村期间区纪委不定期对驻村队员进行查岗，驻村干部每个季度汇报一次驻村工作开展情况。区交通运输局严格按照规定按时发放驻村队员各项补助，及时掌握驻村干部工作生活情况，还为驻村干部建设好驻村公寓，为驻村干部解决后顾之忧。

【党建工作】

落实意识形态工作主体责任　2018年，区交通运输局党总支开展多次学习教育活动，成立意识形态工作领导小组，履行班子集体意识形态工作的主体责任，坚持“一把手”带头，当好第一责任人，班子成员各负其责，组织制订《北海市铁山港区交通运输局2018年意识形态工作计划》，将意识形态工作纳入重要议事日程，纳入党建工作责任制，纳入目标管理，并将班子成员意识形态工作责任制落实情况作为党建工作述职考评的重要内容，确保了意识形态工作责任的落实。

“两学一做”活动　2018年，区交通运输局制订《北海市铁山港区交通运输局2018年度“两学一做”学习教育常态化制度化学习安排计划》，按照区委部署，采取集中学习及自学方式强化学习，通过典型教育、查摆分析，完成活动各项任务，建立完善一系列规章制度，形成用制度管人管事的良好氛围，取得实实在在的效果。交通系统党员干部个人修养得到进一步锤炼，党员干部敬业精神和干事创业的激情进一步增强，基层党组织战斗力、凝聚力进一步提升，领导带头表率作用进一步强化，干部职工“守纪律、讲规矩”工作已成为新常态，形成推动工作的强大动力。

道路运输

【概况】　2018年，区交通运输

局下辖北海市铁山港区公路运输管理所(简称区运管所),该所成立于1995年,属于副科级自收自支事业单位,主要负责道路运输和道路运输相关业务经营业户的申请、开业、歇业、停业的行政许可及审批工作;负责辖区内道路运输管理、安全生产监督管理工作,组织开展道路运输安全管理监督,指导监督企业建立健全并落实安全生产管理制度,实行安全生产责任制。

【道路运输业务】 2018年,铁山港区有营业性运输汽车2261辆8789吨位,比上年减少610辆1153吨位。年内共开通国内道路客运班线17条,其中跨地市班线1条,为铁山港至南宁的班线,跨县班线16条,日均发车384班次,与上年持平。全区道路客运站场3个,其中北海市铁山港区客货运输站为三级站,北海市铁山港区营盘客运站为四级站;道路货运站场1个,属于三级站。全区道路货物运输业户2979户,其中普货运输企业30家,危险货物运输13家,分别是:北海市新奥华恒物流有限公司、北海市汉立运输有限公司、广西新昊物流有限责任公司、北海新顺达物流有限公司、北海领鹏物流有限公司、广西桂奥物流有限公司、广西吉浙祥物流有限公司、北海市运安物流有限公司、北海市万宏春货运有限公司、北海市艾克物流有限公司、北海市宏润物流有限公司、广西顺泰运输有限公司、广西狼行天下物流有限公司。全区有机动车维修业户71户。区内有代表性的汽车维修企业是铁山港区沿海修理厂(一类)、北海市铁山港区南康恒发汽车修理厂、兴城汽车修配厂、北海市铁山港区浦发汽车修理厂。

【农村出行设施建设】 2018年,铁山港区共有客运站场3个,其中南康站为三级站场,乡镇客运站覆盖率和通客车率均达100%。年内,全区新增3个建制村通客车,分别是南康镇的雷田村、黄丽窝村、大塘村。6月,运德客运公司分别与上述3个村委签订投入约租车服务协议,区运管所在这3个村的村头、路口等显眼位置公示车辆牌号、车主联系方式等信息,方便群众通过电话预约车模式来解决出行问题,铁山港区实现了建制村通车率100%的工作目标。年内,全区投资16万元,建设农村候车亭4座,候车亭总数达58座,建制村候车亭覆盖率94.5%。

【道路运输行业管理】 2018年,铁山港区道路运输行业管理工作平稳有序。一是加强驾培市场的管理,全区普通机动车驾驶员培训业户2户,均属于2级业户,有教练场4个,专业教练78人,教练车73辆;教练车通过北海市运管处和监控平台公司的审核,已全部接入广西驾培监管平台,实现培训严格按计时进行;"计时培训"模式比较受学员欢迎,"一人一车一教练"的学车形式可以灵活安排学车时间,提高学车效率,减少学员等候练车时间;辖区内收费方式还未完全执行按时收费模式,和旧培训模式收费相比变化不大,驾校的培训费用每人2800元,补考的学员不再补缴培训费用,收费标准符合辖区的实际,学员普遍接受。二是完善驾驶员继续教育,驾驶员继续教育已实现网络平台或手机APP学习,减轻驾驶员的学习成本和管理成本。三是督促全区道路运输企业落实生产主体责任,加强对企业落实安全主体责任督导检查业务,辖区内所有危险货物运输企业均建立完善的安全生产责任制度。四是加强对长途客车和危险货物运输车辆凌晨2时至5时停车休息制度落实情况督促检查,严格执行隐患排查制度,为保持持续的道路运输行业平稳发展打下坚实基础。五是深化道路运输市场诚信体系建设,强化质量信誉考核,完成2家货运企业、4家机动车维修企业及2家机动车驾驶员培训机构的质量信誉考核,完善二级维护实时监控系统,开展技术等级评定备案747辆次;六是开展危险化学品运输安全专项整治工作,全区全年全覆盖督查危险货物运输企业13家,共计出动检查人员68人次,检查道路运输企业36家次，累计排查行业各类安全隐患23处，努力解决道路运输安全管理存在的薄弱环节和突出问题，落实企业安全生产、驾驶人员教育管理、车辆维护保养、车辆动态监管主体责任，确保了全区道路运输行业安全生产形势稳定好转。

水路运输

【概况】 北海市铁山港区航务管理所(简称区航务管理所)成立于1995年，为铁山港区交通运输局下属副科级事业单位。机构职能是贯彻执行国家关于水路运输的方针、政策和法规，履行《国内水路运输管理条例》《国内水路运输管理规定》《国内水路运输辅助业管理规定》及《广西壮族自治区水路运输管理条例》规定的有关职责，具体实施辖区水路运输管理工作。主要负责对水路运输市场依法实施监督检查，建立健全水路运输市场诚信监督管理机制和服务质量评价体系；协助上级交通运输主管部门做好水路运输市场统计和调查分析工作，定期向社会公布水路运输市场运力供需状况。

【水路运输特点】 2018年，铁山港区水路运输属于沿海运输，利用船舶在国家沿海区域各地之间的运输。辖区的小型码头进出港的运输船舶基本上是省际、省内运营，运营货物主要以煤炭、海砂等散货为主，主要流向地是广东、江苏和浙江一带。10万吨级港口码头的运营船舶包括国际、国内航线，进出港口货物主要有矿物类(镍矿、煤炭、高岭土)和食品类(大豆和玉米)。LNG专用码头进出港货物以石油、天然气及制品等大宗散货运输为主。船舶大型化、专业化发展加快。水路运输安全、便捷、运输成本低，是全区综合运输体系中的重要组成部分，随着社会经济的快速发展，人们对水路运输有了更大的需求，另外，水路运输也带动当地经济快速发展。

【港域现状及水运发展】

港域现状 2018年，铁山港西港区以煤炭、矿石、油气等大宗散货运输为主，以集装箱运输为辅，主要为散矿、散粮、集装箱、石油等四大货种专业化中转运输服务，逐步发展成为现代化的综合性港区，促进全区水路运输支撑能力不断增强。铁山港区现有码头17个，其中26.3万立方米LNG专用泊位1个、10万吨级泊位5个(其中北暮作业区1号—4号泊位水工结构15万吨级)，5万吨级电厂专用煤码头1个，5千吨级危险品泊位3个，其余为50~500吨级地方小型码头泊位，年吞吐能力约2669万吨。年内，全区另有在建的北暮作业区5号—6号泊位、神华能源基地2号泊位等3个10万~15万吨级泊位，投产后可新增港口吞吐能力1216万吨，全区港口吞吐能力接近4000万吨。

水运作业 2018年，铁山港区航道疏浚二期扩建工程由西航道和外航道组成，10万吨级，兼顾26.3万立方米LNG船已投入运行；铁山港区航道三期工程由石头埠航道和雷田航道组成，最大通过能力为10万吨级，正在施工中；铁山港码头

2018年7月，铁山港区LNG接收站接收天然气现场

区航务管理所 供

北暮作业区7号—8号、9号—10号公共泊位建设正在加快推进。随着10万吨级港口码头泊位的相继投入使用,促进了本辖区的水运业向大型化、专业化、高速化的方向发展。几年来,全区的港口货物吞吐量以每年10%以上的速度递增,2018年全区实现港口货物吞吐量2604.45万吨(区交通局口径),同比增长18.51%,集装箱吞吐量完成19.13万标箱,同比增长26.39%,全区水路运输增量高于全国平均水平,水运发展活力不断增强。

港口发展前景 《广西北部湾经济区发展规划》为港口发展提供了从国家层面到自治区层面的政策支持。中共中央总书记习近平考察广西及北海铁山港公用码头时指出:"铁山港条件很好,区位很重要,发展前景广阔,将来是北部湾经济区的一个重要依托",给全区的港口建设和水运发展带来重大机遇。铁山港区以"加快建设现代化沿海港口群,打造泛北部湾海上通道和港口物流中心"作为北部湾经济区发展战略重点之一,加快港口建设融入"一带一路"建设中,建成大西南出海通道和以石化能源等大型临海工业为主的亿吨现代化港区,构建面向东盟开放合作平台和大通道,发挥"枢纽""门户"作用,打造向海经济。

2018年5月,在北海炼化石化码头,运输液化天然气船只正在靠泊作业

区航务管理所 供

【水运管理】 2018年,区航务管理所严格履行《国内水路运输管理条例》《国内水路运输管理规定》《国内水路运输辅助业管理规定》及《广西壮族自治区水路运输管理条例》规定的有关职责,认真实施区域内的水路运输管理工作。区航务管理所严格按照相关法规要求,加强市场准入事项管理,增强服务意识,提高办事效率,减轻企业负担。区航务管理所根据上级交通运输主管部门文件规定,对辖区内水路货物运输代理经营者备案、经营资格相关证书、生产经营、市场经营、违规违章记录等进行核查,规范国内水路运输市场管理,维护全区水路运输经营户、货主的合法权益,保障人民生命和财产安全,促进水路运输事业健康发展。区航务管理所按照水路运输法规要求,开展全区水路运输市场经营行为的日常监督检查,建立和完善水路运输市场诚信监督管理制度,维护市场公平竞争。

公路建设和养护

【概况】 2018年,铁山港区公路养护任务由区交通运输局下属的公路养护部门管养。全区共有各级公路352.34千米,其中一级公路3.47千米、二级公路0.51千米、三级公路26.54千米、四级公路316.29千米、等外公路5.54千米;县道56.63千米、乡道159.76千米、村道135.95千米;水泥路面288.55千米、砂土路面46.49千米。全区公路密度达到平均每百平方千米有公路89.43千米,3个乡镇37个行政村和5个社区,完成百分百乡镇通沥青(水泥)公路,百分百行政村和社区通沥青(水泥)路。连接铁山港区辖区境内主要有高速公路呼北线(国道G59)、省道209线(十字至铁山港段)、县道X221线(高德至南康段)、县道X247(北海至铁山港)、县道X226线(合浦至北暮)、县道X228(闸口至南康)等干线公路和河唇铁路(合浦至铁山港段)。

【公路养护】 2018年,铁山港区公路管理部门管养地方公路352.34千米,包括县道56.63千米、乡道159.76千米、村道135.95千米,县道优良路率61.4%,乡道优良路率31.6%,村道优良路率50.2%,管养道路晴雨通车率为100%。年内,铁山港区管理部门贯彻落实《北海市农村公路管理养护体制改革实施方案》,明确养护主体,落实养护资金,健全养护管理长效机制,开展了“农村公路管理养护年”活动,按“五个到位”(管养责任落实到位,机构人员配备到位,制度制订执行到位,资金筹措管理到位,监督检查考核到位)、“四个提高”(提高管养能力,提高路况水平,提高服务质量,提高群众满意度)的要求,逐步提高农村公路管理养护水平。全年完成修补路面坑槽3.7万平方米,清挖边沟36千米,修整路肩15.3万平方米,清理修复涵洞3座。

【实施贫困村道路硬化工程】 2018年,铁山港区落实2018年度北海市为民办实事工作,助推全市脱贫攻坚,支持贫困地区通乡、通村、通屯道路建设,根本改变群众出行难、运输难状况。根据区委、区政府对贫困村公路建设负总责,区交通主管部门具体负责项目实施的工作部署,区交通运输局加快推进脱贫摘帽贫困村未通公路集中居住20户以上自然村屯道路建设;按照“通达最多村子、惠及最多人口、覆盖面积最大”的原则,筹集资金2928.77万元,建设通达37个村庄互联的农村硬底化公路34.34千米以上,实现了贫困村硬底化公路全覆盖,解决严重影响群众出行和生产的自然村道路不畅问题,惠及人口13988人。年内,贫困村交通道路已完成投资2928.77万元,完成贫困村交通道路硬底化项目21个,总长34.34千米,贫困村交通道路硬底化率95%,完成脱贫攻坚二年目标道路脱贫摘帽计划。

【灾害预防和灾后重建】 2018年8月强降雨对北海范围造成严重影响,区交通运输局全力应对强降雨对交通运输行业的影响。区交通运输局迅速召开紧急会议,贯彻自治区、北海市应对强降雨的工作部署,突出重点,组织相关部门加强对主干道路巡查,及时清除路障,确保管养公路基本保持畅通,并加强监控防止发生次生灾害,确保人身安全;抓好防台预案的落实,组织道路运输、公路抢险防风防汛应急小分队,落实防风防汛应急救援储备物资;落实防风防汛应急值守责任制和责任追究制度,做到领导带班、值班人员职责明确;强化责任,落实工作措施,对交通运输行业受灾情况进行排查、统计,及时处置重大灾害,组织灾后重建工作;对排查出的木头田涵、赤坎坡涵、龙门涵受损情况,设立警示牌并及时上报项目,确保交通安全。年内,区交通运输局投入68.97万元,清理交通受阻路段,修复受损路面、路基、涵洞等,确保道路畅通;在灾后抢修的同时,组织技术人员制订灾后重建规划,向上级部门争取项目资金,力争尽快做好灾后重建工作。全年全区受灾公路5条20千米,其中受灾县道1条7.2千米、乡道1条3.1千米、村道3条9.7千米,路基受损576立方米,沥青路面被毁1.4万平方米,涵洞严重受损3处21米,因灾造成道路设施直接经济损失282万元。

【交通安全工作】 2018年,区交通运输局贯彻“安全第一、预防为主、综合治理”的方针,将安全生产工作落实到实处。对三危(危桥、危涵、危房)进行了全面的检查,并做好记录,对存在的安全隐患及时争取资金进行修复,未能争取资金的且投资过大的,及时做好设置警告标志预警工作。定期做好桥梁检查并登记,在桥头两端设置限载标志,所列养的危桥已全部完成改造。对管养公路的安全设施、机械作业和小修养护作业进行全面安检和专项整治大检查,全力消除隐患,检查下放乡镇管养路段存在的安全隐患并及时通知整改。不定期检查在建项目存在安全隐患并监督落实整改，重点整治企业施工过程用电安全、沿线路口群众出入安全的问题。建立规章制度，制订应急预案，加强灾后恢复应急反应能力，对自然灾害损毁的路产和路线通行要做到迅速反应，及时到位，确保抢险救灾道路畅通。全区管养里程329.09千米，县道已全部设置安全标志牌，部分乡村道完成通村硬底化改造，并设置标志标线，管养路段没有临水临涯高危路段；加强巡查急弯下坡等易发生事故路段的安全隐患，及时整改发现的缺失。

（卓家程）

交通执法

【概况】 北海市铁山港区交通综合行政执法大队（简称区交通综合执法大队）成立于2012年10月，为区交通运输局下属相当副科级财政全额拨款事业单位，主要职责是：负责辖区交通领域综合行政执法工作的组织、指导、协调、监督和宣传工作；负责辖区交通行政执法队伍的培训、考核、督查工作；负责辖区公路、水路交通管理监督监察、行政处罚、行政强制的职责；查处辖区违反路政、运政、航务管理法律、法规的案件等。

【交通运输综合治理】 2018年，铁山港区成立以区领导为组长，各联合单位负责人为成员的联合治超专项行动领导小组，制订铁山港区整治道路货车违法超限超载、改装行为和非法运输矿产品专项行动方案，坚持以“政府主导，部门联动”的治超工作机制，先后6次召开有关治超工作会议，严厉查处货车违法超限超载、货物脱落、撒漏及非法改装车辆等违法行为，推进公路货车违法超限超载整治专项行动常态化、制度化建设。10月，区交通综合执法大队落实北海市和铁山港区关于开展治超联合执法及打击“百吨王”专项整治行动的工作部署，按照在2018年12月底前基本消除“百吨王”现象的工作要求，深入开展治超联合执法及打击“百吨王”专项整治行动，专项行动取得了阶段性的成效，全年共出动执法人员1.06万人次，检查运输车辆1.23万辆次，依法查处查扣车辆275辆次（其中“百吨王”12辆次），已主动接受处理的案件210起，共处罚没款58.9万元。

【整治非法开采运输矿产资源行为专项行动】 2018年，铁山港区印发《关于加强整治非法开采矿产资源行为的通知》。6月，区交通综合执法大队迅速部署，配合相关部门开展打击辖区内非法开采矿产资源行为，主要对辖区内非法运输矿产品的车辆进行查处。共出动执法人员7.5万人次，实行24小时轮班检查和突击检查的形式，共检查车辆8896辆次，查处违法违章车辆139起，移交当地政府和交警处理的涉嫌非法运输矿产品车辆38辆次。严厉打击运输车辆非法改装、超限超载及货物撒漏等行为的同时，有效地遏制了非法开采矿产资源的行为，规范道路运输市场，净化营商环境。

【路域环境整治】 2018年，区交通执法综合大队结合“城乡环境提升年”活动，加强路面巡查执法。规范日常公路巡查工作，坚持日常巡查和定期巡查工作制度。加强交通综合管理，履行公路路政管理职责。在治理过程中对破坏公路交通环境的行为，及时发现、制止、纠正；依法查处各类损坏、侵占、污染、占（利）用、挖掘公路路产的违法行为，维护公路路产、路权，保障公路完好、安全、畅通。

【交通执法队伍建设】 2018年，区交通执法综合大队加强执法人员业务管理水平和法律知识的学习和培训，多次组织执法人员参加有关部门举办的执法知识培训，组织全体执法人员集中学习重大案例，汲取经验，改进工作方法，在制作案件文书、询问笔录和证据收集方面，业务水平和管理能力得到提高，全面提升全区交通执法依法管理水平。

【党风廉政建设】 2018年，区交通执法综合大队党支部按照区委党建工作部署，全面加强党的思想、组织、作风和制度建设，注重抓工作落实，完成上半年党支部党建“两学一做”、党支部组织生活会及民主评议会、落实“三会一课”制度、十九大精神学习、八桂先锋进度表、精准扶贫、党风廉政建设等工作。 （卓家程）

港口码头

北部湾港股份有限公司北海港分公司铁山港作业区

【概况】 北部湾港股份有限公司北海港分公司铁山港作业区（简称北海港分公司铁山港作业区）是广西北部湾港的重要组成部分，是承接石步岭港区产业转移、发展港口物流、布局重大临海工业、拓展对外贸易的重点区域，有6个15万吨级泊位，设计年吞吐能力为1964万吨。作为推进广西北部湾经济区发展建设和面向东盟开放合作，打造向海经济，谱写新世纪海上丝绸之路新篇章的重要出海通道，根据广西北部湾港的港口结构布局调整和“一轴两翼”的发展模式，北海港分公司铁山港作业区发挥“右翼”功能，服务华南、中南区域的优势，发展临港工业、集装箱等业务。2018年，北海港分公司铁山港作业区实现吞吐量2033.90万吨，同比增长9.23%，其中集装箱吞吐量19.13万标准箱，同比增长19.03%。

【主要业务】 2018年，北海港分公司铁山港作业区围绕全年生产经营目标，深入实践“一流的服务”理念，配合做好北海市全面打造一流营商环境，推进港口“四个一流”建设，成立优化营商环境工作领导小组，研究制订公司优化营商环境的重大决策、措施，部署和指导优化营商环境工作，与海关、代理公司沟通协调，在铁山港建立一站式服务大厅，加快办理业务效率，提高进出口报关查验效率，加快通关速度。按照北海港分公司计划部署，出台优惠政策，对港口作业包干费进行下调，清理不合规费用，全面梳理集装箱港口各操作环节作业成本，除了原来正常给予船公司、货主的优惠之外，部分作业项目收费标准再下调6%~8%，个别收费项目根据实际提高降费幅度；细化货源市场管理，加大重点腹地、重点客户营销力度，积极抢占市场份额。北海港分公司铁山港作业区加强散杂货业务货源组织，年内完成镍矿进口659.78万吨，同比增长50.22%；首次迎来外贸进口焦炭，并成功争取国投广东生物能源公司外贸进口木薯干，既是铁山港区对外开放后新增外贸进口货源，也是铁山港区服务粤西地区的一个突破性开端；华润水泥公司水泥、熟料由业主码头全部改铁山港区中转，取得货源开拓新突破。北海港分公司铁山港作业区围绕打造“千万标箱”集装箱业务大港目标，推进集装箱货源组织业务，集装箱吞吐量创新高；积极开拓玉林市场，推进集装箱业务，玉林地区大型不锈钢厂煤炭“散改集”比例达60%；成功推动玉林多家高品质玉米需求厂商货物改走铁山港；高效服务临港工业企业，确保临港企业的中转效率，铁山港纸厂全年完成4万多标准箱，增长约10%。北海港分公司铁山港作业区科学合理安排生产，不断提高港口作业效率，船舶装卸效率稳步提高；全年散杂货靠离泊兑现率92%，同比提升2.22%，集装箱靠离泊兑现率92%，同比提升3.35%；货物在港停时为1.95时/千吨，平均装卸效率1.23万吨/天，同比提升0.29%。

【安全和环保管理】 2018年，北海港分公司铁山港作业区以“一流的管理”建设要求，秉持“生命至上，安全发展”的理念，树立红线意识，强化安全管理制度，落实安全生产目标管理责任制，并推行风险辨识分级管控和隐患排查治理双体系建设。加大安全检查力度，开展道路交通整治检查、大型设备防台防汛防阵风检查等多次安全大检查，实行“隐患随手拍”、防台防汛应急

2018年，北海港分公司铁山港作业区集装箱吞吐量19.13万标准箱。图为货场一瞥　　北海港分公司铁山港作业区　供

演练，防止重大生产安全事故，安全生产各项指标控制在目标范围内。北海港分公司铁山港作业区重视码头环保工作，制订2018年环保培训计划，跟踪落实港区各项环保任务，强化环保设备投入力度，全年环保投入1022.9万元。

【设备管理】　2018年，北海港分公司铁山港作业区以“一流的技术”建设要求，完善港口基础建设和创新设备使用工艺，认真执行设备的“养、用、管、修”各项工作；通过实施设备点检，推进设备管理系统的运行，不断加强设备闭环管理工作，增加设备维保投入，鼓励技改创新，全年设备平均完好率为97.78%，同比持平；设备平均利用率为37.95%，同比减少10个百分点；平均故障率2.34%，同比减少2.03个百分点

【设施建设】　2018年，北海港分公司铁山港作业区以“一流的设施”为标准，加强设施、设备建设，为港口生产提供硬件支持。进港大门10台地磅投入使用，推进设备管理系统上线试运行及新增4台40吨门机购置、两艘拖轮购置项目；推进港区北斗车辆定位跟踪系统上线运行、升级改造港区视频监控系统等信息化建设。北海港分公司铁山港作业区1号—4号泊位进港大道工程整体完工并正式通车；北海港分公司铁山港作业区1号—4号泊位铁路专用线工程、5号—6号泊位后方陆域工程正式开工；铁山港东港区榄根作业区1号—2号泊位及南1号—3号泊位工程复工；铁山港三期堆场工程完成全部施工任务；推进北海港分公司铁山港作业区3号—4号泊位口岸开放验收和石步岭港区货运功能搬迁工作；开展北海港铁山港西港区北暮作业区南7号—10号泊位工程、铁山港通用仓库工程、生产用房、水电维修车间及物资仓库等项目的前期工作。

（付秋明）

2018年，铁山港泊位门机　　北海港分公司铁山港作业区　供

城乡规划建设和管理

城乡规划

【概况】 2018年，北海市铁山港区住房和城乡规划建设局（简称区住建规划局）内设办公室、住房保障和城乡建设股、城乡规划管理股3个股室。下辖北海市铁山港区房地产管理所、北海市铁山港区墙体材料改革办公室、北海市铁山港区建设工程质量安全监督管理站3个单位，其中全额拨款事业单位2个，自收自支事业单位1个；局机关实有工作人员3人。全系统在职干部职工16人。

【规划编制】 2018年，区住建规划局组织编制北海市南珠新城——铁山港配套城区概念性总体规划及城市设计。完成营盘镇总体规划编制和铁山港（临海）工业区向海大道综合服务组团概念规划及控制性详细规划的编制。

【服务重大项目】 2018年，区住建规划局继续抓好重大项目建设服务工作，完成铁山港（临海）工业区超白超厚超薄优质浮法玻璃生产线及深加工项目、年产50万吨不锈钢深加工制品项目、诚德新材料填平补齐优化结构项目、铁山港工业区人民医院、北部湾表面处理中心项目（一期）、北海市公安局兴港派出所、北海出口加工区B区A-11-01地块9号、10号、11号标准厂房、茂化建北海石化生活办公基地等项目提供规划初审。

【基础测绘服务】 2018年，区住建规划局为铁山港（临海）工业区超白超厚超薄优质浮法玻璃生产线及深加工项目、北部湾资源再生环保服务中心项目、30万吨/年劣质凝析油异构化项目、茂化建北海石化生活办公基地、铁山港工业区人民医院等项目提供了测绘服务。

【城镇规划管理】 2018年，区住建规划局核发“建设用地规划许可证”民房42宗，面积为3499.24平方米；核发“建设工程规划许可证”58宗，建筑面积为2.04万平方米。委托铁山港区城市管理综合行政执法大队（北海市铁山港区规划监察执法大队）在铁山港区行政区域范围内实施批后管理、巡查监管、立案查处等工作，全年共发出执法文书65份，行政执法调查通知书6份，限期拆除通知书59份。（陈明秋　符元菊）

城乡建设

【乡村基础建设】 2018年，铁山港区争取资金20万元建设完成

南康镇高村乡土特色项目一景　　区住建规划局　供

2018 年 11 月，兴港镇车路江村公共照明项目投入使用
区住建规划局　供

兴港镇川江村委岸泽村村屯道路硬化项目；投资 25.5 万元完成申报的“美丽广西·宜居乡村”农村公共照明试点村 6 个；完成 4 个“绿色村屯”创建，每个村补助 5 万元，共 20 万元；投资 30 万元建设完成南康镇扫管龙两延伸项目；南康镇高村、营盘镇青山头、大王岭村三个乡土特色示范项目共完成投资 175 万元，完成总投资 40% 进度。

【改厨改厕】 2018 年，区住建规划局大力宣传国家改厨改厕政策，共印发农村改厨改厕宣传资料 6000 份，发放北海市《致全市农村改厨改厕农户的一封信》3800 份。年内，全区改厨改厕任务数各为 3000 户，完成厨房改造竣工 3341 户，厕所改造竣工 3158 户，超额完成上级下达的改厨改厕任务，共发放补助资金 640 万元。

（陈德欣　彭华清）

人防工作

2018 年，区住建规划局在铁山港区中小学进行人防知识宣传教育活动 2 次，共发放宣传资料 1200 多份。

（符元菊）

住房管理

【公租房分配】 2018 年，铁山港区公租房房源共有 868 套，其中铁山港区本级公租房 648 套，市本级公租房 220 套，共分配入住 745 套，新增保障户数 45 户。

【危房改造】 2018 年，铁山港区危房改造任务数是 135 户（其中建档立卡贫困户 127 户）。危房改造户开工 119 户，其中建档立卡贫困户 113 户；竣工 75 户，其中建档立卡贫困户 70 户，预脱贫户 23 户全部竣工搬迁入住。（陈德欣）

城市综合管理

【概况】 2018 年，北海市铁山

2018 年 12 月 21 日，北海市铁山港区 2018 年第二批公共租赁住房抽签分房仪式在南珠会堂举行
区住建规划局　供

2018年12月，营盘镇火禄村村民何某某经过危房改造的新居建成　　区住建规划局　供

港区城市管理局（简称区城管局）内设办公室、综合管理股2个职能科室，有工作人员1人；下辖1个正科级事业单位——北海市铁山港区市容市政管理中心，实有工作人员7人。

【城乡环境卫生管理】2018年，铁山港区在一线作业的环卫保洁员共有872名，其中铁山港（临海）工业区道路环卫保洁员175名，镇级保洁员64名，农村保洁员633名（含司机）。保洁员男女比例接近1∶5，平均年龄49岁。年投入环卫资金约1700万元（含环卫基础设施建设和运行经费）。铁山港区农村生活垃圾收转运市场化服务项目于2018年10月1日正式进场，由北京环境有限公司负责对铁山港区3个乡镇的42个村（社区）共415个自然村、工业园区、沿海滩涂日产86.33吨的生活垃圾开展收集、转运和处理工作，基本实现全覆盖。市场化服务费约为每年948.46万元（结算费用按实际垃圾量核算）。

【市容环境综合管理】2018年，铁山港区继续深入开展“城乡环境提升年”活动。区城管局作为市容环境提升行动第一牵头单位，积极组织协调区交通、交警、城管执法等职能部门开展市容市貌综合整治提升工作。采购400个生活垃圾桶安放在铁山港（临海）工业区主次干道以及各镇街道人流密集区，为群众日常生活提供便利；继续以高压态势整治主次干道、小街小巷占道经营和乱摆乱卖等违章经营行为；加强12个临时疏导点和12个便民市场的设置和管理；新建一批市政公厕，其中3座固定式公厕，分别是三塘小区固定公厕、营盘污水处理厂北侧固定公厕、营盘镇塘仔活动中心固定公厕；2座活动公厕，分别是七号路市场旁活动公厕、营盘镇渔港码头活动公厕。该项目总投资125万元。

【道路扬尘治理】2018年，区城管局贯彻落实《北海市大气污染防治“百日攻坚”行动方案（2018年）的通知》精神，继续加大工业区扬尘治理力度。通过人工与机械相结合，道路湿扫、洒水、冲洗三管齐下。对四号路、兴港路等重点路段每天洒水8次，七号路、营闸

2018年12月30日，三塘小区固定公厕竣工　　林丽冰　摄

路每天洒水4次，年洒水量约4.38万吨。建成区道路可进行机械化清扫面积为49.5万平方米，已进行机械化清扫面积为25.45万平方米，机械化清扫率51.4%。2018年下半年，区城管局租赁1台清扫车和1台洒水车，机械化清扫面积增加到34.95万平方米，机械化清扫率70.6%。

【城市综合行政执法】 2018年，区城管局行政审批事项共计20项，其中行政许可15项，行政征收2项，其他行政权力3项，每项行政审批事项均制定事中事后监管制度，已明确取消的行政审批事项不再列入政务服务窗口目录中。铁山港区城市管理综合行政执法工作由区城管执法大队负责。年内，铁山港区开展了25次专项环境综合行政执法行动，共出动执法人员2700多人次，车辆600多台次，整顿跨门槛经营商户3900多户次，整改流动摊点5000多摊次，教育占道经营、乱摆乱卖的摊贩6000多人次，拆除乱搭挂的遮阳(雨)帐篷、拉挂阳篷布等4000多处；查处破坏绿化带行为16起、非法道路开挖行为5起；清理乱张贴小广告2000多张，乱拉乱挂横幅1700多条，乱摆乱放的灯箱、广告牌2300多个。下发《责令停止违法行为通知书》19份、《责令限期拆除通知书》59份、《行政执法调查通知书》10份，办理简易程序处罚案件1宗。年内，区城管执法大队开展运输车辆撒漏整治活动，出动人员600人次，车辆150台次，共整治渣土清运车辆150多辆次，依法责令司机整改车辆40多台。同时安排执法人员加强日常巡查，以整治白泥车、泥头车和矿车为重点，加强车辆撒漏监管。

【预防一氧化碳中毒工作】 2018年，铁山港区深入开展预防一氧化碳中毒工作，成立了由辖区各镇政府、各燃气企业、各通信运营商等27个单位组成的预防一氧化碳中毒工作联席会议，联席会议办公室设在区城管局。先后印发了《北海市铁山港区预防一氧化碳中毒工作联席会议制度》《2018年北海市铁山港区预防非职业性一氧化碳中毒专项整治行动方案》《北海市铁山港区预防非职业性一氧化碳中毒事件应急预案》和《北海市对铁山港区预防非职业性一氧化碳中毒专项工作绩效考核指标表》等文件。区联席会议各成员单位充分发挥职能作用，大力开展宣传教育和入户安检工作。年内，铁山港区印制各类预防一氧化碳中毒宣传资料10.35万份，区城管局与三大通信运营商签订电信服务协议，为全区17万用户发送6次关于预防一氧化碳中毒短信宣传。各镇政府分别对全区4.08万户居民开展入户安检工作，入户安检率100%，隐患整改率95%以上。

（林丽冰）

2018年11月24日，区城管执法大队在四号路开展整治运输车辆撒漏行为行政执法工作　　周家怡　摄

环境保护

综　述

2018年，北海市铁山港区安全生产监督管理和环境保护局（简称区安监环保局）内设办公室、安全生产协调股、安全生产监督管理股、环境保护综合股4个股室；区安监环保局（含执法大队）共有干部职工15人。

2018年，铁山港区空气优良率为96%，$PM_{2.5}$年平均24微克每立方米，优质指标均位于全市一县三区首位，已完成北海市下达的考核指标要求；地表水质按年均值评价，2018年1月—12月南康江水质年均值达到《地表水环境质量标准》Ⅲ类标准，比2017年明显好转；全区承担6个近岸海域监测点位的水质均符合功能区限值要求，全年平均优良率为93.3%；2018年，中央对北海市开展环保督察“回头看”工作，从反馈问题中梳理出涉及铁山港区共6类12个问题，分别为中央环境保护督察“回头看”指出问题4类10个，固体废物环境问题专项督察指出问题2类2个；中央环保督察“回头看”交办群众举报案件41件，正抓紧整改；开展南康江环境清理10次，拆除沿江、沿海生猪养殖场10个，整治直排入海排污口9个，将排查出的40个养殖排污口逐一分解任务，落实责任，确保在2020年年底之前整治达标；加大对非法采矿行为的打击力度，对非法采矿行政立案7宗，没收违法所得5.26万元，罚款16.5万元，对立案的案件作刑事移送处理4宗、线索移送3件，公安机关刑事拘留8人、网上追逃4人。修复采泥坑20多个，完成土地平整、种林、种草、改造养殖水塘等生态恢复174.42公顷。年内，区安监环保局受理建设项目环评报告表13件，已正式批复13件，建设项目环境影响登记表备案系统备案26件；建设项目竣工（噪声和固体废物）环境保护验收受理2件，办结2件；核发排污许可证1份。环保部门行政审批和证件办理时限大幅压缩，建设项目环评报告书由法定的28个工作日压缩到10个工作日，建设项目环评报告表由法定的14个工作日压缩到5个工作日。

环境质量

【水环境质量】 2018年，广西壮族自治区海洋环境监测中心站公布《2018年第2季度广西近岸海域环境质量报告》《2018年第3季度广西近岸海域环境质量报告》《2018年第4季度广西近岸海域环境质量报告》和《2018年度广西近岸海域环境质量报告》，全区六个监测点位的水质均达到相应环境功能区的要求，近岸海域海水水质状况保持优。4月3日，《北海市铁山港区农村集中式饮用水水源保护区划定方案》已经北海市人民政府批复；1—12月南康江水质年均值达到《地表水环境质量标准》Ⅲ类标准，水质明显好转。

【大气质量】 2018年，铁山港区域空气优良率为96%，$PM_{2.5}$年均24微克每立方米，两项指标均优于北海市区。

环境管理

【水环境保护】 2018年，区安监环保局与第三方合作，对全区饮用水水源地进行调研、整治，从根本上保护饮用水安全。

【生态建设】 2018年，区安监环保局推进生态林业建设，创建的铁山港绿然生态鸡林下养殖（核心）示范区项目通过区级和市级验收，获得35万元奖补资金；创建的铁山港区南康镇水磨岭林下养鸡产业示范园获得“铁山港现代特色农业乡级示范园”称号；大力发展林下经济，全区林下经济总产值1.26亿元。推进生态农业建设，支持发展“猪—沼—果（菜）”“果+灯+鸡”、稻鸭共育、稻鱼共生等生态综合种养，创建勇伟特种农业等一批绿色产业示范基地。推进铁山港营盘青山头至白龙湾沿海乡村旅游示范带建设。12月，青山头乡村旅游区通过自治区四星级乡村旅游区评定；修复白龙珍珠城原有的“一街三巷”建制格局；复原白龙珍珠城采珠太监公馆等衙门建筑；建设白龙珍珠公园；重建修复杨梅寺（北海市级文物保护单位）；规划青山头至白龙遗址沿海乡村休闲旅游线路。

【环境执法监督】 2018年，区安监环保局利用12369环保举报管理平台及时解决群众信访投诉。全年，区安监环保局接到12369环保举报管理平台转办件65件，除因不涉及环保职责及其他原因不受理7件外，办结件58件，实现100%办结。结合双随机抽查，对发现的环境违法行为严肃查处。全年环境违法行为立案8起，比上年增加3起，罚款金额24.4万元。

【环境基础设施建设】 2018年，南康江婆围村水质监测站建成使用；年底，铁山港区污水处理厂提标改造试运行，达到一级A类水质排放标准；年内铁山港区开展固体废弃物及危险废弃物处置场建设，一般工业固体废弃物处置场已开展前期工作，预计于2019年开工建设；人畜饮水安全工程建设得到进一步推进，11月30日，完成南康镇龙门村饮水安全工程，工程累计投资45.52万元，建成深水井1口，泵房、管理房、加药间、水塔各1座，新建管网362米与原有输水管网相接，解决555人饮水安全问题；完成南康镇大塘村饮水安全工程，工程累计投资30万元，建成深水井1口，泵房、管理房、加药间、水塔各1座，解决1010人饮水安全问题。

【发展循环经济】 2018年，区安监环保局构建覆盖城乡、类别多样的废弃资源回收体系。9月，通过招标引进中国唯一的环卫全产业链大型国有企业——北京环卫集团，对辖区农村生活垃圾开展垃圾分类和资源化利用。打造循环产业集群。年内，建成北海诚钢矿业股份有限公司矿渣微粉加工项目，对不锈钢加工产生的矿渣进行加工处理，实现矿渣资源化综合利用；投资5亿元、占地6.67公顷的北海中诚再生资源有限公司废钢加工处理及综合利用项目已落实土地并动工建设。北部湾表面处理中心二期项目占地13.33

2018年7月25日，环保工作人员对北海诚钢矿业股份有限公司矿渣堆放情况进行检查　　叶发余　摄

公顷，规划为表面处理中心项目产生的危险废物提供就地安全处置和资源化利用配套，同时为工业区其他企业产生的危险废物提供处置服务。投资9200多万元、占地10公顷（一期4.67公顷）的一般工业固废处置厂进入工程施工招标阶段。大力发展循环农业。年内建成多个“猪—沼—果＋灯＋鸡”生态循环现代农业示范区，以肥料化、饲料化、原料化为重点，大面积推广农村沼气项目建设，全区畜禽粪污综合利用率达到60%以上。

环境污染治理

【水环境污染治理】 2018年，铁山港区安监环保局开展重点流域保护治理，配合推进河长制工作机制，制订《铁山港区安监环境保护局全面推行河长制工作方案》，开展执法巡查，严格工矿企业入河排污口达标排放管理。

【城乡环境污染治理】 2018年，铁山港区推行城乡垃圾市场化保洁机制，全面整治农村面源污染。大力发展绿色产业，引进节能环保、新能源应用和可再生能源开发企业；加强重点行业和领域的环保监管，以节能减排和环境保护为抓手，引导企业加快技术改造。

【大气环境污染治理】 2018年，铁山港区大气污染防治“百日攻坚”工作圆满收官，区政府与各镇政府签订秸秆焚烧目标责任书，落实工作责任，灵活运用大气污染防治微信群，建立快速反应机制，对发现秸秆焚烧、垃圾焚烧、未覆盖遮布的堆场及运输车辆的情况，及时上传铁山港区大气污染防治微信群，迅速处置。年内，铁山港区开展“百吨王”专项整治，要求进出港区的车辆进行覆盖，在铁山港（临海）工业区、南康镇等区域设卡检查，对不按要求进行覆盖和清洗的重型货车从重处罚，督促整改；重点在铁山港七号路段、四号路、兴港路等铁山港（临海）工业区扬尘比较大的重点区域组织作业车洒水和清扫保洁，形成常态化。年内，铁山港区开展“散乱污”企业整治，推动工业源达标排放和实施清洁化生产，要求诚德镍业公司必须同步建设烟气超低排放治理设施，公司已经完成大气排放设施脱硫改造。

【土壤环境污染治理】 2018年，铁山港区不断推进土壤污染治理，突出固体废物防治，根据自治区生态环境保护厅的要求，对疑似污染地块进行初步核查，结果表明不存在疑似污染地块。以诚德镍业公司、瑞德公司废渣堆填铁山港码头为核心，开展涉工业固体废物专项整治。对诚德镍业公司新产生的废渣进行严格监管，对废渣去向和处置方案要求企业要留痕，进一步做好整改工作，并采取综合利用措施有效消纳，严防类似废渣处置事件再次发生；同时，在新材料产业园规划13~20公顷土地，对铁山港冶炼矿渣进行环保集约处理，并将配合北海市路港公司尽快启动固体废物填埋场建设，按

2018年12月13日，区安监环保局局长叶晓龙（右）现场查看诚德镍业公司向婆围溪排水口的截流情况　　蔡卓静　摄

标准要求严格落实各项管理措施。依法严厉打击涉工业固体废物环境违法行为。2018年，区安监环保局对辖区内废渣存放问题进行全面排查，根据检查中发现的诚德镍业有限公司、诚钢矿业有限公司和广西荣德环保科技有限公司（原广西瑞德环保科技有限公司）固体废物堆存管理存在问题向上述企业发文责令整改，确保固体废物风险管控到位。

【散乱污企业治理】 2018年，铁山港区对不符合产业政策和产业布局规划、污染物排放不达标，以及用地、环境保护、工商、质监等方面手续不全的“小散乱污”企业（作坊）开展集中整治，已清查并整治广西和泰有机肥料有限公司、北海市银拓生物科技有限公司、南珠砖厂、南珠第二砖厂、金巢砖厂、林兴砖厂、筑金红砖厂和前卫砖厂共8家“小散乱污”企业，这8家“小散乱污”企业被铁山港供电局给予停电限电处置，并由铁山港区安监环保局会同各镇政府责令相关企业整改。

环境监测与科研

【环境监测】 2018年，铁山港区配合完成2018年度绩效考核各项测评指标，空气优良率及$PM_{2.5}$浓度均优于北海市的平均水平，地表水质比上年明显好转，近岸海域6个监测位点水质功能区全部达标。工业区内重点工业企业已建立在线监测并联网运行，完成燃煤电厂超低排放工程改造，同时要求诚德镍业公司必须同步建设烟气超低排放治理设施，中粮屯河北海糖业有限公司三台锅炉除尘改造工程于10月竣工，已按技术协议要求通过竣工验收；北海诚德镍业有限公司的烧结、回转窑烟气脱硫改造项目，利用烧结机机尾烟气余热发电项目，脱硫设施烟气旁路取消项目及诚德金属压延有限公司的发生炉煤气脱硫项目改造完成。北海市生态环境保护局通过实时在线监测及时掌握铁山港工业区重点排污单位数据，对发现数据监测异常的企业，区安监环保局积极配合调查污染源的排放情况。结合群众举报及日常巡查，发现水质有变化的情况，及时采取水样并送市生态环境局监测。

【环境保护宣传与科研】 2018年，区安监环保局在铁山港区进行了第二次全国污染源普查清查，纳入普查的工业源企业67家、农业源7家，其中集中式处理设施企业4家、有入海入河排污口企业11家，已开展入户普查工作并完成企业数据采集；充分发挥报刊、广播、电视、网络等媒体的作用，加强生态环境保护法规政策的宣传教育，为形成贯彻实施生态环境保护法律法规的强大合力创造良好氛围；建立宣教新媒体平台，多渠道开展生态环境保护普法活动，使群众及时了解环境保护工作动态，提高群众环境保护意识，以便于群众积极配合环境保护工作的开展。年内，区安监环保局积极争取环保工作经费，与第三方公司合作，共同解决环境监测过程中遇到的问题，确保环境监测工作顺利开展。（李祥光）

海洋监察

【海洋巡查监管】 2018年，铁山港区加强海洋执法监察工作力度，强化海岸线及沿岸海域的全方位监视监测，组织开展海岸线巡查67次，出动执法人员128人次，配合北海市海洋监察部门开展执法行动4次。

【整治非法用海】 2018年，铁山港区大力整治非法用海行为，依法查处非法养殖用海、非法占海、圈海、霸海等各类非法用海和破坏海洋生态环境行为。全年组织3次集中清海行动，对营盘镇鹿塘村委海面、白龙能村海面的非法养殖设施进行清理拆除。（陈定军）

商务·旅游

商业综述

【概况】 2018年，铁山港区商品流通规模继续扩大，消费品市场繁荣稳定。城乡居民消费持续增长，社会消费品零售总额12.58亿元，同比增长10.2%；住宿餐饮业稳步发展，住宿业、餐饮业营业额分别完成0.38亿元、7.06亿元，分别同比增长7.2%、19.4%。全年完成外贸进出口总额70.65亿元，同比增长16.91%。其中进口68.24亿元，同比增长16.46%；出口2.42亿元，同比增长31.07%。全口径实际利用外资2.5亿美元，同比增长56.25%。

【电子商务】 2018年，铁山港区农村电子商务服务体系进一步完善，建立农村电子商务服务站点13个，其中创惠农电子商务有限公司销售农(渔)产品2323吨，物流快递收件1.46万票，物流快递派送5.93万票，代缴电费5861笔、金额38.51万元，通信费2.04万笔、金额61.88万元；金融存取款2.46万笔、金额1841.64万元，网上代购4063笔、金额177.17万元，对推动当地及全市农(渔)产品的销售和发挥电商进农村的示范引领有着很大的促进作用。年内，铁山港区通过建立农村电子商务服务中心、镇级服务站、村级服务点三级电子商务服务体系的一站式服务体系，为3个镇40多个村(社区)的群众提供电商、金融、公共便民、物流配送等服务，使得群众实现“购物不出村、销售不出村、生活不出村、金融不出村、创业不出村”，提升农村生活品质，助力农民增收致富。铁山港区农村电子商务服务中心的启动和运营对于铁山港区农村带来三方面的影响。一是为铁山港区的农村经济发展注入活力，同时带动和激发大众创业的激情；二是为铁山港区农副产品的销售搭建平台，也找到了抓手；三是对铁山港区农村经济的转型发展，农民群众的致富增收提供平台和机遇，为全区农村经济发展找到出路。电子商务的兴起，解决以往增产不增收、农副产品滞销、销售市场窄的难题，通过电子商务平台将实现农副产品直接从生产者手里配送给消费者，减少中间环节，大幅增加农民收入。年内，全区共建立35个村级农村电子商务服务站点，全面铺开农村商务服务，做到所有建制村全覆盖。

【对外贸易】

外贸进出口总额　2018年，铁山港区完成外贸进出口总额70.65亿元，同比增长19.9%。

社会消费品零售总额　2018年，铁山港区完成社会消费品零售总额12.58亿元，同比增长10.2%。

现代服务业发展　2018年，铁山港区全年完成批发业商品销售额51.64亿元，同比增长5.7%；完成零售业商品销售额45.97亿元，同比增长17.0%；完成住宿业营业额3853.3万元，同比增长7.2%；完成餐饮业营业额7.06亿元，同比增长19.5%；完成新增限上统计单位4家，超额完成3家。

口岸设施　2018年，铁山港西港区已开放公共泊位1号泊位、2号泊位、北海电厂码头1个散货泊位、1个LNG（天然液化气）码头泊位；海事通航设施包括5万吨级专用锚地1个、10万吨级锚地1个、LNG船舶应急锚地1个、10万吨级航道18.7千米及航标，覆盖1号泊位、2号泊位前沿及后方堆场的球机摄像监控10个，并可实时监控视频信号；海关监管场所设施包括1号泊位、2号泊位后方，海关监管区不低于2.5米的隔离固定式围网4240米，通道出入卡口设置与海关联网的电子栏杆、电子读写设备、电子识别设备、电子地磅等，另配备电子计算机管理系统、视频监控系统、监管堆场、查验场、扣留仓以及大型集装箱查验设施及场地等；检验检疫监管场所设施包括500平方米现场实验用房及实验室设施设备、集中查验区1万平方米、现场办公区400平方米、集装箱查验平台（可供15个12米同时查验）、监管仓库500平方米、检疫处理区8000平方米及检疫锚地、电子地磅、视频监控等；边检监管场所设施包括边检执勤点500平方米、固定式围网、视频监控系统、执勤岗亭等。此外，铁山港口岸配套建设铁山港口岸行政服务中心园区，总占地15.33公顷，联检办公业务综合楼建筑面积3.88万平方米，附属配套项目建筑面积1.33万平方米，已配备基本的办公及生活用品。

石头埠边地贸口岸 铁山港区石头埠边地贸口岸属国家一类口岸，1995年获批对外开放，限中国籍和越南籍船舶开展边境贸易运输业务，原开放新奥、北林2个码头泊位，均为1000吨级以下泊位，北海港扩大开放后已并入铁山港区开放范围。2013—2018年，石头埠边地贸口岸进出口货物以煤炭、木薯干为主，货物品种单一，货运量持续走低，存在泊位少、堆场小、航道浅、港池淤积严重、受潮汐影响大等问题，且紧邻村庄，装卸施工产生的粉尘、噪音和运输车辆通行严重影响居民生活，易引发纠纷，另由于监管设施落后，在铁山港扩大开放后海关已暂停石头埠边地贸口岸业务。

广西北部湾经济区综合配套 2018年，铁山港区积极参与广西北部湾经济区综合配套改革，其中北海出口加工区（A区、B区）已纳入自治区申报北部湾自由贸易港的筹建方案中，B区已建成并获海关总署的封关验收，引进的企业已竣工投产经营。

深化口岸协作 2018年，铁山港区配合上级有关部门积极推进铁山港口岸开放工作，已通过国家验收正式开放；完善电子口岸公共服务平台的建设，积极参与推进北部湾港港口管理体制改革。

广西北部湾经济区四市同城化 2018年，铁山港区继续推进商事制度改革，落实北海、南宁、钦州、防城港等四市工商登记实现同城化登记模式；推进社会保障制度改革，探索实行商业保险与医疗保险互为补充模式，降低医疗费用个人负担比例；全面推进医院改革，推进医联体建设。

深化与东盟及港澳台合作体制 2018年，铁山港区积极融入“一带一路”建设，加强开放合作平台建设，配合出口加工区B区打造国内一流综合保税区。积极主动与东盟各国企业进行文化合作交流，拓展铁山港区与东盟各国的重点领域合作，继续扩大与台港澳、珠三角、长三角及西南、中南腹地等区域合作。充分利用国家扶持政策，强化跟踪服务，支持企业扩大外贸规模，不断提高外贸进出口总额。

面向西南中南地区开放合作 2018年，铁山港区加强与西南中南地区的开放合作，积极参与完善港口码头等基础设施建设，其中“北海贵阳港”签订战略合作协议并建立了工作机构和联席会议制度。

国际陆海贸易新通道 2018年，铁山港区统筹推进海、陆综合交通网络建设，铁山港1号—4号泊位铁路专用线开工建设，铁山港至石头埠铁路支线、铁山港至啄罗铁路支线项目前期工作加快推进。扎实推进铁山港西港区北暮作业区5号—6号泊位工程后方陆域堆场、铁山港码头7号—8号泊位、航道三期项目等项目。北海LNG接收站正式通过广西天然气管道向中

石油中缅线输气,广西液化天然气项目二期扩建工程获自治区发展改革委核准。配合北海市推进开放合作平台建设,口岸环境持续优化,通关效率不断提高。

石油专营

2018年,铁山港区共有加油站10家,其中中石化3家,个人投资经营7家;从业人数50人,成品油零售量3.3万吨,销售收入9980万元;柴油1.2万吨,销售收入1.3亿元。全区完成3家加油站地下油罐防渗改造任务,按照属地管理的原则,年内出动19人次对辖区加油站进行安全生产隐患排查。（吴　亮）

粮食商业

【概况】 2018年,北海市铁山港区粮食局(简称区粮食局)和北海市铁山港区发展和改革局一套人马。区粮食局围绕绩效工作目标,认真执行国家粮食政策,切实贯彻落实全区粮食流通工作会议的决策部署,坚持统筹兼顾,突出重点,着力抓好粮食收购、粮食销售、粮食质量、储备粮落实等工作重点,加强粮食市场监督管理,不断强化政府宏观调控能力,各项工作均取得一定成效。

【粮食仓储管理】 2018年4月中、下旬,根据自治区粮食局等五部门《关于开展2018年全区粮食库存检查工作的通知》文件精神,区粮食局开展2018年全区粮食库存检查工作;通过采取重点检查和例行检查方式,全区地方储备粮等政策性粮食库存数量真实、账实相符、质量良好、储存安全。年内,区粮食局推进区中心粮库项目建设进度,已完成项目开工建设、建设挡土墙、围墙等设施,粮库建设工作正常进行。根据自治区粮食局《转发国家粮食局关于开展全国粮食仓储设施专项调查工作的通知》精神,区粮食局开展全区粮食仓储设施专项调查工作,按照“在地检查、在地登统、在地审核”原则,做到“有库必到、有仓(罐)必查、查必准确”,对辖区所有粮食仓储设施逐一调查,数据准确、完整;并通过专门软件录入数据,导入图片,生成调查数据包,完成专项调查上报任务,为全国粮食仓储设施建设提供详细的数据资料。

【粮食安全检查】 2018年,区粮食局根据《北海市粮食局关于组织开展2018年粮食质量安全专项检查工作的通知》精神,开展粮食质量安全专项检查工作。通过企业自查、区粮食局检查组实地核查方式,共检查2018年年末库存区级储备粮稻谷1100吨,所有存粮处于安全稳定状态、全部存粮属于基本无虫粮,质量达到中等及以上等级。区粮食局组织全区粮食企业管理人员学习有关安全生产工作文件,组织观看全国粮食行业生产事故典型案例警示片,直观地了解安全生产的重要性;重点学习《中华人民共和国安全

2018年,区粮食局工作人员检查库存粮食安全情况

区粮食局　供

生产法》、粮油仓储企业安全生产标准化管理与实践、粉尘防爆露天储粮安全管理、粮食行业安全生产应急管理、储粮药效管理、重点领域和关键环节的风险隐患排查及整治等内容；克服麻痹大意思想，积极准备开展防洪防汛工作，深入基层检查安全生产措施和应急预案落实情况，确保仓库和库存粮食安全。

【落实惠农政策】 2018年，区粮食局与相关部门保持密切联系，做好农村缺粮情况摸底工作，准备足够的粮食，保障救灾救济粮食及时有效供应，保证缺粮群众每人每天至少得到0.5千克的基本口粮供应，确保社会大局稳定。

【粮食流通监督检查】 2018年，区粮食局加强粮食流通监管，积极引导国有粮食企业发挥主渠道作用，面向市场公平竞争；完善各项服务措施，提高服务水平，开展粮食收购竞争，掌握更多的市场粮源。积极培育和发展非公有制粮食经济，鼓励、支持和引导非公有制粮食经济参与粮食市场竞争，培育和发展多元化粮食市场主体，增强公有制粮食经济的活力，搞活粮食流通。加强依法行政、依法管粮力度，完善粮食流通监管制度，强化公平、公正、公开的粮食市场秩序，构建多种所有制经济平等竞争的粮食市场环境。

（蔡德裕）

烟草专卖

【概况】 2018年，北海市城区烟草专卖局（营销部）铁山港烟草专卖管理所（简称铁山港烟草专卖所）有员工12人，管辖铁山港区南康镇、兴港镇、营盘镇和银海区福成镇共949户卷烟零售持证户，主要负责辖区卷烟市场监管和营销服务工作。全年累计实现卷烟销量6347.5箱，销售总额1.88亿元。

【卷烟经营指导】 2018年，铁山港烟草专卖所以提升客户盈利水平为聚焦点，以夯实客户服务为落脚点，积极推动卷烟营销服务转型，不断改进客户服务方式和内容。实施一户一策，从“为客户找品牌，为品牌找客户”两个维度拓展卷烟品牌上柜宽度。强化一二类卷烟品牌营销，努力实现主销品牌、潜力品牌、辅助品牌结构梯次优化，保持客户销售卷烟毛利率14%以上，户均年盈利3.27万元。

【“三位一体”终端建设】 2018年，铁山港烟草专卖所坚持以区局（公司）“11236”现代终端建设工作新模式为引导，贯彻落实北海烟草“11133”工程，转变现代零售经营理念，从传统零售商店向以诚信经营为基础，以信息化为基本特征，以产品销售、形象展示、品牌培育、消费跟踪为主要功能的现代终端转变，大力实施真龙品牌培育“五大工程”，积极倡导讲好“起源”故事，传递“海的韵律”主题活动，推动“起源文化”与“北海故事”的深度融合，进一步激发零售客户销售真龙的积极性。年内，真龙“起源”“海韵”

2018年11月21日，中共北海市城区烟草专卖局支部委员会第三党小组组员根据党建＋终端建设方案参加终端客户店面形象维护

铁山港烟草专卖所　供

2018年9月19日，北海市烟草专卖公司副经理朱海峰（左列左四）、城区烟草专卖局局长欧发就（左列左三）带领合浦县烟草专卖局相关营销人员到铁山港烟草专卖所进行真龙品牌香烟培育经验交流

铁山港烟草专卖所 供

两个规格卷烟分别销售153.92箱、50.4箱，共发展具有现代终端特征的客户9户，其中示范终端4户，并建成福成镇福合路示范小组，建成小组之家1个。

【烟草打假打私】 2018年，铁山港烟草专卖所与公安、工商等部门密切配合，通力协作建立健全"1+7"联合打击烟草走私协作机制，着力加强海上一线封堵、陆路二线拦截和三线本地市场查处打击力度，深入开展以打击"假、非、私"烟为重点的"元旦·春节""清明·五一""中秋·国庆""国门利剑2018""春雷行动"等市场清理专项行动，加强对重点区域、重点环节、重点大户以及名烟名酒店的检查，严厉打击制售假烟违法犯罪活动。全年共查处各类违法案件39起，其中案值万元以上案件3起，自办案件2起，共查获各类卷烟13.81万支，维护了辖区卷烟经营秩序。

【烟草市场监管】 2018年，铁山港烟草专卖所完善烟草市场监管长效机制，形成市、县两级"政府主导、多职能部门相互配合"的工作格局，积极推进"APCD+E"市场监管模式，加强无证经营综合整治，辖区卷烟经营户持证率达到96%。通过对无证户追根溯源，倒查持证户低价销售行为，维护正常卷烟经营秩序。扎实开展违法违规卖烟大户综合治理行动，进一步规范了辖区市场秩序。

【烟草专卖重要活动】

"3·15"打假宣传活动 2018年3月15日—16日，铁山港烟草专卖所分别联合铁山港区、银海区工商行政管理部门在铁山港区南康镇、银海区福成镇中心繁华路段设立宣传活动平台，现场宣传烟草专卖法律法规和几年来北海市烟草专卖局查获的大案要案，增强消费者防假维权意识，提高消费者辨别假烟能力。

2018年12月25日，铁山港烟草专卖所专卖员向朝阳大道南自律互助小组小组长发放《中华人民共和国宪法》读本普及宪法知识

铁山港烟草专卖所 供

“三位一体”建设通过验收 铁山港烟草专卖所积极协助北海市城区烟草专卖局完成全区“三位一体”现代终端建设现场会的检查验收。年内建成的福成镇福合路示范小组，新建4户示范终端、9户现代终端，通过北海市烟草专卖局、北海市城区烟草专卖局验收小组的检查验收。（陈春强）

旅游综述

【概况】 2018年，与北海市其他区县相比，铁山港区旅游业起步较晚，仍处在初级开发阶段，旅游产业基础相对薄弱，自北海市实施“四大会战”以来，铁山港区主动融入北海市全域旅游城市建设大会战，将旅游宣传作为旅游产业发展的一项重要工作，充分发挥各级媒体作用，创新宣传方式，加大旅游产业宣传力度，全力打造本土特色旅游品牌。

【乡村特色旅游发展】

农家乐项目有序发展 2018年，铁山港区以星级农家乐为示范，引导农家乐有序发展；完善营盘镇“圆海梦”星级农家乐公共设施建设，营造良好的乡村旅游环境；举办2期农家乐经营培训，45人次接受培训，提升了农家乐服务质量。

多元化乡村旅游发展 2018年，铁山港区积极服务北海市白龙珍珠城暨珍珠特色小镇、青山头乡村旅游区、南康镇夏塘村委高村的百草园乡村旅游扶贫项目、铁山港区圆海梦农家乐、营盘白东大王岭等重点旅游项目推进工作。北海市白龙珍珠城暨珍珠特色小镇重新策划方案，持续进行招商工作接洽；青山头乡村旅游区已完成海上观景长廊，培训大楼基础建设，被自治区旅发委评定为广西四星级乡村旅游示范区；南康镇夏塘村委高村的百草园乡村旅游扶贫项目已完成旧村垃圾清表、拆除部分危房、修补部分民居、完成竹园小路垫层铺设、种植水果6公顷（其中百香果2.67公顷，其他水果种植3.33公顷）、建成垂钓鱼塘2个；北海大王岭滨海养生旅游度假区已完成旅游厕所1座、完成生态农业体验区的部分道路、生态停车场基础、村特色餐饮基础等，游客网络安全设施已完成一半，游客接待中心正在装修中。年内，全区旅游接待89.17万人次，同比增长146.6%。旅游消费收入8.62亿元，同比增长112.59%。（吴　亮）

旅游项目规划与建设

【创建景区公园】 2018年，铁山港区加大景区公园的创建力度。营盘镇党委、政府先后投入1270万元，完成白龙名村建设项目20个，包括白龙村旧街道修复、亮化改造工程和民俗文化广场、具有民俗特色的雕像、兴建游客服务中心、旅游厕所、停车场等设施，北海市南珠宫将白龙珍珠城遗址公园景区按国家AAA级景区标准规划建设“一园二带三区”（白龙城采珠民俗文化公园；杨梅岭生态观光带，营盘渔港至青山头渔家赶海风情体验观光带；古城老街民俗风情景区，白龙珠池南珠生态培育及产业发展园区，特色海产品加工贸易示范及观光体验区）特色旅游及产业观光景区公园，以AAA级景区标准起步，按AAAAA级景区标准推进发展。

【特色旅游带规划建设】 2018年，铁山港区努力抓好南康镇入选国家住建部第一批中国特色小镇、营盘镇白龙社区白龙村入选国家住建部第四批中国传统村落名录两张名片推广。铁山港依托南康古镇的历史遗存和文化，对接北海旅游胜地，紧扣白龙珍珠城—现代渔港经济区—青山头乡村旅游度假区—港口码头—现代工业—南康镇区珠链形、休闲体验型、综合性特色旅游带建设，以南康江改造为切入点，打造以古镇千年文化为底蕴，以老街骑楼为特色和南康江沿岸观光休闲为主的文化旅游产业，与相关部门共同开发好南康风情老街和滨江旅游带，提升旅游品质，发展特色旅游；以营盘镇白龙社区白龙村入选国家住建部第四批中国传统村落名录契机，利用好相关政策和资金，保护和开发好白龙村容村貌。

【乡村旅游区规划建设】 2018年，铁山港区努力打造北海大王岭滨海养生旅游度假区、青山头旅游度假区、南康镇夏塘高村乡村旅游区三家乡村旅游区。打造北海大王岭滨海养生旅游度假区。该度假区位于铁山港区白东村委南部大王岭村，北依山、南临海，总规划面积约8平方千米，总投资15亿元，分三期投资。第一期项目规划面积为305公顷（土地83公顷、海滩222公顷），投资7.49亿元，重点开发5个区域：滨海娱乐区、宗教文化旅游区、商务休闲度假区、滨海养生园区、农业生态参观区；第二期项目开发与旅游区连接的九曲村，33.3公顷土地，200公顷沙滩，投资约4.5亿元；第三期项目开发与旅游区连接的珠城明珠半岛，建一个高端商务旅游采珠海岛。打造铁山港区青山头旅游度假区。青山头乡村旅游专业合作社投入2000万元建设松林公园、培训基地和海岸边20间木屋等设施，铁山港区青山头鸿福渔家农庄已获自治区旅发委评定为“广西五星级”农家乐及“广西金绣球农家乐”称号，2018年创建广西星级乡村旅游示范区；下一步设想：把乡村旅游与青山头新村别墅群有机结合起来，通过完善青山头新村的道路硬化、村庄绿化、排污排水，让青山头新村达到旅游区接待标准，把青山头新村群众富余的房间腾出来加盟合作，统一安排游客进村进户，同吃同住，并由家庭派员为游客介绍当地风土人情，以此增加农户收入。打造南康镇夏塘高村乡村旅游区。该项目规划用地33.33公顷，总投资8000万元，2018年投资2000万元。拟建国家休闲农业与乡村旅游区标准建设：牌楼、村落风貌改造、特色农庄、中药基地、康养中心。年内，已完成13.33公顷土地平整，10公顷采摘园、部分道路亮化工程建设已完成，旅游厕所已验收通过，门楼建设、门景绿化建设等其他设施陆续推进。

（吴　亮）

信息产业·邮政

中国电信铁山港区分公司

【概况】 中国电信股份有限公司北海铁山港区分公司(简称电信铁山港区分公司)内设综合部、网运部 2 个部门,有工作人员 49 人,下辖政企支局、南康支局、福成支局、营盘支局共 4 个支局,主要经营固定电话、移动通信、卫星通信、互联网接入及应用等综合信息服务。2018 年,铁山港区分公司履行企业责任,在扶贫攻坚、智慧城市建设、应急通信保障等方面助力铁山港区社会经济建设发展,实现企业经营与履行社会责任的统一。

【提速降费】 2018 年,电信铁山港区分公司快速推进“网络智能化、业务生态化、运营智慧化”,为政府机关、企事业单位、广大市民的生产和生活提供便利、高效、优质信息服务,满足广大用户的信息服务需求。电信铁山港区分公司为贯彻落实国家要加大网络提速降费力度,取消流量漫游费,移动网络流量资费年内至少降低 30% 的要求,迅速采取行动:3 月 15 日,推广手机流量国内超定量限速不限时套餐,流量平均单价降幅超过 70%;7 月 1 日起取消区分全国和本地手机流量计费;对 50 兆以下光网宽带用户全面提速至 50 兆,百兆以上资费全面下调一档,平均带宽资费降幅达 30% 以上;针对企业客户推出商务专线单产品和商务专线融合套餐等政策进一步降低互联网专线资费。

【网络电视】 2018 年,电信铁山港区分公司推行“IPTV”(即交互式网络电视,是一种利用宽带网,集互联网、多媒体、通信等技术于一体,向家庭用户提供包括数字电视在内的多种交互式服务的崭新技术)进村入户,实现有线电视数字化。落实国务院“东部沿海城市基本实现有线电视数字化,基本停止播出模拟信号电视节目”的指示。电信电视是通过光宽带实现的新一代高清互动电视,140 多个直播频道、20 多个高清频道、3 万小时点播节目任意看;48 小时内直播电视可随时暂停、后退、快进,另增设教育、游戏、育儿等影视内容,满足全家人不同的需要,助力铁山港电视数字化建设发展。

【高效优质服务】 2018 年,电信铁山港区分公司坚持以用户为中心,不断提升服务水平和通信保障能力,构建消费者放心满意的电信服务环境。在服务方面,为方便边远村民快捷办理业务及缴纳费用,电信铁山港区分公司共开辟 60 多个村级网点,村民群众在家门口即可办理业务;同时提升村级网点服务能力,提高村级网点人员主动服务的意识及积极性,上门为村民提供服务,检修设备,提供适配产品,满足群众多元化和个性化的通信及信息应用需求。在通信保障方面,电信铁山港区分公司拥有一支 30 人以上较高专业技能的售后服务团队。年内,电信铁山港区分公司为提升用户满意度,全面推进服务升级,推出五项服务承诺:“当日装　当日修”“网速快　必达标”“装宽带　零拒绝”“办业务　不超时”“服务好　永在线”,在第一时间确保群众通信正常提供优质服务。

【网络建设】 2018年,电信铁山港区分公司响应国家“宽带中国”号召,聚焦网络信息化建设,提升网络通信质量,助力铁山港社会信息通讯发展。铁山港区聚焦网络信息化建设,实施“三通”(通4G、通宽带、通电视),实现建制村光网通达率100%,自然村光网覆盖率95%目标。全年完成300多个分光箱建设,加厚补盲2000多个端口,提高农村网络覆盖及网速质量。积极开展网络维护建设工作,持续完善网络优化。年内,电信铁山港区分公司根据辖区道路情况结合工业开发区建设情况,持续开展乡镇环路整治,完成跨北铁公路及主杆线路下地整治、线路迁移整治,持续开展末梢线路整治,有效减少用户障碍,得到众多光宽带用户认同。助力区政府招商引资提供强有力的网络保障。电信铁山港区分公司针对铁山港工业园区重点企业真正做到十分钟内响应、三十分钟内赶赴现场。发生重大故障时,第一时间赶赴现场展开抢修工作,并根据实际情况制订了所有重点用户的环路保护方案。通过主动上门巡检进行FTTB(即光纤到楼,是利用数字宽带技术,光纤直接到小区里,再通过双绞线到各个用户)机柜整治,消除故障隐患,优化客户网络并对客户进行网络技术交流培训。

2018年10月26日,电信铁山港区分公司在南康镇黄丽窝村委开展产业帮扶捐赠仪式现场　　电信铁山港区分公司　供

【信息安全及实名制】 2018年,电信铁山港区分公司重视用户信息安全工作,全体员工签订用户信息保密承诺书;开展实名制整改,实现用户百分百实名制登记,遏制防范电信诈骗行为,减少通过电话进行违法活动,让受害用户通过法律手段维护自身权益。严格管控信息安全,组织开展多次全面巡查工作,确保用户信息安全落实到位,防范、打击通信信息诈骗行为。年内,电信铁山港区分公司没有发生用户信息泄漏事件,取得实质性的成效。

【精准扶贫】 2018年,电信铁山港区分公司响应国家精准扶贫的号召,给予500多户扶贫户每户每年600元通信补贴,并免费安装宽带及IPTV,为实现信息网络、有线电视普及提供助力;电信铁山港区分公司结对帮扶12户贫困户,每个党员帮扶2户贫困户,做到每月至少进村入户2次了解关心他们生活近况,逢中秋节、春节等重大节日带上大米、食用油等生活用品,把关怀送到每个困难群众家中。10月下旬,电信铁山港区分公司党支部捐赠1吨多化肥对贫困户进行产业帮扶,激励他们转变观念,通过劳动脱贫致富,得到当地政府的好评。　(欧　芳)

中国移动铁山港分公司

【概况】 中国移动通信集团广西有限公司北海市铁山港分公司(简称铁山港移动分公司)全面负责经营铁山港区域、银海区福成镇及海城区涠洲镇所有中国移动通信业务。2018年,铁山港移动分公司扩大4G领先优势，强化流量经营能力，重点培育以有线业务为核心的家庭、集客市场业务增长。通过“智慧产业园”信息化项目助力本地社会民生经济发展，为民生提供更为便捷、高效的移动新生活，积极肩负起推进铁山港区信息化建设的重任。

【志愿服务活动】 2018年3月5日，铁山港移动分公司团支部组织全体团员在南康街上开展“学雷锋·诚服务”为主题的环境卫生义务大清扫活动。团员们积极对责任区内广场、道路、垃圾堆等场所进行大清扫，对街道绿化带、小花园、小广告等进行清理，改变了街道环境卫生和路边脏、乱、差现象。

【职工文化活动】 2018年2月9日，铁山港移动分公司组织全体员工开展2018年度“幸福1+1”春节游园活动。游园活动设有跳绳比赛、拔河比赛、你比我猜等趣味活动。通过各种文化活动，提升职工的精气神，凝聚了广大职工的团队精神。

【宣传绿色环保理念】 2018年6月27日，铁山港移动分公司以“绿色行动计划”为主线，以信息化助力全社会节能减排为重点，发挥电子化宣传优势，组织在铁山港区范围内开展了2018年“绿色智连和创未来”节能宣传周活动。员工们来到学校、社区，结合一线营销设点放置宣传横幅和绿箱子，通过回收废旧手机、电池和配件等，让群众参与到节能环保中来。同时在公司楼层电子海报屏播放节能宣传视频，以增强全体员工对节能减排的认知和理解，在办公楼和营业厅显目位置张贴节水节电警示标语和生态环境图，增强员工的节能意识，培养绿色环保理念。

【农村信息化建设】 2018年9月13日，铁山港移动分公司党支部将党建工作与中心工作相结合，为促进企业发展做出积极的贡献。涠洲网格总监组织涠洲岛上村民集中到村委办公室，给他们讲解大流量资费、网龄宽带等“扶贫帮扶惠民优惠政策”，教会贫困户使用手机、宽带、网络电视操作，为贫困户解决“信息不畅”的难题，促进农村信息化建设。

【扶贫解困活动】 2018年，铁山港移动分公司党支部书记带领全体党员，每月进村入户了解贫困户的生产生活情况，及时为贫困户排忧解难。年内，铁山港移动分公司完成攻坚脱贫5户，并全部完成区政府下达到公司的8户攻坚脱贫任务。12月6日，开展“中国移动2018年冬季送温暖扶贫慰问活动”，支部书记带领全体党员深入到龙门村委、陈屋塘村、涠洲公山村走访9户贫困户，与困难群众促膝交谈，详细询问他们的生活、健康情况，了解他们的实际困难，并给他们送上大米、食用油等慰问品。在得知困难户唐某一家危房改造新建平房没有钱安装水电时，铁山港移动分公司党支部主动帮助申请安装水电，并安排公司电工帮扶安装，切实解决唐某一家的用水用电困难。

（何华聪）

2018年12月6日，铁山港移动分公司党支部党员带上大米、食用油等慰问品到铁山港区南康镇龙门村开展精准扶贫帮扶慰问活动

铁山港移动分公司 供

中国联通铁山港区分公司

【概况】 中国联合网络通信有限公司北海市铁山港区分公司(简称铁山港区联通公司)是中国联合网络通信有限公司在北海市铁山港区的分支机构,属于通信类行业。2018年,铁山港区联通公司以铁山港区南康镇、营盘镇、兴港镇和银海区福成镇4个镇为营销中心涵盖周边地区,响应国家提速降费的号召,全面实施降本增效营销管理改革,稳步提升公司经营收入的同时也给广大用户带来实质性低费率、优质和高效服务的通信体验。铁山港区联通公司办公地址在铁山港区南康镇银丰东路8号。

【基础管理】 2018年,铁山港区联通公司进一步加强基础管理,提高内控管理水平。加强网点运营建设,取消部分没有通信运营证照的网点,全部网点配备二代身份证验证器、相片采集器,确保入网用户百分百为实名入网,切实维护公司的形象和保护公民的信息安全。加强内部团队建设,充实综合管理团队,制定更加完善的岗位职责,为一线经营打下坚实的基础。案件防范基础进一步夯实,促进员工依法、依章工作,全年没有发生员工因违规、违章被处罚事件。加强思想教育,对全体员工进行“四个意识”、社会主义核心价值观、舆论导向、法律法规等教育,切实履行企业的社会责任。

【网络建设】 网络是通信运营发展的前提条件,铁山港区联通公司始终坚持网络优、服务好,用户广的经营理念。2018年,铁山港区联通公司继续加大网络基础覆盖,在原有基站的基础上,继续完善网络深度、广度覆盖,全力打造优质的高速移动互联网服务体验。

【企业文化】 企业文化是增强企业凝聚力,促进企业发展的一个主要因素。企业的发展离不开每个员工的辛勤奋斗,个人的价值也需要通过企业来实现。2018年,铁山港区联通公司在关注公司经营业绩的同时,始终重视企业文化建设。年内,组织全体员工举办“三八”妇女节娱乐、“五四”青年节诗歌朗诵比赛、“六一”儿童节亲子活动、乒乓球比赛等活动,丰富员工的业余生活,员工的幸福指数得到提升。

【党建工作】 2018年,铁山港区联通公司坚持党建统领,深入学习贯彻中共中央总书记习近平系列重要讲话精神、中共十九大精神、《关于规范党员干部网络行为的意见》《关于在推进混合所有制改革中坚持党的领导加强党的建设的指导意见》等,坚持党组织生活制度,积极开展“两学一做”学习教育常态化,认真落实“三会一课”,定期组织党员集中上党课;利用远程教育平台、党员手机平台等资源,充实党员教育内容,丰富党员培训方式,提升党员培训效果。

(李振发)

邮政业务

【概况】 2018年,中国邮政集团公司北海市分公司(简称中国邮政北海分公司)负责铁山港区邮政业务的主要是铁山港区南康支局和营盘支局,共有员工26人,9个投递段道。

【业务种类】 2018年,铁山港区南康支局和营盘支局践行“人民邮政为人民”的服务宗旨,承担信件收寄、报刊订阅、包裹投送、金融储蓄、分销等业务,落实通信与信息安全保障措施,保证机要通信、党报党刊发行、义务兵免费信件等特殊通信任务的完成,满足铁山港辖区群众的基本邮件通信要求。

【邮乐购平台建设】 2018年,在中国邮政北海分公司的领导下,铁山港区南康支局和营盘支局不断提高加强平台建设,积极发展村邮乐购点,全年共新建村邮乐购点24个,为铁山港区人民提供了更优质、便携的邮政服务。

【党建工作】 2018年，铁山港区南康支局和营盘支局自觉在思想上、政治上、行动上同以习近平为核心的党中央保持高度一致，将党建与企业生产经营深度融合贯穿于各项工作之中，不断加强党的建设，引导基层党员立足岗位争先锋、创佳绩、做表率。

【精准扶贫】 2018年，铁山港区南康支局和营盘支局响应国家号召，认真开展精准扶贫工作，与营盘镇盐灶村结对帮扶贫困户3户。根据自治区和北海市2018年度精准帮扶“一户一册一卡”工作的部署要求，积极开展“一帮一联”“一户一册一卡”工作，完善贫困户“帮扶手册”和“帮扶联系卡”，做好收入登记，整理好每户档案。扶贫工作人员多次到盐灶村实地走访、调研，全年共集中入户走访调研15人次，节假日开展扶贫慰问活动，送上慰问金和慰问品。

【文化建设】 2018年，铁山港区南康支局和营盘支局加强员工思想政治的教育工作，树立辛勤劳动、诚实劳动理念，营造“工人伟大、劳动光荣”的时代新风，展示邮政职工良好形象，让员工感受到企业关爱。年内，在铁山港区内的各邮政分支机构的共同努力下，中国邮政北海分公司荣获“北海市劳动关系和谐单位AAA级”称号。

（顾裕金）

财政·税务

财　政

【概况】 2018年，北海市铁山港区财政局（简称区财政局）内设5个机构，有工作人员17人。年内，铁山港区一般公共预算财政总收入9.61亿元（其中：一般公共预算收入2.46亿元，上级补助收入8.63亿元，债务转贷收入2874万元，上年结余-2.03亿元，调入资金2701万元），一般公共预算财政总支出9.56亿元（其中：一般公共预算支出9.33亿元，上解上级支出360万元，债务还本支出1900万元），收支相抵，年终滚存结余538万元，扣除结转下年继续使用的专款538万元，净结余为0。全区组织的财政收入完成45.61亿元，同比增长20.62%。全区当年政府性基金预算总收入3192万元（其中上年结余19万元，上级补助收入3173万元），全区当年政府性基金预算总支出2854万元（其中政府性基金支出2853万元，政府性基金调出资金1万元），收支相抵，年终滚存结余338万元。全区一般公共预算支出9.33亿元，完成年度预算的99.43%。全区财政预算执行情况良好。财政支出管理不断优化，重点支出、民生支出得到保证。

【收入征管】 2018年，区财政局积极应对减税降费等政策性减收的压力，加强与税务部门的会商机制，强化收入征管，做到应收尽收，以强力措施推动财政收入稳定增长。区委、区政府加大招商引资工作力度，做强做优财政"蛋糕"。信义玻璃等一批重大项目落户铁山港区，壮大全区的财源，培植新的税收增长点。区财政局科学安排收入预算任务。严格按照新预算法要求，将政府所有收支按照一般公共预算、政府性基金预算、社会保险基金预算全面纳入综合预算，依据辖区内税源规模，科学测算收入，按部门、分税种细化收入来源，落实工作责任，确保财政收入按预期目标顺利实现。区财政局与税务部门坚持收入征管会商机制，加强收入形势分析，全力以赴确保财政收入达到均衡进度目标。区财政局充分挖掘增收潜力，组织对辖区内的企业缴税情况进行全面核查，防堵税收漏洞，同时开展行政事业性收费项目清理清查、财政票据专项检查等多项活动，有效规范执收执罚行为，确保应收尽收。

【支出管理】 2018年，区财政局加强对预算支出执行管理，加大财政资金统筹使用力度，提高财政资金使用效益，进一步调整优化支出结构，严格落实厉行节约各项规定，压缩一般性支出，降低行政运行成本，盘活财政存量资金，在确保财政"三保"支出的情况下，集中财力保重点项目建设，确保全区财政平稳运行。

【民生建设支出】 2018年，区财政局坚持财政"三保"底线，在教育、社会保障、医疗卫生等民生领域加大资金投入力度，全力保障民生支出，民生支出完成7.67亿元，占一般公共预算支出的82.15%。积极推进脱贫攻坚。年内，铁山港区预算安排扶贫专项资金1197万元，同比增长75.51%，保障扶贫资金需要，同时围绕脱贫攻坚投入稳定增长、涉农资金统筹整合、扶贫小额信贷发放等建立健全一系列脱贫资金保障制度机制。支持教育均衡发展,筹措资金2.38亿元,支持扩大学前教育资源,促进义务教育均衡发展,改善农村中小学办学条件。加大社会保障投入,财政社会保障资金投入1.11亿元,同比增长16.28%,支持就业和社会保障工作,完善社会救助体系。

【支持经济建设】 2018年,区财政局把支持经济发展作为财政工作的第一要务,积极争取上级资金,支持全区经济发展。区财政局配合全区各相关部门争取上级专项资金的支持,争取上级财政部门财力性转移支付补助的支持,缓解全区财政压力,并在财力短缺、资金运筹困难时,争取市级财政资金的支持,全年争取上级财政对铁山港区转移支付8.95亿元,同比增长27.77%。

【预算管理改革】 2018年,区财政局继续完善政府预算体系,实行中期财政规划管理,建立跨年度预算平衡机制,扎实推进预算绩效管理工作,细化财政预决算公开内容,并督促区直部门按要求做好预决算公开工作,同时盘活财政存量资金,清理和回收各类存量资金4375万元,确保集中有限资金用于惠民生等重点领域支出。

【防范和化解财政风险】 2018年,铁山港区由于历年财政缺口,造成财政赤字大,到2017年年底,全区的财政赤字为2.06亿元,按照上级财政部门的要求,在2018年年底必须全部消化历年财政赤字。在既要确保铁山港区财政正常运行,又要消化历年财政赤字难度极大的情况下,区财政局积极向上级财政部门反映区财政状况,努力争取上级财政部门在财力补助上的支持,于2018年年底圆满完成消化铁山港区历年财政赤字的任务。与此同时,对政府隐性债务进行清理,并结合区财力统筹做好化解计划,加强对政府债务的管理,确保全区债务控制在限额范围内,防范和化解财政风险。

【政府采购监督管理】 2018年,区财政局进一步加强政府采购监督管理。区财政局加强制度建设,认真研究上级部门的政府采购政策,及时完善全区政府采购制度、管理办法,规范政府采购流程,并发布到互联网上供服务对象查询,坚持"公开、公平、公正"原则,及时向社会公开政府采购招标、投标人资格预审和评价投标的标准等信息,接受社会监督。加强监管工作,对采购项目实行事前事中事后三个环节全过程监管,严格预算采购和方式管理,公开采购信息,做好采购项目实施的监管。严格政府采购预算管理,对预算项目的必要性、可行性以及经费来源、步骤等进行全面审核。加强采购预算管理,强化年初政府采购预算编制工作,采购预算要全面反映预算编制部门预算年度的购买性支出,强化预算约束力,杜绝没有预算、没有资金来源的采购行为,杜绝先自行采购后补程序的行为,杜绝人为规避政府采购的行为。年内,区财政局按照北海市财政局搭建的政府采购电子交易"政采云"平台工作要求,完成了"政采云"平台上线服务,使全区所有采购单位都可以通过"政采云"平台进行采购,规范政府采购行为,最大限度节约政府财政资金。年内,全区完成政府采购金额1.87亿元,实际采购金额1.84亿元,节约资金333.64万元,节约率1.78%。

【农村综合改革支出】 2018年,区财政局筹集各级财政资金1110万元,其中中央和自治区资金910万元,区本级配套资金200万元,安排全区村级公益事业"一事一议"建设财政奖补项目60个,项目已全部建设完成,资金拨付到位,受益人口10多万人。

【强化财政资金监管】 2018年,区财政局为规范财政专项资金管理,促使资金安全高效运行,提高财政资金使用效益,积极采取措施加强财政专项资金监管,促进财政资金使用科学化、规范化、精细化。区财政局加强财政资金预算管理，严格实行收支两条线管理，实行专户管理、专款专用；健全资金拨付流程管理，按照简化高效、安全严密的原则，严把预算执行计划申报关、资金使用关、财务核算关，资金拨付严格按项目实施进度实行国库集中支付；强化扶贫资金监督检查工作。2018年5月，北海市财政局与区财政局相关业务人员共同组成联合检查组，对涉及扶贫领域资金量大的区扶贫办、区交通局、区住建局等单位进行重点检查，对检查存在的问题向各部门进行反馈整改；开展财政专项资金绩效评价，建立绩效考评机制，并将评价结果作为以后财政预算安排资金的参考依据，全面加强专项资金的绩效管理，进一步提高财政资金的使用效益。

（宁振辉　杨权昌）

政府采购

【概况】 北海市铁山港区政府采购中心（简称区政府采购中心）2003年成立，直属北海市铁山港区人民政府管理，具有独立事业法人资格、属于参照国家公务员制度管理的副科级全额拨款事业单位。2018年，区政府采购中心有工作人员5人，办公地点设在北海市铁山港区检察院接待室二楼。

【采购业务】 2018年，区采购中心完成集中采购业务47次，其中竞争性磋商1次，竞争性谈判采购16次，单一来源采购3次，工程定点27次，总预算金额2301.23万元，合同采购金额2153.09万元，节约资金148.14万元。

【队伍建设】 2018年，区采购中心开展集中学习，并形成常态化，大力加强干部队伍思想政治、纪律作风、业务能力建设。在每月中旬组织全体干部集中学习上级文件和采购业务知识，以中共十九大精神为指导，深入贯彻落实中央八项规定，积极开展党风廉政教育，坚持把牢固树立和自觉践行“四个意识”作为根本政治任务，打造一支素质高、业务精、纪律严明、作风过硬的采购干部队伍。

【采购监督】 2018年，为确保监管到位，区采购中心所有采购项目均在北海市采购中心开标、评标室进行，评标室安装监控设备并与北海市监察局联网，保证全区各项开标、评标工作在公开、公平、公正的环境进行。全面监督项目负责人是否依规程组织开标、评标，是否依法独立公正评标、是否有排斥性和倾向性言行、是否严格遵守评标纪律等，加强言行和纪律监督，使全区的政府采购工作更规范。

【规范采购需求】 2018年，区采购中心加强同采购人协调，主动审查项目主要配置及技术需求的合法性、合理性，避免不合法或带有倾向性技术条款写进招标文件，排除各类歧视性条款，规范项目主要配置或技术需求，严把采购需求和招标文件的要件内容，防止设置技术壁垒。规范资质要求，在明确参加政府采购的供应商必须符合《中华人民共和国政府采购法》规定的基本资格条件外，对特殊需求项目的特定资质要求的合理性和必要性进行审定，尽量避免设置歧视性和排他性条款，让更多潜在供应商参与投标竞争。规范采购文本和采购文书的标准格式，在具体编制过程中，既遵循文本格式、又结合项目实际，细化文本内容，明确投标要求，使采购文本内容更全面、更规范，做到统一标准、统一格式，方便投标人制作标书，促进公平竞争。

【采购管理制度】 2018年，区采购中心结合《中华人民共和国政府采购法》《中华人民共和国招标投标法》，积极探索，大胆创新工作方式。区政府采购中心实行采购资金源头控制，严格执行自治区关于发布2018—2019年自治区政府集中采购目录及限额标准的通知精神。凡是使用财政性资金的项目，都必须通过区政府采购中心集中采购，从源头上防止套取采购资金、规避政府采购

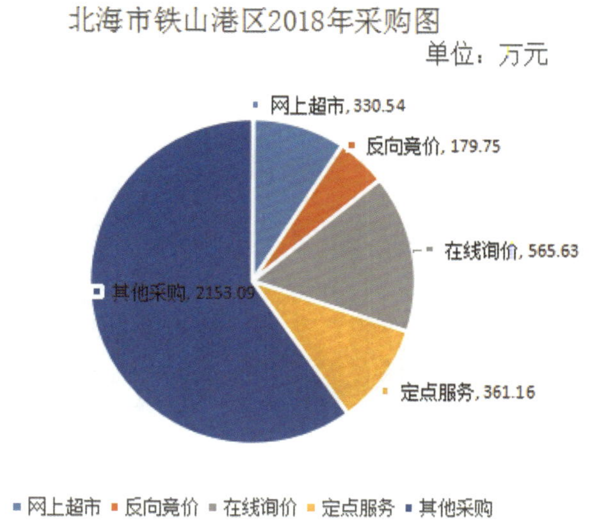

北海市铁山港区 2018 年采购图　　区采购中心　供

的行为。实行政府采购流程办理制度，严格执行自治区政府关于采购行为的规则和流程，按照采购审批的流程、组织方式、工作纪律等节点控制原则，大幅度提高采购效率和服务水平，达到执行有目录，操作有程序，监督有办法的目标。实行招标文件把关，招标文件是项目招标的核心和灵魂，招标文件编制质量是项目招标成功的先决条件，招标文件既是投标人编制投标文件的依据，又是采购人与中标商签订合同的基础。严把招标文件编制关和审查关，由区采购中心主任、项目单位共同参与招标文件的审查，集体把关，确保招标文件不出现倾向性和歧视性条款。加强招标前的考察询价，严把产品的价格关和质量关，在各单位申报采购项目后，认真进行采购货物的市场摸底调查，了解产品的价格、质量、性能等情况，及时掌握所采购货物的第一手资料。加大合同的备案审查力度，严格合同备案管理，提高合同备案率，预防和纠正采购人擅自调整中标价、签订霸王条款等违法行为，巩固招、投标成果。

【阳光采购】 2018 年，区采购中心根据采购信息公开的要求，全区的采购信息能及时进行发布，信息发布公开透明，推进公平竞争。

【入驻“政采云”】 2018 年 3 月，区采购中心入驻“政采云”，在打造公平、透明、高效的采购行为，取得明显效果；12 月，入驻“政采云”平台单位 143 个；共完成交易 896 单，完成金额 1437.08 万元，资金节约率 3.51%。其中：网上超市 831 单，交易额 330.54 万元；反向竞价 34 单，成交额 179.75 万元；在线询价 20 单，成交额 565.63 万元；定点交易 11 单，成交额 361.16 万元。“政采云”平台稳健运行，各模块功能推行顺畅。“政采云”平台上网后，实现采购单位不必在财政部门、采购中心之间来回奔波，采购手续全程线上操作，网上备案。

【精准扶贫】 2018 年，区政府采购中心提高思想认识，全体干部把扶贫工作放在重要位置，落实在行动中；区采购中心全体帮扶干部帮扶工作进民宅、访民情、问民需、帮民急；注重帮扶实效，及时入户帮扶，了解生产生活问题，为贫困户解

2018 年 3 月 30 日，区政府采购中心在南康中学多媒体教室举办政府采购云平台培训班　　区采购中心　供

决燃眉之急;春节、端午节等重点节庆期间,开展入户慰问行动,送去温暖,让贫困户过上安定祥和的节日,用实际行动践行心为民所想,情为民所系的帮扶宗旨。 (刘小梅)

2018年7月20日,国家税务总局北海市铁山港区税务局举行成立挂牌仪式 区税务局 供

税 务

【概况】 2018年7月20日,成立国家税务总局北海市铁山港区税务局(简称区税务局),是由原北海市铁山港区国家税务局与原北海市铁山港区地方税务局在国税地税征管体制改革期间合并成立,是国家税务总局北海市税务局下属机构;区税务局有内设机构11个:办公室、法制股、税政股、社会保险费和非税收入股、收入核算股、纳税服务股、征收管理股、税收风险管理股、税源管理股、财务管理股、人事教育股;另设党组织机构2个:机关党委(党建工作股)、纪检组;下属派出机构2个(副科级):第一税务分局(办税服务厅)、第二税务分局;下属事业单位1个:铁山港区税务局信息中心。年内,区税务局有在编工作人员54人(其中研究生学历1人,大学学历46人,大专学历5人)。区税务局主要负责铁山港区税费征收管理业务,管辖铁山港区各类纳税登记户5029户,其中内资企业895户、港澳台企业31户、外商投资企业148户、个体经营户3143户、非企业单位300户、其他512户。年内,区税务局累计组织各项税费收入129.77亿元,同比增加6.39亿元,增长5.18%。

【征管体制改革】 2018年,区税务局认真落实国家税务总局"四个确保"和自治区税务局"改革十问"的工作要求,发挥党委班子核心作用,制订实施方案和配套办法,建立任务台账,编制作战图与时间表,对标对表、压茬推进,注重依靠地方党委政府,成立机构改革领导小组、国税地税征管体制改革专项组,"细、实、严"落实税务机构改革各项工作部署,接连打赢新税务机构挂牌、"三定"规定落实、社保费和非税征管职责划转三场主攻战,顺利完成新税务机构挂牌,做好54名税务干部的岗位安排,整合收税"主阵地",开辟收费"新战场",税务干部遇到困难没有退缩逃避,利益受损没有讨价还价,每个人都经受住考验、为体制改革做出贡献,展现出"事合、人合、力合、心合"的良好态势。

【依法治税】 2018年,区税务局严守依法征税底线,不收"过头税",落实减免税政策,打击偷骗税行为。坚持抓基础强管理,强化服务经济与社会发展,加快构建新型的纳税关系,依法移规、按时征收税款,杜绝违规核定应纳税款、违规不及时办理退税的情况,严防虚增应纳税款、空转税款、转引税款等情况,依法发挥税收职能。全面落实各项税收优惠政策,切实保证减税降负落到实处。按照上级要求,做好减税政策落实的各项准备工作;采取有效措施,全方位、多角度、持续性加强对新出台减税政策的宣传和解读;对符合条件且有需求的纳税人进行纳税申报辅导,积极回应纳税人,及时解决纳税人反映的问题。持续加大对小微企业税收优惠政策贯彻落实力度，确保符合条件的纳税人能应享尽享；做好个人所得税改革过渡期政策的宣传辅导，确保纳税人享受个人所得税改革的减税红利。年内，区税务局加强税收执法督察，严格按照北海市税务局税收执法督察工作的要求，制订税收执法督察方案、成立税收执法督察领导小组，规范督察资料，建立督察台账，对查出的问题认真整改落实；贯彻落实各项税收法律法规，不断强化税收征管、提升服务水平、优化纳税环境，履行各项工作职责；对税收执法发现的问题进行整理，要求各股室对照检查，对存在的问题提出整改意见和改进措施，不断提高税收执法水平；构建全方位立体宣传网络开展税法宣传，突出"小微企业税收优惠政策""一带一路"、个人所得税改革等内容的宣传，向公民传递诚信纳税理念，强化公民依法纳税意识，营造依法治税的社会环境。

【纳税服务】 2018年，区税务局持续优化纳税服务，实行多项便民措施，落实各项优惠政策，释放减税降负成效。落地实施"一次办""网上办""马上办""就近办""一站办"等便民办税举措，梳理办税"堵点""痛点""难点"，解决纳税人"办税两头跑、资料两头报"等实际问题；坚持优化纳税服务体系，简并纳税服务流程，实现同一资料只报送一套、同一涉税事项只需申请一次等多项"一次解决"的便民服务；依托网上税务局和广西税务移动办税平台，将线下服务与线上服务有机结合，窗口业务单笔办理时间平均缩短60%，等待时间减少一半左右，业务办结率达100%；坚持畅通税企沟通渠道，积极开展企业走访调研，举办各类税企座谈会8场，对企业提出的意见和建议，深入研究剖析，尽可能吸收采纳，确保"件件有回音，事事能落实"，税收利民惠民、优化营商环境深入人心。

【从严治党】 2018年，区税务局机关党委牢固树立"四个意识"，坚定"四个自信"，主动提升站位，把握政治方向，始终坚持用党建引领税收改革全过程。认真履行一岗双责，自觉把全面从严治党各项要求融入工作，做到同部署、同落实、同检查、同考核。坚持党建带群建，以党建统全局、促改革，以群建保稳定、聚合力，为国税地税征管体制改革提供保障。强化党组织建设，配优选强支委会，吸引优秀干部向党靠拢，全年接收入党积极分子6人，发展对象3人，预备党员1人；提升党建规范化水平，完善党内制度台账，推进支部标准化建设，积极创建"五好党组织"，形成支部工作法2项，推荐优秀案例2个；打造党建品牌，以"一局一品"为标准，大力推行"大学习＋微课堂""班子＋部门""支部＋窗口""党建＋服务""党建＋扶贫""党建＋绩效""党建＋文体"等"7+"模式，提升党建品牌创建水平；充分发挥党组织、群团组织联系干部职工的桥梁和纽带作用，形成党建与团、工、青、妇工作互相融合、相互促进的"一体化"共建格局。开展"党建带群建 合力助改革""青年文明号开放周"等系列主题实践活动，成立"助力改革青年先锋队""巾帼文明岗""工人先锋岗"，以实际行动践行"服务先行"的承诺促进群团组织更好地履行职能，合力推动改革任务顺利完成。区税务局落实全面从严治党主体责任，扎实履行监督执纪问责职责；坚决维护党中央权威和集中统一领导，落实"3883"主体责任清单。年内，区税务局党委召开会议专题研究分析全面从严治党工作3次，听取党风廉政建设和反腐败工作汇报2次，召开廉政教育会议10次，筑牢干部尊廉崇廉、忠诚履职的责任意识。

【队伍建设】 2018年，区税务局组织干部参与专项业务培训、税务总局视频培训、国税地税互补性培训等50多次，干部职工参训率100%；组织岗位实训、情景模拟，边练边学，以考促学，参与国家税务总局组织的全国税务系统"新机构、新职责、新业务、新作为"知识网络竞赛，干部职工参与率

100%，干部获得自治区税务局一等奖、二等奖各1名、三等奖2名、优秀奖1名。年内，区税务局积极争创“自治区核心价值观示范点”，深化内外环境建设、图书室、党员活动室建设，开展“友善”主题道德讲堂、“我的中国精神·我的税务精神”中国税务精神演讲比赛等活动，丰富干部职工文化生活；开展为未成年人办好事、送税法进校园、扶贫慰问贫困户等系列活动，提高了干部职工的思想品格。（官建国）

2018年9月20日，区税务局举办铁山港区税务局“我的税务精神·我的中国精神”主题朗诵比赛活动　区税务局　供

银行·保险

中国农业银行股份有限公司北海铁山港支行

【概况】 1994年成立中国农业银行北海铁山港支行，办公地点位于兴港镇赤江陶器厂办公楼；1995年办公地点迁到农行铁山港支行南康营业所所在地南康镇银丰东路24号，并正式组建办公室、会计科、信用合作科（分管农村信用社）、保卫科，下辖营业部（位于兴港镇赤江陶器厂）、南康营业所；1998年农行铁山港支行和营业部办公地点迁至南康镇朝阳大道南127号，管辖范围增加福成营业所、营盘营业所；2005年撤销南康营业所，铁山港支行迁回南康镇银丰东路24号办公；中国农业银行上市后，中国农业银行北海铁山港支行名称改为中国农业银行股份有限公司北海铁山港支行（简称农行铁山港支行）。2018年，农行铁山港支行有员工18人。

【存贷款余额】 2018年，农行铁山港支行业务面向三农，服务城乡。主要业务品种有贷款、存款、结算、理财、代理保险等多种金融业务。年内，农行铁山港支行各项存款12.94亿元，各项贷款6078万元，中间业务收入231万元。

【业务开办】

存款及结算业务　存款业务是银行的生存之本，也是银行服务大众的主要业务，农行铁山港支行对存款业务十分重视，2018年底农行铁山港支行存款余额达12.94亿元，其中个人存款7.95亿元、对公存款4.99亿元。农行铁山港支行地方结算提供了方便快捷和科学的服务，收到了良好的效果。农行铁山港支行存款客户分为对公客户和个人客户，客户数量多，金额小，业务量大。为此，农行铁山港支行积极应对，大力倡导客户使用手机银行、网上银行、自助银行等结算工具。年内，农行铁山港支行有自助设备九台，办理业务快捷方便。

贷款业务　2018年，农行铁山港支行有多种贷款业务品种可供客户选择，对公客户的有固定资产贷款和流动资金贷款，对个人客户的品种有个人住房消费贷款、个人房产抵押贷款、个人助业贷款和农户贷款等。随着网络科技的发展，农行铁山港支行推出了网捷贷等网上贷款业务，方便了群众的融资活动。年内，农行铁山港支行贷款总额6078万元，其中对公贷款200万元、个人贷款5878万元。农行铁山港支行近年发放贷款受到客观因素的制约，发展缓慢，主要原因是区域内适用于抵押的产权证较少，房地产证件不齐全或不合规，没有适合的抵押物，商业贷款受到一定的制约。为此，农行铁山港支行积极开拓新市场，积极向上级银行建议开放工薪公职人员的个人薪资保障贷款和网捷贷额度，向农户开通“惠农e贷”业务，为当地经济的发展和农户的脱贫提供支持。

中间业务及电子银行业务　中间业务在银行业近年发展迅速，其中代理保险是农行铁山港支行发展较快的业务之一，互联网金融业务和信用卡业务也在迅速发展，这类业务也是银行业未来的发展方向。2018年，农行铁山港支行实现中间业务收入231万元。

【思想政治工作】 2018年,农行铁山港支行加强员工的政治思想学习教育活动。学习贯彻中共十九大精神和中共中央总书记习近平系列重要讲话精神,进一步抓实党员干部的思想教育工作,强化政治引领;农行铁山港支行领导班子带头学习,采取集中学习、个人自学、组织讨论等形式,认真组织学习习近平在中共十九大上的讲话及有关文件精神,对党员干部学习情况进行检查,使党员干部正确领会精神实质,指导工作。年内,农行铁山港支行党支部书记主持学习5次,为党员上党课2次,班子其他成员为党员上党课2次。农行铁山港支行党支部政治学习计划实行月安排,对学习出勤情况每月进行通报;对未能参加支部政治学习的党员进行补课,党支部书记定期审阅党员政治学习记录本。

【廉政建设】 2018年,农行铁山港支行贯彻学习《中国共产党廉洁自律准则》《中国共产党纪律处分条例》和《中国共产党巡视工作条例》,认真落实党风廉政建设"两个责任",带头执行党风廉政建设有关规定,严格执行中央八项规定,落实党支部主体责任,引导党员干部在思想上、作风上、工作上以"四讲四有"党员标准来严格要求,争做好干部。农行铁山港支行领导班子深入员工,和员工谈心,及时了解员工的思想动态,提高员工的积极性。

【党组织建设】 2018年,农行铁山港支行坚持"两学一做"学习制度,增强党支部工作透明度;在营业大厅设立党员示范岗展示牌,树立典型学习先进,发挥先进典型的引领和带动作用;党费收缴做到按时交纳、全额上缴,无漏报瞒报现象。

(邱光和)

中国银行股份有限公司北海市铁山港支行

【概况】 中国银行北海市铁山港支行(简称中行铁山港支行)成立于2011年5月6日,位于铁山港区四号路临时商业街,中行铁山港支行已发展成为多功能性综合支行。2018年,中行铁山港支行有员工8人;存款4.36亿元,贷款11.49亿元。

【支持地方经济发展】 2018年,中行铁山港支行积极对接地方经济发展战略,支持实体经济发展,紧跟国家"一带一路"政策规划,一方面加大对符合国家产业政策和北海市经济结构调整的企业和项目的支持,另一方面是加大对重点企业、项目的支持力度,全年为斯道拉恩索(广西)浆纸有限公司、国投北部湾发电有限公司、北海铁山港务有限公司等重点企业和LNG(天然液化气)等大型项目累计发放公司贷款14亿元;积极创新服务手段,加大对中小微企业、涉农企业的支持,全面推广普惠金融业务。中行铁山港支行依托"中银信贷工厂"新模式,推出结算通宝、税贷通、贷押通、林权通宝、快易贷、中银网络通宝、沃融易、助保贷等信贷产品,以及通过减免费用、降低收费标准等手段,解决中小微企业融资难问题,全年已为3家中小企业核定授信额度;大力支持消费金融发展,加强对个人住房贷款、汽车分期业务、消费分期业务、现金分期业务等支持,同时大力发展个人投资经营性贷款业务,提高服务小微企业的辐射面,2018年为港区斯道拉恩索公司、诚德集团、信义玻璃、区工商局、区法院、区(镇)政府、铁山港区管委会等机关、企事业单位提供住房按揭、信用卡分期等消费金融服务。中行铁山港支行定期举办网点微型沙龙活动,为个人客户定制专属产品及服务。

【智能化升级建设】 2018年,中行铁山港支行继续以提升客户体验为目标,不断增加自助设备投入使用。中行铁山港支行完善了诚德集团厂区、斯道拉恩索厂区、四号路临时商业街自助终端设备建设使用。中行铁山港支行推动支行的智能化升级建设,投入新设备(智能柜台)并配套开展支行的服务销售流程与工作流程优化工

2018 年,中行铁山港支行党支部开展入村敬老活动

中行铁山港支行　供

作,极大提升支行的服务效率和客户体验。

【扶贫济困】 2018 年,中行铁山港支行认真履行社会责任,积极响应国家乡村建设(扶贫)政策,投入人力、物力开展金融服务下乡村活动,积极为附近乡村干部、群众宣传银行金融产品及风险防范知识;联合附近村民委员会与贫困老人座谈,掌握他们生活上的困难,为他们送上生活用品。

(王瀚民)

中国建设银行股份有限公司北海铁山港支行

【概 况】 1995 年 9 月 28 日,中国建设银行股份有限公司北海铁山港支行(简称建行铁山港支行)成立,是中国建设银行股份有限公司北海分行直属的分支机构,2011 年 7 月 12 日搬迁至北海市铁山港工业园区四号路中石化异地改造项目石化生活区大门临街铺面,共有员工 7 人,开设有 2 个服务窗口,在网点内布放自动取款机 1 台、自动存取款一体机 2 台、智慧柜员机 4 台。2018 年有存款余额 5 亿元,贷款余额 7.6 亿元。

【业务范围】 2018 年,建行铁山港支行依托铁山港工业园区发展的优势,充分发挥金融支持作用,紧跟铁山港区发展步伐,不断深入企业合作,积极推进普惠金融,助力企业发展,不断提高金融服务的辐射面。建行铁山港支行可以受理的业务范围包括但不限于四类,一是资产类业务:抵押担保贷款、质押担保贷款、国内外信用证贷款、保证担保贷款、应收账款质押贷款、固定资产贷款、流动资金贷款、个人消费贷款、其他自然人信用贷款;二是负债类业务:活期存款、定期存款、转账业务;三是中间业务类:代理销售保险和理财产品、政府企事业代收代付业务;四是在 2015 年 10 月 16 日获得建行自治区分行同意开办外汇业务的授权,可开办的外汇业务有:外汇存款、外汇贷款、外汇汇款、国际结算、结售汇和代客外汇买卖(含个人外汇买卖)。

【风险防范】 2018 年,建行铁山港支行进一步夯实基础管理,不断提高管理水平,促进各项业务稳健开展。加强风险管理,不断提高风险防控意识。根据上级部门下发的关于各项业务风险防控的文件,积极开展学习,定期组织风险分析会,做好信用卡、快贷业务的催收工作,做好业务风险预防工作。此外,每季度组织开展安全演练,做好网点安全保卫工作。定期组织员工学习专业技能,提高员工业务素质。通过晨会,组织业务专管员开展转培训学习,及时传达各项业务最新办理要求,及时更新员工知识库,提高了员工规范操作能力,对业务办理全过程做好风险把控。开展警示教育活动,做好风险内控工作。积极开展和参与各项警示教育活动,如走进北海监狱进行警示案例学习。同时发挥各项制度文件的规范性作用,指导和规范员工行为,严格把控各项业务的合规性,提高员工的自律意识。

【客户服务】 2018年，建行铁山港支行继续加强客户服务工作，始终坚持“以客户为中心”的服务理念，以提高客户满意度和信任度为出发点，重视客户体验和需求，不断提高服务质量。建行铁山港支行提升网点服务形象。积极践行上级部门的各项要求，不断规范网点服务礼仪，定期开展网点服务礼仪培训，不断加强和巩固网点服务水平；重视服务质量，加强服务团队建设，行长带头营销，客户经理跟踪维护，网点做好服务，全面联动营销和开展工作，提高了营销效率，提升了服务质量；积极承担社会责任，积极践行建设银行总行提出的三大战略，推进普惠金融发展。通过实地走访客户，了解客户需求，以客户需求为出发点，以合规为基础，积极推进小微企业贷款工作，助力小微企业发展。同时积极配合开展“创建文明城市”工作，做好网点服务，积极承担国有大银行的社会责任。

【企业文化】 2018年，建行铁山港支行把人文文化建设作为业务发展的支撑点，以实际行动推进人文关怀工作落实。建行铁山港支行实行新员工“导师制”，切实做好传帮带，帮助新员工尽快融入工作环境，掌握业务知识，树立合规从业意识；建立员工之间的有效沟通机制，通过定期与员工交心谈话，掌握员工思想动态，了解员工职业发展方向，营造了良好的团队氛围；三是开设“劳动者港湾”区域，免费为劳动者提供茶水和休息区域，打造出一个暖心企业社会形象。

（戴艳玲）

北海市区农村信用合作联社南康信用社

【概况】 2018年，北海市区农村信用合作联社南康信用社（简称南康信用社）下辖4个营业网点，包括位于南康镇的营业部和银丰分社，位于兴港镇的赤江储蓄所和石头埠分社，2处24小时自助银行，服务区域覆盖南康镇及兴港镇，在职员工43人。2018年，南康信用社各项贷款余额16139万元，其中面向农户的涉农贷款4200万元，面向小微企业及个体工商户的贷款余额8000多万元。

贷款支持 2018年，海洋渔业资源逐渐枯竭，铁山港渔民面临产业转型，由于当地渔民普遍没有合规合法的抵押物，其转型再生产活动常常受阻于资金的匮乏，为此，南康信用社在上级机构的指导下，制订符合当地特色的信贷政策，积极引进担保公司为当地渔民担保增加授信；同时通过举办养殖大户座谈会，信贷员驻村踩点跟踪等形式全面铺开涉农信贷投放。年内，南康信用社累计举办种养大户座谈会4次，贷款政策定点宣传21次，进村挨家挨户发放宣传资料121组次，向当地养殖业渔民发放贷款累计104户，2506万元，贷款类型包括金鲳鱼、大蚝、珍珠、对虾等养殖业。年内，南康信用社信贷投放主要专注在种（养）殖户、个体工商户、小微企业等群体，尤其扩大对于重点项目的配套公司、上下游小微企业的营销力度；对于存量经营暂时困难的实体企业，

2018年9月16日，南康信用社领导干部到铁山港区粤海饲料厂探讨落实银行＋饲料厂＋养殖户的新型融资模式　　南康信用社　供

2018 年 5 月 4 日，南康信用社员工与兴港镇种养大户在兴港镇石头埠居委会座谈　　南康信用社　供

南康信用社积极采取应对措施，尽量做到不抽贷、不压贷，同时利用南康信用社客户群体广的优势，积极为企业上下游牵线搭桥，支持企业兼并重组；并根据企业与南康信用社的合作深度，降低贷款利率的幅度，降低企业融资成本，缓解企业的经营难题。切实履行在当地揽储，把资金及税收留在当地的经营宗旨和切实担当，起着当地金融机构支持当地经济的社会责任，为铁山港区打造向海经济提供资金保障。

【扶贫贷款】 2018 年，南康信用社向 688 户贫困户发放扶贫小额信用贷款共计 3357 万元，贷款覆盖南康镇、兴港镇共计 26 个村委。南康信用社对申请扶贫贷款的贫困户，一律开通扶贫贷款绿色通道，由专职信贷人员跟踪，限时办理；密切监管贫困户入股当地企业的扶贫资金，全年协助企业给贫困户分红 256.92 万元，解决贫困户生活及生产经营中资金紧缺的困难；对于贫困标准临界点的客户，在符合条件的前提下，大力发放农户小额信用贷款，解决该部分客户的生产资金难题。

【优化营商环境】 2018 年，南康信用社响应区政府号召，努力优化全区营商环境。为企业开立结算账户方面，承诺四天办结；对于特别重大，特别紧迫的项目，南康信用社安排专人到北海市人民银行中支办理审核类账户开立，尽量压缩办结时效。在信贷方面，一是严格执行限时办结制，在符合相关制度要求且资料齐全的条件下，单户小微企业 1000 万元（含）以下抵押贷款自受理之日起至最终发放原则上不超过 8 个工作日；二是优化信贷业务流程，将小微企业抵押贷款业务流程由 9 个环节整合优化为 4 个环节；三是落实"一次性告知"制度，让客户一次性获知办理信贷需要的资料；四是畅通信贷业务流程。开辟春耕支农业务审批"绿色通道"，对涉农企业信贷业务优先安排办理。五是公开信贷业务投诉渠道，杜绝办理贷款过程中出现"吃、拿、卡、要"等违法违规现象，在行动上回应了当地百姓对农村信用社及其员工的期待。

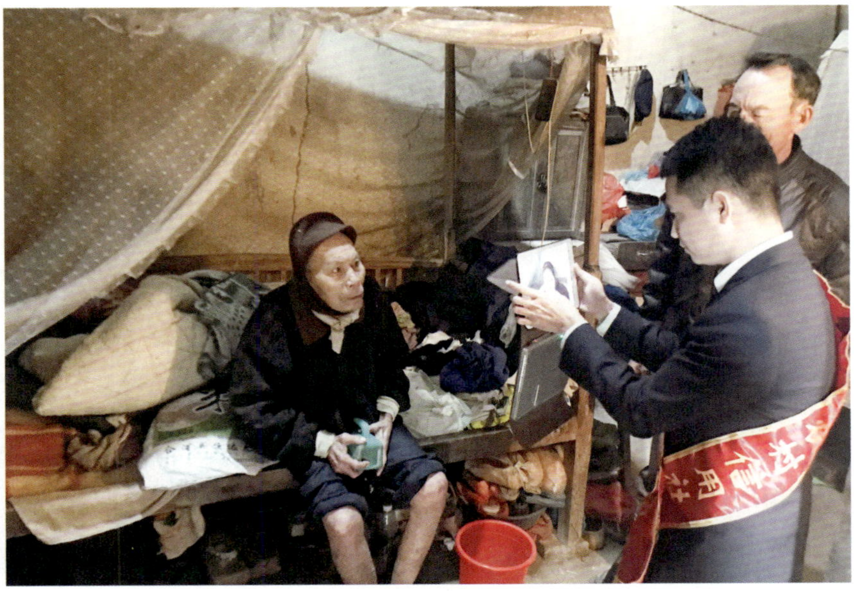

2018 年 12 月 20 日，南康信用社工作人员携带移动设备，上门为行动困难群众激活社保卡　　南康信用社　供

【金融服务】 2018年，南康信用社全力配合区政府社保部门代收代付工作，南康信用社代收南康镇、兴港镇大部分居民医保缴费，代发居民养老费约23万笔，代收铁山港区城乡居民医疗保险缴费合计6.26万次。年内，南康信用社配合区社保局下乡集中办理医疗保险收缴及激活社保卡业务49次。南康信用社下沉拓宽金融服务渠道，完善25处金融服务站，布设各类金融机具50余台，所辖金融服务站全年交易总量8.68万笔，实现村民不出村即可办理存取款、转账、查询等多项业务，打通金融服务最后一公里。南康信用社提供与居民衣食住行相关的金融服务，为居民办理代缴水费、电费、交通罚款等日常生活缴费，向当地村（居）民传授互联网金融结算方式和鉴别诈骗风险常识，为铁山港区群众搭建了良好的线上线下综合性金融服务网络。

（张泰庆）

营盘信用社

【概况】 营盘信用社是北海市区农村信用合作联社直属的分支机构，下辖3个网点，分别是营盘信用社营业部、火禄分社、黄稍分社。营盘信用社营业部位于铁山港区营盘镇营盘大街还珠路26号营盘边防派出所对面，开设有2个服务窗口，布放自助取款机1台，存取款一体机1台，自助综合机1台；火禄分社位于铁山港区营盘镇火禄村委会火禄市场旁，开设有1个服务窗口；黄稍分社位于铁山港区营盘镇滨江生活小区黄稍中学对面，开设有两个服务窗口，布放自助取款机1台，存取款一体机1台。2018年各项存款余额41130万元，各项贷款余额9356万元。

【业务范围】 2018年，营盘信用社可以受理的业务范围包括不限于：资产类业务：抵押担保贷款、质押担保贷款、保证担保贷款、应收账款质押贷款、固定资产贷款、流动资金贷款、个人消费贷款、农户小额信用贷款、其他自然人信用贷款；负债类业务：活期存款、定期存款、转账业务；中间业务类：代理销售保险和理财产品、政府企事业代收代付业务；结算业务：电子产品、支付宝业务、微信支付等。

【扶贫贷款】 2018年，营盘信用社全体员工把支持扶贫行动作为本单位重要的一项工作，把关爱本地区贫困户切身利益、促进地区经济发展为己任，为国家脱贫攻坚贡献力量。营盘信用社领导率全体员工多次放弃周末及法定假日休息时间，深入贫困户家庭了解贫困户生产生活情况，积极配合当地政府开展扶贫工作。年内，营盘信用社业务区内符合贷款条件的贫困户贷款均发放到位，共发放365笔扶贫贷款，金额1808万元，解决365户贫困家庭资金用款需求，为贫困户家庭生产生活提供支持。

【惠农支付服务点】 2018年，广西农村信用社“惠农支付服务点”是自治区内唯一一家开通此业务的金融机构。“惠农支付服务点”依托知名的商铺、居民住宅等，通过广西农村信用社的授权，在桂盛通（类似于poss机）上操作，从而实现为农

2018年6月17日，营盘信用社员工走访营盘镇青山头村南珠养殖基地，了解贫困户有关情况

营盘信用社 供

2018年5月30日，营盘信用社在网点培训室举行2018年桂盛通商户业务培训暨便民点代理服务费发放　　营盘信用社　供

民存取款、查询、转账等功能。“惠农支付服务点”的开通，给广大农村群众带来很多便利，农村群众可以就近办理大部分金融业务，省去在银行排队的时间。营盘信用社还赋予辖区内“惠农支付服务点”反假币宣传、个人征信制度宣传等功能，加深群众对金融知识的了解。年内，营盘信用社在各村委共设置了12个“惠农支付服务点”，方便了农村群众对金融服务的需求。

【金融服务】 群众办理银行账户激活、挂失业务，需要本人亲自办理，常遇到客户本人因病或其他原因无法到场办理。营盘信用社急群众所急，为避免出现抬人到信用社营业部办理业务的现象，依托“e挎包”移动终端走出营业厅走村入户开展现场办理开卡、激活、挂失、电子银行等非现金业务，积极为广大群众提供上门服务。2018年11月19日至12月23日，是居民医保缴费高峰期，营盘信用社协助区社保局开展居民医保费用征缴攻坚行动，抽调人手深入到辖区内11个村委，上门现场代收医保缴费，缓解了居民到银行排队缴费难的问题，协助乡民积极参保，享受国家改革发展的红利。年内，营盘信用社利用“e挎包”上门服务，共办理上门开卡、社保卡激活、电子银行、挂失等业务580人次。　　（廖崇智）

中国太平洋财产保险股份有限公司北海中心支公司铁山港营销服务部

【概况】 中国太平洋财产保险股份有限公司北海中心支公司铁山港营销服务部（简称太保财险铁山港营销服务部）位于北海市铁山港区南康镇朝阳大道82号，隶属于中国太平洋财产保险股份有限公司北海中心支公司，有在职员工3人，全部具有大专及以上学历。

【主要险种】 2018年，太保财险铁山港营销服务部主要经营险种为机动车辆保险、船舶保险、企业财产损失保险、家庭财产损失保险、国内货物运输保

2018年11月20日，营盘信用社员工在营盘镇石村村委会开展现场为群众代收医保缴费服务　　营盘信用社　供

险、海洋货物运输保险、家庭财产综合保险、雇主责任险、公众责任险、校园方责任保险、学生险、建筑工程保险、安装工程一切险和意外伤害综合保险等。

【业务工作】 2018年，太保财险铁山港营销服务部保费收入283万元，中国太平洋财产保险股份有限公司北海中心支公司全年处理各类理赔案件7870件（含太保财险铁山港营销服务部），理赔金额3626万元（含太保财险铁山港营销服务部），理赔结案率93%（含太保财险铁山港营销服务部）。

【客户服务】 2018年是保险公司的优质服务促转型发展年，太保财险铁山港营销服务部秉承"客户服务至上"的服务理念。在承保方面，太保财险铁山港营销服务部开展各项便民措施：上门验车、送单上门等，在9月份的学生险办理高峰期，太保财险铁山港营销服务部在各乡镇、农村学校设置咨询参保点为客户办理业务，做到全心全意为群众服务；在理赔方面，不断深挖客户需求，优化理赔流程，缩短理赔时效，以"用户最佳体验"为出发点，推出丰富的车险、人伤理赔服务项目，为广大车主提供事故指引、快速理赔、紧急救援等便民服务。做好车险轻微财产损失交通事故快速处理，急客户所急，想客户所想，提供全程省心暖心服务。线上提供人伤在线咨询，理赔指引，在线定损及医疗服务等建议，做到人伤理赔更专业、更简单。（陈 刚）

2018年12月27日，客户向太保财险铁山港营销服务部工作人员送锦旗表达感激之情　　太保财险铁山港营销服务部　供

经济行政管理和监督

宏观经济管理

【概况】 北海市铁山港区发展和改革局(简称区发改局)属北海市铁山港区人民政府综合经济管理部门,有工作人员7人。其中:区发改局2人,下属事业单位铁山港区医药卫生体制改革工作办公室2人、铁山港区价格监督检查分局3人。

【编制实施规划】 2018年,区发改局在客观全面评估2017年全区国民经济及社会发展执行情况的基础上,深入调研分析,广泛征求意见,科学编制《北海市铁山港区2017年国民经济和社会发展计划执行情况与2018年国民经济和社会发展计划(草案)》,顺利通过区五届人大三次会议审议并付诸实施。在规划实施过程中,紧密联系统计、工信、财政等部门,抓好重要经济指标、重点项目、重点工作任务的分解实施,细化分解目标任务,挖掘潜力,落实措施;定期进行经济运行分析,加强计划执行的预测监测,及时发现存在问题并提出对策建议,强化综合协调,确保计划顺利实施,促进全区经济社会健康发展。

【项目和投资管理】 2018年,铁山港区有列入自治区层面统筹推进项目6个,列入市级重点项目95个。完善重大项目策划与推进工作机制,形成“1+8”工作组,进一步加强项目组织协调,确保项目按计划推进,完成项目开(竣)工率、投资额和前期工作等各项指标任务。

为确保完成北海市下达铁山港区2018年固定资产投资任务,区发改局与铁山港管委会经济发展局细化分解目标任务,落实责任到相关部门及项目业主,充分挖掘潜力;配合统计部门抓好项目入库入统工作,做到应统尽统。全年全区固定资产投资完成37.59亿元,同比增长21.67%,其中工业区增长24.22%、区本级增长12.63%。

【改革工作】 2018年,区发改局协助协调相关部门推进公务用车制度改革,完成机关公务用车信息管理平台建设;组织推进医疗卫生改革,全面启动区人民医院和区妇幼保健院等城市公立医院综合改革;认真推进全区经济体制改革,按时按要求报送相关资料。

【县域经济发展工作】 2018年,区发改局组织制订实施《北海市铁山港区关于进一步促进县域经济加快发展的实施方案》和《北海市铁山港区2018年度县域经济发展工作计划及责任分工表和“补短板”工作计划》。区发改局提出全区“十三五”县域经济目标、发展重点及主要任务,明确部门责任,细化年度县域经济各项主要考核指标任务分工,实施补短板专项行动,组织专题会议,强化工作措施,组织推进县域经济发展提升各项工作落实;组织有关部门反复筛选项目,建立健全乡村振兴、产业发展、基础设施、公共服务能力提升三年行动计划项目库,年内入选项目库的项目共43个,总投资186.93亿元,其中3个项目列入自治区2018年实施项目,获得补助资金1878万元。

【节能减排工作】 2018年，区发改局加强全区节能减排宣传，组织开展节能宣传周和低碳日宣传活动。指导重点企业申报争取节能技改项目资金，督促重点企业落实节能减排措施，完善重点耗能企业节能降耗分析联席会议制度，严格执行项目节能审查。（蔡德裕）

物价管理

【概况】 北海市铁山港区物价局（简称区物价局）与区发改局一套人马两块牌子，下属单位有铁山港区价格监督检查分局。2018年，区物价局认真贯彻落实全市物价工作会议精神，狠抓物价管理，加强价格监管，有力维护市场价格秩序，营造良好的价格环境。

【收费管理】 2018年，区物价局落实收费清单制度进行收费动态管理。为监管收费行为，确保收费政策公开、公平，区物价局根据国家和自治区文件精神，梳理各收费单位收费情况，对属于政府定价或政府指导价范畴的行政事业性收费、涉及房地产收费、涉农收费进行清理，并通过网络平台公布上述各项清单，实现“目录之外无收费”；收费目录清单公布后，落实对目录清单动态管理，根据收费政策变动情况，对新增、取消或停收、调整收费标准的项目及时更新相关内容，通过门户网站向社会公布，接受社会监督。根据权限，区物价局受理和审批了一批行政事业性收费项目，依据申请对各乡镇公立幼儿园收费标准以及高中住宿费收取标准及时审批，为各学校按时开学做好服务；开展教育收费检查，治理教育乱收费。8月底至9月初，区物价局组成2个联合检查小组，采取自查和抽查的形式，对区内30所中小学、幼儿园的教育收费进行检查，通过“听、查、看、问”的方式，检查各学校是否存在多收费、乱收费行为，收费公开、公示是否规范齐全等问题。

【价格调查监审】 2018年，区物价局指导公立医院开展医药价格改革工作，督查医药改革政策执行情况，贯彻落实《广西壮族自治区物价局　卫生和计划生育委员会　人力资源和社会保障局关于印发〈广西公立医疗机构病房床位价格管理暂行办法〉的通知》精神，深入铁山港区人民医院对医疗服务项目价格进行细致的调查，并将铁山港区人民医院病房床位价格调整进行审核上报。

【价格违法查处】 2018年，区物价局依法查处乱收费行为，切实减轻农民和企业负担。区物价局重点开展教育、医药和涉农、涉企价格收费检查，年内物价基本保持稳定，为全市实现价格调控目标做出贡献；开展农资价格检查，重点查处化肥等农资价格违法行为，减轻农民负担；开展医疗收费检查，检查3家医疗服务机构，重点查处自立项目、强制服务、分解项目收费和只收费不服务等违规行为，减轻病人负担；检查6家药店药品明码标价问题；在元旦、春节等重大节假日期间，为预防不法商贩哄抬物价和价格欺诈行为，区物价局安排物价检查干部轮流值班，确保

2018年12月24日，区物价局工作人员到南康自来水厂开展对水厂事业性收费专项检查　　区物价局　供

"12358"热线电话24小时开通;同时,出动2个检查组,检查人员32人次,深入主要市场和街道进行价格巡查,维护市场价格秩序和保护消费者利益;密切关注商家促销活动的价格行为,重点开展副食品、成品油、交通运输、通信等群众生活密切相关商品和服务价格的检查,督促商家做好明码标价工作,维护市场价格秩序和保护消费者利益。继续打造"12358"品牌,严格执行价格举报制度,规范价格举报工作流程和承办行为,认真处理群众价格投诉举报,加大价格举报案件的查处力度,妥善化解价格矛盾和纠纷,促进社会和谐稳定。全年共受理价格举报2件,办结2件,办结回复率100%。

【价格法律法规宣传】 2018年,区物价局为普及价格法律法规知识,提高人民群众维权意识。3月15日,区物价局在南康镇文化广场开展价格法律法规政策宣传活动;活动共出动检查干部4人,出版1期以宣传价格法律法规内容的板报,悬挂横幅5幅,向群众发放价格法律法规宣传资料1000多份。 (蔡德裕)

工商行政管理

【概况】 2018年,北海市工商行政管理局铁山港分局(简称铁山港工商分局)是北海市工商行政管理局的派出机构,内设办公室(人事、财务与后勤保障股)、法规股、消费者权益保护与商标广告监督管理股、市场规范管理与反不正当竞争执法股、企业与个体私营经济监督管理股,有干部职工32人;下设北海市工商行政管理局铁山港分局经济检查大队,下辖南康、营盘、兴港3个基层工商所。年内,铁山港工商分局以狠抓队伍建设为根本,以强化市场监管为目标,切实履职尽责,确保在机构改革新形势下工商事业的稳步发展,为铁山港区发展营造良好的市场环境,荣获2018年度北海市烟草市场清理整顿打假打私工作成绩突出单位(集体)。

【商事制度改革】 2018年,铁山港工商分局推行1个工作日办结制。4月1日,铁山港工商分局推行3个工作日办结工商登记制度,比文件要求为2018年8月底完成的目标提前五个月;12月1日,铁山港工商分局通过压缩企业开办环节,引入企业名称自主申报系统,取消名称核准环节,压缩企业开办时间以及减少企业开办成本,将办理营业执照时间压缩到1个工作日。推进电子全程化。铁山港工商分局推进电子营业执照和网上登记全程化宣传指导工作,主动靠前服务企业,对申请电子营业执照的市场经营主体实行"淘宝客服式"全程指导服务,并提供营业执照邮寄服务,使经营者足不出户,就能完成工商登记事项办理,降低市场经营者创业创新的时间成本。同时,持续做好电子全程化的宣传工作,通过上门宣传、LED显示屏宣传、手机短信等方式推广企业登记全程电子化。年内发出9份电子营业执照,1家企业自主网上核定名称。

【市场主体注册登记和监督管理】 2018年,铁山港工商分局新登记私营企业户数116户,注册资金4.07亿元,从业人员511人,分别同比上升100%、347%、411%;农民专业合作社新设立7户,出资总额1670万元;个体户新发展812户,资金数额6330.78万元,从业人员1829人,分别同比增长25.7%、45%、35.5%。主要做法:一是做好上年年报公示。2017年度铁山港区企业年报率94.83%,个体户年报率93.72%,农民专业合作社年报率93.02%;二是实施"双随机一公开"监管工作。年内,铁山港工商分局落实自治区工商局关于《做好2018年下半年"双随机、一公开"监管抽查检查工作的通知》精神,按照北海市工商局工作部署,扎实开展"双随机一公开"检查工作,组织执法人员在6月至11月对全区169户市场主体开展三次"双随机"抽查,未发现问题142户,占抽查总数的84%;应列入经营异常名录的有6户，占抽查总数的3.6%；发现问题已责令改正6户，通过登记住所(经营场所)无法联系的有13户，发现问题待后续处理的有5户，未按规定公示应当公示的信息有1户，未发现开展本次抽查涉及的经营活动2户，公示率100%。

【查办案件】 2018年，铁山港工商分局严格依照法律程序开展案件核审、行政处罚信息公示，共查办各类按一般程序作行政处罚案件52件，没有漏案错案，其中无照经营案件17件，销售侵权商品案件17件，擅自变更登记事项案4件，擅自使用未经核准登记注册企业名称从事经营活动案1件，销售伪造厂名、厂址肥料案1件，销售不合格肥料案3件，销售不合格燃气灶具4件，违法发布一般广告1件，违规发布医疗广告4件，已入库罚没款23.66万元。

【市场规范管理】 2018年，铁山港工商分局加大市场监管力度，与辖区其他执法部门开展联勤联动联合执法模式，抓住重点领域市场监管的关键环节和关键问题，有针对性地开展市场监管执法工作，先后组织开展清理整顿烟草市场、查处商标侵权、查处违法广告、旅游市场监管、成品油抽检、节假日期间专项检查行动、烟花爆竹市场监管、安全生产监督检查等执法行动，确保辖区市场秩序的有序运行。铁山港工商分局开展红盾护农，进行农资抽检活动。开展农资专项检查行动，共出动执法车辆33辆次、执法人员72人次，共检查农资经营店63户次，发现伪造厂名、厂址肥料1批，并立案调查，年内已结案，没收伪造厂名、厂址肥料1.25吨，罚没款已入库2500元；开展农资抽检，年内对2批次的流通领域肥料抽检行动，抽检农资样品15个，涉及农资经营户11户，其中合格样品12个、不合格3个；立案查处3起，罚没款已入库30180元，并没收不合格水溶肥56桶，共1.12吨。年内，铁山港工商分局加大对市场、超市等场所的巡查力度，围绕以食品、保健品、儿童用品、家用电器等民生行业，严厉查处商标侵权行为，共查处商标侵权案件8件，罚没款5900元，保护商标所有权人和广大消费者的合法权益，维护公平竞争的市场环境。加大对违法广告的整治力度，依法查处各类虚假违法广告行为，查办和曝光一批大案要案，进一步遏制违法违规广告屡禁不止、多发势头。增强广告主、广告经营者、广告发布者、广告代言人法律意识和依法自觉性，全年立案查处违法广告案件5件，罚没款8.33万元，保护消费者合法权益，促进辖区广告行业健康发展。根据区政府工作安排，铁山港工商分局开展全面矿产品排查整治行动，共排查矿产品堆场和加工场共88个，其中兴港镇64个，南康镇20个，营盘镇4个。88个矿产品堆场和加工场中，有39个有营业执照，有49个无营业执照(无法确认当事人或者无法找到当事人的36个)；已立案查处17起，已结案9起，罚没金额共计6.95万元。铁山港工商分局开展打击传销工作，

2018年3月8日，铁山港工商分局开展家用燃气热水器市场监管行动

铁山港工商分局 供

2018 年 9 月 20 日，铁山港工商分局执法人员到兴港镇谢家村委开展品质消费教育乡村行活动 铁山港工商分局 供

出动执法宣传车 18 辆次，在各街道、社区、村委大造声势，发放宣传资料 120 余份、张贴宣传海报 40 余张，营造严打传销的社会氛围，取得良好效果。全区创建的 4 个无传销社区（村）、2 个无传销小区继续保持“无传销”的局面。

【消费维权保护】 2018 年，铁山港工商分局围绕“品质消费 美好生活”“3·15”主题，分别在营盘镇白龙市场、兴港镇七号路市场、南康镇商业街主干道——银丰路开展巡回宣传；8 月 8 日，铁山港工商分局围绕“品质消费教育乡村行”和“新宪法知识宣传”主题在兴港镇谢家村委开展宣传活动，引导农民通过合法途径维权，争做知法、懂法、守法的新时代农民；9 月 12 日上午，铁山港工商分局工作人员来到谢家小学开展消费维权普法教育进校园暨爱心企业资助贫困户志愿服务活动，为谢家小学学生带去一堂生动有趣的维权知识课。年内，铁山港工商分局收到北海市“12315”指挥调度系统和当事人现场投诉件共 6 件，其中“12315”指挥调度系统分送 4 件，当事人现场投诉 2 件，全部按时办结，其中调解终止 2 件，调解成功 4 件，为消费者挽回经济损失 8000 余元；在全国“12315”互联网平台收到投诉件 3 件，经核查，均不是铁山港辖区受理范围，分别电话通知当事人并建议修改受理单位。

【非公党建】 2018 年，铁山港区“小个专”党委通过指导企业创建党建示范点、送书籍、送党课、上门服务解决企业实际困难，引导企业开展党旗领航、诚信经营等活动，以党建促发展；通过积极开展和参与城乡清洁志愿服务活动、青少年（留守儿童）关怀活动、法律宣传志愿活动、困难职工慰问活动等社会活动，发挥基层党组织的先锋模范作用，取得良好的社会效果，为企业树立良好的形象。年内，铁山港区“小个专”党委共下辖“小个专”党支部 6 个，党员 20 名，入党积极分子 4 名，覆盖“小个专”市场主体

2018 年 3 月 15 日，铁山港工商分局开展“3·15”主题宣传活动 铁山港工商分局 供

35户。

【精准扶贫】 2018年，铁山港工商分局把精准扶贫工作列入年度重点工作，在春节期间为贫困户送去30包大米和30包糖等生活物品；农耕时节，联系北海市粤联肥料有限公司为贫困户捐赠2吨化肥；中秋节期间为贫困户送去月饼等慰问品；局领导带头和驻村工作队组成调研小组实地走访调研贫困户生产生活实际困难，帮助联系解决青壮年贫困户工作问题3人；动员爱心企业——北海友邦公司对贫困学生进行一对一帮扶和奖励，解决学习生活困难。年内，铁山港工商分局帮扶的贫困户有4户成功脱贫，全局帮扶的29户贫困户有13户成功脱贫。

【精神文明建设】 2018年，铁山港工商分局推进精神文明各项工作的开展，引导干部职工提升文明素养、弘扬时代新风。铁山港工商分局组织青年志愿者开展各项志愿服务活动，2月13日，到南康镇陂塘村幸福院开展“关爱孤寡老人”志愿服务活动，为孤寡老人带去节日的问候和祝福；3月12日，组织铁山港工商分局志愿者到营盘镇青山头开展“志愿服务活动进景区”活动，清理青山头景区内的垃圾；10月17日，铁山港工商分局组织共青团员和入党积极分子等志愿者开展重阳节敬老慰问活动，为老人们送去一份关爱和温暖。铁山港工商分局开展道德讲堂活动，年内，共举办以“家庭美德”“赠人玫瑰手有余香”“爱岗敬业无私奉献”“小信诚则大信立”为主题的4期道德讲堂活动，全体干部职工接受了深刻的思想道德教育。

（陈明媚）

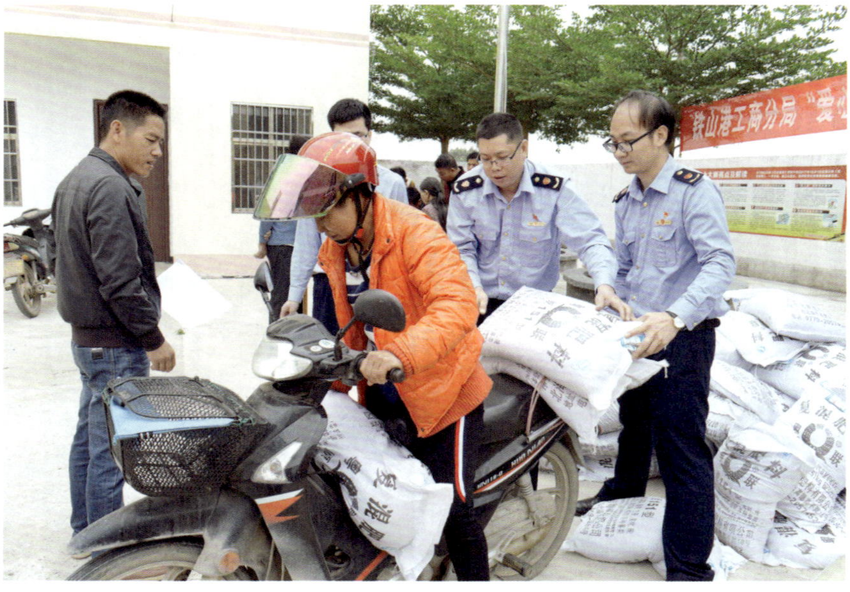

2018年4月17日，铁山港工商分局给帮扶的贫困户对象捐赠化肥

铁山港工商分局　供

国土资源管理

【概况】 2018年，北海市国土资源管理局铁山港区分局（简称区国土分局）内设办公室、执法监察地矿股、土地规划耕保利用测绘股、地籍股和财务股5个股室，有工作人员21人。区国土分局和北海市铁山港区国土资源局执法监察大队合署办公，北海市铁山港区国土资源执法监察大队为参照公务员法管理的相当正科级财政全额拨款事业单位，有在编在职人员13人。区国土分局职责是贯彻执行国土资源管理的方针、政策和法规；配合做好国土资源规划，承担土地开发利用和耕地保护的管理工作；负责国土资源的调查、统计，土地确权、登记初审工作；承担辖区各乡镇、村（居）委会和农村集体经济组织集体建设用地及农村宅基地受理、初审及报批和临时用地审批工作；受理采矿许可证初审及上报工作，组织开展土地、矿产资源执法监察工作；负责调处国土资源权属纠纷以及因权属纠纷的来信来访；做好国土资源管理的法律法规和政策的宣传普及工作，负责国土资源管理档案资料及归档工作。

【国土资源结构】 2018年，铁山港区土地总面积约5.04万公顷。其中，耕地1.87万公顷，占37.10%；园地397.97公顷，占0.79%；林地6761.89公顷，占13.43%；草地936.93公顷，占1.86%；城镇村及工矿用地8040.13公顷，占15.97%；交通运输用地2211.89公顷，占4.39%；水域及水利设施用地1.17万公顷，占23.19%；其他土地1640.28公顷，占3.26%。全区土地分布为：南康镇1.77万公顷，占35.08%；营盘镇9898.67公顷，占19.66%；兴港镇1.23万公顷，占24.51%；国有滩涂1.01万公顷，占20.05%；国有岛屿352.07公顷，占0.70%。

【矿产资源】 铁山港区矿产主要为低值非金属矿，一般集中连片、埋藏较浅。储量较大的有高岭土、石英砂、陶瓷土等，其次是石灰石、泥炭土、褐煤、无烟煤、釉泥等。年内，铁山港区内没有持有有效期采矿证的矿山企业。高岭土、石英砂均限制开采。

【执法监察和地矿管理】

查处违法用地 2018年，区国土分局立案查处项目违法用地案件9宗，用地面积1.93万平方米，罚没款24.09万元；查处农村个人违法建房用地案件349宗，用地面积约4万平方米；通过联合执法，拆除违法建设用地158宗，建筑面积约6万平方米。

打击非法采矿 2018年，区国土分局开展联合执法80次，驱离非法开采人员48人次，扣押处理盗挖机械一批、作案车辆27辆。全年查处非法采矿行政立案7宗，罚没款21.75万元，非法采矿刑事移送4宗，线索移送3件，公安机关刑事扣留8人，网上追逃4人，基本遏制陆地非法采矿行为，没有新发生非法采矿行为。区国土分局按“三不留，一毁闭”的要求，非立案整改7个非法开采点，对非法矿坑采取回填、平整、绿化、复垦等措施恢复治理开采点17个。

土地矿产卫片监督检查 2018年，铁山港区违法建设占用耕地面积与新增建设用地占用耕地面积比例约为5.64%，土地矿产卫片监督检查工作通过市级和自治区级验收；土地矿产卫片执法监督检查案件查处履职到位率100%，查处整改到位率79.33%，没有被警示约谈、追究责任现象。

矿业秩序集中整治 2018年，铁山港区国土、公安、工商等部门形成合力，对全区矿业秩序开展集中整治行动。经过排查，铁山港区有非法矿产品堆场32个，清理取缔20个，清理无主矿产品2000多车次，约4.7万立方米；清查非法矿产品加工场29个，工商部门立案查处3个，移送公安机关1人；清查非法开采点24个，立案7宗。区国土分局指导乡镇立案7宗非法采矿案件，罚没款21.75万元，公安机关刑事拘留8人，发布网上追逃信息4人。

矿坑修复 2018年，区国土分局以环保督察“回头看”为契机，按照“一坑一策”“一点一恢复方案”的原则和因地制宜、宜林则林、宜水则水、宜耕则耕的原则，对24个非法开采遗留矿坑进行生态修复。其中，根据采坑采取回填平整、种植桉树和撒播草种等措施的有19个，根据采坑改造为养殖水塘的有5个；投入经费630多万元，恢复林地93.33公顷，恢复草地58.71公顷，改造养殖水面11.4公顷，24个采坑均已通过市级初步验收。

【地政管理】 2018年，区国土分局完成2017年度土地变更调查与遥感监测工作，涉及图斑477个；受理不动产登记115宗，均在规定时限内办结。完成国有农场土地权籍调查100%，并通过不动产登记部门审核；完成国有农场无纠纷土地确权登记发证任务100%。区国土分局组织相关单位和人员配合北海市国土资源局完成北海市第三次土地调查工作任务，完成城镇内部土地细化调查和辖区范围行政界限确认工作。

“小块并大块”耕地整治项目 2018年，铁山港区兴港镇小马头村委木头田村、兴港镇大树岭村、营盘镇白东村委南边埒村、彬畔村委塘屋和塘西村、彬畔村委塘西和陈子塘以及辣了塘村、石村村委西塘村等6个“小块并大块”耕地整

治项目通过验收,其中5个项目已完成了奖补。

耕地保护 2018年,铁山港区和辖区三镇签订《耕地保护责任状》,完成北海市下达给铁山港区耕地保有量为1.88万公顷,基本农田保护面积为1.54万公顷任务。

【全国土地日宣传活动】 2018年是第28个全国土地日,活动周宣传主题是“珍惜土地资源 建设美丽家园”。在土地日宣传活动周期间,区国土分局制作板报1版、挂横幅2幅、发放宣传资料300份和设置便民咨询点1个,向群众宣传土地管理法律法规相关知识。

(石 敏)

审 计

【概况】 北海市铁山港区审计局(简称区审计局)成立于1998年7月,内设办公室、综合股,2018年有工作人员2人。年内,区审计局完成年初审计计划内项目30项。其中,上级审计机关统一部署跟踪审计2项,财政预算执行审计和其他财政收支审计2项,领导干部经济责任审计4项,扶贫专项资金审计调查1项,政府投资项目审计21项。审计涉及金额11.99亿元,其中政府投资项目金额6098.33万元。审计查出主要问题金额4606.33万元,其中应上缴财政1406.99万元,已上缴财政1406.99万元,应减少财政拨款或补贴460.08万元,已减少财政拨款或补贴460.08万元;提出审计建议72条,被采纳72条。

【财政审计】 2018年,区审计局围绕“揭露问题、规范管理、促进改革”的思路开展2017年财政预算执行审计,重点关注财政资金的存量和增量,促进盘活存量资金,提高财政资金使用绩效。通过审计,查出不规范金额3912.67万元,应上缴国库1405.38万元。针对审计发现的问题,提出完善财政预算编制和加强财政管理等意见建议,促进全区财政改革和制度建设,加强了部门预算执行审计力度。

【经济责任审计】 2018年,区审计局对4名领导干部开展任职期间经济责任审计,重点审查领导干部任职期间单位“资金、资产、资源”管理制度是否完善,制度是否有效执行,共审计查出违规金额1.61万元,管理不规范金额218.89万元,应上缴财政1.61万元。通过审计,将查出问题与完善制度机制有效结合起来,增强领导干部执行中央“八项规定”和财经纪律的意识,提高被审计单位财务管理水平。

【扶贫专项资金审计】 2018年,区审计局完成铁山港区2017年度扶贫专项资金审计调查,审计涉及金额2858.12万元,发现问题9个,查出管理不规范资金7.57万元,揭示和反映扶贫政策落实、扶贫资金管理、工程建设管理等方面问题,确保扶贫资金在阳光下运行、保障扶贫资金安全规范使用。

【固定资产投资审计】 2018年,区审计局发挥审计机关在控制重大项目成本、加强项目管理的作用,从核查项目投资决策、工程建设招标、工程建设实施和质量管理情况,物资采购和管理使用等方面,重点对新农村建设项目、生态乡村绿化工程、道路硬化工程等政府投资项目进行竣工结算审计,完成21项,核减造价437.35万元,为财政节约大量资金,确保政府投资建设项目安全、高效、健康运行。

【审计整改工作】 2018年,区审计局推动审计整改工作,通告、公告审计调查结果及审计整改情况12项。一是加强对审计整改情况的跟踪检查,采取逐项对照检查整改资料和现场检查等方式,对审计发现的问题紧盯不放,做到事事有落实;二是加大对审计结果和审计整改结果的公告力度,通过审计结果公告使公众了解公共资金的运行情况,推动阳光政府的建设,自觉接受社会公众的监督。

【扶贫工作】 2018年,区审计局深入基层做好挂点村精准脱贫帮扶工作,在挂点村,帮扶联系人与村委班子召开座谈会,掌握各村经济发展和制约村经济发展因素情况,与每个帮扶对象深入交流,了解他们生产、生活中遇到的难题,在政策、资金、工作协调等方面给予帮助。年内,区审计局支持村委工作费用0.2万元,划拨1.85万元用于建设驻村干部公寓,筹措慰问贫困户及产业扶持资金0.55万元,加快了贫困户脱贫致富步伐。

【队伍建设】 2018年,区审计局注重加强审计队伍建设。认真学习中共十九大和中共中央总书记习近平系列重要讲话精神,以习近平新时代中国特色社会主义思想武装头脑;将意识形态工作纳入重要学习内容,传达中共中央总书记习近平关于意识形态工作的重要批示精神,强化过程管理,让意识形态工作得到落实;抓好业务学习培训,提高干部队伍的审计业务技能。

2018年8月3日,区审计局局长莫深伟(主席台右)到营盘镇鹿塘村委举办2018年铁山港区宪法、审计法宣讲会

区审计局　供

【廉政建设】 2018年,区审计局发扬求真务实的工作作风,自觉遵守各项工作纪律。严格按照"两学一做"计划和"三会一课"制度,坚持集体研讨与个人自学相结合,做到"两个维护",牢固树立"四个意识",在思想上、行动上跟党中央保持一致;认真按照"一岗双责"的要求,严格执行谁主管谁负责的原则,将工作落到实处。同时,加强党员干部的严格管理,建立健全运行有效的激励和约束机制,形成规范化、制度化,制止各种违反工作纪律的问题出现,确保机关纪律作风始终良性运行;组织收听收看审计厅党风廉政建设工作视频会和审计署全国审计机关党风廉政建设工作视频会议,强化干部队伍的廉洁教育和求真务实意识,自觉遵守审计"八不准"和中央八项规定,严格执行国家法律法规制度开展各项审计。

（蔡冬春）

统　　计

【概况】 北海市铁山港区统计局(简称区统计局)于2007年10月从北海市铁山港区发展和改革局单列出来,是铁山港区人民政府主管统计和国民经济核算的工作部门。2018年,区统计局内设办公室、综合股,有工作人员1人;其中办公室负责统计执法、综合报表、GDP核算;综合股负责工交、固定资产投资、农业、社会科技、经济贸易、第三产业调查。下属北海市铁山港区统计普查中心(简称区普查中心)是财政全额拨款的副科级参公管理事业单位,2015年成立北海市铁山港区统计数据管理中心(简称区数管中心),为财政全额拨款的副科级参公事业单位,在区普查中心挂牌,增核编制后,区普查中心(区数管中心)有工作人员5人。

【常规统计工作】 2018年,区统计局认真抓好常规性统计报表的统计报送工作,扎实完成各专业统计年报和定期报表。

各专业积极与企业、镇、村和有关部门协调，做好农业、工业、能源、投资、贸易、社会科技、服务业、房地产、劳资、人口等重要专业统计数据的收集、审核和上报，做到应统尽统，不重不漏，并按照企业一套表联网直报制度要求完成全区统计报表任务。年内，区统计局按时编印和发布月度经济运行分析报告、月度经济指标数据，为区委、区政府决策提供依据。并通过政府门户网站、统计局内外网等各种渠道，向社会各界发布宏观经济的基本情况、统计信息和统计数据。

【第四次全国经济普查】 2018年，区政府成立北海市铁山港区第四次全国经济普查领导小组，下设办公室（简称区经普办）在区统计局。8月13日，在全区各级经普办和村委干部的共同努力下，完成43个普查区、56个普查小区的区域划分及绘图工作；9月4日，区经普办组织全体普查指导员和普查员（简称“两员”）举办北海市铁山港区第四次全国经济普查单位清查业务培训班，并分别于9月7日、13日、14日、20日组织业务骨干到区辖各镇对“两员”开展业务再培训，共培训“两员”200多人次；采取出动宣传车、挂横幅、LED（电子）显示屏等各种方式拓宽宣传渠道，向普查对象发放普查告知书2000多份，实现宣传全覆盖；综合各有关部门行政记录资料，编制出清查底册，在“两员”的共同努力下，清查底册单位共1434个，单位核查率100%；清查个体经营户3936户，完成铁山港区第四次全国经济普查清查任务，为2019年全区第四次经济普查正式入户登记奠定基础。

【城乡住户一体化调查工作】 2018年，区统计局按照国家统计局广西调查总队和北海调查队的工作要求，组织住户专业统计员通过培训以及上门访户等方式辅导调查户记账，同时做好各项报表录入审核及上报工作。根据《关于印发广西全面推广住户调查电子记账工作方案的通知》要求，区统计局组织住户专业统计员以走访调查户为契机，宣传推广电子记账工作。年内，全区有调查户60户，其中电子记账户22户。

【统计法制和规范化建设】 2018年，区统计局将统计法制和规范化建设贯穿到统计工作中，组织开展统计数据质量检查，严把统计数据质量关；区统计局统一制作115块统计工作制度牌，发到乡镇和企业，确保各级制度全部上墙，指导相关部门和企业搞好统计规范化建设；9月—11月，区统计局向群众发放800多份统计法宣传单和600多份《全国经济普查条例》宣传单。（李文键）

质量技术监督

【概况】 北海市质量技术监督局铁山港区分局（简称区质监分局）是北海市质量技术监督局派出的行政机构，有工作人员2人。2018年，铁山港立足质量兴区强区工作，设立质量兴区工作办公室，在区质监分局挂牌。区质监分局年初就做好谋划，把任务分解下达到各单位，明确各单位质量技术监督工作的责任和分工，健全质量监督工作考核机制，牵头完成北海市政府对铁山港区质量强桂战略年度考核，圆满完成品牌建设的任务。

【标准化工作】 2018年，区质监分局深化标准化改革工作，组织北海兴港码头有限公司申请并获得国家级服务业标准化试点；积极组织区辖各部门申报各项标准化示范区，在2018年的北海市质量强桂战略绩效考核中，铁山港区标准化工作取得排名第二的成绩。

【计量工作】 2018年，区质监分局配合北海市质监局开展重点耗能企业能源计量专项监督工作，对列入北海市重点耗能企业进行监督检查。

【特种设备安全监察】 2018年，区质监分局配合好北海市质监局及铁山港区安委办抓好特种设备安全监管工作，重大节假日对重点企业、重点场所进行排查，做好液化石油气充装站、危化品生产企业的安全检查工作，确保全年全区无特种设备安全事故的发生。

（杨钧淇）

安全生产监督管理

【概况】 2018年，北海市铁山港区安全生产监督管理和环境保护局（简称区安监环保局）内设办公室、安全生产协调股、安全生产监督管理股、环境保护综合股共4个职能股室，区安监环保局（含执法大队）共有干部职工15人。年内，铁山港区发生各类生产安全事故29起、死亡13人，其中道路运输20起、死亡11人，建筑施工2起、死亡1人，工贸行业7起、死亡1人，没有发生较大以上生产安全责任事故，安全生产保持总体平稳、稳步好转的态势。

【落实安全生产责任制】 2018年，铁山港区贯彻落实上级各级领导关于安全生产的指示批示精神，贯彻落实国务院、自治区、北海市安全生产工作决策部署，落实"党政同责、一岗双责""谁主管谁负责、属地负责"等安全生产责任制；成立铁山港区安全生产委员会（简称区安委会），区长担任区安委会主任，区委、区政府相关领导和各乡镇主要领导、各部门一把手责任明确；区委、区政府主要领导认真履行安全生产职责，区委常委会、区政府常务会分别专题学习《地方党政领导干部安全生产责任制规定》，听取安全生产工作汇报，研究部署安全生产工作；区委、区政府主要领导和班子成员分别带队检查指导安全生产工作，在年底考核中按照"一岗双责"要求将履行安全生产责任工作列入述职内容。

【安全生产检查及隐患排查治理】 2018年，铁山港区共开展4次常规性安全生产大检查，并在元旦、春节、壮族三月三、清明节、五一劳动节、端午节、中秋节、国庆节等重大节假日和全国"两会"期间等重点时段开展安全生产大检查活动，通过单位自查和职能部门检查、督查等方式排查治理安全生产隐患；排查出危险化学品重大危险源16处，摸清全区危化品风险分布状况，建立安全风险数据库，绘制"红橙黄蓝"四色风险分布图，逐一落实管控责任措施；督促各类企业和单位落实隐患排查责任制，加强隐患排查治理，实施安全风险辨识评估分级管控、落实风险隐患辨识、公告、治理、销号全过程闭环管理。加强联合检查、联合执法，深入开展危险化学品、烟花爆竹、粉尘防爆、有限空间、人员密集场所等专项治理，深入开展建筑施工、特种设备、民爆物品等行业领域安全专项整治行动，扎实开展道路交通安全大检查、整治"两客一危"（从事旅游的包车、三类以上班线客车和运输危险化学品、烟花爆竹、民用爆炸物品的道路专用）车辆和超载、超速等违法行为。年内，全区共检查各类企业4113家次，排查发现隐患3411处，下达执法文书1915份，完成整改3374处，整改率为99%。

2018年12月29日，铁山港区区长龙起云（右三）带队到广西北海和源石化有限公司开展安全生产大检查　　庞　健　摄

【安全宣传】 2018年，铁山港区开展“铁山港区2018年安全生产月”“安全生产八桂行”“安康杯”竞赛、铁山港区安全生产宣传教育“七进”活动、职业卫生宣传周等一系列活动，营造浓厚的宣传氛围，让“安全发展”理念深入人心。区安监环保局组织召开专题学习会，重点学习中共中央总书记习近平关于安全生产系列重要讲话精神，规范个人的行为、将安全生产变为自觉行动，提高安全的责任意识，克服麻痹大意和侥幸心理。利用社区公告栏、横幅、宣传栏等形式进行宣传，积极营造氛围，开展安全生产知识宣传，普及相关法制理念。开展生产安全事故警示教育，剖析典型安全生产事故的原因，汲取教训，“举一反三”认真查找存在的安全生产隐患，杜绝同类事故的发生，做好防范工作。开展安全咨询日活动，6月16日，区安委办组织参加了安全生产月咨询日活动，活动围绕“生命至上、安全发展”主题，广泛宣传普及安全生产法规常识和技能，弘扬安全文化。活动采取悬挂横幅、发放宣传资料、现场咨询等多种形式向群众宣传国家安全生产法律法规以及职业健康、施工安全、电力设施安全、消防安全等生产知识。广泛开展应急演练，按照《生产安全事故应急预案管理办法》规定，坚持贴近实战、注重实效原则，广泛开展应急救援指挥演练，提高协同应对生产安全事故的能力。7月3日，区安委办联合中石化北海液化天然气有限责任公司开展码头事故应急演练，演练结束后，组织评估、总结和宣传，通过综合评估、查摆问题，完善优化预案，组织开展应急预案、应急知识、自救互救和避险逃生技能方面的培训和比武竞赛等活动，提高企业从业人员防灾避险和应急处置能力。

（李祥光）

食品药品监督管理

【概况】 2018年，北海市铁山港区食品药品监督管理局（简称区食药监局）内设办公室、食品安全监管股、药品医疗器械监管股3个职能科室，有工作人员31人；下辖铁山港区食品药品稽查大队以及派驻的南康镇食药监所、营盘镇食药监所、兴港镇食药监所。负责全区“四品一械”（食品、药品、保健品、化妆品和医疗器械）安全的监督管理。

【行政政务】 2018年，区食药监局深化行政审批“放管服”改革，优化营商环境。区食药监局按照“两单融合”的要求认真梳理并完成权责清单的编制工作，编制办事指南并推行一次性告知和容缺办理承诺制，并在政府网站公布，方便群众办事；制订实施“一单两库一细则”“双随机一公开”监管模式，完成清理规范证明事项工作。全年共受理行政审批307份，其中“食品生产许可证”5份、“食品经营许可证”260份、食品摊贩登记申请27份、小餐饮登记证16份、食品小作坊登记证26份。年内，共出动监管执法人员2132人次，车辆462辆次，检查涉“四品一械”单位1482家次，发出《整改通知书》67份，立案21起，结案22起，罚没款9.91万元。“12331”食品药品投诉举报平台共接到群众投诉举报5起，年内处理完成并反馈意见信息5起。

【食品药品监管体系建设】 2018年，区食药监局加快完善食品药品监管体系，完善行政机关和执法机构岗位和人员，独立设置为政府部门，组建铁山港区食品药品稽查大队，下设派驻3个镇的食品药品监督管理所，42个行政村（社区）均配置1名以上安全协管员（兼职），形成区、镇、村（社区）三级监管网络。建立健全综合协调机构，铁山港区食品安全委员会办公室设在区食药监局，规范工作开展机制，每年定期召开会议，开展督导检查。根据辖区管理原则，各镇食药监所分区划片落实到具体的监管人员，实行网格化管理；明确区、镇、村（社区）基层食品药品监管员有责、有岗、有人、有手段，履行日常监管和食品药品安全抽检"四有两责"制度,实行"区抓查处、镇抓核查、村抓巡查"责任制,落实人员、办公场所、配备快检设备和执法车辆。

提高行政审批效率　2018年,区食药监局承接上级下放的核发食品生产经营许可证行政许可项目,打造便民服务窗口,完善行政审批流程,缩短法定审批时限,提高行政审批效率。全年共受理行政审批事项307份,接受群众咨询1060人次。

健全联动执法机制和检测能力　2018年,区食药监局与区农业局、区海洋与渔业局定期会面协商,并与区公安分局、区城管执法大队定期开展联合执法巡查,强化食品药品监督联动执法力度;推广应用电子化监管系统,各镇食药监所配备1至2台移动平板执法设备,全力推进信息化监管平台建设;完善快检室快检设备,提升食用农产品快速检测能力;组织参加食品药品监管、稽查办案等业务授课32次,培训人员188人次,提高队伍的专业技能。

【食品药品日常监管】2018年,区食药监局建立健全区级食品生产流通餐饮本底数据,规范许可工作;加大对食品生产经营企业的现场监督检查力度,督促落实企业主体责任,严厉打击违法生产经营行为;加强对药械经营单位日常监管力度,每季度定期对全区医院、诊所、药店进行日常监督检查;扎实开展食品药品监督抽验工作,完成生产环节食品抽检29批次、流通环节食品抽检76批次、餐饮食品监督抽检29批次,食用农产品抽检264批次、药品抽检20批次、保健食品抽检3批次、化妆品抽检10批次、医疗器械抽检2批次,任务完成率100%;其中抽检不合格8批次,已全部完成核查后处置工作;超额完成全年药械、化妆品不良反应监测任务,共上报药品不良反应80例、完成任务(80例)100%,上报化妆品不良反应监测报告26例、完成任务(8例)的325%,名列全市第1名,上报医疗器械不良事件25例,其中严重11例,完成全年任务的100%。

【食品药品专项整治】

食品专项整治　2018年,区食药监局围绕重点区域、重点场所、重点品种、重点问题,组织开展月饼生产、食用植物油、保健食品、流通环节进口食品、网络食品、食品添加剂生产企业、旅游景区餐饮服务、餐饮服务单位后厨、违法销售河豚及其制品、畜禽水产品以及婴幼儿乳粉(品)等系列食品安全专项整治。区食药监局完成质量授权人制度,开展产品质量追溯体系建设,全区风险等级为A级和B级的食品生产企业有13家,完成质量追溯体系建设13家,完成率100%。搞好"安心食堂"建设,在重大节假日及学生开学及中考等重点时段,组织开展学校食堂食品安全专项整治;组织中小学食堂负责人到北海市第五中学食堂参观,学习借鉴创建北海市学校"安心食堂"先进经验,召开专题培训会,规范学校食堂管理;打造"安心食堂"示范点,以南康中学为示范性食堂,发挥示范辐射带动作用,年内完成12家"安心食堂"建设任务;维护提升1条示范街(南康镇民主路)、创建20家示范店、3家示范学校食堂。开展农村集体聚餐管理提升行动,举办1期铁山港区农村集体聚餐厨师培训班,邀请高级讲师为厨师们授课,共培训160人次,提高农村集体聚餐管理水平,全年指导就餐10460人次,取得显著效果。提升食品安全量化分级,餐饮服务单位食品安全量化年度等级评定B级90.4%以上,学校食堂B级以上达100%。开展校园及其周边餐饮环节整治134家,出动执法人员305人次,发出责令整改通知书4份,并督促整改完成。

药品专项整治　2018年,区食药监局共出动执法人员32人次,检查药品医疗器械零售企业12家,发出责令整改书1家;出动执法人员15人次,开展普通药品零售企业处方药销售专项整治,共检查企业5家;出动执法人员10人次,开展特殊药品专项整治,共检查企业4家;出动执法人员15人次,开展医疗器械日常监管,共

2018 年 9 月 21 日，在政府旧办公楼二楼会议室召开铁山港区创建广西食品安全城市工作领导小组全体成员会议　　区食药监局　供

检查企业 5 家。

【食品药品安全宣传】 2018 年，区食药监局通过举办大型现场咨询活动、科普宣传站、开展食品药品安全知识专题讲座等多种宣传形式，进行全方位、立体化宣传。全区建成北海市（铁山港区营盘青山头）食品药品安全宣传站基地，南康、兴港食品药品安全宣传站，利用宣传基地（站）开展“食品安全宣传周”“用药安全月”等活动；印制创城宣传纸杯 1 万只、宣传资料 1 万份，在公路沿线立固定宣传广告牌 16 块、墙体固定宣传广告 50 幅，在移动、联通、电信等信息平台发送创城宣传短信 30 万条，利用市场 LED（电子显示）屏、微信平台、横幅、板报等加强创城宣传工作；推进亮点创建工作，推行“放心市场”“安心食堂”“食品安全示范街”“食品安全科普宣传基地”等亮点工程建设。

（黄启兰）

口岸管理

中华人民共和国北海铁山港海事处

【概况】 2002年5月16日，中华人民共和国北海铁山港海事处（简称铁山港海事处）成立，隶属中华人民共和国北海海事局管理，正科级单位。主要负责辖区内通航环境管理、船载危险货物管理、船舶防治海洋污染、船舶防台、搜救、船舶安全检查（含船旗国监督检查、港口国监督检查）、国际航行船舶进出口审批和查验、规费征收、水上各类违法案件的处理及水上交通事故调查处理等业务。2018年，铁山港海事处有干部职工19人。

【港口吞吐量】 2018年，铁山港区港口实现货物吞吐量3296.2万吨，同比增长9.64%，其中内贸货物2280.3万吨，外贸货物1015.9万吨；集装箱吞吐量19.13万标准箱，同比增长19.03%。

【海事服务】 2018年，铁山港海事处依托专业优势，为铁山港区“向海经济”发展、口岸管理、生态文明建设、水上应急保障工作等提供全面优质的海事服务。一是全力支持地方重点工程和民生项目。6月19日，北海铁山港国投北海电厂码头正式对国际航行船舶开放，该码头多年临时开放的历史在海事部门的持续推动和指导下得以终结；铁山港海事处监护液化天然气船舶24艘次安全接卸液化天然气156万吨，出动海巡执法船艇48艘次，执法人员129人次，护航里程2200余海里。二是推进港口领域通关一体化改革深入，持续提升海事港口服务效率。铁山港海事处加强与口岸查验部门“四个一”和“三互”合作，全面推行国际贸易“单一窗口”的应用，实现全程无纸化办理国际航行船舶进口岸申请、进出口岸查验手续。年内，铁山港海事处成功办理国际航行船舶进口岸申请240艘次、进口岸查验223艘次、出口岸许可218艘次。三是积极助力铁山港区海洋生态文明建设，推动形成和谐发展新格局。6月7日，为配合国家海洋专项督查对广西反馈意见的整改工作，广西海事局发布停止使用铁山港区1万~5万吨级锚地的航行通告。铁山港海事处迅速落实有关文件要求，积极引导进出铁山港区海域的船舶至石步岭港区锚地锚泊，并加大对自治区儒艮国家级自然保护区的巡航频度。铁山港海事处精研履职专业技能，着力打好“蓝天保卫战”，10月22日，出动执法人员对利比里亚籍货轮“MODIGLIANI”开展PSC检查，在进行CIC检查时发现该轮未按要求保存至少三年的燃油供受单证和油类记录簿，经立案调查取证，北海海事局依据《防治船舶污染海洋环境管理条例》相关条款对“MODIGLIANI”轮的经营人做出了行政处罚，此为广西海事局2018年第一起CIC检查项目处罚；四是做细做实应急管理工作，保障辖区水上交通安全形势稳定。年内，铁山港海事处辖区水上交通事故零发生，其中，成功组织防抗2018年16号台风“贝碧嘉”（热带风暴级）、22号台风“山竹”（超强台风级），辖区未发生船舶造成的水域污染以及船舶沉没、水上人员伤亡险情，获自治区副主席费志荣高度评价。

【海事监管】 2018年，铁山港海事处严把港口安全生产关口，筑牢水上生命安全的最后一道防线，监管效能稳步提升，各项现场监管工作有效落实，取得显著成效。一是深入开展内河船舶非法从事沿海运输整治工作，实现了“三个首次”——首次跨辖区海事行政案件移送、首次海事行政案件移送海警部门、首次无证驾驶员行政拘留，全年共查处内河船舶非法从事沿海运输14艘次，处罚金额26.7万元，实施行政强制措施7起、跨省移送案件1起、移送公安机关2起并实施行政拘留1人，有效震慑内河船舶非法从事沿海运输行为，逐步形成内河船舶非法从事海上运输治理长效机制。二是扎实推进中小型船舶安全管理专项整治行动。中小型船舶安全管理专项整治行动是交通运输部海事局针对3000吨以下船舶普遍存在公司管理不到位、船舶质量差、船员不遵守船舶航行规定、避让协调和应变能力差等突出问题，在年初制订的水上交通安全监管重大举措，贯穿全年。年内，铁山港海事处辖区安全进出中小型船舶4457艘次，货物吞吐量合计644.4万吨；开展中小型船舶现场检查195艘次、安全检查55艘次，发现和纠正缺陷377个、滞留船舶1艘次、列为重点跟踪船舶1艘，罚款28.6万元，移交司法机关处理案件1起，确保辖区中小型船舶水上交通安全形势持续稳定。三是按照“船舶适航、人员适任、货物适运”的要求，加强对船载危险品运输的安全监管，严格保障水路危险品运输作业安全。年内，铁山港海事处辖区安全进出危险品载运船舶496艘次，危险品货物吞吐量391.20万吨，实施现场监督危险品载运船舶128艘次，检查率25.8%，超过15%的规定标准；全年开展危险品载运船舶安全检查22艘次，查出隐患107项。四是加强港口建设费征收现场稽查工作，全年未发生港口建设费漏征事件。年内，铁山港海事处辖区共征收港口建设费4251.35万元，同比增加1126.84万元，同比增长36.06%，其中铁山港海事处直接征收1723.63万元、辖区2家代收单位共征收2527.72万元。

【海事基层建设】 2017年年底，铁山港海事处办公地点从铁山港石头埠搬迁至铁山港口岸园区，海事基层执法机构基础设施建设亟待解决。铁山港海事处在抓好业务工作的同时，全力开展规范化建设和文化建设。一是把办公区、职工生活区进行划分，对按照“四个统一”标准基本对办公大楼海事标识标牌制作完善，海事元素得到体现。二是深入提炼“海事铁军”文化品牌。从政治、业务、服务及廉洁四个方面进行阐述“海事铁军”文化品牌内涵，即“铁血忠诚”“铁肩担当”“铁骨柔肠”及“铁纪铸魂”。2018年，铁山港海事处自行设计“海事铁军”品牌LOGO，完成“海事铁军”文化室制作和文化品牌树立，全体职工对“海事铁军”文化品牌较为认同。三是以需求为导向，提升基建装备保障水平，深入挖掘“智慧海事”潜力，提升日常监管效率。年

2018年5月12日，广西海事局副局长吕文伟（前排左一），现场指挥2018年第一次北部湾联合巡航暨砂石船舶和施工船舶专项执法人员对违法船舶调查取证
铁山港海事处 供

2018年11月8日，广西海事局纪检组组长陈佳云（左三）在北海海事局局长江一斌（右二）、政委钟月生（左二）陪同下检查指导铁山港海事处“海事铁军”文化品牌建设　　铁山港海事处　供

内，铁山港海事处结合辖区各港口企业业务发展情况，不断丰富完善执法装备，补充防爆手电、防爆对讲机、多通途气体检测仪、专用防护服等一系列装备，以科学有效的执法装备，保障对危险品载运船舶、天然液化气载运船舶等日常监管到位。年内，铁山港海事处升级铁山港区海上搜救分中心建设，完善涵盖VTS、AIS、CCTV、VHF等海事全面感知体系，结合海事监管服务实际，推动“智慧海事”运用在海事稽查、防台抗台，应急搜救等工作中，提高海事工作效率。（刘志杰）

中华人民共和国北海海关驻石头埠办事处

【概况】　中华人民共和国北海海关驻石头埠办事处（简称北海海关驻石头埠办事处）是中华人民共和国北海海关（简称北海海关）派出的科级机构，成立于1995年，2018年有在编干部10人。主要负责铁山港码头、LNG码头、北林边地贸码头和国投北部湾电厂码头的海关监管及查验。年内，北海海关驻石头埠办事处以加强口岸监管和服务为重点，切实提升监管能力和服务能力建设，口岸管理提质增效；全年共监管进出境船舶448艘次，监管运输工作服务人员9863人次，征收船舶吨税1224.32万元，签发证照151份，监管进出口货物1142.69万吨。

【口岸监管】

多措并举　2018年，北海海关驻石头埠办事处落实登轮检查、现场巡查、监装监卸、视频回放等措施，对进出境船舶及货物开展监管，共开展现场巡查828次，登轮检查48艘次，查获换班船员违规携带涉濒情事2起；以监管场所检查为契机，推动监管场所经营业主对视频监控系统等监管设施进行升级改造，推动业主加强场所的管理，消除安全隐患；探索建立代理申报错漏登记制度，推动代理规范申报，以多种形式开展宣传，使代理、船舶负责人、船员等了解守法便利政策，规范进出境行为；与风险、通关、查验等部门密切配合，对口岸高风险商品、首次进出口商品进行分析布控，有效防范监管现场走私风险；同时，与缉私部门加强沟通，对原边贸码头等非设关地码头开展巡查。

2016—2018年港口吞吐量一览表

年份	总吞吐量（万吨）			内贸船（艘次）	外贸船（艘次）
	合计	内贸	外贸		
2016年	2245.3	1561.2	684.1	4730	444
2017年	3006.5	2117.3	889.2	6128	516
2018年	3296.2	2280.3	1015.9	7193	474

先试先行　北海海关驻石头埠办事处先试先行，积极与原检验检疫铁山港办事处开展队伍融合和业务融合。通过集中办公生活、相互学习业务、共同开展军训、参加党组织活动等方式，进行融合队伍，使“新、老关员”适应各项要求。对登轮检查工作实行统一执行开展业务融合；以执法资格考试为契机，加强相互业务学习探讨；以现场互教互学，快速掌握监管技能。通过开展先试先行，提升了队伍的协作和专业性，对外树立了“新海关”的好形象。

强化管控　2018年，北海海关驻石头埠办事处落实监管要求，严格管控煤炭进口。通过先报批再进口、先登轮再准卸、核查航行轨迹等措施，有效防范朝鲜煤走私风险，实现了对贸易煤的管控。提高监管效率，努力推动铁山港口岸“提效降费”。通过对船舶监管各项业务办理采取24小时随到随办，简化回执交接流程，设置便企电脑等措施方便企业；配合主办部门对口岸收费开展调研，共同推动降低口岸实际费用。树立国家安全观，通过码头安全检查、船员行李物品检查、登轮检查等措施，对“毒恐暴”风险进行防范。

科技应用　2018年，铁山港监管区、LNG码头、电厂码头进一步完善了监管设施建设，完成了视频系统、卡口智能化系统的更新改造、油气系统的安装、查验场整改等重点事项。

【口岸服务】

助力企业通关　2018年，北海海关驻石头埠办事处针对电厂码头临时开放延期手续尚未批复而电厂计划靠泊进口煤的情况，积极与企业对接，主动争取上级机关支持，及时通报批复新进展，帮助企业解决通关过程中可能出现的问题。

提供场外监管便利　受码头场所条件限制，边贸进口木薯干需在场外监管，北海海关驻石头埠办事处通过加大登轮检查、船边监管、巡查、视频监控等各类常规监管力度，在确保实际监管到位的基础上，通过加强与检验检疫部门联系沟通、加强视频监控和现场巡查等措施核实过磅数量，采取事前加强审批、事中加大巡查力度、放行后加强货物流向监控的措施。

指导场所设施升级　2018年，北海海关驻石头埠办事处以口岸开放验收为契机，指导督促电厂码头对监管设施进行升级，对长时间未开展业务，相关设施使用不正常的新奥码头业主进行约谈，对有序推进整改的北林码头及时提供指导意见，升级完善监管设施，确保监管场所安全通畅。

统筹优化口岸布局　继2017年铁山港口岸扩大开放后，2018年继续加大力度推动铁山港3号、4号泊位扩大开放。

【队伍建设】

廉洁教育　2018年，北海海关驻石头埠办事处落实“两个责任”，认真传达部署党风廉政工作，抓好廉洁教育学习，人人签订《党风廉政建设责任书》，规范个人申报，推动党风廉政建设责任制的落实；充分发挥“制度＋科技”的惩防效应，坚持用好10个“四字诀”，确保工作全过程入系统、留痕迹、可追溯；持续纠治“四风”，综合运用警示提醒、专题教育等方式进行督促检查，用好“四种形态”。强化纪律和廉洁教育，对酒驾醉驾风险排查、公务用车管理及公务接待管理制度落实等开展专项检查，强化廉洁纪律意识。

基层党组织建设　2018年，北海海关驻石头埠办事处落实从严治党，持续不断学习习近平新时代中国特色社会主义理论和中共十九大精神，通过亮身份作表率、党小组与业务小组结合、交叉检查与纪律监督结合等措施推动党建业务相融合。规范组织生活，以“三会一课”为基础，推动“两学一做”学习教育常态化、制度化，认真落实主题党日、民主评议等制度；继续开展品牌创建，结合铁山港开放前沿、业务改革、队伍建设、精准扶贫等工作特色，丰富品牌内容，切实增强支部战斗力，打响“铁港红心”品牌。

强化准军意识　2018年，北海海关驻石头埠办事处通过组织军训、内务检查、规范考勤等措施，强化关员准军意识，推动纪律养成，落实《海关内务规范》要求，保持队伍精气神；坚持科长带班制度建设，通过带班工作，加强对现场监管工作的监督检查指导和队伍管理；落实严管厚爱，针对办事处远离本部实际，加强安全意识教育和安全管理工作，通过建设“五小”、组织文体活动，改善工作生活条件、丰富驻守生活，使队伍凝聚力进一步得到加强。

（范筱舒）

2018年8月18日，北海边检站石头埠分站工作人员在外籍船舶上宣传国家移民管理局便民服务新举措　　北海边检站石头埠分站　供

中华人民共和国北海出入境边防检查站石头埠分站

【概况】 2018年，公安边防部队集体改制成为人民警察，边检系统转改为移民管理警察，隶属国家移民管理局。年内，中华人民共和国北海边防检查站石头埠分站更名为中华人民共和国北海出入境边防检查站石头埠分站（简称北海边检站石头埠分站），为副处级单位，内设执勤业务科，有工作人员32人。北海边检站石头埠分站主要担负铁山港对外开放码头、液化天然气码头、电厂煤码头和石头埠边地贸口岸（北林码头、恒久码头、新奥码头）出入境船舶、人员边防检查和口岸管控工作。

【边防检查服务】 2018年，北海边检站石头埠分站坚持以服务对象的需求作为根本出发点和落脚点，全面优化通关环境，全力做好提高边检服务水平工作。严格落实边防检查勤务要求，实行24小时值班备勤，做到船舶随到随检，人员随到随办，为服务对象提供全天候、零等待服务。年内，北海边检站石头埠分站共检查出入境船舶406艘次、人员9013人次，办理口岸限定区域通行证262份、搭靠外轮许可证19份、临时入境许可58份、登轮许可证816份。推动国际贸易单一窗口（船舶）申报系统全面应用，实行网上申报预检制度，为服务对象节约办理时间。坚持以人为本，特事特办，年内给急难船员开通绿色通道服务6次。打造“边检服务送上门”靠前服务模式，为铁山港码头、电厂码头、液化天然气码头船员换班提供现场办理服务93次，为船舶代理、铁山港港务公司、中石化液化天然气北海分公司等企事业单位批量办证和换证提供上门服务237人次，实现船舶“直通停靠”、人员登轮便捷。通过张贴宣传海报、发放宣传单、滚动播放服务品牌宣传片、现场提供咨询等方式，适时开展好法律法规宣传工作。

【口岸管控】 2018年，北海边检站石头埠分站主动作为，积极探索新口岸管控模式、新执法执勤手段、新走访交流渠道，采取视频巡逻、视频倒查、扁平化可视化指挥调度等方式，加强边境管控，坚持全天候不定时对口岸进行巡查，加强对进出口岸限定区域人员、车辆和在港船舶的管理；与涉港企业签订协防协管协议，建立健全协防协管机制，督促企业保卫部门加强管理。年内，北海边检站石头埠分站开展辖区口岸巡查603次，开展口岸安全隐患大排查和限定区域综合整治活动6次,“处突”演练4次,纠正涉嫌违法违规行为13起,查处违法违规案件11起,查获失效证件6本,阻止入境5人次,抓获网上在逃人员2人,辖区口岸安全稳定。年内,北海边检站石头埠分站与海事、海关等联检部门沟通协调,实行信息共享,探讨管控风险,提升管控能力,在口岸限定区域开展联合检查12次,开展海上联合巡航2次。北海边检站石头埠分站做好重大活动和敏感节点安保工作,建立专项安保工作领导小组,根据不同节日、重大活动等,制订安保预案,落实安保措施,圆满完成春节、全国“两会”、博鳌论坛期间等安保任务。

【警民共建】 2018年,北海边检站石头埠分站推进警民共建工作,开创分层分级走访模式,采取“走出去、请进来”的方式,争取各部门对分站工作的理解与支持;广泛开展调研活动,回应辖区企业和群众的诉求,推进走访工作落实。北海边检站石头埠分站与港口联检单位建立联合巡逻队、法律宣传队和爱心服务队,实行24小时驻点执勤和昼夜巡逻监护执勤模式,打造出辖区群众有困难,边检警员马上到的服务理念。年内,北海边检站石头埠分站走访口岸企业9家,走访群众462人次,登轮走访出入境船舶120艘次,发放征求意见表260份、各类宣传资料320份,征求意见和建议15条。通过对口岸实有人口、外来人员、出入境船员数量排查,企事业单位开展全覆盖走访活动,与服务对象及口岸群众进行互动交流等形式,形成上下联动、整体推进的良好工作氛围。北海边检站石头埠分站积极关爱困难群众,定期对口岸辖区弱势群体进行集中摸排走访,经常了解和掌握口岸贫困户、失业人员、孤寡老人和困难儿童的情况,为他们提供脱贫解困、排忧解难和就业入学等方面的帮助。年内,北海边检站石头埠分站共为贫困群众捐款1.1万元,捐赠大米、食用油、文具、衣物等物资一批。

【后勤保障】 2018年,北海边检站石头埠分站正式迁到铁山港口岸行政服务中心边检楼办公,办公楼建筑面积9691平方米。年内,北海边检站石头埠分站投入经费30余万元,完成执法办案场所、指挥中心建设,购置民警健身器材;投入5万余元为协警购置被装和改善工作环境;投入3万余元新增3台执法记录仪、20件救生衣、10套单警装备。铺设互联网、公安网、梅沙网专线,升级梅沙系统。加强基础设施建设,完成指挥中心视频会议系统安装调试,完成码头监控系统搭建调试,在执勤现场安装2台身份证识别仪,购置1台“反恐利剑”。购置3套UPS电源,完善梅沙系统在断网、停电、故障等情况下应急保障措施。

(王弘哲)

科学技术

综　述

【概况】 2018年，北海市铁山港区科学技术局(简称区科技局)内设办公室、综合股(知识产权办公室)，有工作人员2人；是区政府工作部门，负责铁山港区科技政策和科技计划的组织和实施，负责科学技术普及、应用技术的开发与推广、科技成果、知识产权等工作；挂北海市铁山港区地震办公室牌子。

【专利申请】 2018年，区科技局贯彻落实《广西发明专利双倍增计划(2016—2020年)》和《北海市人民政府关于印发北海市发明专利双倍增计划(2016—2020年)的通知》精神，巩固铁山港区知识产权工作成绩，保持发明创造专利工作良好势头，计划到2020年实现每万人口发明专利拥有量3件以上的目标任务。年内，区科技局根据铁山港区知识产权工作的现状，针对不同范围、不同对象，采取多种形式和渠道，广泛开展《中华人民共和国专利法》和发明创造、专利申请等常识宣讲活动，提高社会公众尊重知识产权意识，鼓励公众投身发明创造，并通过申请专利保护自己的权益。争取区财政拨出专款，资助发明专利的申请，给申请人免费申请专利。年内，全区发明专利申请考核指标130件，实际完成131件，超额完成1件；发明专利拥有量考核指标50件，实际完成78件，超额完成28件，完成比例156%。

【科技成果转化】 2018年，区科技局加强科技成果管理，推动科技成果转化，按“出成果促转化”的思路，以科技与经济发展深度融合为主线，抓好科技成果管理和转化与推广工作。全年完成科技成果转化1项，完成北海市科技局下达的目标分配任务。

【科普宣传】 2018年，区科技局认真做好科普宣传工作。一是增强提高自主创新能力，推进科技发展，提升人民群众的科技意识和科学素养。5月30日是第二个“全国科技工作者日”，区科技局在各乡镇悬挂宣传横幅30幅，宣传科技创新、科技助农工作。二是为了加强全区知识产权宣传普及，提高知识产权意识，营造知识产权强区舆论氛围，区科技局在4

2018年4月25日，区科技局组织开展以“倡导创新文化，尊重知识产权”为主题的“知识产权日”宣传活动　　区科技局　供

2018年11月19日，区科技局在彬池村委新建的科普宣传橱窗

区科技局　供

月25日以“倡导创新文化，尊重知识产权”为主题，在各乡镇最显眼的地方悬挂宣传横幅30幅，发放知识产权宣传资料2000份。三是为了切实加强全区科普宣传的对外形象和效果，使科普橱窗成为铁山港区弘扬科学精神、普及科学知识、倡导科学思想、传播科学文化的主阵地，分别在多个村委、社区新建了科普宣传橱窗。

（陈翠华）

防震减灾

【概况】 2018年，北海市铁山港区地震办公室（简称区地震办），在区科技局挂牌。主要职能是编制防震救灾规划并组织实施，配合北海市地震局履行抗震救灾职能。

【地震监测】 2018年，区地震办主要抓好地震监测和监测预报。在地震监测方面，铁山港区彬池小学建有地震烈度速报与预警系统基本台1个，在秋风塘小学和鹿塘小学建有地震预报观测点1个；年内，地震监测手段运行正常，监测设施与环境维护良好。全年配合北海市地震局实行24小时震情值班制度及节假日期间领导带班制；对现有的观测台点实行制度管理，做到每天按时观测，及时进行资料的整理分析，定期检查，维护仪器正常工作，确保观测资料准确、及时、连续、可靠。在监测预报方面，全区设有铁山港区兴港综合种养加工场、铁山港区营盘镇陈芳猪场和铁山港区农业综合开发示范场3个宏观观测点，并签订相关工作协议，确保了每个观测点的经费保障并正常开展工作。

【地震应急】

地震应急避震演练　2018年，区地震办与区教育局联合在辖区52所中小学校开展2次地震疏散演练，增强铁山港区群众的防震减灾意识和自救互救能力，提高中小学生应对突发地震灾害事件的综合能力。

防灾减灾日宣传　2018年，区地震办按照“积极、慎重、科学、有效”的原则，采取

2018年7月23日，区科技局（区地震办）对南康镇地震应急避难场所的设施维护情况进行检查

区科技局　供

各种方式，开展防震减灾知识宣传教育活动。以“5·12”全国“防灾减灾日”为契机，开展以“行动起来，减轻身边的灾害风险”为主题的宣传活动。宣传活动期间，向群众发放《防震减灾知识》等宣传册3000余册，防灾减灾宣传单3000余份，并分别在三个镇悬挂宣传横幅30幅。

【震害防御】 2018年7月，区地震办根据北海市地震局的要求，对铁山港区地震避难场所进行专项检查，针对存在的问题进行了整改，主要是对有关设备和灯光进行了维修和购置，确保地震避难场所时刻能正常运转，发挥避难作用。

（陈翠华）

气　象

【概况】 2018年，北海市铁山港区气象灾害应急指挥部（以下简称区应急指挥部），统一领导和指挥全区突发气象灾害应急管理和处置工作。由区政府分管副区长担任指挥部指挥长，区政府办主任、区水利局、区海洋和渔业局、区住房和城乡规划建设局等局长任副指挥长，全区各有关职能部门为成员单位，1名分管领导为指挥部成员。区应急指挥部办公室设在区水利局，负责气象灾害应急处置的日常工作。此外，在气象灾害发生后，区应急指挥部可以根据实际需要，在事发地设立气象灾害现场应急指挥部。

【气象服务】 2018年，区气象灾害应急指挥部完成各项气象服务工作。根据市气象局提供的天气快报、气象服务信息等信息及时转发到各镇、各部门，为各镇、各部门提供科学的、有针对性的决策服务和决策建议，做好气象防灾、减灾工作，把气象灾害损失降到最低。特别是在22号台风“山竹”和23号台风“百里嘉”双台风影响铁山港区时，提供了“精准、及时、主动”的气象服务。

天气预警信号发布　2018年，铁山港区共发布各类预警信号123次。其中：台风蓝色预警9次，黄色预警0次，橙色预警2次；暴雨橙色预警18次，红色预警1次；雷电橙色预警35次，红色预警2次；大风蓝色预警51次；大雾黄色预警3次，橙色预警3次。

国庆黄金周气象服务　2018年，区应急指挥部在国庆节前将市气象局发来的专项气象服务信息转发到各镇、各部门，为出行提供气象服务。

【气象信息服务站建设】 农村气象信息服务站的建设是气象防灾减灾体系建设的重要内容。2018年，铁山港区在北海市气象局的支持和帮助下，按照“有固定场所、有信息设备、有信息员、有定期活动、有管理制度、有长效机制”的“六个有”的要求，全区3个镇都建立气象信息服务站，共有专门负责人员4人；各镇气象信息服务站均安装有电子显示屏和预警大喇叭，随时监测气象信息和发布预警信息。同时，全区3个镇均建有遍及各社区和自然村的49人的基层义务气象信息员队伍，每年由气象部门对信息员进行气象知识和气象防灾、减灾知识培训。年内，根据北海市人民政府《关于设立基层义务信息员的通知》要求，铁山港区及时更新气象信息员，确保信息员队伍的岗位衔接和工作连贯，为辖区重大灾害性天气预报预警信息的发布和及时收集灾情上报工作打下坚实的基础。（陈家玲）

教　育

综　述

【概况】 2018年，北海市铁山港区教育局（简称区教育局）内设办公室、教育股、人事股；下辖北海市铁山港区学生资助管理中心、北海市铁山港区教育教学研究室、北海市铁山港区勤工俭学管理办公室、北海市铁山港区青少年学生校外活动中心、北海市铁山港区职业教育中心5个独立办公的事业单位。年内，南康镇中心小学“三尚”少先队员——郑璐明获评“全国优秀少先队员”称号。

【学校和学生】 2018年，北海市铁山港区共有学校57所，其中小学38所、教学点12所、初中5所、高完中2所；在校小学生1.28万人，在校初中生5198人，在校高中生1945人；

【专任教师】 2018年，北海市铁山港区有小学专任教师761人，师生比为1∶16.8；普通初中专任教师390人，师生比为1∶13.3；高中专任教师144人，师生比为1∶13.5。

【人才引进和培养】 2018年，铁山港区在教师招聘及人才引进方面投注了较大力度，先后开展“免费师范生”双选会、中小学（幼儿园）教师公开招聘义务教育学校特设岗位计划、后勤控制数招聘等活动，全年共补充教职工126名，并于9月将150名编制人员进行调整，发挥编制资源的最大使用效益，促进了师资均衡发展。

【基础设施】 2018年，铁山港区中小学校园占地面积137.6万平方米，校舍建筑总面积288.81万平方米，小学生均校舍面积9.16平方米，初中生均校舍面积9.28平方米，高中生均校舍面积25.8平方米。年内，全区投入各类资金665万元，购置40个心理辅导室设备、29套多媒体教学设备和3套精品课堂录播系统等设备，覆盖40所中小学，新建营盘中学学生食堂，对营盘镇彬畔小学、营盘镇火禄小学、南康镇陂塘小学等3所小学附属幼儿园完成改扩建，南康镇第一中学、南康镇初级中学和兴港镇第一中学等3所初级中学校园校道及附属设施完成改造，南康镇中心小学维修改造校舍3200平方米，兴港镇斑鸠埇小学改造学生厕所80平方米。

【教育经费收入与支出】 2018

2018年8月12日，铁山港区在南康中学举行2018年北海市铁山港区特岗暨公招教师岗前培训班　　区教育局　供

年，北海市铁山港区教育经费总收入25501万元，比2017年增长2.32%。其中一般公共预算教育经费23782万元，比2017年增长0.68%。教育经费总支出26774万元，比2017年增长1.03%。其中一般公共预算教育经费支出25169万元，比2017年增长0.44%。总支出中，人员经费支出20561万元，公用经费支出6213万元。

学前教育

【概况】 2018年，铁山港区共有学前教育机构110所，其中，独立建制的公办幼儿园4所，小学附设幼儿园25所，有14所学校附设学前班；民办幼儿园64所（有证幼儿园31所，无证幼儿园33所），自治区认定的多元普性幼儿园21所；共有3~5岁适龄人口8603人，在园幼儿9160人，其中公办幼儿园604人，学校附属幼儿园1796人，学校学前班463人，民办幼儿园6297人（有证幼儿园4040人，无证幼儿园2257人）。

【公办幼儿园建设】 2018年，铁山港区加大对公办幼儿园的建设力度，铁山港区第二幼儿园开园招生，兴港镇和工业园区适龄儿童就读公办幼儿园愿望得到实现。

义务教育

【概况】 2018年，铁山港区小学学龄儿童入学率为100%，初中毛入学率为99.9%；小学辍学率为0%，初中辍学率为0.23%；小学毕业生升学率为100%，初中毕业生升学率为95%。

【义务教育均衡发展】 2017年12月，铁山港区义务教育均衡发展顺利通过了国家教育督导检查组的评估验收，并确定为“义务教育发展基本均衡区”。2018年，全区全面启动学区制改革，优质均衡教育稳步推进。主要工作：多方筹资，提高学校标准化建设水平。全年安排900万元完成对南康中学、南康第一小学等九所学校的跑道和运动场进行标准的塑胶改造。建成并投入使用，铁山港区计划用三年时间完成对余下的所有学校运动场地的提标工程。加大南康镇中心小学学校运动场的建设投入；对彬塘小学、能村小学运动场地完成改造，改善学生体育运动条件；通过与村民协商征地，解决粟山小学学校体育运动场地面积不足的问题。改建40所学校心理咨询室，投入221万元采购设备设施；投入124万元采购建设4所学校的29套多媒体教学设备；投入9.2万元采购建设46所学校的电子备课系统。基本解决了铁山港区信息化建设滞后和功能室不足的问题。多管齐下，解决教师队伍建设问题。铁山港区根据现有教师空编及调查三年后教师队伍自然减员情况，2018年利用空编招聘中小学（幼儿园）教师56名，招聘特岗教师35名，基本解决了全区空编及教师总量不足的问题。加强对学校教师培训经费管理使用的监督指导，将教师培训经费的使

2018年，营盘镇火禄小学先进的电子备课系统投入使用

区教育局 供

用管理纳入校长绩效考评，确保专款专用，确保教师培训经费用足、用活、用好。组织开展英语、美术、音乐、体育、信息技术等学科培训，提高教师专业知识水平，通过培训上岗或教师转岗等形式解决学科结构不合理的问题。三是加强管理，提高义务教育学校规范化管理水平。从2018年1月至2020年12月，全区各中小学计划利用三年时间，通过校园净化、校园绿化和校园文化的创建，营造整洁优美、规范有序、充满生机的校园环境，努力办好人民满意的教育，确保到2020年，全区“美丽校园”建成率不低于95%。年内，铁山港区投入700多万元专项建设资金对全区中小学校进行校园绿化美化建设并初见成效，完成对脏、乱、差现象的整改任务。四是强化督导，确保均衡发展持续推进。强化教育督导，深化教育领域综合改革，创新督学责任区建设和责任督学挂牌督导工作，推动依法治教，拓宽政府、学校与家长、社会的沟通渠道，强化专业化督导队伍建设，加强制度建设。组织开展开学工作、教育工程项目实施情况等专项督导检查。完善中小学教育目标管理考评制度，配合开展中小学素质教育示范学校督导评估、基础教育质量监测，发挥教育督导在推动教育科学发展和中小学实施素质教育中的作用，巩固提高义务教育均衡发展成果。

普通高中教育

【概况】 2018年，铁山港区共有普通高中2所，有高中专任教师144人，学生1945人，师生比为1∶13.5，拥有高中校舍面积5.02万平方米，高中生人均校舍面积25.8平方米。

【多元化特色化建设】 2018年，区教育局学习贯彻中共中央总书记习近平系列重要讲话精神，落实区委、区政府中心工作和北海市教育局工作部署，紧紧围绕提高教育教学质量、促进学生全面发展的核心任务，坚持稳中求进，变中突破的方针，推动普通高中多样化、特色化发展。

【普及高中教育】 2018年，区教育局通过实施“高中阶段普及发展工程”提前实现普及高中教育的目标。实现南康中学的特色化发展，通过初高中六年连读，扩容增量，不断壮大普通高中的规模；实现以工业企业发展岗位需求为引领的职业教育特色化发展，提高适龄青少年入读职业学校的积极性；实现职业教育的社会化发展，通过各种方式鼓励社会力量办学，扩大高中阶段教育资源。全区实现高中阶段毛入学率达到88%的目标。

中等职业教育

【概况】 2018年，铁山港区中等职业教育机构有北海市铁山港区职业教育中心（简称区职教中心），有教师5人。年内，区职教中心利用师资力量和配套的教学设施，整合资源，承担辖区专项技术培训、农村劳动

2018年12月28日，2018级《农村经济综合管理》专业的学员在区职教中心多媒体教室接受2018级铁山港区新型职业农民中等职业教育课程面授　　区教育局　供

力转移培训、非学历职业教育培训和社区教育等工作。

【新型职业农民中等职业教育】 2018年,区职教中心坚持以"培养新农民,服务新农村"为办学宗旨,从建设社会主义新农村的要求出发,着眼市场需要,立足培养新型职业农民。年内,根据新型职业农民中等职业教育招生培养计划,区职教中心积极开展宣传工作,共录取和培训了《农村经济综合管理》专业50人,并组织2018级《农村经济综合管理》专业60人,回到区职教中心接受培训,在专业教师的悉心传授下,收到了较好的教学效果。

【专项技能培训】 2018年6月16日,区职教中心与相关单位合作,协助区人社局、区总工会和区扶贫办举行广西第五届农民工技能大赛北海市铁山港区初赛,掀起了农民工专项技能比拼热潮。

【社区教育】 2018年,为贯彻中共十九大提出的"办好继续教育,加快建设学习型社会,大力提高国民素质"新要求,全面落实国家"十三五"规划和教育规划纲要关于"加快学习型社会建设"战略任务,进一步整合全民终身学习资源,探索全民终身学习机制,营造"人人学习、时时学习、处处学习"的社会环境,11月8日—14日,区职教中心在南康镇文化广场举办以"服务国家重大战略,推动全民终身学习"为主题的"2018年全民终身学习活动周"活动。活动期间,区职教中心组织科普知识咨询和宣传、铁山港区书画家走进校园、广场舞展演、广场文化、社区老年书画、南康镇特色文化进社区演出等多项活动,形成全员参与,合力推进学习型社会建设的良好氛围。

2018年11月8日,区职教中心在南康镇文化广场举办以"服务国家重大战略,推动全民终身学习"为主题的2018年铁山港区"全民终身学习活动周"启动仪式

区教育局 供

招生考试

【概况】 2018年,铁山港区小学招生2267人,入学率100%;初中招生1855人;普通高中考生1631人,招生701人,中职送生672人,按质按量超额完成全区招生送生任务。

【严格执行招生考试政策】 2018年,区教育局认真贯彻《广西壮族自治区教育厅关于做好2018年义务教育招生入学工作的通知》有关精神,围绕教育改革发展的目标任务,加强领导,健全机构,落实责任,严格执行招生考试的相关政策规定,促进教育优质、均衡、和谐发展;明确规定南康镇中心小学、南康镇第一小学原则上按既定的招生范围招生,凡属两校既定片区的招生生源,按照就近或相对就近的原则就读,缓解南康镇适龄儿童小学入学困难,保障每一位适龄儿童都有接受教育的学位。

(苏德忠)

文化·广播电影电视·体育

文化综述

【概况】 2018年，北海市铁山港区文化体育广播电视局（简称区文体广电局）内设办公室、综合股；下属文化单位5个（含区、镇文化广播电视站），其中文化行政单位1个，文化事业单位4个，有干部职工12人，其中专业技术人员8人。有农家书屋41家，镇文化站3个，村级公共服务中心36个；文物保护单位和保护景点36个，其中自治区级文物保护单位1个、市级保护点4个、县区级保护点6个、未定级25个。全区有文化广电行业经营单位46个，其中专业表演文化企业1家、影剧院1家、工艺文化小微企业1家、歌舞娱乐场所3家、艺术团队12个、广电行业经营13家、电子娱乐场所3个、网吧12家。

【文化惠民】 2018年，区文体广电局深入实施文化惠民工程，广泛开展文化下乡、文化进社区、广场文化等系列活动，重点抓好以“我们的中国梦—文化进万家”“情暖乡村同欢乐”、喜迎自治区成立60周年为载体的文化惠民活动，把文化、把欢乐送到农村，为农民提供文化服务。各乡镇文化站组织各自文艺团队，每逢重大节假日，以歌曲、小品、舞蹈等农村喜闻乐见的节目下乡进行各种演出，宣传党的方针政策、社会经济发展、党风廉政建设、文明城

2018年，铁山港区海港粤剧团在南康镇为群众表演《西游记之女皇招亲》节目 陈 发 摄

2018年，铁山港区庆祝建国69周年自治区成立60周年文化下乡文艺晚会在南康镇举行 陈秀权 摄

区和法治建设，还通过北海市电视台、区广播电视站、区政府网站等平台，对文化惠民演出活动进行宣传报道，营造开展文化惠民活动的良好氛围，丰富农民群众的精神文化生活。年内，全区共完成文化下乡演出38场次。区文体广电局努力打造文化精品，落实自治区党委宣传部《关于举办庆祝自治区成立60周年暨第六届全区基层群众文艺会演》的通知精神，投入大量的人力、物力、财力，组织舞蹈《南珠风采》《红领巾相约中国梦》《侗族风情舞》《我们的梦、中国梦》表演，戏曲《向海之路过我家》，二胡独奏和声乐独唱等7个节目参加北海市2018年基层群众文艺会演，其中戏曲——《向海之路过我家》代表北海市参加自治区第六届基层群众文艺会演比赛获得三等奖，代表铁山港区参加北海市“珠城群星奖”比赛获得银奖，舞蹈《红领巾相约中国梦》获得北海市“珠城群星奖”比赛银奖。铁山港区海港粤剧团表演的《西游记之女皇招亲》《佛前灯照状元红》《春江明月》等古装粤剧深受广大群众喜爱。年内，举办文艺培训班3期共培训600多人次；在全区开展农村文艺巡回演出38场，送春联2000多副，农村电影放映456场。

2018年，南康镇三婆庙外景　　李　澄　摄

【文化项目建设】 2018年，铁山港区建成兴港镇斑鸠埇村级公共服务中心，总建筑面积499平方米，总投资123万元。年内，全区建有村级公共服务中心37个，覆盖率达到90%以上；铁山港区南滨影城作为广西乡镇首家3D影院（杜比全景声高清巨幕），全年公开影出7291场次，观众22658人次，全年票房达76.07万元。

2018年，总投资123万元、总建筑面积499平方米的兴港镇斑鸠埇村级公共服务中心建成　　蔡小英　摄

【文体活动设施免费开放】 2018年，铁山港区南康、营盘、兴港三镇文化站的图书馆、科技馆、书画室、舞蹈培训部、曲艺培训部、文体中心、社会活动室、阅览室、文化室、多功能教室、文化信息资源共享工程等场所全部免费开放，为广大群众提供文娱体育服务。

社会文化

【农家书屋】 2018年，铁山港区共有农家书屋41家，藏书总量13万余册，年内配送新书153种共5698册。农家书屋藏书知识涵盖面广，内容丰富，包括脱贫攻坚内容的政策性读本和农村实用知识读本，给村民提供政策指导和多种技术知识。年内，有读者1万多人次到农家书屋借阅图书2万余册，利用普通节假日和寒假、暑假到各农家书屋看书学习的学生有5000多人次。农家书屋成为中小学校学生课外阅读的重要基地和农村文化战略主阵地。

【文艺团队】 2018年，铁山港区各镇、村、(社区)有艺术团队30多个，其中粤剧团3个、曲艺团5个、歌舞团1个、舞蹈队20多个。铁山港区海港粤剧团是表演场次和创收最高的一个粤剧文化传承剧团。南康镇北部湾声乐团、南康镇海韵歌舞团、南康镇曲艺团、南康镇老街舞蹈队、营盘镇红帆粤剧团、营盘镇曲艺团、兴港镇艺术团、兴港镇石头埠社区时代艺术团等，这些剧团是铁山港区传统文化传承和文化艺术工作的中坚力量。年内，各艺术团队走遍全区42个村(社区)，以各种形式把传统文化艺术与全区经济和社会文化发展相结合，举办文艺晚会、文艺专场表演100多场；浓厚的艺术气氛萌动了广大农村青年文艺爱好者的心，不少自然村纷纷成立舞蹈队、文艺小团队，个别自然村甚至成立多个文艺团队，多个艺术团队的诞生为铁山港区文艺文化的繁荣带来生机和活力。

2018年，村民群众、学生到南康镇雷田村委欧其娟农家书屋内借阅图书 李 澄 摄

【民间民俗活动】 2018年，铁山港区的民间民俗文化活动丰富多彩，如农历正月十三等"社公"回家，农民朋友在这一天杀猪宰羊，祭拜"社公"，祈求一年风调雨顺，国泰民安；南康镇有"二月二，龙抬头"的传统活动，农历二月初二这天，社区的龙狮队锣鼓喧天、彩旗飘扬，载歌载舞共庆民俗"龙头节"；农历三月二十三日，南康镇三婆庙开展妈祖巡游及朝拜祭祀活动，八音队、歌舞队、彩旗队、狮龙队等文艺团队进行各种文艺表演，展现南康镇特色小镇的传统妈祖文化；营盘镇渔民有"三婆节"，这是沿海一带出海渔民祈求出海平安的一个隆重的民俗节日；渔民利用农历正月或休渔期的闲暇时机举行隆重的祭海活动，抬"三婆"游行、吹奏乐曲，载歌载舞，祈祷渔民出海平安，鱼蟹满仓，丰衣足食。

专业文化

【海港粤剧团】 2018年，北海市铁山港区海港粤剧团到各地演出共计230余场，演出创收180万元，观众总人数达18万人次。其中在广东省各地区巡回演出超过150场，在北海市辖区内演出80场。《六国大封相》《马老爷娶妻》《侠女奇缘》《仙姬大送子》《情花初开劫后香》等传统曲目在我们的中国梦——文化进万家、情暖乡村

2018 年,营盘镇白龙城遗址一角　　李　澄　摄

同欢乐、喜迎自治区成立 60 周年的铁山港区文化惠民活动中深受群众喜爱,海港粤剧团全年在铁山港区演出达 50 多场,为铁山港区的文化下乡工作作出积极贡献。

【保护和传承历史文化和非物质文化】 2018 年,铁山港区加大力度保护历史文化和非物质文化遗产,对白龙古城、南康老街以及区内 30 多处古迹、文化文物点加强保护。营盘镇的白龙城遗址作为中国世界文化遗产后备申报遗产点,铁山港区积极开展对白龙城遗址等历史文化资源保护的宣传教育活动,先后 5 次在保护区内开展各项宣传活动,以主人翁的姿态积极协助北海市和自治区乃至国际的专家学者对白龙城遗址的考古以及做好铁山港区文化文物保护工作。对手工制陶等"非遗"(非物质文化遗产)项目进行传承发展。

文化产业

【文化产品经营单位】 2018 年,铁山港区文化产品的经营单位主要有广播电视行业经营单位 8 家,从业人员 28 人;文化市场各类文化产品经营单位 35 家。从业人员 150 人;从事珍珠首饰工艺品加工销售的经营单位有 4 家,从业人员 15 人;从事专业文化演出的企业有 1 家,从业人员 32 人;从事陶瓷文化艺术产品生产、制作、销售的企业 1 家,从业人员 3 人。

【文化产业主要项目】 2018 年,是铁山港区唯一一家影剧院、广西乡镇首家 3D 杜比全景声高清巨幕影院——南滨影城向群众公开放映第二年,年度票房收入 76.07 万元;铁山港区小型陶瓷文化企业赤陶陶瓷工作室陈家宝和朱芳的手工陶器——青釉主人杯获省级铜牌奖。

文化市场管理

【文化市场日常监管】 2018 年,区文体广电局先后 2 次联合公安、工商、教育、城管等部门对全区文化市场进行综合大整治,对网吧、电子游戏机室、图书经营摊点、音像制品零售点进行严格检查,尤其对每个网吧的经营管理制度、负责人联系电话、有无群众反映违规经营、是否接纳未成年人进入等进行了解和调查,发现问题都及时整改。在日常工作中,关注对经营文化产品的销售摊点进行定期检查,对歌舞厅、宾馆、发廊等公共场所实行明察暗访,杜绝黄、赌、毒现象滋生漫延,做到依法依规管理文化市场,确保文化市场的健康繁荣。

【卫星接收设备销售检查】 2018 年 7 月和 11 月,区文体广电局先后两次联合工商、公安、扫黄打非、综治等部门在全区查处 5 个非法销售卫星接收设备摊点,查扣没收非法生产的卫星接收设施设备一批,有效打击了淫秽色情影像资料的传播渠道。对经营摊点进行严肃批评和教育,并责令其立即停止非法销售活动。

文物管理

【文物保护】 2018年，区文体广电局大力宣传铁山港区文物保护工作，坚持文物工作“保护为主、抢救第一、合理利用、加强管理”的方针，加大对全区30多个文物保护单位和保护点的安全防范力度，定期开展检查，重点检查白龙珍珠城、南康中学高中楼、南康三婆庙、南康老街建筑群、杨天锡故居等。区文体广电局多次派员前往白龙珍珠城，协助自治区和北海市文物主管部门做好调研和勘查工作，及时向北海市文化新闻出版广电局文保科、北海市文物局综合科了解各阶段中心工作，协助上级部门对铁山港区文物保护做好谋划，提高全区文物保护效率，并对革命烈士陵园等传统爱国主义教育基地进行日常保护。年内，全区没有发生文物火灾、被盗、被破坏等安全事故和违法案件。

【文物保护法宣传】 2018年，铁山港区持续加大对《中华人民共和国文物保护法》的宣传，真正让文物的管理和保护家喻户晓。通过挂横幅、要求各镇、村、社区在各辖区内有文物和文物景点的地方，要设立明显标志加以保护。对各大建设项目的施工单位，要求凡接近或经过文物保护区域的需要提前作出施工公示，并通知文物保护主管部门察看现场是否有损坏的文物或者文物保护区域。

2018年2月9日，区文体广电局会同区消防大队对区内文物点开展消防大检查　　李　澄　摄

广播电影电视

【数字电视普及与管控】 2018年，区文体广电局认真抓好电视节目的接收传输工作。年内，辖区数字电视和直播卫星电视覆盖率达100%。对擅自安装天线接收境外节目的用户采取强拆和教育的办法。年内，联合工商、公安等执法队伍开展2次突击大行动，收缴一批非法接收电视设备设施，对非法销售接收传输设备、违规经营的商户进行批评教育。

【电视宣传】 2018年，铁山港区广播电视站电视新闻工作者跟踪报道铁山港区发生的重大事件，客观报道辖区各行各业取得的成绩；全年外出拍摄采访218份视频资料，形成新闻稿件111篇，投稿北海电视台111篇，被北海电视台采用播出120条(次)，其中北海电视台《晚间新闻》栏目采用98条次，《新闻动车》栏目采用22条次。采编内容包括时政、经济、卫生、医疗、教育、体育、妇女、民生、扶贫攻坚等多个领域，充分发挥了党委政府的喉舌作用。

【安全播出工作】 2018年，区文体广电局贯彻落实国家广电总局的指示精神，认真做好每一个时段的安全播出工作。中央、自治区到北海市各级举行重大政务活动，区文体广电局主要领导亲自与广西广播电视信息网络服务有限公司北海分公司铁山港区管理站进行沟通，要求确保重大会议、重大活动期间不出任何安全播出事故。特别注重提防不法人员的盗播、插播。年内，全区没有出现任何安全播出事件。

【扫黄打非】 2018年1月30日，北海市文化新闻出版广电局副局长林德泉到铁山港区营盘镇塘仔村为该村“扫黄打非”工作站授予“扫黄打非”基层示范点牌匾，全区42个村社区的“扫黄打非”工作联系点认真开展“扫黄打非”工作，落实责任到位。年内，区文体广电局联合工商、公安、城管和综治等部门先后对全区的网吧、娱乐场所和相关档次的酒店宾馆进行突击检查2次，禁止未成年人进入网吧，对场所内的人群进行个别问话，了解相关情况；全年共抽查6家网吧的上网记录，现场查看网页信息，关注上网人员所浏览的内容，对发现有害信息要求业主及时删除和屏蔽；责令经营者要在涉黄、涉毒、涉暴方面做好监管工作，不得违法经营，为全区的经济社会文化和各项事业的发展营造了良好的环境。

【电影放映】 2018年，区文体广电局把农村电影放映工作作为文化下乡、文化扶贫的一项重要工作狠抓落实。全年完成农村电影放映456场，圆满完成电影放映工作任务，并利用放电影时间宣传贯彻中共十九大精神。年内，铁山港区南康镇南滨影城放映7291场，票房收入76.07万元。

【扶贫工作】 2018年，区文体广电局的驻村挂点工作和精准扶贫工作出色完成任务，经济扶贫和文化扶贫有机结合。全年筹集资金123万元建成兴港镇班鸠埇村级公共服务中心，筹资5万元建成营盘镇彬畔村委辣了塘村标准篮球场，协助广电网络公司做好贫困村的电视村村通工作。在营盘镇彬畔村开展精准扶贫工作中，每逢传统节日都为群众送油送米，农耕时节送种子、化肥，与农民群众谋划发展经济方略，解决群众发展生产中缺资金缺技术的困难，让群众早日脱贫致富。年内，彬畔村有8户共34人脱贫。

体育综述

2018年，铁山港区体育事业发展迅速，体育运动项目丰富多彩。篮球比赛、气排球比赛、健身操、健身舞、乒乓球、太极拳、太极剑等成为广大群众喜爱的体育活动。全区有各类体育场所300多个，其中灯光篮球场30多个，标准篮球场120多个，有排球场、气排球场共40多个，乒乓球场98个，田径运动场8个，还有沙滩排球场和室外网球场各1个，有足球运动场3个，羽毛球馆3个，乒乓球馆3个。辖区3镇的公共场所安装健身运动设施28套。全区有农村群众篮球队30多支，气排球队20支，乒乓球中老年业余团队9支，健身操、广场舞、

2018年7月28日，区文体广电局组团到北海参加第十届广西体育节健步走活动　　黄昌能　摄

太极拳、太极剑表演队15支；负责指导、辅导体育活动的社会指导员120多人。年内，全区举办各类群众体育活动35场次。

2018年5月2日—18日，热烈庆祝广西壮族自治区成立60周年铁山港区职工气排球赛在区政府球馆举行　　黄昌能　摄

群众体育

【迎新春篮球大赛】 2018年2月，铁山港区迎新春暨第五届广西万村男子篮球大赛分设南康镇、营盘镇、兴港镇三个赛区，各比赛现场座无虚席，约3万人次到现场观看比赛。来自全区各镇的10多支比赛队伍参加角逐，北海市体育局、铁山港区部分领导干部及文化体育广电局的有关领导前往现场观看比赛，首场开幕赛有观众8000多人次。

【群众体育活动】 2018年，铁山港区制订体育活动计划，广泛组织开展丰富多彩的体育健身活动。5月，区文体广电局联合团区委、区总工会、铁管委举办铁山港区青年气排球赛暨职工气排球联赛，区内27支球队320名运动员参加比赛；7月28日，组织200多名干部职工参加广西体育节北海市分会场开幕式暨健步走活动；8月，在营盘镇营盘社区举行的铁山港区伏季休渔农（渔）民排球联赛，农（渔）民踊跃参加，周边群众8000人次观看比赛；9月，组织开展国民体质监测活动，完成200个监测样本；12月5日，举办2018年铁山港区广场舞大赛，来自全区各个单位、村委、社区16支舞蹈队参加比赛，近500人次观看比赛。年内，区文体广电局争取上级资金支持，指导各村（社区）利用春节、三月三等节假日开展气排球、乒乓球、拔河、广场舞等群众喜闻乐见的体育活动100多场次，增强群众参与体育健身的热情，形成全民健身高潮。

2018年2月16日，第五届广西万村篮球赛铁山港区营盘镇赛区暨2018年营盘镇黄稍春节篮球赛开幕式现场　　黄昌能　摄

竞技体育

2018年6月，铁山港区籍国家体育名将李俊升参加残疾人游泳锦标赛，获100米蛙泳第一，200米自由泳第一，50米

2018年10月，李俊升在亚洲残运会上获S5级50米自由泳铜牌
黄昌能　摄

2018年11月，铁山港区兴港镇南乐社区篮球队在第五届广西万村篮球赛总决赛中获自治区总冠军　　黄昌能　摄

仰泳第一；10月，在亚洲残运会上，李俊升获S5级50米自由泳第三名。11月18日，兴港镇南乐社区篮球队在广西万村篮球赛北海赛区选拔赛中获冠军，代表北海市参加自治区总决赛，获总冠军。

体育产业

【概况】 2018年，南康镇南滨球馆与南滨综合文化广场其他体育服务项目运营，包括排球、气排球、乒乓球、羽毛球等球类活动丰富多彩，各项赛事和相关培训的商业活动收入8万多元；北海市崇杰健身有限公司和东华跆拳道馆等体育培训机构商业营运良好，铁山港区体育产业逐步发展。

【体育彩票销售】 2018年，区文体广电局把体育彩票销售作为一项利国利民的公益事业抓好抓实，全年完成体育彩票销售80多万元。　　（李　澄）

卫生与计划生育

综　述

2018年，北海市铁山港区卫生和计划生育局（简称区卫计局）内设办公室、规划信息和流动人口管理股、法制宣传股、疾病预防和妇幼保健（爱国卫生运动会办公室）、医政医管股（科技股）、计划生育家庭发展股6个股室，有干部职工16人。区辖4所卫生医疗机构（不含村级和村级以下机构），分别为铁山港区人民医院、铁山港区妇幼保健院、营盘镇卫生院、兴港社区卫生服务中心，共有卫生技术人员386人，有病床219张；全年诊疗病人30.1万人次，住院1.04万人次，治愈率66.43%，抢救成功率85%，死亡率0.2%；全区乡村卫生技术人员共146人。年内，全区财政对卫生事业投入1.01亿元（含全区行政事业单位医疗经费），同比减少80万元（财政投入减少的原因是机构改革变动），占财政支出的9%。

医药卫生体制改革

【公立医院改革】 2018年，北海市铁山港区重点推进公立医院改革。区卫计局多次组织召开综合改革试点工作专题会议和相关部门的工作协调会，研究推进改革工作。区卫计局扎实开展医疗联合体、医共体建设、家庭医生签约服务工作，辖区内就诊率不断提高，公立医院综合改革实现全覆盖，全面取消药品加成，医疗费用不合理增长得到有效控制。城乡居民医保制度整合基本完成，启动药品购销“两票制”工作，有效降低药品采购支出，减少群众用药负担。

【实施国家基本药物制度】 2018年，铁山港区人民医院、铁山港区妇幼保健院开展县级公立医院改革试点工作，全部实行基本药品零差率销售和医疗服务价格调整。加强基本药物合理使用的培训，在基层医疗机构中全面开展2012年版的指南和处方集的宣传培训和推广使用。同时，营盘镇卫生院、87所村卫生室继续推行国家基本药物制度，实行药品零差价销售。实行基本药物制度后，降低患者药品负担，规范临床用药行为。

2018年，北海市卫生健康委员会主任陈劲（右四）带队到铁山港区人民医院调研公立医院改革工作　　区卫计委　供

卫生法制与监督

【卫生普法】 2018年，铁山港区开展全面落实二孩政策宣传活动、“世界艾滋病日”主题宣传、“世界母乳喂养周”“世界无烟日”以及“妇女普法及健康知识宣传服务活动”，各单位共制作横幅26幅、发放宣传资料2万份、制作板报20期、解答群众咨询3413人次。全区卫生系统参加“七五”无纸化普法考试245人，合格率100%。

【卫生监督】 2018年，铁山港区各医院成立卫生监督协管中心，配备专(兼)职人员负责卫生监督协管工作，设置有办公室，配置办公桌、电脑、打印机、照相机、电话、文件档案柜等办公用品，人员统一着装上岗，制订有卫生协管的八项制度及职责并上墙。建立了辖区内生活饮用水卫生、学校卫生、非法行医及非法采供血等资料库，并分类存放。年内，全区对非法行医和采供血现象、学校饮用水安全问题共巡查322次；全区未发现食物中毒、食源性疾病等对人体健康造成的伤害事件。

基层卫生

【基层卫生建设】 2018年，铁山港区推行以竞聘上岗、全员聘用、合同管理为主要内容的人员聘用制度和岗位管理制度。建立“定编定岗不定人”的用人新机制和“托低不限高”的激励性绩效工资制度，对基层卫生机构实施绩效分配和收支“两条线”管理，实行绩效考核，考核结果与绩效工资、公共卫生专项补助直接挂钩，促进了效能的提升，提高基层医务人员工作积极性。

【卫生下乡】 2018年，区卫计局对南康镇扫管龙村委、黄丽窝村委、兴港镇粟山村委、石头埠村委、陂头村委开展卫生下乡帮扶工作。累计投入各类项目、扶贫帮扶资金共6.5万元，其中直接投入帮扶资金3.5万多元；开展春节、七一慰问活动，共慰问特困户、五保户37户，发放慰问金、慰问品折价共2.5万多元，建设基层活动宣传栏3个。此外，组织医疗专家下乡义诊，送医送药和开展卫生宣教、医疗医保和艾滋病防控等宣传。

【健康扶贫】 2018年，区卫计局实施《铁山港区医疗扶贫工作方案》《铁山港区大病救治工作方案》《铁山港区家庭医生签约服务工作方案》等一系列健康扶贫政策，完善基本医保、大病保险、城乡医疗救助、医疗补充保险“四重医疗保障”，辖区贫困人口医疗费用实际报销比例大幅上升，个人就医费用负担明显减轻。以家庭医生签约服务为推手，把日常医疗服务和健康扶贫结合起来，在医疗卫生服务中促进健康扶贫，在健康扶贫中落实医疗卫生服务，真正做到医疗卫生服务和健康扶贫双促进、双提升。通过先诊疗后付费、减免住院费用、提高城乡居民医保报销比例等一系列措施，全区因病致贫家庭383户1575人已有123户545人脱贫。

2018年10月15日，区卫计局在营盘社区开展预防艾滋病知识宣传

区卫计局　供

【传染病防控】 2018年,区卫计局建立健全传染病及突发公共卫生事件报告制度,协助开展传染病及突发公共卫生事件报告和处理。确定专人负责传染病和突发公共卫生事件的报告管理工作,传染病登记报告和突发公共卫生事件报告制度完善,全区及时发现、登记并报告传染病病例1002例,传染病报告率100%,及时率100%,准确率100%,突发公共卫生事件及时报告率100%。

【家庭医生签约服务】 2018年,区卫计局开展家庭医生签约服务,签约率占全区总人口的33.1%。辖区重点人群人数6万人、重点人群签约服务人数4.05万人,签约率67.4%。辖区贫困总人数6873人、参加签约服务贫困户数6873人,签约率100%。

医政管理

【医疗机构管理】 2018年,铁山港区开展医疗机构管理核心制度,加强医疗机构行风建设,开展"平安医院"创建工作,确保医疗安全。区卫计局落实卫生部《医疗机构药事管理规定》《处方管理办法》《医院处方点评管理规范(试行)》,推行《国家处方集》,建立健全临床药师制度,开展合理用药监测,规范临床用药,提高药物治疗学水平。全年全区新批准设置医疗机构13家,其中村卫生所11家、口腔诊所1家、兴港社区卫生服务中心1家,取消口腔诊所13家。

【中医工作】 2018年,铁山港区推进公立中医医院改革,重视学科建设,推行临床路径,加强中药制剂管理,着力提升中医药服务能力。区卫计局实施基层中医药服务能力提升工程,推广"治未病"和"中医适宜技术"。

爱国卫生运动

【创卫工作】 2018年,区爱国卫生运动委员会办公室全力组织、协调全区爱卫会成员单位开展迎接自治区卫生城市复审各项工作。按照《自治区爱国卫生先进单位标准》《自治区卫生镇、村标准》,在全区开展卫生镇、卫生村和卫生先进单位复审工作。南康镇开展申请创建国家卫生镇评审工作。

【爱卫月活动】 2018年,铁山港区开展全国第30个爱国卫生月宣传活动,其间,全区召开1次动员会,出动车辆82辆次,悬挂横幅12幅,发放宣传资料6000多份;组织全区开展环境卫生大突击集中行动,开展清扫保洁,清除垃圾废物,落实"门前三包""门内达标"责任。

【病媒生物防制】 2018年,铁山港区加强病媒生物防制,控制传染病发生流行,重点抓好登革热疫情的防控工作。全年累计投入除四害工作经费6万元,对辖区市场、医院、学校、车站、码头、居民小区等场所开展2次大规模灭鼠、灭蚊行动,减少病媒生物传播的传染性疾病。

【健康教育】 2018年,区卫计局深入开展健康科普宣传,加强健康教育基地建设,充分利用健康教育宣传栏、健康步道等宣传阵地,开展健康科普宣传。全年投入资金30余万元,在南康镇南滨广场、夏塘村、黄丽窝村、扫管龙村,营盘镇明珠路、盐灶村,兴港镇粟山村等村委建设7个健康教育宣传长廊,包含健康素养66条、慢性病防治、中医药健康素养、常见病防治、碘缺乏症防治、控烟、艾滋病防治等内容。

【控烟工作】 2018年,区卫计局加大控烟宣传力度,利用视频、海报、展板、宣传册等公益广告形式,向各机关单位、医疗卫生机构、学校积极宣传吸烟危害、增强控烟举措,加大影院、网吧等公共场所控烟力度,取得良好效果。

人口和计划生育

【诚信计生】 2018年,铁山港

区全面推行“政府诚信、群众守信、村民互信”的“双向承诺,充分自愿,依法自治”的诚信计生模式,建立和完善“政府主导、部门支持、社会关爱”的诚信计生长效机制,提升农村诚信计生家庭特别是农村独生子女户和双女结扎户家庭的地位,让他们得到实实在在的实惠。

【计生宣传服务】2018年,铁山港区以“两学一做”活动为契机,进村入户抓好“5·29”“7·11”“10·28”和中秋节、春节等计生纪念日和传统节点,宣传全面二孩、打击“两非”(非法利用超声技术和其他手段进行非医学需要的胎儿性别鉴定;非法选择性别的人工终止妊娠)等相关知识。

【计划生育协会工作】2018年,区计生协会紧紧围绕实施全面二孩政策和卫生计生中心工作,继续深化计划生育协会“三项建设”,落实宣传教育、生殖健康咨询服务、优生优育指导、计划生育家庭帮扶、权益维护和流动人口服务“六项任务”,拓展生育关怀行动系列活动,区计生协会深受社会好评和群众赞誉。年内,区计生协会大力开展宣传倡导活动,广泛宣传计划生育政策法规,倡导科学文明进步的婚育观念;在组织实施全面二孩政策工作中发挥排头兵作用,用群众熟悉的语言、喜闻乐见的方式,做好政策解读和舆论引导工作,增强群众的国情国策意识,推动全面二孩政策扎实有序实施,做好生育关怀服务。

(李永星)

侨务·台湾事务

侨务工作

【概况】 2018年，北海市铁山港区人民政府侨务办公室（简称区侨办）在区委统战部挂牌。

【为侨服务】 2018年，区侨办坚持开展“送温暖，献爱心活动”，春节期间，带着党和政府对归侨侨眷的关怀，共走访慰问归侨侨眷贫困户8户，送去慰问金和慰问品约2000元。年内，区侨办按照行政审批项目的办理流程，为铁山港区参加高考的归侨侨眷办理归侨、侨属及“三侨考生”（归侨学生、归侨子女、华侨在国内的子女）出具“三侨”考生证明21份。5月27日，滨海农场前卫分场三队归侨与周边群众因土地纠纷发生冲突，事件发生后，区侨办主要领导多次到现场了解情况，并积极协调各有关部门公平调处，确保了纠纷得以公正处理，保护归侨合法权益。

（吴志平）

台湾事务

【概况】 2018年，中国共产党北海市铁山港区委员会台湾工作办公室（北海市铁山港区人民政府台湾事务办公室）（简称区台办）在北海市铁山港区委统战部挂牌。

【对台联谊交流】 2018年，铁山港区加强与台湾工商社团和农业协会交流，增进全区与台湾农业合作，提升全区农业科技水平。4月22日—28日，区委统战部、区台办牵头组织，以区委书记余兴国为团长的铁山港区参访考察团一行12人，应邀赴台湾开展经贸考察交流。参访考察团先后拜访台湾工业总会、台湾品牌农业协会、台湾中小企业协进会和科技产业协会等工商社团，组织台湾工商界知名人士、桃园工商界知名人士召开座谈交流推介会，实地考察了台湾南璋股份有限公司、华伟国际渔业集团、本腾农业生技有限公司等7家企业；考察期间专程拜访台湾钦廉四属同乡会。年内，区委统战部邀请并热情接待来访的台湾钦廉四属同乡会等爱国社团及友好人士12批次，其中包括原国家副主席李济深、全国人大常委会原副委员长、全国政协原副主席何香凝、原国民革命军第十一军军长陈铭枢、抗日名将邓世增、抗日名将张君嵩等名人的后人。台湾知名词曲创作大师、音乐制作人黄仁清在铁山港区参观考察时有感而发，为铁山港区创作并亲自演唱《铁山港颂》。

（卜换德　黄慧英）

社会事务

民族宗教工作

【概况】 2018年，北海市铁山港区民族宗教事务管理局(简称区民宗局)是区政府办挂牌部门，委托区委统战部管理，有工作人员1人。

【民族团结宣传月活动】 2018年农历三月期间，区民宗局牵头在全区集中开展民族团结宣传月和“三月三”宣传活动。一是大力开展民族团结教育进校园活动。“三月三”前后时期，在营盘中心小学开展“民族大团结　共筑中国梦”文艺会演、民族团结班级手抄报等活动；二是大力开展以民族团结为主题的“三月三”宣传活动。以全区各民族团结宣传基地和各广场、主街道为主阵地，通过横幅、板报、传单资料等多种宣传手段，广泛开展民族团结宣传。活动期间，全区悬挂宣传横幅15幅，在少数民族村屯制作宣传板报2期，发放民族团结宣传资料共计500多份。

【少数民族发展资金项目】 2018年，上级下达铁山港区少数民族发展资金的项目有3个，共计46万元，修建了营盘镇能村村委山口村、彬彬村道路工程，黄丽窝村委垭垌村村中道路工程，兴港镇富屋村委谭村产业基地道路工程。

【宗教工作“三访三通”工程】 2018年，区民宗局进一步发挥宗教工作“三访三通”工程的联动作用，主要是进村入户走访信教群众，传统节日开展慰问宗教界人士活动，定期组织宗教界人士外出培训，支持帮助宗教场所建设等。畅通信息渠道、畅通应急机制，有效解决基层宗教工作信息不灵、协作不畅、处置无力的难题，及时处置化解铁山港区宗教工作一些历史遗留问题和私设聚会点问题。

【关爱少数民族群众和困难信众】 2018年春节前夕，区民宗局对少数民族困难群众和基督教困难信众进行慰问，为5户少数民族同胞、10户基督教信众送去党和政府的关怀和问候，让困难少数民族同胞和基督教信众过上祥和温暖的节日。（劳浦强）

2018年“壮族三月三”期间，区民宗局在铁山港区营盘镇中心小学举办以“民族大团结　共筑中国梦”为主题的联欢会，组织开展丰富多样的庆祝活动　区民宗局　供

2018年2月12日，区委常委、统战部部长刘将远(左二)、区委统战部副部长、区民宗局局长劳浦强(左一)到兴港镇彬定新村坡基督教聚会点看望信教群众
区民宗局　供

婚姻登记与殡葬管理

【婚姻登记】 2018年，北海市铁山港区民政部门以创建文明窗口为载体，以优质文明服务为目标，进一步提高婚姻登记服务质量。全年共办理结婚登记1397对，离婚登记275对，补领结婚证198对、离婚证4对，为群众查询涉婚类档案286件。

【殡葬管理】 2018年，北海市铁山港区民政部门加强殡葬管理工作：一是宣传殡葬改革，大力推广鲜花祭扫、植树祭扫、网络祭扫等文明祭扫方式，培育绿色文明殡葬理念，推行节地生态安葬和绿色殡葬；二是制订工作方案保障清明期间祭扫平安有序，在清明期间，安排人员值班值守、疏导交通等措施确保祭扫平安有序；三是切实加强墓区规划建设，北海市铁山港区农村集体公益性公墓扩建项目建设完成80%。

社会福利与老龄人工作

【社会福利】 2018年，北海市铁山港区民政部门注重抓好社会福利工作：一是做好孤儿养育金的发放工作，积极筹措资金为全区孤儿发放孤儿养育金每人每月600元，全年累计发放孤儿养育金9.18万元，孤儿生活和成长得到物质保障；二是扎实开展残疾人"两项补贴"工作，按时足额发放补助金，全年全区享受困难残疾人生活补贴人数340人、重度残疾人护理补贴1925人，两项补贴累计发放资金132.49万元，有效改善残疾人生活质量。

【老龄人工作】 2017年，北海市铁山港区民政部门抓实老龄人事业工作：一是老年优待证做到现场办理、随到随办、免费办理，全年办理老年优待证202本；二是切实加强高龄老人生活保障。筹措资金给全区80岁、90岁、100岁及以上老人每人每月分别发放50元、80元、200元高龄津贴，全年累计发放资金339.76万元。（唐文媛）

乡镇概况

南康镇

【概况】 南康镇位于广西北部湾畔、北海市东部，东连玉林至铁山港铁路和玉林至铁山港高速公路，南通北海至铁山港一级公路，西距北海机场18千米，北沿浦北至营盘二级公路还可进入G75兰海国道高速路网。全镇辖15个行政村、2个社区，辖区总面积175.4平方千米，2018年，总人口7.36万。南康镇2005年被授予全国文明镇称号后，连续5年被评为"北海市经济发展优秀乡镇""自治区、北海市平安建设先进乡镇"；连续参加7届广西市容建设"南珠杯"竞赛并夺得特等奖；2010年获得第一批广西历史文化名镇称号；同时还先后被列为全国重点镇、全国发展改革试点小城镇、《广西北部湾经济区发展规划》四级建设区、广西特色文化名镇。先后于2015年、2017年通过全国文明村镇复核，2016年10月入选全国第一批特色小镇。2018年，全镇财政收入6.37亿元，同比增长17.38%；工业总产值7.43亿元，同比增长22%；农业总产值6.81亿元，同比增长11.88%。

【招商引资】 2018年，南康镇实施"投资促进年活动"，打好政策、乡情、宣传和服务四张牌。全年"走出去"招商5批次，依次接洽招商36批次，落实项目4个，投资总额1亿多元。引进香港喜记"蟹将军"餐饮集团投资4200万元，在南康镇雷田村建设6.67公顷的香港喜记工厂化生态养蟹及海洋生态亲子体验项目；广西儒春农业科技股份有限公司采取"三变"模式(即资源变资产、资金变股金、农民变股东)在南康镇大塘村委建设儒春田园综合体项目，流转土地280公顷，完成土地平整104公顷，改造生态污水净化池6.67公顷，完成旱地提质改造40多公顷；引进广西桂羊牧业有限公司在秋风塘村委投资9400万元发展努比亚山羊养殖项目，项目一期投资1400万元已完成建设投产；引进温州商人投资2600万元建设丽港酒店项目，于2018年9月建成南康镇首家综合性酒店。

【脱贫攻坚】 2018年，南康镇深入开展贫困人口动态管理工作，确定应纳尽纳贫困户16户55人，返贫户3户13人，错评剔除户5户27人；同时开展老人户动态管理工作，继续建档立卡老人户17户22人，作自然减贫老人户11户18人，合并老人户2户4人；抓好产业扶贫，投入81.1万元扶持737户建档立卡贫困户发展到户产业，投入143.5万元入股企业发展努比亚山羊养殖项目，投入40万元发展黄丽窝养牛构树种植项目；通过党建+脱贫攻坚的形式，年内建成一个残疾人托养中心，一个现代农业创业孵化基地，建立6个扶贫车间，实现100多人贫困户对象在家门口就业；"雨露计划"学历教育投入38万元扶持贫困学子202人次；贫困人口大病专项救治住院费用报销90%以上，慢性病门诊费用报销比例80%以上；全年实现贫困户115户501人高质量脱贫，顺利通过自治区"四合一"核验。年内，南康镇村级集体经济收入共137.29万元，实现全镇16

个村(居)委会集体经济收入均超5万元,其中南康社区实现集体收入46.6万元。

【乡村建设】 2018年,南康镇投入2123.4万元完成31.8千米村屯道路硬底化;完成农村危房改造56户、改厨改厕共2400户;修复一批水利设施,投资350万元修复大塘下担海堤,投资30多万元修复清理中坑——鹧鸪塘排洪沟,投资8万元修复高田樟木洞排洪沟,投资108.1万元安装太阳能路灯项目共7个、安装路灯320盏;持续开展"垃圾不落地·南康最美丽"活动,引进北京环境有限公司对农村生活垃圾开展全覆盖清运处理,乡村环境极大改善;加快发展乡村旅游,初步形成夏塘高村旅游、秋风塘简屋新农村、扫管龙农业休闲观光旅游等乡村旅游品牌,百香果、草莓、青枣等观光采摘园方兴未艾。

【创建现代特色农业示范区】 2018年,南康镇以创建现代特色农业示范区为突破口,加快特色农业产业化、标准化建设。成功创建松柏山生态种养县级示范区;创建培育南康镇水磨岭林下养鸡产业示范园和南康镇茂叶生态休闲示范园共2个乡级示范园;创建培育了南康镇黄丽窝粮菜轮作示范点、南康镇大塘村优质稻产业示范点、南康镇社内村果蔬产业示范点、南康镇陂塘村大棚设施栽培示范点等7个村级示范点。

【整治生态环境】 2018年,南康镇推进绿色发展,整治生态环境。按照中央环保督察"回头看"整改要求,完成历年非法采矿坑生态修复6个,其中生态复绿5个11.2公顷、恢复水面养殖1个1.4公顷;继续保持"打非治违"的高压态势,进一步加大对非法违法生产经营建设行为的排查打击力度,建立南康镇矿产联合执法巡查制度,实现24小时巡查值班。全年共组织矿产执法巡查110次,出动执法人员260人次,执法车辆110台次。共发现并口头制止非法采矿行为10起,立案查处非法开采行政案件5起,收取罚没款17万元;立案查处土地违法案件2起,收取罚没款6万元,配合公安机关查扣非法采矿机械5台;大力开展水源保护和大气污染防治工作。落实"河长制",加强河道管理;治理扬尘、禁烧秸秆、严控废气排放。通过狠抓重点行业领域安全专项治理和隐患排查治理等方式维护生态文明建设和保障生产安全。

【城镇建设】 2018年,南康镇结合创城和环境提升年活动,围绕"垃圾不落地·南康最美丽"主题,宣传、整治两手抓,共开展入户宣传30余次,印发宣传资料2000余份,制作宣传板报,张贴标语500条,签订"门前三包"责任状1800份;开展街道集中整治行动50余次,拆除银丰东路、长安街等违章违法建筑(含铁栅)60起,拆除违搭棚亭1100平方米,纠正乱停车辆200多辆次,规范摆卖摊铺300多摊;投资1300万元开展朝阳大道、银丰大道风貌改造提升工程,老街排污及路面改造,老街供电线路改造;完成民主路、文明路、庆丰路、南滨广场太阳能路灯安装,完成镇区交通标线重新喷涂;完成南康中心市场改造、南滨广场美食街建设。投入180多万元开展特色小镇核心区规划,镇容镇貌明显提升。

【社会保障】 2018年,南康镇扎实开展社保工作,城乡居民养老保险参保率95.46%,60周岁及以上参保人员养老金已发放7347人;城乡居民基本医疗保险参保率96.45%;共接收企业退休人员1778人,城镇新增就业人数310人,实现农村劳动力新增转移就业426人。人口计生工作方面,全镇人口出生715人,政策内生育671人,符合政策生育率为93.8%,其中男孩出生374人,女孩出生341人,性别比为109.7,比2017年下降1.2个百分点,死亡人数220人,人口自然增长率为7.7‰。民政救济工作方面,农村低保金发放10296人次,发放金额263.58万元;城市低保发放1502人次,发放金额75.27万元;特困供养户保障金发放2493人次，发放金额146.88万元。

【成立滨海社区】 2018年，南康镇成立滨海社区。滨海社区“两委”于2018年9月完成选举，设滨海社区党委书记1名，党委副书记2名，党委委员4名；设滨海社区居委会主任1名，居委会副主任3名，居委会委员5名，其中党委书记和居委会主任一肩挑，并于12月28日举行滨海社区成立揭牌仪式。新成立的滨海社区地跨南康、营盘、兴港3镇，由广西农垦国有滨海农场和广西农垦国有前卫农场组成，辖区共有居民1670户4937人，有社区党员179人，其中离（退）休党员143人。滨海社区办公用房设在滨海农场一队职工办公室，建筑面积500平方米。

【文化事业】 2018年，南康镇进一步加强文化队伍和文化阵地建设，定期对文艺骨干进行培训，镇内有专业演出团体1个和业余文艺队伍31支；增设8条行政村羽毛球柱、乒乓球台等一批文体活动基础设施。全镇文体活动蓬勃发展，开展春节系列文体活动、三八国际妇女节风采广场舞联欢活动、农民丰收节系列文体活动等，组织文艺队伍下乡惠民演出12场次，戏曲进校园活动共培训表演43场次，农村公益性电影放映184场，开展传统爱国主义教育影片校园放映活动10场。弘扬传承“非遗”项目，抓好“非遗”发展保护，开展戏曲进校园活动，聘请北海市“非遗”中心粤剧专业老师教学戏曲知识，并在南康第一小学设立粤剧传习基地；创作《卖鸡调》曲本4本，宣传中共十九大精神，讲好南康的故事，共举办12场“进村、进社区、进机关、进校园”活动。充分发挥南康镇艺人优势，编制《醉美南康》《回到南康》等歌曲，在网络上广为传播，宣扬南康地方特色文化，提升南康知名度的同时，也引起了广大群众对乡情的共鸣。（王秀宇）

营盘镇

【概况】 营盘镇位于北海市东端，铁山港区南部，濒临北部湾，北距合浦县城45千米，西与银海区相连，东南濒临北部湾，与海南省隔海相望。全镇总面积99.8平方千米，有耕地面积2610.3公顷（其中水田561.9公顷），辖区内有LNG（液化天然气）码头，渔港码头，镇区距离北海福成机场15千米、距离玉铁高速出口12千米。一条27千米的沿海公路从东至西贯穿全镇，地理位置十分优越。辖黄稍、彬塘、塘仔、盐灶、彬畔、石村、白东、鹿塘、火禄、能村等10个行政村和营盘、白龙2个社区，共109个自然村，263个村民小组，总人口65060人。镇党委下辖党组织103个，党员1516人。辖区内有营盘卫生院、信用社、农业银行、边防派出所、工商所、自来水厂、食品药品监督所、渔政渔港监督支队铁山港大队、电信等企事业单位；有南珠城遗址、千层珠贝残墙、太监碑和断头龟、珍珠亭等珍贵文物。营盘镇沙蟹汁入选自治区级非物质文化遗产代表性项目。2018年，营盘镇先后获得北海市妇女“两癌”保险工作优秀基层单位、第三次全国农业普查北海市“先进集体”、铁山港区青年气排球赛暨职工气排球联赛（机关组）第一名、铁山港区庆祝改革开放40周年和自治区成立60周年“国民银行杯”“唱响北海”合唱比赛二等奖、北海市铁山港区平安建设工作目标管理一等奖；白龙社区升级为全国综合减灾示范区、北海市青山头乡村旅游区被评为广西四星级乡村旅游区。

【“三农”工作】 2018年，营盘镇全年播种面积4800.33公顷，粮食产量9270吨；发放耕地地力保护补贴资金189万元，发放农机购置补贴13万元。完成土地确权工作，签订成果协议9544户，资料归档8686户，数据汇交9544户，可颁证数9067户，发放土地确权证书5640份，农村土地承包经营权登记完成率95%。完成“小块并大块”耕地整治项目260.57公顷，实施能村城乡建设用地

2018 年 2 月，营盘镇春节篮球赛比赛现场　　吴明凯　摄

增减挂钩项目面积 78 公顷，表土完成清理 8 公顷，完成路面垫层 768 米。石村成功申报为自治区级乡镇建设综合示范村，石村村委西头村、背屋塘村、能村村委彬畔塘村成功申报为自治区 2018 年度“绿色村屯”。大力推进盐灶肉牛养殖基地、塘仔努比亚山羊养殖基地、石村茂谷柑产业示范点、彬畔村新匡泥丁养殖示范点、彬畔村稻鱼生态种养示范点建设，提高农产品附加值和产品市场竞争能力，提高农业生产效益。大力发展壮大集体经济，制订《营盘镇三年集体经济实施方案》，争取资金 500 多万元，实施专项资金扶持项目 7 个，覆盖 9 个村（社区），全年所有村（社区）集体经济收入都在 5 万元以上，其中 10 万元以上的村（社区）有 5 个，鹿塘村集体经济收入达到 30 万元以上。

【向海富民产业与旅游业】 2018 年，营盘镇不断推进南珠产业与深海抗风浪产业等向海富民产业发展。编制《营盘镇现代特色农业南珠养殖（核心）示范区规划》，打造南珠养殖特色产业，落实南珠养殖专用海 396.67 公顷，落实南珠养殖配套陆域建设用地 6.67 公顷，引进北海精工集团、北海铭美珍珠有限公司和北海市旺海珠宝有限公司等南珠养殖龙头企业，全年企业用员 1000 多人，投放贝苗 2.2 亿只，南珠产量从 2016 年 5.5 千克到 2018 年 588 千克，增长 100 多倍，产生经济效益 1 亿元。深海抗风浪养殖产业示范区带动养殖户 305 户，养殖面积超过 35 万平方米，网箱达 4600 口，网箱养殖产量突破 44 万吨，年产值达 5.2 亿元，养殖的金鲳鱼连续多年出口欧洲、美国等地区。积极推进南珠湾旅游建设，打造青山头乡村旅游示范区、大王岭滨海养生示范区和白龙南珠汉文化示范区，完成青山头滨海生态示范区升级改造，建设观海餐厅、观海长廊等景点设施；完成大王岭生态厕所、游客接待中心建设，筹备建设大王岭汽车营地项目；创建海岸沿线 3 家三星级农家乐；维护整修抗日名将邓世增、张君嵩故居。

【精准扶贫】 2018 年，营盘镇全面完成贫困户及“老人户”识别，因地制宜制订帮扶规划，落实帮扶措施；全镇有建档立卡户共 574 户，全年申请到户

2018 年 12 月，营盘镇塘仔新村村容村貌一角　　韩海连　摄

产业资金有493户，资金49.3万元。全年累计落实小额信贷资金23万元，“雨露计划”投入资金18.3万元扶持贫困学子108人，民政低保兜底扶持贫困户人口221人，46户贫困户完成了危房改造，补助金额64.64万元，全年高质量脱贫80户374人，顺利通过自治区“四合一”实地核验。

【村镇建设】 2018年，营盘镇坚持“建管养”并重，抓好“四好农村路”建设，投入“一事一议”财政奖补资金347.92万元建设11条村屯硬化道路约9.34千米、建设6条农村公共照明路灯共254盏；投入50万元巩固、修复一批水利灌溉设施。超额完成改厨改厕任务，其中改厨完成1150户、改厕完成1092户，完成危房改造49户。严厉打击非法采矿行为，全年组织巡查110多次，出动执法车辆120多台次，出动人员300多人次。大力开展生态修复工作，修复采矿坑1个，恢复林地4.52公顷，改造养殖水面0.53公顷，加设围栏周长1.36千米。加快污染治理，完成农业污染源普查工作。坚持实行河长制，加强对营盘镇河段的管理管护，对镇辖区内的河道进行垃圾清理，出动人员200人次，清理垃圾约18吨。全年共收缴保洁费41.5万元，开展“美丽广西·宜居乡村”环境集中清理整治行动164次，清除垃圾1.21万吨，参与集中整治8527人次，清理卫生死角276处。完善垃圾收运体系，2018年10月1日起实施农村生活垃圾收转运市场化运作模式，由保洁员负责清扫，北京环卫集团负责投放垃圾设备并清运垃圾，解决垃圾收运体系不完善、设备设施紧缺、垃圾收集率低等难题，生活垃圾清运处理率达到100%。

【民生福祉与社会事业】 2018年，营盘镇坚持改善民生，大力发展社会事业，各项补贴补助发放到位，发放城乡居民低保金256万元，发放城乡特困供养人员供养金125.7万元，发放特困人员救济物资大米18.5吨、花生油6200升；调整并发放高龄补贴1791人，共118.4万元；发放残疾人两项补贴761人共39.7万元；加大各类救助力度，为45名失能特困人员办理照料护理工作，发放照料护理费40.4万元，为3名孤儿解决基本生活问题，发放孤儿养育费4.4万元，为1400多户灾民发放自然灾害救助金43万元，为4户因灾倒房户发放倒房重建资金8万元，为67户困难群众发放医疗救助金26.6万元，为67名重点优抚对象发放生活补助金87.1万元，为110名60周岁以上退伍士兵发放生活补助金24.2万元，为46名义务兵发放优抚金71.6万元，为6名退职人员发放生活补助2.7万元。白龙社区升级为全国综合减灾示范社区，白东、盐灶、塘仔村委通过综合减灾认证。城乡居民基本养老保险参保率达到95.1%，基本医疗保险参保人数达到54654人，被征地农民参加企业职工养老保险新增参保320人，新增已办理领取退休待遇人数16人，建档立卡贫困户参加居民医疗保险和养老保险参保率均达到100%。新增城镇就业人员257人、下岗失业人员再就业61人，农村劳动力转移就业新增423人，城镇登记失业率为3.42%。营盘卫生院基本公共卫生服务楼开工建设，村

2018年9月，营盘镇整洁的滨江小区一瞥　　邱婷丽　摄

卫生室建设覆盖全镇并配齐乡村医生,家庭医生实现贫困户签约率100%;全年申请诚信计生公益基金特别救助学杂费11户,为诚信计生家庭代缴新农保共210户,发放爱心保险卡121户。

【平安建设】 2018年,营盘镇排查出矛盾纠纷131起,100%进行调处,调处成功120起,调处成功率91.6%;重拳打击违法犯罪,共立刑事案件16起,破获案件11起,抓获犯罪嫌疑人16人,查处治安案件78起,查处违法人员117人;严厉打击"黄赌毒",查处吸毒案件9起,强制戒毒7人,打击查处赌博案件31起。全年共开展安全生产大检查16次,检查企业32家次,排查安全生产隐患14个,全部完成整改。

【党建工作】 2018年,营盘镇规范基层党建制度,推进"三会一课"标准化建设,研究制订《营盘镇2018年"三会一课"学习计划》,坚持落实"党务公开日"制度,完善党建工作目标责任制。落实村(社区)党组织服务群众专项经费管理及使用,全年申报12个村(社区)党组织服务群众项目共68个,涉及金额126万元;加快营盘社区、彬塘村的村级活动场所建设,推进"农事网通""阳光红页"改革工作,全年共办结80周岁高龄老人津贴、城乡居民基本养老保险参保等便民服务事项213件,受理件17件,合计230件,完成12个村(社区)"阳光红页"基础信息录入。精心抓好村级党委换届选举工作,将黄稍、彬畔村党总支部升格为村级党委。加强党员干部队伍建设,全年共召开党建工作专题会议5次,开展"不忘初心、牢记使命"主题学习教育培训共13次,培训人员742人次;班子领导结合七一建党纪念日、学习十九大精神活动等累计进村讲党课12次。镇纪委立案15件,结案15件,信访了结8件、函询了结5件,通报学习70起扶贫领域典型违纪问题、32起违反中央八项规定精神典型案例。 (徐小茜)

兴港镇

【概况】 北海市铁山港区兴港镇(简称兴港镇)于1996年9月建置,位于铁山港区东部,是广西北部湾经济区五大功能组团之一铁山港(龙潭)组团的核心区,也是铁山港(临海)工业区的主战场。全镇总面积111平方千米,下辖12个村委会和2个居委会,共有121个自然村,总人口5.6万人。兴港镇距离北海市区约41千米,距北海机场约30千米。镇辖区内东西走向的北铁一级公路、七号路、营闸路和国防路,南北走向的四号路、兴港路、进港路与玉铁高速构成便利的陆路交通网络。兴港镇属于亚热带气候地区,土地平整,雨水充沛,光照时间长。2018年,兴港镇财政总收入11.05亿元,同比增长21.21%;农业总产值14.54亿元,同比增长9%;农民人均可支配14651元,同比增长10.1%。

【服务重大项目】 2018年,兴港镇坚持加大全方位服务力度,为项目建设提供和谐稳定的发展环境,辖区各项目有序、稳步推进。进港铁路、经四路和铁山港区第二货场等项目征地搬迁全部完成,并开工建设;信义玻璃项目建设顺利有序推进;诚德产业园区93.33公顷的用地已基本完成清表,6.67公顷标准厂房动工建设。铁山港1号—4号泊位铁路专用线项目,需征收铁路红线范围内土地4.14公顷,搬迁182户660人。在上级各级党委、政府的支持下,全镇搬迁工作组人员以超常规的工作思路和措施,强力推进进港铁路"最后一公里"的征地搬迁任务,在2个月内即完成了该项目的征地搬迁工作,交付施工建设。各个重大项目的配套道路、供水、供电、消防、污水处理等设施不断建设完成,工业发展日新月异,工业强镇新格局不断推进。

【"三农"工作】 2018年,兴港镇积极开展耕地地力保护补贴发放工作,共为12个行政村的6654户农户发放耕地地力保护

2018年6月，铁山港1号—4号泊位铁路专用线项目征地搬迁现场
兴港镇政府 供

补贴，补贴面积1266.52公顷，发放补贴金额149.25万元。大力发展村集体经济，共投入集体经济建设经费1514万元，实施集体经济项目11个（部分项目由多个村委合资建设），实现集体经济项目全覆盖，其中已建成投产7个，产生收益40.1万元，全面摆脱了"空壳村"。扎实推进农村土地确权工作，累计测量6498户农户的59362个地块，总面积达2428.45公顷，颁发确权证书6173户，颁证率95%。兴港镇狠抓粮食生产，积极推广杂交水稻，全镇全年水稻种植面积1159公顷；巩固和发展花生、玉米、大豆、蔬菜种植，扩大辣椒和西瓜套种面积，西瓜是该镇的主要优势作物，种植面积134公顷，种植花生892公顷，种植蔬菜1014公顷，种植大豆111公顷，种植玉米406公顷。传统种植农业产值稳中有升，特色养殖业齐头并进，引导石头埠网箱养殖向集约化、规模化发展，全镇有网箱养殖户305户，养殖面积超过35万平方米，网箱养殖产量突破4.4万吨，年产值达到5.2亿元，是广西最大的网箱养殖基地，有海上"牧场"之称。

【村镇建设】 2018年，兴港镇全力推进基础设施建设，共投入690.22万元修建道路12条、安装太阳能路灯44盏，投入230万元修建水利设施1处。积极实施"两改"工作，年内实施改厨816户、竣工816户；实施改厕804户、竣工729户；帮助15户困难户实施危房改造工程，解决困难群体的住房问题。兴港镇日常保洁形成长效机制，建立区、镇、村、组四级干部联系和责任区包干负责制。建立兴港镇"美丽广西"活动检查评比工作机制，全镇14个村（社区）全部制订村规民约和卫生环境公约，制订星级文明户评比方案；成立农村保洁员管理小组，制订保洁员评比制度，优秀的给予奖励，工作不积极的给予辞退；建立完善农村保洁费的收缴机制，抓好小马头村委和彬池村委的示范点工作，以点带面，落实保洁费收缴工作，完满完成了全年保洁费收缴任务。

【生态治理】 2018年，兴港镇开展生态治理整顿矿坑复绿工作，多次组织开展巡查和打击非法盗采高岭土行为。全镇共完成矿坑及项目取土地表生态修复20处，恢复林地、草地总面积86.67公顷，通过加强管护，林地、草地的长势良好，顺利通过了北海市国土资源局的验收。

【精准扶贫】 2018年，兴港镇积极开展贫困人口动态调整工作，新纳入贫困户12户58人，返贫退出户1户6人，自然退出2户2人，现有建档立卡贫困人口690户2818人，其中2014年退出户32户135人，2015年退出户89户382人；共安排帮扶干部395人，帮扶单位34个，其中贫困村——粟山村定点帮扶单位6个，结对帮扶单位14个，帮扶干部160人；做到了应纳尽纳、应扶尽扶、应退尽退，精准识别、精准帮扶、精准退出，为打赢脱贫攻坚战奠定良好基础。全镇主要扶贫方式：一是坚持产业引领，积极扶持贫困户产业发展，促进困难群众转移就业，发放到户产业扶持资金509户60万元，增强贫困户“造血”能力，实现农村贫困劳动力转移就业新增27人。二是通过发展、壮大村级集体经济，带动贫困户入股合作社或龙头企业等方式发展产业，促进贫困户增产增收，助推脱贫攻坚。年内投入集体经济建设经费1514万元，实施集体经济项目11个(部分项目由多个村委合资建设)，实现集体经济项目对14个村(社区)全覆盖。年内已建成投产7个，产生收益40.1万元；引导贫困户共投入扶贫资金85万元，用于入股金斗运国际物流公司，合约期4年，每年分红8.5万元。三是积极落实惠民政策，确保精准脱贫“三保障”。帮助30户建档立卡贫困户实施危房改造工程，完工21户，解决贫困群众的住房问题。继续积极实施“雨露计划”，全年共发放资助金43人7.05万元；抓好医疗保障；落实社会保险扶贫政策，对参加城乡居民基本养老保险的建档立卡贫困人口，由政府代缴养老保险费100元，惠及未脱贫贫困人口1727人。

【平安建设】 2018年，兴港镇全面落实社会治安综合治理的各项责任，巩固平安建设“双提升”工作成果。积极采取措施加强排查，及时掌握动态，加大调处力度，妥善预防矛盾激化，维护社会和谐稳定。全年排查各类纠纷283件，其中民间纠纷216件、由项目引发的矛盾纠纷67件，调解纠纷283件，调解率为100%，成功调解278件，调解成功率为98.2%，防止民间纠纷激化56件，没有因民间纠纷调解不及时引发的民转刑案件、群体性上访、群众性械斗和自杀案件。兴港镇成立了安置帮教工作站，加强帮教工作，对10名刑释解教人员全部实行建档立卡管理，并根据每个刑释解教人员的具体情况制订相应的帮教措施，配备好帮教小组；兴港镇组织全镇30名社区矫正对象参加法制教育学习，共开展12次集中教育、12次公益性劳动，组织20名社区矫正对象到区法院参加警示教育活动；深入宣传扫黑除恶专项斗争及相关法律法规知识和典型案例，在各村播放扫黑除恶同心广播20次，发放宣传单3000张，悬挂横幅80幅，电线柱张贴宣传标语1100条，达到家喻户晓，人人参与的社会效果。

【社会民生事业】 2018年，兴港镇劳动就业和社会保障工作不断推进。实现农村富余劳动力新增转移就业374人，其中农村贫困劳动力转移就业新增27人，城镇新增就业397人，其中城镇失业人员再就业85人、就业困难人员再就业34人；社会养老保险工作得到全面落实，城乡居民社会养老保险参保人数15490人，已享受养老待遇5095人；抓好城镇居民医保缴费，已完成征缴工作，全镇参保率96.5%。武装、妇女儿童工作有新进展。兴港镇为部队输送本科以上优质兵员19名；继续做好“春蕾计划”活动，共扶持“春蕾”女童6人。“儿童家园”创建活动成效显著，投资2万元创建彬定村“儿童之家”，投入3.5万元用于各村“儿童之家”的设备更新，为满足儿童活动的开展构建平台。

2018年9月，兴港镇在小马头村委悬挂横幅宣传扫黑除恶专项斗争
兴港镇政府　供

康深度融合系列活动之第五届广西万村篮球赛，取得第一名的好成绩。

2018年1月，兴港镇联合北海市群艺馆在南乐社区文化广场举行“学习十九大·文化进万家——福联送乡村”活动。图为书法家现场免费为群众书写春联　兴港镇政府　供

【文化宣传】 2018年，兴港镇宣传贯彻十九大精神暨元旦文艺晚会及春节联欢晚会分别在南乐社区文化广场、小马头村委文化广场举行，观众达3000余人次；春节前夕，兴港镇联合北海市群艺馆举办的“学习十九大·文化进万家——福联送乡村”免费书写赠送春联活动在南乐社区文化广场启动，北海市群艺馆副馆长张虹一行11人冒着严寒到场指导，6名书法家现场书写春联，吸引了不少居民热情参与，现场共计赠送春联500多对，给社区居民送上了浓浓的新春祝福。“我的中国梦”文化下乡惠民演出陆续在南乐、杨屋、小马头等10个村(社区)举行，观众达6000余人次。兴港镇组织南乐社区参加庆祝自治区成立60周年·全民健身和全民健

【基层党建】 2018年，兴港镇学习贯彻中共十九大精神，持续开展“两学一做”教育活动，增强“四个意识”观念，坚持层层传导压力，严格落实党风廉政建设“两个责任”；落实“一案双查”制度，加大明察暗访和案件查办力度，强化责任追究，保持高压反腐态势，年内立案18起，结案17起，给予党纪政纪处分17人；扎实推进意识形态工作，把意识形态工作纳入年终绩效考核，纳入党建工作责任制，与各机关、村(社区)党支部签订《落实意识形态工作责任制》责任书。全年投入资金20万元，对“同心广播”设备进行修复升级，把党的声音同步传送镇辖14个村(社区)。在政府信息公开平台报送反腐倡廉、扫黑除恶、脱贫攻坚、学雷锋系列活动等正面信息20篇。　(苏　玲)

统计资料

2018年北海市铁山港区国民经济和社会发展统计公报

2018年是实施“十三五”规划承上启下的关键一年,全区上下以经济建设为中心,以改善民生为己任,紧紧围绕“四定”目标,竭力服务大项目,舞起工业强区大龙头。在全区广大干部群众的共同努力下,铁山港区经济发展总体发展平稳。

一、综合

2018年,全区完成地区生产总值(GDP)按可比价计算,比上年增长3.5%。其中:第一产业增长6.8%,第二产业增长2.3%,第三产业增长8.4%。三次产业的结构比例为8.84∶83.21∶7.95,对经济增长的贡献率分别为23.4%、49.9%、26.7%。

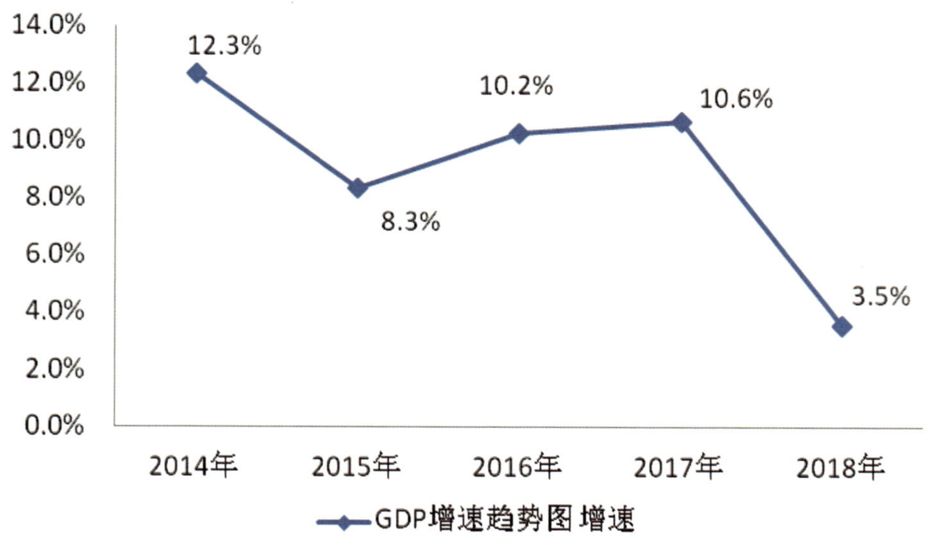

图1 2014-2018年北海市铁山港区地区生产总值增速图

2018年,全区完成财政收入45.61亿元,同比增长20.62%。一般公共预算收入2.46亿元,同比增长4.55%。一般公共预算支出9.33亿元,同比增长2.04%。

表 1　2014-2018 年北海市铁山港区财政收入及增长情况表

年份	2014 年	2015 年	2016 年	2017 年	2018 年
收入(亿元)	26.30	30.22	35.31	37.81	45.61
同比增长(%)	6.21	14.92	16.85	7.08	20.62

二、农业

2018 年,全区农林牧渔业完成总产值 49.95 亿元,同比增长 6.81%;实现增加值 32.66 亿元,同比增长 6.79%。农业总产值 6.1 亿元,同比增长 10.41%;林业总产值 0.46 亿元,同比增长 115.5%;牧业总产值 2.39 亿元,同比增长 1.45%;渔业总产值 40.38 亿元,同比增长 5.96%;农林牧渔服务业总产值 0.6 亿元,同比增长 9.39%。

全年农作物总播种面积为 2.09 万公顷,比上年增加 518.97 公顷。其中:食种植面积 5100 公顷,比上年减少 176.03 公顷;油料种植面积 2717 公顷,比上年减少 500 公顷;甘蔗种植面积 4107 公顷,比上年增加 558 公顷;蔬菜种植面积 5046 公顷,比上年增加 748 公顷;木薯种植面积 3270 公顷,比上年减少 165 公顷。

全年粮食产量 2.28 万吨,同比增长 0.32%;油料产量 0.84 万吨,同比下降 12.76%;甘蔗产量 25.77 万吨,同比增长 18.9%;蔬菜产量 10.85 万吨,同比增长 19.82%;园林水果产量 0.69 万吨,同比增长 26.51%。木材采伐量 7.32 万立方米,同比增长 21.5%。

全年生猪出栏 9 万头,同比增长 2.16%;年末生猪存栏 5 万头。全年猪、牛、羊、禽等肉类总产量 1.18 万吨,同比增长 1.14%。其中:猪肉产量 0.77 万吨,同比增长 2.2%;牛肉产量 212 吨,同比增长 0.95%;羊肉产量 9 吨,同比增长 12.5%;禽肉产量 3675 吨,同比下降 1.21%。水产品产量 18.58 万吨,同比增长 0.3%,其中海水产品产量 17.96 万吨,同比增长 0.02%。

年末全区农业机械总动力 25.8 万千瓦,同比增长 0.29%。全年有效灌溉面积 4726 公顷,农用化肥使用量 1.12 万吨(按折纯法计算),同比增长 0.06%。

三、工业

2018 年,铁山港区工业产值同比增长 14.6%,实现增加值同比增长 2.3%,其中规模以上工业产值增长 14.7%,实现增加值同比增长 2.3%。

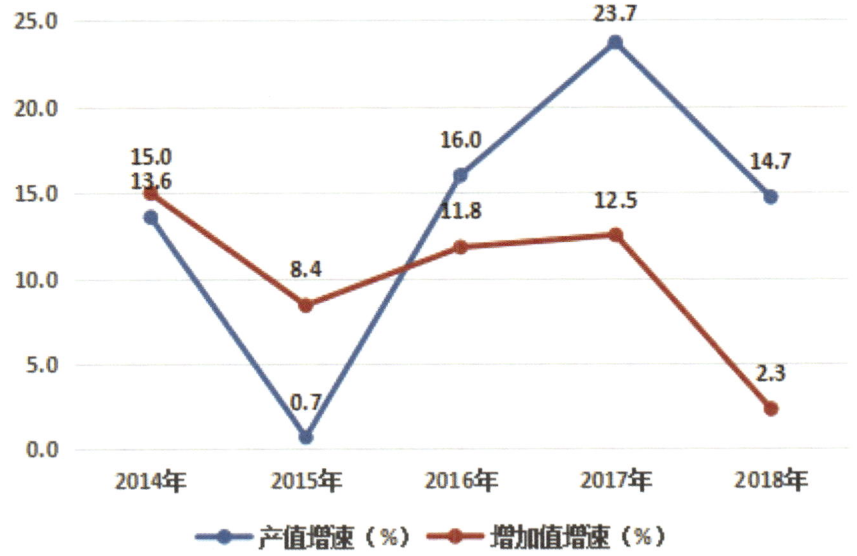

图 2　2014—2018 年北海市铁山港区规模以上工业产值、增加值增长情况

产值完成情况：规模以上工业企业中，国有企业同比增长 -0.1%，股份制企业同比增长 14.6%，外商及中国港、澳、台商投资企业同比增长 15.8%；轻工业同比增长 3.6%，重工业同比增长 15.7%。

增加值完成情况：全年规模以上工业各行业中，非金属矿采选业同比增长 33.4%，农副食品加工业同比增长 6.6%，造纸和纸制品业同比增长 9.1%，黑色金属冶炼和压延加工业同比增长 6.2%，电力、热力生产和供应业同比增长 50.5%，化学原料和化学制品制造业增长 11.5%。

表 2　2018 年北海市铁山港区规模以上工业产品产量及增长情况表

产品名称	计量单位	产量	比上年增长(%)
汽油	万吨	225.96	1.0
柴油	万吨	258.88	−2.4
液化石油气	万吨	42.09	4.5
发电量	亿千瓦时	43.86	40.5
饲料	万吨	115.27	−1.8
精制食用植物油	万吨	28.68	−1.0
成品糖	万吨	4.78	35.6
人造板	万立方米	7.04	−
粗钢	万吨	139.53	−17.7
钢材	万吨	293.50	26.3
商品混凝土	万立方米	13.76	8.0
机制纸及纸板	万吨	33.70	6.9

四、固定资产投资

2018 年，全区完成固定资产投资（不含农户）同比增长 21.7%。

从产业看：第一产业投资同比增长 50.8%；第二产业投资同比增长 68.9%，其中工业投资同比增长 15.3%；第三产业投资同比下降 40.2%。

全年房地产开发投资增长 20.2%，占全市投资比重扩大到 50% 以上。

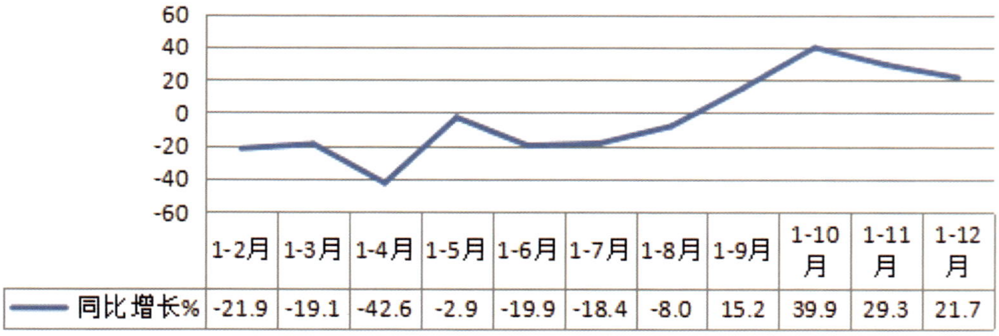

图 3　2018 年北海市铁山港区固定资产投资增长速度

从行业看：近六成主要行业固定资产投资实现增长，全区 12 个主要行业中有 8 个行业投资同比增长。重点行业增长情况：农、林、牧、渔业投资同比增长 50.8%，制造业投资同比增长 101.7%，水利环境和公共设施管理业同比增长 41.4%，以上三大重点行业分别拉动全区投资增长 1.1、43.1、1.4 个百分点。

五、国内贸易

2018 年，全区社会消费品零售总额 12.58 亿元，同比增长 10.2%，其中限额以上消费品零售额 2.83 亿元，同比增长 13.3%。按销售单位所在地统计：城镇消费品零售额 8.96 亿元，同比增长 10.8%；乡村消费品零售额 3.61 亿元，同比增长 8.6%。按消费类型统计：商品零售额 11.95 亿元，同比增长 10.1%；餐饮收入额 0.63 亿元，同比增长 12.3%。

图 4　2014—2018 年北海市铁山港区社会消费品零售总额及增长情况

六、对外经济

2018 年，全区外贸进出口总额 10.75 亿美元，同比增长 19.9%。其中：出口 3689 万美元，同比增长 35.26%；进口 10.38 亿美元，同比增长 19.4%。进出口差额（出口减进口）-10.01 亿美元。

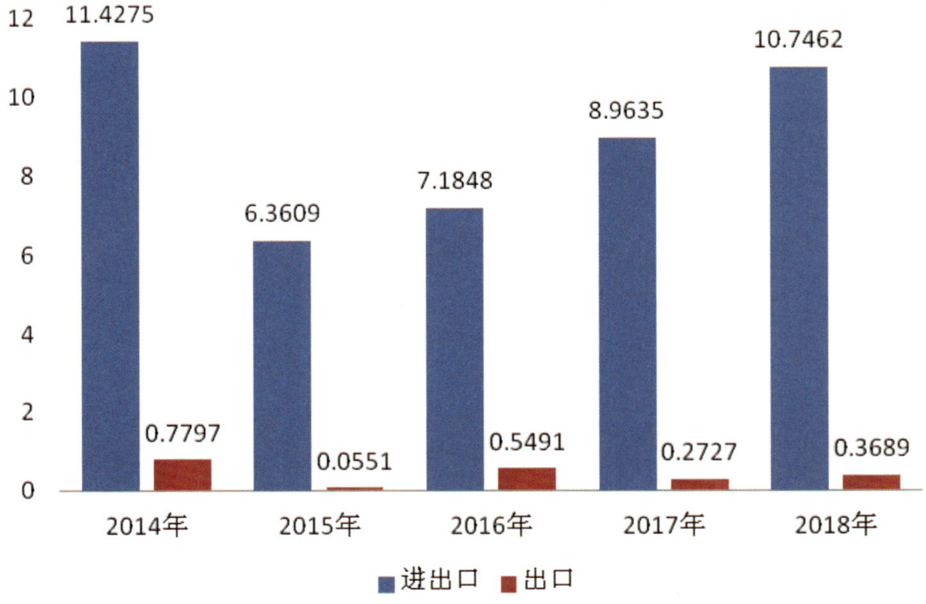

图 5　2014—2018 年北海市铁山港区进出口总额和出口总额

七、交通

2018年,全区有境内公路总里程488.82千米,公路客运量449万人,货运量846万吨。

表3 2018年北海市铁山港区港口、公路客货运输量及增长情况表

指标名称	单位	绝对数	比上年增长%
港口			
港口吞吐量	万吨	2604.49	20.44%
集装箱吞量	TEU	191327	26.39%
公路			
客运量	万人	449	13%
旅客周转量	万人公里	26940	13%
货运量	万吨	846	13%
货物周转量	万吨公里	10152	13%

八、教育、科技和卫生

2018年,全区有普通中学7所,专任教师(教职工)553人,在校生7143人;普通小学38所,专任教师(教职工)761人,招生2267人,在校生12821人;幼儿园35所,在校幼儿7072人。

全年全区专利申请数131件,专利授权数78件。

年末全区共有医疗卫生机构(含村卫生室和计生机构)136个。其中:医院1个,乡镇卫生院1个,社区卫生服务中心(站)1个,诊所(卫生所、医务室)132个,妇幼保健院(所、站)1个;有卫生技术人员551人;医院卫生院病床219张。

九、人口、人民生活和社会保障

2018年年末,全区有户籍人口18.66万人,有常住人口15.6万人(其中城镇人口5.46万人),城镇化率35%。全年常住人口口径,人口出生率13.8‰,死亡率4.7‰,自然增长率9.1‰。

表4 2018年北海市铁山港区常住、户籍人口数及其构成情况表

指标	年末数(万人)	比重(%)
常住人口	15.60	100.0
其中:城镇	5.46	35.0
乡村	10.14	65.0
户籍人口	18.66	100.0
其中:城镇	2.19	11.8
乡村	16.47	88.2
其中:男性	9.60	51.5
女性	9.06	48.5
其中:0~17岁	4.52	24.2
18~34岁	5.44	29.1
35~59岁	5.78	31.0
60岁及以上	2.93	15.7

全年全区居民人均可支配收入20798元，比上年增加1749元，增长9.2%。其中：城镇居民人均可支配收入33252元，比上年增加2000元，增长6.4%；农村居民人均可支配收入14651元，比上年增加1344元，增长10.1%。

全年全区城镇非私营单位从业人员期末人数为1.5万人，比上年同期增加1150人，同比增长8.31%。从业人员工资总额11.22亿元，比上年增加1.42亿元，增长14.54%。从业人员平均工资7.6万元，比上年同期增加0.44万元，增长6.11%。在岗劳务人员平均工资7.96万元。

全年全区参加城乡居民基本养老保险人数5.78万人，比上年同期减少2180人；参加城乡居民基本医疗保险的人数15.37万人，比上年同期减少8577人。

全年全区城镇新增就业1008人。其中：失业人员再就业263人，就业困难人员再就业55人；农村劳动力转移就业新增1370人；城镇登记失业率2.93%。

十、能耗和环境

2018年，铁山港区能源消费总量同比增长9.6%，万元地区生产能耗同比增长5.9%；万元工业增加值能耗同比增长2.4%，规模以上工业能源消费量同比增长8.2%。

2018年铁山港区PM2.5浓度平均值24微克/立方米，空气优良率96%。

注：

1. 本公报中数据均为初步统计数。

2. 地区生产总值、三次产业增加值、工业增加值、农业产值绝对数按现行价格计算，增长速度按可比价格计算；工业总产值增速按现行价格计算。

3. 规模以上工业企业是指年主营业务收入2000万元及以上的全部法人工业企业；限额以上批发零售企业是指年主营业务收入2000万元及以上批发企业和年主营业务收入500万元及以上零售企业。

4. 部分数据因四舍五入的原因，存在着总项与分项合计不等的情况。

5. 资料来源：本公报中户籍人口数据来自区公安分局，财政数据来自区财政局，居民收入部分数据来自国家统计局北海调查队，进出口数据、科技数据来自区科技商务和工信局，旅客、货物运输量数据来自区交通运输局，教育数据来自区教育局，卫生数据来自区卫计局，社会保障数据来自区人社局，林业数据来自区自然资源局，气象数据来自区生态环境局，其他数据均来自区统计局。

（区统计局　供）

附　录

文件目录

2018 年中国共产党北海市铁山港区委员会重要发文

文号	文件名称
北铁发〔2018〕1 号	转发《十一届市委第三巡察组关于巡察铁山港区（扶贫领域）情况的反馈意见》的通知
北铁发〔2018〕2 号	关于印发《铁山港区落实十一届市委第三巡察组巡察铁山港区（扶贫领域）情况反馈意见整改方案》的通知
北铁发〔2018〕3 号	关于深入学习宣传贯彻党的十九大精神的决定
北铁发〔2018〕6 号	关于给予 2017 年度综治（平安建设）工作目标管理先进单位奖励的决定
北铁发〔2018〕7 号	关于印发《中共北海市铁山港区委员会常委会 2018 年工作要点》的通知
北铁发〔2018〕9 号	关于成立处置路港公司地块使用权转让问题领导小组的通知
北铁发〔2018〕10 号	关于印发《中共北海市铁山港区委员会履行全面从严治党主体责任清单》的通知
北铁发〔2018〕11 号	关于印发市委点评铁山港主体责任突出问题整改任务表的通知
北铁发〔2018〕12 号	关于印发《铁山港区落实自治区党委第七巡视组对北海市扶贫领域机动式巡视反馈意见整改的方案》的通知
北铁发〔2018〕13 号	关于印发北海市铁山港区 2018 年重点工作“四定”任务安排表的通知
北铁发〔2018〕15 号	印发《关于稳步推进农村集体产权制度改革的实施方案》的通知
北铁发〔2018〕16 号	关于印发铁山港区关于实施乡村振兴战略的决定
北铁发〔2018〕17 号	关于修改《中共北海市铁山港区委员会巡察工作实施办法》的决定
北铁发〔2018〕18 号	关于推进安全生产领域改革发展的实施意见
北铁发〔2018〕19 号	关于进一步促进县域经济加快发展的实施方案
北铁发〔2018〕20 号	关于印发《北海市铁山港区乡村振兴战略规划（2018—2020 年）》的通知

2018 年中国共产党北海市铁山港区委员会办公室重要发文

文号	文件名称
北铁办发〔2018〕1 号	关于印发《北海市铁山港区基层“廉洁监督员”队伍建设和管理工作意见》的通知
北铁办发〔2018〕2 号	关于做好 2018 年元旦春节期间有关工作的通知
北铁办发〔2018〕3 号	印发《关于加强巡察工作协作配合的实施意见》等 3 个文件的通知
北铁办发〔2018〕4 号	关于印发《2018 年铁山港区“学习宣传十九大精神促进‘双提升’工作”文艺演出活动方案》的通知

续表

文号	文件名称
北铁办发〔2018〕5号	关于认真学习贯彻区委五届三次全会精神的通知
北铁办发〔2018〕6号	关于学习贯彻党的十九届二中全会精神的通知
北铁办发〔2018〕8号	关于做好2018年春节期间有关工作的通知
北铁办发〔2018〕9号	关于成立北海市铁山港区评比达标表彰工作协调小组的通知
北铁办发〔2018〕10号	关于印发《北海市铁山港区“反腐正风、扫黑除恶”专项工作方案》的通知
北铁办发〔2018〕11号	印发《关于加强人民政协协商民主建设的实施办法》通知
北铁办发〔2018〕12号	关于印发《2016—2020年铁山港区农村党员教育培训工作的实施方案》的通知
北铁办发〔2018〕13号	关于印发《铁山港区开展“传承良好家风—凝聚家园情况”活动的实施方案》的通知
北铁办发〔2018〕14号	关于学习贯彻党的十九届三中全会精神的通知
北铁办发〔2018〕15号	关于印发《北海市铁山港区保护国家秘密应急预案》的通知
北铁办发〔2018〕16号	关于调整北海市铁山港1#—4#泊位铁路专用线项目征地搬迁指挥部及工作组成员的通知
北铁办发〔2018〕17号	关于印发《中共北海市铁山港区委员会巡察成果运用办法(试行)》的通知
北铁办发〔2018〕18号	关于做好到期档案移交工作的通知
北铁办发〔2018〕19号	关于印发《中共北海市铁山港区委常委班子民主生活会实施细则》的通知
北铁办发〔2018〕20号	关于调整铁山港区四家班子领导干部联系点和区直(驻区)单位联系点的通知
北铁办发〔2018〕21号	关于印发《区委主要领导在区委常委第44次会议上强调事项落实情况任务分解表》的通知
北铁办发〔2018〕22号	关于印发《北海市铁山港区作风建设年活动实施方案》的通知
北铁办发〔2018〕23号	关于印发《北海市铁山港区开展“城乡环境提升年”活动2018年行动方案》的通知
北铁办发〔2018〕24号	关于印发《中共北海市铁山港区领导班子2017年度专题民主生活会整改落实方案》的通知
北铁办发〔2018〕25号	关于印发《北海市铁山港区落实市纪委暗访督查指出问题的整改方案》的通知
北铁办发〔2018〕26号	关于印发《北海市铁山港区1#—4#泊位铁路专用项目征地搬迁工作实施方案》的通知
北铁办发〔2018〕27号	关于转发《北海市铁山港区委党史办公室关于党史专题征编工作计划》的通知
北铁办发〔2018〕28号	关于铁山港区“新时代新跨越”举办领导干部大讲堂活动活动的通知
北铁办发〔2018〕29号	关于印发《中共北海市铁山港区委党的建设工作领导小组208年工作要点》的通知
北铁办发〔2018〕30号	关于印发《铁山港区发展壮大村级集体经济三年规划》的通知
北铁办发〔2018〕31号	关于印发《北海市铁山港区整治违反中央八项规定精神和“四风”问题工作方案》等5个工作方案的通知
北铁办发〔2018〕32号	关于报送2018年上半年工作总结和下半年工作计划的通知
北铁办发〔2018〕34号	关于做好2018年区委、区政府和区政协领导督办政协重点提案办理工作的通知
北铁办发〔2018〕35号	关于调整北海市铁山港区发展壮大村级集体经济工作领导小组成员单位及成员的通知
北铁办发〔2018〕36号	关于印发《北海市铁山港区矿产秩序整治工作实施方案》的通知
北铁办发〔2018〕37号	关于调整北海市铁山港区环境保护督察整改工作领导小组成员的通知
北铁办发〔2018〕38号	关于中央环境保护督察“回头看”期间严禁环保“一刀切”行为的通知
北铁办发〔2018〕39号	关于印发《北海市铁山港区党政领导班子成员防汛值班制度》《2018年北海市铁山港区党政领导防汛值班安排表》和《2018年北海市铁山港区领导干部防汛抗洪救灾分片包干责任制安排表》的通知
北铁办发〔2018〕40号	关于区委常委会2018年工作要点确定工作任务分解表的通知
北铁办发〔2018〕41号	关于印发《2017年度自治区对北海市绩效考评铁山港区群众意见建议整改方案》的通知

续表

文号	文件名称
北铁办发〔2018〕43号	关于组团参加第十届广西体育节北海市分会场开幕式暨喜迎广西壮族自治区成立60周年全民健身骑游和健身走活动的通知
北铁办发〔2018〕44号	关于印发《北海市铁山港区开展“政治建设六项重点任务”专项监督检查实施方案》的通知
北铁办发〔2018〕45号	关于加强和改进人民政协民主监督工作的实施办法
北铁办发〔2018〕46号	关于印发《北海市2018年创建全国文明城市铁山港区行动方案》的通知
北铁办发〔2018〕47号	关于印发《北海市铁山港区总工会职能配置、内设机构和人员编制规定》的通知
北铁办发〔2018〕48号	关于印发《共青团北海市铁山港区委员会机关职能配置、内设机构和人员编制规定》的通知
北铁办发〔2018〕49号	关于印发《在全区各镇、村(社区)创建“新时代讲习所”工作方案》的通知
北铁办发〔2018〕50号	关于印发《中共北海市铁山港区委员会巡察工作规划(2017—2021年)》的通知
北铁办发〔2018〕51号	关于印发铁山港区2018年落实意识形态工作责任制的通知
北铁办发〔2018〕52号	印发《关于进一步落实党的政治建设重点任务的工作方案》的通知
北铁办发〔2018〕53号	关于印发《进一步把社会主义核心价值观融入铁山港法治建设的实施方案》的通知
北铁办发〔2018〕54号	关于调整北海市铁山港区重大项目策划与推进领导小组成员的通知
北铁办发〔2018〕55号	文关于全力推进落实北海市下达我区2018年度绩效考评指标任务的通知
北铁办发〔2018〕56号	关于印发《北海市铁山港区国家工作人员不作为慢作为乱作为追责办法(试行)》的通知
北铁办发〔2018〕57号	印发《关于组团参加北海市举办的第十五届中国—东盟博览会北海“魅力之城”系列活动之北海市第二十一届职工运动会暨2018年市直机关运动会的工作方案》的通知
北铁办发〔2018〕58号	关于印发北海市铁山港区现代特色农业示范区建设增点扩面提质升级三年行动(2018年—2020年)实施方案的通知
北铁办发〔2018〕59号	关于做好2018年工作总结和2019年工作计划的通知
北铁办发〔2018〕60号	关于成立中央环境保护边督边改工作领导小组的通知
北铁办发〔2018〕61号	关于印发《北海市铁山港区2018年第一批重点项目一览表》的通知
北铁办发〔2018〕62号	关于印发《北海市铁山港区密码电报使用和安全保密管理规定》的通知
北铁办发〔2018〕63号	关于举办铁山港区庆祝改革开放40周年和自治区成立60周年“国民银行杯”“唱响北海”合唱比赛的通知
北铁办发〔2018〕64号	关于成立铁山港区南珠新城地块三项目征地搬迁指挥部的通知
北铁办发〔2018〕65号	关于印发《铁山港区落实自治区脱贫攻坚大督查组第二十小组督查反馈意见整改工作方案》的通知
北铁办发〔2018〕66号	转发党政主要负责人履行推进法治建设第一责任人职责规定实施办法的通知
北铁办发〔2018〕67号	关于印发《北海市铁山港区推行法律顾问制度实施方案》的通知
北铁办发〔2018〕68号	关于印发《北海市铁山港妇女联合会机关职能配置、内设机构和人员编制规定》的通知
北铁办发〔2018〕69号	关于做好2019年度重点党报党刊发行工作严格规范报刊发行秩序的通知
北铁办发〔2018〕70号	印发《关于完善农村土地所有权承包经营权分置办法的实施方案》的通知
北铁办发〔2018〕71号	关于印发《北海市铁山港区四套班子及铁管委办公室主任(秘书长)联席会议制度》的通知
北铁办发〔2018〕72号	关于印发《北海市铁山港区政治生态建设科学考核评价细则》的通知
北铁办发〔2018〕73号	关于印发《北海市铁山港区党建引领乡村振兴实施方案》的通知
北铁办发〔2018〕74号	印发《关于构建新型政商关系做好亲商安商工作的实施意见》的通知
北铁办发〔2018〕75号	关于印发《北海市铁山港区农村人居环境整治三年行动实施方案(2018—2020年)》的通知

2018 年北海市铁山港区人民政府重要发文

文号	文件名称
北铁政发〔2018〕1 号	关于北海市铁山港区海洋和水产畜牧兽医局职责调整及更名的通知
北铁政发〔2018〕3 号	关于做好我区第四次全国经济普查工作的通知
北铁政发〔2018〕4 号	关于区人民政府领导工作分工调整的通知
北铁政发〔2018〕5 号	关于印发北海市铁山港区保留为行政审批必要条件的中介服务事项的通知
北铁政发〔2018〕6 号	北海市铁山港区人民政府关于印发北海市铁山港区海洋与渔业局主要职责内设机构和人员编制规定的通知
北铁政发〔2018〕7 号	关于印发北海市铁山港区开展冶炼矿渣整改工作方案的通知
北铁政发〔2018〕8 号	关于印发北海市铁山港区国有农场办社会职能改革实施方案的通知
北铁政发〔2018〕9 号	关于调整部分区政府领导分工的通知
北铁政发〔2018〕10 号	关于公布铁山港区村级权力清单的通知
北铁政发〔2018〕11 号	关于将北海市铁山港区全面推进依法行政工作领导小组调整委北海市铁山港区法治整政府建设工作领导小组的通知
北铁政发〔2018〕12 号	关于印发为民办实事“四定”安排表的通知
北铁政发〔2018〕13 号	关于印发铁山港区医疗扶贫工作方案的通知
北铁政发〔2018〕14 号	关于调整北海市铁山港区防治艾滋病攻坚工程领导小组的通知
北铁政发〔2018〕15 号	关于区人民政府领导工作分工调整的通知
北铁政发〔2018〕16 号	关于印发《北海市优化营商环境第三方评估考评指标表》的通知
北铁政发〔2018〕17 号	关于印发《2018 年度北海市优化营商环境职能性考评指标表》的通知
北铁政发〔2018〕18 号	关于认定 2018 年铁山港区现代特色农业乡级示范园和村级示范点的决定

2018 年北海市铁山港区人民政府办公室重要发文

文号	文件名称
北铁政办〔2018〕1 号	关于印发第一次全国海洋经济调查北海市铁山港区实施方案的通知
北铁政办〔2018〕2 号	关于印发北海市铁山港区开展“懒政”自查自纠提升政务水平工作方案的通知
北铁政办〔2018〕4 号	关于印发北海市铁山港区 2018 年春节前夕渔港渔船安全大检查实施方案的通知
北铁政办〔2018〕5 号	关于印发铁山港区农民工讨薪突发事件应急预案的通知
北铁政办〔2018〕6 号	关于印发预防一氧化碳中毒工作联席会议制度的通知
北铁政办〔2018〕7 号	关于进一步做好困难职工解困脱困工作的实施意见
北铁政办〔2018〕8 号	关于印发北海市铁山港区 2017 年度土地矿产卫片执法监督检查工作实施方案的通知
北铁政办〔2018〕9 号	关于开展北海市铁山港区第三次土地调查的通知
北铁政办〔2018〕10 号	关于印发 2018 年铁山港区耕地地力保护补贴项目实施方案的通知
北铁政办〔2018〕11 号	关于印发成立铁山港区农业产业化领导小组的通知
北铁政办〔2018〕12 号	关于印发铁山港区粮食生产功能区和糖料蔗生产保护区划定工作方案的通知
北铁政办〔2018〕13 号	关于印发区审计局 2018 年度全区统一组织实施审计项目计划的通知
北铁政办〔2018〕14 号	关于做好市区两级人大代表建议和政协委员提案办理工作的通知
北铁政办〔2018〕15 号	关于调整北海市铁山港区妇女儿童工作委员会主任、副主任的通知
北铁政办〔2018〕17 号	关于印发北海市铁山港区卫生与健康 6 个配套文件的通知
北铁政办〔2018〕19 号	关于成立通信基站铁塔基础设施建设协调领导小组的通知
北铁政办〔2018〕20 号	关于印发北海市铁山港区 2018 年伏季休渔实施方案的通知

续表

文号	文件名称
北铁政办〔2018〕21号	关于印发2018年北海市铁山港区广播电视直播卫星户户通工程建设实施方案的通知
北铁政办〔2018〕22号	关于印发北海市铁山港区第二次全国污染源普查实施总体方案的通知
北铁政办〔2018〕23号	关于成立5.5事故调查组的通知
北铁政办〔2018〕25号	关于加强整治非法开采矿产资源违法行为的通知
北铁政办〔2018〕26号	关于调整一批行政许可事项的通知
北铁政办〔2018〕27号	关于公布铁山港区各镇国土规建环保安监站全责清单和服务清单的通知
北铁政办〔2018〕28号	关于印发铁山港区非法采矿点生态环境恢复治理实施方案的通知
北铁政办〔2018〕29号	关于印发铁山港区深化乡镇“四所合一”改革实施方案的通知
北铁政办〔2018〕30号	关于成立南康镇大塘村委与大塘村土地纠纷工作组的通知
北铁政办〔2018〕31号	关于成立铁山港新城规划展馆项目征地搬迁工作组的通知
北铁政办〔2018〕32号	关于调整北海市铁山港区消防安全委员会成员单位及工作职责的通知
北铁政办〔2018〕33号	关于开展全区中小学生防溺水工作专项行动的紧急通知
北铁政办〔2018〕34号	关于印发北海市铁山港区乡镇消防安全网格化管理工作实施方案的通知
北铁政办〔2018〕35号	关于成立“6·21”事故调查组的通知
北铁政办〔2018〕37号	关于成立北海—山口成品油管道铁山港区工程项目建设协调领导小组的通知
北铁政办〔2018〕38号	关于印发北海市铁山港区开展非法占用或破坏林地专项集中整治行动工作方案的通知
北铁政办〔2018〕39号	关于印发北海市铁山港区“十三五”农村脱贫攻坚规划的通知
北铁政办〔2018〕40号	北海市铁山港区人民政府关于印发北海市铁山港区优化营商环境协调工作组方案的通知
北铁政办〔2018〕41号	关于印发北海市铁山港区“三合一”场所消防安全专项整治工作方案的通知
北铁政办〔2018〕42号	关于印发北海市铁山港区“小散乱污”项目企业专项整治方案的通知
北铁政办〔2018〕44号	北海市铁山港区人民政府办公室关于成立铁山港区经四路延长线项目征地搬迁工作指挥部的通知
北铁政办〔2018〕45号	关于调整铁山港区农垦国有土地使用权确权登记发证工作领导小组的通知
北铁政办〔2018〕46号	关于学习贯彻李克强总理重要讲话精神的通知
北铁政办〔2018〕47号	北海市铁山港区人民政府关于成立北海市铁山港区协调劳动关系三方委员会的通知
北铁政办〔2018〕48号	关于印发铁山港区保护发展森林资源目标责任制考核办法的通知
北铁政办〔2018〕49号	关于印发北海市铁山港区散装水泥管理工作方案
北铁政办〔2018〕50号	关于调整北海市铁山港区第四次全国经济普查领导小组成员的通知
北铁政办〔2018〕51号	关于印发铁山港区信息进村入户工程项目实施工作方案的通知
北铁政办〔2018〕52号	北海市铁山港区人民政府办公室关于印发2018年国务院大督查北海市铁山港区自查迎检工作实施方案的通知
北铁政办〔2018〕53号	北海市铁山港区人民政府办公室关于开展全区体育健身设施情况调查的通知
北铁政办〔2018〕54号	北海市铁山港区人民政府办公室关于印发北海市铁山港区贫困户甘蔗砍运与脱贫攻坚相挂钩的工作实施方案的通
北铁政办〔2018〕55号	关于印发北海市铁山港区农垦企业办社会职能改革工作“四定”安排表的通知
北铁政办〔2018〕56号	关于印发2018年北海市铁山港区重大安全生产事故隐患项目整改工作的通知
北铁政办〔2018〕57号	关于印发北海市铁山港区堆场专项整治工作实施方案的通知
北铁政办〔2018〕58号	关于印发2018年北海市铁山港区农村危房改造暨脱贫攻坚建档立卡贫困户危房改造实施方案的通知

续表

文号	文件名称
北铁政办〔2018〕59号	北海市铁山港区人民政府办公室关于调整一批行政许可事项的通知
北铁政办〔2018〕60号	关于印发北海市铁山港区农村道路旅客运输班线安全通行条件审核方案的通知
北铁政办〔2018〕63号	关于印发2018年铁山港区行政机关政策文件解读实施办法培训方案的通知
北铁政办〔2018〕64号	关于印发北海市铁山港区防范化解地方政府隐性债务风险实施意见的通知
北铁政办〔2018〕66号	北海市铁山港区查扣拆除违法加工矿产企业设备专项整治工作实施方案
北铁政办〔2018〕67号	关于印发北海市铁山港区矿产资源执法巡查工作方案的通知
北铁政办〔2018〕69号	关于印发北海市铁山港区2018年城乡居民基本养老保险扩面征缴工作方案和北海市铁山港区2019年城乡居民基本医疗保险
北铁政办〔2018〕71号	北海市铁山港区人民政府办公室关于印发北海市铁山港区加强旅游市场突出问题综合治理工作方案的通知
北铁政办〔2018〕72号	北海市铁山港区旅游市场秩序专项整治“利剑”行动实施方案
北铁政办〔2018〕73号	北海市铁山港区人民政府办公室关于调整北海市铁山港区联合整治违法用地违法建设工作办公室成员的通知
北铁政办〔2018〕74号	关于印发北海市铁山港区农业水价综合改革实施方案的通知
北铁政办〔2018〕75号	关于调整北海市铁山港区南康镇特色小镇建设工作领导小组的通知
北铁政办〔2018〕76号	北海市铁山港区人民政府办公室关于印发北海市铁山港区机关公务租车管理办法(试行)的通知
北铁政办〔2018〕77号	关于印发北海市铁山港区2018年创建广西食品安全城市行政执法专项监督检查工作方案的通知
北铁政办〔2018〕78号	关于印发北海市铁山港区深化建设项目审批体制改革实施方案的通知
北铁政办〔2018〕79号	关于印发《北海市铁山港区火灾高风险区域场所消防安全综合治理工作实施方案的通知》
北铁政办〔2018〕80号	关于印发北海市铁山港区政务信息报送绩效考评方案的通知
北铁政办〔2018〕84号	关于印发北海市铁山港区防御台风应急预案和北海市铁山港区洪潮灾害应急预案(2017年修订版)的通知
北铁政办〔2018〕85号	关于印发2018年铁山港区全民终身学习活动周工作方案的通知
北铁政办〔2018〕86号	关于印发北海市铁山港区2018年农村改厕改厨工程实施方案的通知
北铁政办〔2018〕87号	关于印发北海市铁山港区南珠产业(核心)示范区规划(2018—2020年)的通知
北铁政办〔2018〕88号	关于印发铁山港区现代特色农业2018年县级示范区创建工作相关实施方案的通知
北铁政办〔2018〕89号	关于印发北海市铁山港区南珠产业(核心)示范区创建实施方案的通知
北铁政办〔2018〕90号	关于印发北海市铁山港区政府部门随机抽查事项清单的通知
北铁政办〔2018〕91号	关于成立北海市铁山港区扶贫小额信贷风险补偿金管理委员会的通知
北铁政办〔2018〕92号	关于调整北海市铁山港区困难群众基本生活保障工作领导小组成员的通知
北铁政办〔2018〕93号	北海市铁山港区人民政府办公室关于进一步加强控辍保学提高义务教育巩固水平的通知
北铁政办〔2018〕94号	关于印发北海市铁山港区开展“大棚房”问题专项清理整治行动工作方案的通知
北铁政办〔2018〕95号	2018—2019年北海市铁山港区第二批建档立卡贫困户等4类重点对象危房改造实施方案
北铁政办〔2018〕97号	北海市铁山港区2018年开展放心消费创建活动工作方案活动工作方案
北铁政办〔2018〕98号	关于印发北海市铁山港区扶贫小额信贷管理实施办法(试行)的通知
北铁政办〔2018〕99号	关于成立北海市铁山港区社会保险费和非税收征管职责划转工作领导小组的通知

续表

文号	文件名称
北铁政办〔2018〕100号	关于印发北海市铁山港区车辆运输撒漏法律法规宣传方案的通知
北铁政办〔2018〕101号	关于印发北海市铁山港区治理车辆超限超载联合执法常态化制度化工作实施方案的通知
北铁政办〔2018〕102号	关于成立北海市铁山港区农业水价综合改革领导小组的通知
北铁政办〔2018〕103号	关于印发北海市铁山港区农村产权流转交易市场建设实施方案的通知
北铁政办〔2018〕104号	关于2018年北海市铁山港区第一批建档立卡贫困户等四类重点对象危房改造资金补助标准的通知
北铁政办〔2018〕107号	关于印发北海市铁山港区关于全面推进义务教育学区制管理改革实施方案的通知
北铁政办〔2018〕108号	关于调整集体林地林权证发放查缺补漏纠错工作任务和开展不动产权籍调查试点工作的通知
北铁政办〔2018〕109号	关于印发北海市铁山港区大气污染防治“百日攻坚”行动方案(2018年)的通知
北铁政办〔2018〕110号	关于成立北海市铁山港区农村产权流转交易中心的通知
北铁政办〔2018〕111号	关于印发北海市铁山港区环境保护税征管协作机制的通知
北铁政办〔2018〕112号	关于取消和调整一批行政许可事项的通知
北铁政办〔2018〕113号	关于印发北海市铁山港区预防非职业性一氧化碳中毒事件应急预案的通知
北铁政办〔2018〕114号	关于印发北海市铁山港区食品安全委员会办公室和食品安全委员会各成员单位工作职责的通知
北铁政办〔2018〕115号	关于印发2018年县域经济发展计划及责任分工表的通知
北铁政办〔2018〕118号	关于印发公布优化行政审批项目流程结果的通知
北铁政办〔2018〕119号	关于调整北海市铁山港区北暮盐场改制失业人员就业服务中心成员的通知
北铁政办〔2018〕120号	关于印发北海市铁山港区企事业单位公务用车制度改革实施方案等文件的通知
北铁政办〔2018〕121号	关于印发北海市铁山港区国有林场被侵占林地综合整治工作方案的通知
北铁政办〔2018〕122号	关于印发北海市铁山港区养殖水域滩涂规划(2018—2030)的通知
北铁政办〔2018〕123号	关于印发铁山港区湿地保护修复制度实施工作方案的通知
北铁政办〔2018〕124号	北海市铁山港区非洲猪瘟疫病防控联合执法检查整治实施方案
北铁政办〔2018〕125号	关于成立北海市铁山港公共执法码头项目建设协调领导小组的通知
北铁政办〔2018〕126号	关于印发北海市铁山港区深入开展公路货运车辆超限超载专项行动工作方案的通知

文件选编

中共北海市铁山港区委员会　北海市铁山港区人民政府
关于进一步促进县域经济加快发展的实施方案

(2018年12月25日)

北铁发〔2018〕19号

根据《中共广西壮族自治区委员会广西壮族自治区人民政府关于加快县域经济发展的决定》(桂发〔2017〕16号)和《北海市关于进一步促进县域经济加快发展的实施意见》(北发〔2017〕40号)

的文件精神，为进一步加快铁山港区县域经济发展，推进富民强区进程，推动经济社会和谐发展，结合我区实际，特制定如下实施方案。

一、指导思想

深入贯彻落实党的十九大和习近平总书记视察广西及北海时的重要指示精神，以习近平新时代中国特色社会主义思想为指导，紧紧围绕北海市深入推进“五个扎实”，大力实施“四大会战”，舞起“四个龙头”，突出绿色崛起的战略布局，以富民强区为目标，以改革创新为动力，以调结构、转方式、促转型为主线，坚持不懈地抓重点、补短板和强弱项，做大做强县域特色主导产业，大力发展县城经济，加强招商引资，强力推进项目建设，依托铁山港（临海）工业区发展园区经济，不断增强县域经济实力、活力和竞争力，为加快推进生态宜居和谐美丽铁山港区建设步伐、实现与北海同步在广西率先全面建成小康社会打造坚实基础。

二、工作目标

（一）经济实力全面提升

到 2020 年，全区实现地区生产总值 325 亿元以上；财政收入 50 亿元以上。“十三五”末，铁山港区在全广西的综合实力位次排名有新提升。

（二）结构调整取得重大突破

农业基础进一步强化，服务业拉动作用进一步增强，产业结构进一步优化，特色主导产业优化升级进一步加快。到 2020 年，全区要形成 1 个优势突出、竞争力强的绿色主导产业。要做强做优临港工业和特色海洋产业。

（三）城镇化水平进一步提高

铁山港南珠新城建设加快推进，城区规模进一步扩大，功能更加完善。加快推进南康镇全国特色小镇建设，打造营盘、兴港两镇为特色重点镇。到 2020 年，铁山港区城镇化率力争达到 55% 以上。

（四）生态环境质量显著改善

全部完成“十三五”节能减排目标任务。“十三五”期间，全区能源消费总量控制在 279.34 万吨标准煤以内，单位 GDP 能耗累计下降目标为 12%，单位 GDP 二氧化碳排放累计降低目标为 10%。污水、生活垃圾及固体废弃物集中无害化处理率进一步提高，土地、水资源节约利用率显著提升，森林覆盖率达到 31.04% 以上。

（五）人民生活水平明显提高

城乡居民收入不断增加，生产生活条件进一步改善，人民群众享受更多公共服务。到 2020 年，全区城镇居民人均可支配收入和农村居民人均纯收入年均增长 9%。

三、发展重点和主要任务

（一）坚持错位发展，分类指导

把发挥特色、因地制宜、分类施策作为推动县域经济发展的基本方法。优化县域产业布局。南康镇、营盘镇作为现代农业和现代旅游休闲区，实行农业现代化、城镇化优先的绩效评价，侧重经济发展与结构优化和现代农业发展、滨海旅游服务、海洋产业、服务业发展、城镇化建设等。兴港镇作为工业区主要所在地，实行工业化水平优先的绩效评价，侧重经济发展与结构优化和产业园区发展、城镇化建设等。（责任单位：三镇政府；配合单位：区发改局、区工信局、区农业局、区水利局、区林业局、区海洋和渔业局、区住建规划局、区安监环保局）

（二）加快工业转型升级发展，提升县域工业发展水平

落实供给侧结构性改革要求，着力发展实体经济，全面实施工业转型升级大会战，以质量效益

为基础，坚定不移做大做强主导产业，推动传统优势产业转型升级，奋力舞起临港产业升级发展的龙头。（责任单位：铁管委经济发展局、区工信局；配合单位：区发改局、区招商局、铁管委招商局）

1. 提质增效，做大做强两大千亿元产业。依托中石化北海炼化、广西（北海）LNG 等龙头企业，发展丙烯、芳烃等基础原料及其下游衍生产品项目，积极推进中石化铁山港炼油化工一体化项目，加快推进广西 LNG（二期）、碳四深加工等项目建设，确保中航化、泽天等石化项目建成投产，发展炼化一体化、精细化工和液化天然气等产业，促进石化行业结构调整和产品升级换代；充分发挥诚德集团的辐射带动作用，重点引进下游深加工企业和物流配套企业，打造临港新材料产业园。

2. 推进铁山港（临海）工业区建设。工业化是强区富民的必由之路。坚持把工业强区作为县域经济发展的主体战略，以工业区为平台，以工业项目为抓手，大力发展县域新型工业。要紧紧围绕“新型工业”核心定位，切实舞起临港产业发展龙头，积极投身工业转型升级大会战。拓展石油化工产业链，推动中石化北海炼化扩能升级，推进临港新材料产业扩容，努力引进下游制品企业，打造新材料产业基地。推动林纸一体化一期和年产 20 万吨热磨机械木浆生产线尽快达产，尽早启动林纸一体化二期项目，加快壮大林纸产业。大力培育高端船舶修造、海洋工程机械制造、临港出口加工、新能源等产业，发展战略性新兴产业。狠抓产业支撑项目。按照“开工建设一批、竣工投产一批、强力推进一批、谋划储备一批”的要求，加快重点项目建设步伐，确保固定资产投资年均增长 10% 以上。围绕县域优势特色产业，谋划储备一批产业关联度高、带动能力强、处于行业高端和技术前沿的大项目、好项目；到 2020 年，谋划储备 5000 万元以上重点项目不少于 100 个。

（三）夯实农业基础地位，大力发展现代特色农业

以提高农业综合效益为核心，加快转变农业发展方式，大力推进农业标准化、规模化、集约化、产业化，逐步实现传统农业向现代农业的转变。（责任单位：三镇政府、区农业局、水利局、海洋和渔业局、区林业局、扶贫办、水库移民局等单位）

1. 加快改善农村农业基础设施。实施标准化海河堤、中小河流治理、农村饮水安全巩固提升、水闸除险加固等重点水利项目建设。继续推进南康江重点河段治理项目，加快渔港项目建设，完善防灾减灾体系建设。抓好小型农田水利工程建设，解决农田灌排“最后一公里”问题。提高耕地质量，大力推进基本农田建设。

2. 加快农业结构调整。持续推进农业供给侧改造，推动优势特色产业升级，大力发展休闲农业、富硒农业、有机循环农业。着力抓好“菜篮子”工程，推进糖料蔗保护区划定工作。加快发展优良畜禽养殖。巩固发展水产养殖和海洋捕捞业，振兴南珠产业，创建自治区级现代特色农业南珠产业核心示范区，加大离岸养殖开发力度，引导近岸网箱养殖向深水网箱养殖推进，巩固象鼻螺等特色品种养殖，重点抓好对虾、罗非鱼、金鲳鱼等优势水产品种的规模养殖，促进产业链延伸增效。构建现代农业经营体系，加快培育专业大户、家庭农场、农民合作社、农业企业及社会化服务组织等新型农业经营主体。积极发展农产品电子商务，推进家庭经营、集体经营、合作经营、企业经营和“互联网 +”五种模式共同发展。继续扶持培育农业新型经营主体和服务主体，强化农业基础和技术支撑，推动一产与二、三产融合发展。

3. 提档升级现代特色农业示范区。积极实施现代特色农业示范区增点扩面提质升级三年行动计划，把示范区建设成为实施乡村振兴战略的样板区、农业转型升级的引领区、深化农村改革的试验区、农业农村现代化的先行区，力争到 2020 年实现镇级示范园、村级示范点全覆盖，形成梯次分布的新格局。全面覆盖种植业、养殖业、林业各类优势特色产业和富硒农业、休闲农业和乡村旅游、有机循环农业等各产业，示范区建设标准化、规模化、机械化、智能化和品牌化水平显著提升。

推动集循环农业、创意农业、农事体验于一体的田园综合体建设。

4. 全力打好脱贫攻坚战。加强品牌建设,发展“一村一品”、“一镇一品”,到 2020 年实现建档立卡贫困户特色产业覆盖率达 90% 以上。探索创新“党组织 + 农业专业合作社 + 村级集体经济 + 贫困户”、“龙头企业 + 合作社 + 基地 + 贫困户”等产业发展模式,坚持“先建后补”、“以奖代补”,为贫困户量身打造差异性、多元化扶持补助方案,强化龙头企业、合作社和经济能人带动作用,大力扶持贫困户发展特色产业,集中资金培育特色产业。扶持发展壮大村级集体经济,增加村集体稳定收入,确保我区贫困村集体经济收入在 2020 年每年集体收入均达 5 万元以上。注重扶贫同扶志、扶智相结合,增强贫困村、贫困户自我造血能力。加大财政扶贫资金使用的监督管理,加强扶贫专项资金的监督管理,强化脱贫攻坚督查和问责力度,全面完成自治区下达的贫困村、贫困户脱贫摘帽任务,确保到 2019 年实现全部脱贫。

(四)大力发展城乡服务业,提高服务业对经济增长贡献率

优化服务业结构,提升服务业的效益和质量,补齐产业发展短板。坚持把服务业作为调整县域经济结构、转变发展方式的重要抓手,按照传统服务业、现代服务业并重,生产性服务业、生活性服务业齐抓的要求,进一步拓展服务业发展领域,全面提升服务业发展层次。确保“十三五”期间,力争全区服务业增加值年均增长 15% 以上。(责任单位:区工信局、铁管委经济发展局、区发改局、区住建规划局、区海洋与渔业局、区人社局、区民政局、三镇政府)

1. 深入实施全域旅游城市建设大会战。认真落实市委、市政府赋予铁山港区加快旅游产业发展新定位、新要求,把旅游基础设施和重点旅游项目纳入国民经济和社会发展总体规划,深入开展十大工作任务,逐步实现旅游与城市功能定位更加协调,旅游对经济增长和城乡居民收入的贡献率比重显著提高,与发展全域旅游相适应的生态环境、公共服务、文明素质等显著提升。

把铁山港区作为一个大景区来规划布局、经营美化,以旅游的理念规划全区,用景区的标准建设城乡。结合旅游产业发展需要,将全域旅游发展贯穿于基础设施、城乡建设、土地利用、环境保护等各类规划。支持和培育白龙珍珠城旅游区、青山头乡村旅游度假区、大王岭康养项目、南珠温泉度假山庄、高村往事等重点旅游项目。新建和改扩建一批旅游厕所,2018 年星级以上农家乐、旅游道路沿线、交通枢纽、商业中心的旅游厕所全部达到 A 级厕所标准,到 2020 年新建和改建旅游厕所 7 座。加强旅游风景道、城市绿道建设,绿道慢行系统贯穿主要城镇、乡村和景区,建成白龙—青山头—南康特色小镇等景观示范路或城乡绿道。依托南珠文化,发展体验式南珠文化旅游产品。依托北海疍家文化,开发民俗文化旅游产品。鼓励南康镇、营盘镇创建广西特色旅游名镇,积极推进特色名镇名村名街建设。大力推进乡村旅游业,形成农民新的增收点,助力脱贫攻坚。

2. 实施服务业提升工程。积极培育限额以上商贸企业,促进商贸服务业提质增效上水平。推进生产性服务业向高价值链延伸,大力发展现代物流、信息服务、金融服务、电子商务、科技服务、海洋服务、节能环保服务等生产性服务业,创新商业模式和服务业态,促进生产性服务业与现代农业、制造业融合发展。鼓励发展商贸综合服务中心、农产品批发市场、集贸市场以及重要商品储备设施、大型物流(仓储)配送中心、农村基础物流设施、快件集散中心、农产品冷链物流设施。鼓励和引导社会投入养老、健康等服务业。着力推进以海洋经济为特色的现代服务业集聚区建设,重点发展旅游、物流、海洋科技服务、文化创意、健康养老等,兼顾发展金融商务、电子商务、教育培训等服务业。积极拓展农村电商、旅游电商、水产电商等业务,加快商贸流通步伐。加快发展互联网金融等新兴业态,服务于小微企业并提高企业金融普惠性。加快特色餐饮、连锁酒店、休闲度假、养生养老、医疗保健等项目建设,培育发展中介服务、金融保险、教育培训等业态,促进消费市场的

持续繁荣。

（五）建设创新型开放城区，加快发展向海经济

发挥海洋资源优势，拓展蓝色经济空间，依托优良的港口、独特的区位和丰富的海洋资源优势，以港口和产业园区为依托，加快发展海洋产业，打造向海经济，写好丝路新篇章。（责任单位：铁管委经济发展局、区海洋与渔业局；配合单位：区发改局、工信局、科技局、区财政局、三镇政府等单位）

1. 构建特色向海产业体系。大力打造优势产业集群，推动石油化工、临港新材料伸延产业链，向园区化发展。优化发展以海洋渔业、海洋旅游业、海洋交通运输业为主的三大海洋支柱产业，改造和提升传统海洋水产养殖和加工产业。推动高端船舶工业集约发展，加快推进远洋万吨级高端船舶修造和南洋修造船厂工程项目，建设北部湾重要修造船基地。努力培育发展海洋工程装备制造、海洋电子信息、海洋资源利用和新材料产业等海洋战略性新兴产业。

2. 深化向海经济开放合作。创新向海经济开放体制，推进向海经济互联互通建设，以口岸扩大开放为契机，不断扩大对内对外开放，增强海洋经济发展的动力和活力。强化开放合作平台建设，以铁山港（临海）工业区、北海出口加工区 B 区等园区为重点，探索对外合作新模式，打造服务“一带一路”战略的国家经济合作新高地。深化多领域开放合作，积极推动北海向海经济试验区与东盟为重点的“一带一路”沿线国家，粤港澳台、西南中南地区，在金融、旅游、科研、人文等多领域的交流与合作，进一步构建和完善全方位、多领域、深层次的开放合作体系。积极稳妥发展远洋渔业。

（六）加大招商引资力度，为县域经济发展注入新活力

充分发挥全区重大项目策划与推进领导小组和八个推进工作组的统筹协调作用，切实做好新常态下招商引资工作，实现招商引资重大突破。（责任单位：区招商局、铁管委招商局。配合单位：三镇政府、八个工作组各有关单位）

1. 开展精准有效招商。参与“一带一路”开放合作，全面融入中国—东盟自贸区发展，注重发挥本土企业以及落户企业的“桥梁”和“纽带”作用，促进招商引资新突破。强化项目推广策划，完善信息平台建设，加强宣传推介，细化招商引资任务分配，并将招商引资纳入绩效考核，明确目标要求和评分标准，层层压实工作责任，推动我区建立健全全方位、宽领域、多格局的招商引资机制。继续坚持走出去和引进来的招商方式，加强与行业协会的联系，与上下游企业、客户建立广泛的联系和建立长效的联系机制。

2. 创新招商引资方式。以“产业 + 项目 + 企业 + 活动”的思路，按“全员招商 + 专业招商 + 精准招商”的模式。实施更加主动的招商战略，积极“走出去”，综合运用上门招商、驻点招商、定点招商等多种招商方式，对内面向“长三角”、“珠三角”、“港澳台”承接产业转移，对外面向东盟国家扩大开放合作，不断完善互利互惠的合作平台。实行全天候招商服务，积极“请进来”，对有意到我区投资兴业的企业，提供及时、可靠、全面、完整的招商引资信息，并邀请客商光临考察、洽谈，积极探索联合双赢的新路子。坚持储备项目抓前期、在谈项目抓签约、签约项目抓开工、开工项目抓进度、投产项目抓达产，确保项目引得来、落得下、出成效。

3. 优化招商引资服务。坚持招商与留商并重，建设法治化的市场营商环境。强化服务理念，简化审批程序，优化投资环境，积极回应企业经营者的意见建议，及时帮助企业解决遇到的困难，大力支持企业扩大发展。继续以“四定”办法推进项目建设，进一步完善领导班子成员联系推进重点项目制度。严格落实问责制度，对不负责任、推诿扯皮和损害投资者合法利益、影响项目引进的

问题，要严肃查处。

（七）发展壮大民营经济，筑牢县域发展的支撑

民营经济是县域经济的主体，也是县域经济中最活跃的增长点。坚定不移地推动民营经济发展壮大，鼓励民营企业在一、二、三次产业中竞相发展。（责任单位：区非公办；配合单位：区工信局、铁管委经济发展局、区人社局、工商分局、三镇政府等单位）

1. 保障优惠政策落地落实。全面贯彻落实中央、自治区和市委、市政府关于加快发展民营经济的各项政策措施，为民营经济的健康快速发展营造良好的政策环境、市场环境、法制环境和社会环境。帮助企业解决发展过程中的困难和问题，切实降低实体企业成本。

2. 培育市场主体。全国贯彻落实国家、自治区和北海市加快民营经济发展的有关意见和要求，进一步降低准入门槛，减少行业限制，除国家明令禁止外，所有领域一律对民间资本开放，鼓励各类民间资本依法进入基础设施、公用事业以及社会事业等各个领域。进一步放宽工商注册登记条件，取消不利于民营经济发展的收费项目，真正使民营经济在县域经济中挑大梁、唱主角。加强企业队伍建设，加快培养一支开拓意识强、管理水平高，讲责任、讲诚信的优秀企业家队伍。积极支持和引导民营企业调整产业结构，加强企业管理，推动企业创新，提升企业档次，打造一批优势企业。全区每年新增民营企业和个体工商户数量要增长 5% 以上。

3. 鼓励大众创业、万众创新。全面落实鼓励自主创业的各项政策，支持本地居民、企业技术人员、下岗失业工人、转业退役军人和高校毕业生创办民营经济实体。坚持“非禁即入”，进一步放宽经营领域、放宽经营场所、放营经营范围。完善创业公共服务体系，搭建创业公共服务平台，加大贷款担保、创业指导、信息咨询、税费减免、市场开拓等扶持力度，为小微企业和各类创业发展壮大创造条件。为创业提供优质服务。每年开展企业大走访活动，组织多形式召开座谈会，帮助企业解决发展过程中的困难和问题。加大创业指导培训、信息咨询、市场开拓，加大对非公经济代表人士的培训，组织非公经济代表人士考察学习交流，进一步凝聚民营经济加快发展的良好氛围。

（八）加快南珠新城建设步伐，全面提升城镇化水平

加快实施北海城乡建设管理大会战，开展“城乡环境提升年”活动，实施《铁山港产业升级新城建设实施方案》、《北海市铁山港（临海）工业区环境形象提升工程实施方案》，加快建设生态宜居和谐美丽铁山港新城区。（责任单位：区住建规划局、铁管委建设开发局、区征收办、区发改局、区城管局、区卫计局、区教育局、区文体广电局、大和田城市建设开发有限责任公司、区国土分局、三镇政府）

1. 全力推进南珠新城建设。编制完善新城区概念性规划及城市设计，完成营盘镇总体规划修编以及控规编制报批、（临海）工业区向海大道综合服务组团概念规划和控规修编。推进与广西农垦集团初步达成了四号路片区内农垦土地（约 942 亩）的联合开发，实施（临海）工业区向海大道综合服务组团路网工程、（临海）工业区人民医院等基础设施和公共服务设施项目建设；完善综合管廊、供水管网、污水垃圾处理等市政设施。完善工业区内兴港生活区和邻里中心公共配套设施，提升公共服务水平。按开发时序协调推进新城区中小学、幼儿园、医院、文化馆、体育馆、影剧院、公园、沿江慢行道、市场、社区服务中心等公共服务设施建设。

2. 提升城乡建设管理水平。加快海绵城市和智慧城市建设，提升城市管理精细化、数字化。转变城市治理方式，优化城市综合管理体制，推进城市管理法制化、规范化、精细化和信息化。保持“两违”整治高压态势，完善查违、控违、拆违的长效管理机制，坚决打击“两违”行为。积极开展城市“绿化、美化、亮化”行动，配合推进城市绿地、公园建设。大力实施城区绿化、美化、亮化、彩化、

净化“五化”工程，积极整治城区“五乱”，着力提升新城区品位。

（九）加强生态建设和环境保护

始终坚持“绿水青山就是金山银山”的理念，严格落实环境保护“党政同责、一岗双责”，加强环境保护、治理和生态修复，营造清山清水秀碧海蓝天的自然生态。（责任单位：区安监环保局、区国土分局、三镇政府；配合单位：区海洋与渔业局、区水利局、区住建规划局、区城管局、三镇政府）

1. 加强环境综合整治。认真抓好中央环保督察组反馈意见的整改工作。持续落实“水十条”“大气十条”“土十条”，建立健全生态环境保护长效机制，保持良好的环境质量，切实提高城区环境的宜居性。严把环保审批关口，坚决控制高污染、高能耗和资源类项目落户。

2. 加强水环境保护。全面落实《北海市水污染防治行动计划工作方案》，围绕农村集中式饮用水源安全保障、污水处理设施建设、重点流域保护治理、近岸海域环境保护等重点领域，加大水污染防治力度，全面提升全区水环境质量。到2020年，全区水环境质量总体保持优良，饮用水安全保障水平持续提升，全区黑臭水体基本消除，地下水超采得到控制。近岸海域环境质量及主要湖泊生态环境稳中趋好，区域水生态环境状况持续好转。

3. 加强矿产资源开发监督，恢复矿山生态环境。规范采石、采砂、采矿行为，加强矿山生态环境保护与恢复，建立矿山生态环境动态监测网络，改变矿产资源粗放经营现状，严格控制扬尘污染，禁止矿山废水、废气、废渣无序排放，依法做好矿区水土保持和土地复垦。

四、保障措施

（一）加强组织领导。各镇、各部门要对县域经济发展给予高度重视，切实加强对县域经济的组织和指导。要建立完善相应的领导机制，制定实施方案，明确目标任务，细化措施要求，形成一级抓一级、层层抓落实的工作格局。

（二）加大要素支持力度。积极整合县域财政资金支出新模式，推进农田水利、道路交通等基础设施和民生事业工程。全面落实《关于实施北海领航人才计划大力服务产业发展的意见》确定的各项优惠政策，对县域引进的高层次人才在技术入股、职称评定、配偶就业、子女入学等方面给予政策支持。

（三）完善考核机制。将涉及县域经济发展的重要指标、重大事项、重点工程，逐级细化分解，明确责任主体和完成时限，及时跟踪督导，狠抓工作落实。制定科学的县域经济社会发展评价体系和考核办法。建立健全考核奖惩激励机制，营造干事创业优的浓厚氛围，推进县域经济快速发展。

（四）改进工作作风，优化营商环境。把“三坚持两改变”贯彻落实到县域经济发展各项相关工作的各方面、全过程。坚持让亲力亲为实干成事成为铁山港区的工作文化，以良好的工作作风确保各项工作顺利开展。着力改善发展环境，实施“最多跑一次”改革，大力提高行政效能，为铁山港区经济社会发展营造一个良好的社会氛围

（此件发至区辖镇党委和人民政府，区直各部、委、办、局，各人民团体，各有关单位）

中共北海市铁山港区委员会

北海市铁山港区人民政府

2018年12月25日

中共北海市铁山港区委员会办公室北海市铁山港区人民政府办公室
关于印发《铁山港区发展壮大村级集体经济三年规划》的通知

北铁办发〔2018〕30号

区辖镇党委和人民政府，区直各部、委、办、局，区人民法院、区人民检察院，各人民团体，各有关单位：

经区委、区政府同意，现将《铁山港区发展壮大村级集体经济三年规划》印发给你们，请结合实际，认真抓好落实。

2018年6月4日

铁山港区发展壮大村级集体经济三年规划

为贯彻落实党的十九大精神和自治区党委、政府《关于加快贫困村村级集体经济发展的意见》精神，进一步发展壮大铁山港区村级集体经济，建强农村基层党组织，加快实现脱贫攻坚、全面建成小康社会的目标，根据中央、自治区党委、市委和区委的决策部署，结合我区实际，制定本规划。

一、指导思想

全面贯彻落实党的十九大精神及习近平新时代中国特色社会主义思想，大力实施乡村振兴工程，按照中央、自治区党委、市委和区委的决策部署，以提高村级集体经济收入为核心，以推进资源变资产、资金变股金、农民变股东为重点，积极探索适应市场经济要求的新途径、新办法，因村制宜、发挥优势、多措并举，以产业发展振兴乡村经济社会发展，为坚决打赢精准脱贫攻坚战、全面建成小康社会奠定坚实的物质基础。

二、发展目标

结合铁山港区农村经济发展现状，大力推进村级集体经济项目建设，到2018年底，消除村集体经济“空壳村”，力争所有村（社区）集体经济收入达到5万元以上；2019年继续发展壮大；到2020年，逐步实现我区村级集体经济“达标”“做大”“做强”“做优”的目标。即：

（一）“达标”村（社区）42个，每年村级集体经济收入达到5万元以上。2018年，大力推进集体经济项目建设，实现所有村（社区）都找到适合自身实际的发展路子，力争所有村（社区）集体经济收入不低于5万元，全面消除“空壳村”，达到市委提出的要求。到2019年，支持壮大13个左右村（社区）集体经济收入达到10万元以上。

（二）“做大”村（社区）13个，每年村级集体经济收入达到10万元以上。2019年，进一步发展壮大村级集体经济，发展13个村（社区）壮大集体经济，跨入10万元以上行列。包括：南康镇南康社区、夏塘村、大塘村、社内村、秋风塘村、黄丽窝村等6个村（社区）；营盘镇鹿塘村、彬塘村、盐灶村、黄稍村等4个村；兴港镇小马头村、陂头村、石头埠社区等3个村（社区）。到2020年，“做大”的13个村（社区）中，支持壮大10个左右村（社区）收入达到20万元以上。

（三）“做强”“做优”村（社区）10个，争取在2020年村级集体经济收入达到20万元以上的村（社区）5个，达到30万元以上的5个。包括：南康镇南康社区、营盘镇鹿塘村等村（社区）。要通过全区的共同努力，使全区42个村（社区）都建有基础好、稳定性强、项目强、品牌优、效益高的村级集体经济项目，逐步实现全区村（社区）党组织有钱办事的目标，其中集体经济“做强”“做优”村（社区）超过10个。

三、发展途径

以市场为导向，以项目为基础，创新发展思路，科学谋划，结合各村（社区）实际情况，因地制宜，探索多种发展模式。

（一）利用自身地理优势及资产，兴办经济实体。鼓励利用位置优势兴建农贸市场、停车场、招待所、门面商铺等，发展实体经济，如彬塘村、夏塘村、鹿塘村、火禄村等。在资源和位置优势不明显的村（社区），鼓励充分利用村（社区）办公楼、村集体土地建设光伏发电项目，如石村村、雷田村、陂塘村、火甲村、斑鸠冲村、婆围村等。鼓励利用村（社区）集体所有的闲置房屋、场地、土地等出租，盘活集体资产，增加村集体经济收入，如南康社区、彬畔村等。

（二）推进土地流转，发展现代农业和特色产业。结合土地整治和土地确权工作，鼓励通过土地流转，大力发展现代农业产业化项目，兴办高效农业、设施农业、生态农业、观光农业等示范项目，带动农民发展特色鲜明的“一村一品”产业。鼓励条件成熟的村（社区）建设蔬菜种植区、水果种植区、畜牧养殖区、海洋水产养殖区等，通过自主经营或发包租赁增加集体收入，如盐灶村、黄丽窝村、石头埠社区等。

（三）深入发掘优势资源，发展乡村旅游。拥有旅游优势或潜力的村（社区），要大力引导发展乡村旅游产业。鼓励有条件的村（社区）利用闲置荒地、海滩涂发展农家乐等乡村旅游项目，通过发展餐饮、住宿、停车场、文化体育、休闲观光等服务项目，增加村集体收入。有特色文化、民俗文化集聚的村，要注意保护特色文化、民俗文化，发展特色旅游，如白龙社区、扫管龙村等。

（四）创建服务平台，开展服务增收。鼓励村（社区）结合产业发展的需要，创办各类农民专业合作社、专业协会、服务公司等合作组织，兴办运输队、装卸队、建筑队等服务实体，为村民和企业提供农资供应、农产品购销、电商信息、劳务服务等生产经营性服务，增加集体收入。

（五）与龙头企业合作开展经营。鼓励有条件的村（社区）充分利用闲置集体资产、集体资金、集体土地等与龙头企业合作经营，兴办实业、开设农庄、开展乡村旅游、推广特色种养等，通过经营收益、入股分红等途径，增加集体收入。如粟山村、高田村等。

四、实施步骤

发展壮大村级集体经济，总体规划三年(2018年—2020年)，分步骤、分阶段实施。

（一）项目申报审批阶段(2018年1月—2018年3月)。加大宣传力度，发动全区干部，共同推动村级集体经济发展，研究制定切实可行的发展壮大村级集体经济总体规划和年度工作计划。组织村（社区）“两委”干部和驻村工作队员开展本村资源调查摸底，结合本村实际确定村级集体经济发展项目，向区发展壮大村级集体经济工作领导小组办公室申报。经办公室初审、领导小组复核后予以实施。

（二）整体推进阶段(2018年3月—2018年12月)。全面实施村级集体经济发展规划，2018年安排不低于1595万元（含市级补助资金），扶持21个左右村（社区）集体经济项目建设，确保没有集体经济收入的村（社区）都落实发展项目，全面消除集体经济“空壳村”。

（三）巩固提升阶段(2019年1月—2020年12月)。全面完成村集体经济三年发展规划，安排一定资金扶持重点村（社区），巩固提升壮大村级集体经济，逐步做大做强村级集体经济，推动一批有实力的村（社区）年收入分批次向10万元、20万元30万元以上迈进。全面壮大村级集体经济，总结推广工作经验。

五、保障措施

（一）强化组织保障。一是加强组织领导。区委、区政府、各包村单位、各镇政府、村（社区）要形成一套分工明确、责任清晰、自上而下的领导体制，区委、区政府主要负责人亲自抓，各镇要成立发展壮大村级集体经济领导机构，配备专门人员，党政一把手领导亲自抓，村党组织负责人主动抓，形成层层抓落实的工作格局。区发展壮大村级集体经济工作领导小组及办公室要加大对各镇各村（社区）发展壮大村级集体经济工作的指导力度，统筹项目安排、资金保障，强力推进项目建设。各镇党委、政府要组织各村（社区）申报项目。各村（社区）党组织要积极开展资源调查，确定发展项目，领导村（居）合作社经营和管理本村集体经济。二是形成工作合力。由区发展壮大村级集体经济工作领导小组牵头，相关部门各司其职，相互配合，紧密协作。区委组织部、区发展壮大村级集体经济工作领导小组办公室负责指导、协调、考评、督查等面上工作；区发改局主要负责项目的审批；区农业局主要负责指导"三资"管理和村级集体经济组织建设；区财政局主要负责制定资金管理办法和实施细则以及资金的拨付保障；区民政局主要负责加强村民自治、村务公开等；区林业局主要负责林权确认、转让，林场、林地采伐、开发等；区水利局主要负责水利工程的实施、监督、保障等。各包村单位要立足自身职能，加大服务和帮扶力度，确保各项政策措施落到实处。三是强化分类指导和督查考核。要结合村（社区）经济基础、区位优势、资源条件等实际，因村制宜，面向市场，一村一策制定工作方案，重点抓好"空壳村"集体经济发展工作，选准产业、项目和载体，推动集体经济又好又快发展。将村级集体经济发展纳入年度党建责任制考核体系。区发展壮大村级集体经济工作领导小组办公室要加强跟踪督查，确保各项工作取得实效。

（二）加大政策扶持。一是加大财政投入。建立以区级财政为主导，镇财政配合，争取社会力量支持的资金筹措机制。从 2017 年起，区财政每年投入 1000 万元，并努力向上争取村集体经济发展资金和各种惠农项目，重点帮扶一批集体经济发展项目，对新增加、可持续、集体控股的增收项目重点筛选和扶持。二是开展结对帮扶。实行村级集体经济发展结对帮扶制度，区四家班子成员要负责各自联系点，加强帮扶指导。区直帮扶单位要把发展所帮扶村（社区）集体经济作为工作重点，认真制定年度发展计划，从资金、项目、人才、规划等各方面给予支持和帮扶。驻村队员要深入开展村级资源调查，探索可行发展模式，指导所驻村申报集体经济项目。三是加强人才培养。选优配强村级带头人，将"双带"能力强的党员列入村级后备干部进行培养。通过加强培训，引导基层干部不断解放思想，更新观念，调整发展思路，不断增强村级班子发展和管理集体经济的能力和水平。

（三）加强监督管理。一是加强"三资"管理。对村集体经济收入和使用，要严格执行财经管理制度、审批程序和权限，确保管理规范、账目清楚、资产安全，防止"三资"流失。二是强化民主监督。严格实行村（社区）党务、村务、财务公开制度，认真落实"四议两公开"，确保群众的知情权、参与权和监督权。三是加强经济审计。发挥审计监督作用，建立村"两委"主要负责人经济责任审计制度，定期开展经济责任审计；开展集体经济项目审计，推进村级集体财务管理规范化、制度化，保障集体资产的安全。

中共北海市铁山港区委员会办公室　北海市铁山港区人民政府办公室印发《关于构建新型政商关系做好亲商安商工作的实施意见》的通知

北铁办发〔2018〕74号

区辖镇党委和人民政府，区直各部、委、办、局，各人民团体，各有关单位：

《关于构建新型政商关系做好亲商安商工作的实施意见》已经区委、区政府同意，现印发给你们，请认真组织实施。

2018年12月29日

关于构建新型政商关系做好亲商安商工作的实施意见

根据《中共北海市委办公室　北海市人民政府办公室印发〈关于构建新型政商关系做好亲商安商工作的实施意见〉的通知》（北办发〔2018〕60号）文件精神，为加快构建新型政商关系，进一步优化营商环境，形成科学化、规范化的亲商安商长效机制，更好的发挥企业家的作用，充分激发市场活力，创造经济新的增长点，推动我区经济社会高质量发展，现结合我区实际，提出如下意见：

一、总体要求

（一）指导思想。深入贯彻落实党的十九大和十九届二中、三中全会精神，以习近平新时代中国特色社会主义思想为指导，以深化体制机制改革为动力，以整顿机关干部作风、优化营商环境、提高服务质量为抓手，着力解决我区政商关系中存在的突出问题，形成政商之间亲不逾矩、清不远疏的健康生态，着力建设公平公正的市场环境，形成坦荡真诚、清白纯洁、交往有道、良性互动的“亲”“清”新型政商关系，充分调动广大企业家的积极性、主动性、创造性、为全面落实“三大定位”新使命和“五个扎实”新要求，谱写新时代我区发展新篇章作出更大的贡献。

（二）基本原则

——强化问题导向。敢于正视问题，善于发展问题，着力解决我区政商关系中存在的深层次问题，努力消除政商关系中的不和谐因素，注重亲商安商工作实效。

——强化责任担当。党政机关工作人员特别是各级领导干部要勇于担当、敢于负责，树牢亲商安商意识，各级党政机关干部要像对待自己亲人一样，用心服务企业，积极主动帮助企业解决实际困难，杜绝为官不为、懒政怠政、官商勾结、权钱交易等行为。工商界人士要遵纪守法，讲诚信、守商规、走正道，大力弘扬优秀企业家精神，自觉履行社会责任。

——强化机制建设。注重建章立制，完善政企互动机制，健全激局惩戒机制，创新服务企业机制，加快形成科学化、规范化的亲商安商长效机制。

——强化社会协同。坚持党委统一领导，党政齐抓共管，部门各负其责，充分发挥工商联、商（协）会以及有关社会组织在构建新型政商关系中的重要作用。

二、畅通政企联系渠道

（三）完善政企工作联系机制。建立健全党政领导、相关职能部门与工商联、招商促进局定期沟通互动机制，各党委、政府要建立完善政企沟通渠道，制定党政领导联系企业分工表，区直党政领导每年到负责联系的企业考察调研不少于2次。政府部门研究制定涉企政策、规划、法规时要注重听取企业家的意见建议,鼓励企业家同党委、政府及相关部门讲真话、谈实情、建诤言。发挥招商促进局、工商联等部门与企业联系密切的优势,形成高效便捷的企业意见建议收集反映、领导批示、部门办理、督查反馈工作机制。

(四)积搭建政企沟通平台。推荐优秀企业家担任各级党代表、人大代表、政协委员,支持企业家参政议政。每年要召开 1 次以上的党委政府主要领导参加的政企联席会、座谈会,听取企业的意见建议,帮助解决企业的实际困难。区人大、政协全体会议,党委经济工作会议,政府经济运行分析会等重要会议可邀请企业和商(协)会代表参加。机关单位工作人员经批准,可以应邀参加企业及商(协)会符合规定的各类活动。

三、规范政商交往行为

(五)严守政商交往底线。党政机关工作人员在与工商界人士相互交往中,应当以法律法规、党纪政纪为准绳,不触法、不越纪、不谋私,严守交往底线,要做到"四个严禁":严禁滥用职权或玩忽职守,不作为、乱作为、慢作为,损害企业合法利益;严禁收受企业财物,接受企业及其负责人邀请,违反规定出入私人会所或者接受旅游、健身、娱乐等活动安排;严禁在企业中兼职任职,领取报酬;严禁配偶、子女等亲属违反规定在企业牟利。工商界人士要爱国敬业、遵纪守法、创业创新、服务社会,主动做到"四个自觉":自觉坚定理想信念,自觉遵守法律法规,自觉抵制利益输送,自觉防止不当干政。

(六)强化监督执纪问责。强化对党政干部的监督,综合运用监督执纪"四种形态",对党政机关工作人员与工商界人士交往中出现的苗头性、倾向性问题,早发现、早提醒、早纠正。对涉及官商勾结、利益输送等问题线索的实名举报应当优先办理,严查快结。依法依纪严肃整治不作为、乱作为、慢作为。

四、保障企业合法权益

(七)建立规范高效的监管机制。加快构建权责清单、负面清单、责任清单、收费清单、监管清单,将行政职权及依据、监管事项、对应责任、行使主体、方法程序、处罚措施等以清单形式向社会公示,接受社会监督。严格规范涉企行政执法行为,在涉企行政执法部门实现"双随机、一公开"监管全覆盖,避免选择性执法。清除多重多头执法,推进综合监管,加强跨部门市场协同监管,完善执法行为事中事后监督问责机制,提高综合执法效率,减轻企业负担。严禁任何机关及其工作人员借用企业资金,占用依法应当划拨给企业的拨款以及依法应当退还企业的税金、收费、政府性基金和补助资金,要求企业无偿或者廉价提供劳务以及无偿占用企业财物;不得强制或者变相强制企业参加各类社会团体,缴纳会费、活动经费及其他费用;不得要求企业接受有偿宣传,强制企业购买指定商品,接受指定服务,向企业索要产品或者强行低价购买产品;不得强制要求企业接受法律法规规定之外的学习培训;不得限制或者变相限制符合准入条件的企业参与招投标采购活动;不得侵害企业知识产权,或者未经企业允许公开涉及企业商业秘密的信息;不得强制或者变相强制企业为其他经济组织的金融借款提供信用担保,或者以企业名义借敷给其他经济组织使用;不得向企业摊派、索要赞助以及强制企业捐赠捐献;不得违反规定,对企业进行评比、达标、升级、评优、鉴定、考试等活动;不得有其他侵害企业合法权益的行为。

(八)健全企业举报投诉处理机制。在区招商促进局设立铁山港区招商引资投资投诉平台,负责受理涉及全区招商引资咨询、投诉、跟踪督办和反馈情况,接到企业和群众对损害招商引资环境的举报,应在 7 个工作日内书面答复,每年向区委、区政府报告投资投诉办理情况。投诉事项超越承办单位职权,或者有承办单位无法处理的重大、疑难情形的,由区政府及时召开专题会议协调处理。

（九）建立企业合法权益补偿救济机制。各相关单位在招商引资过程中承诺的投资条件，应当以书面的形式体现并执行，对承诺的事项和签订的合同应当依法履行，不得以政府换届、领导人员更替、规划调整或者政策改变等理由单方违约毁约，确实无法履行的，应积极协商解决。对造成政府严重失信违约的主要负责人和直接责任法人依法依规追究责任。加快建立因政府规划调整、政策变化造成企业合法权益受损的依法律法规补偿救济机制。

五、服务支持企业发展

（十）建立招商引资项目代办服务机制。积极整合区招商促进局和铁管委招商局资源，按照“精简、效能”的原则，建立外资和招商引资项目代办服务机构，凡有招商任务的单位要建立招商引资项目代办服务机制，落实必要的专门人员，对符合产业导向的招商引资项目实行全程免费代办服务。

（十一）完善招商引资项目协调服务机制。党政领导要带头推进项目实施，支持企业发展。区招商促进局每年制定铁山港区党政领导协调推进招商引资重点项目和联系表，梳理制定招商引资重点项目清单和问题清单，明确责任领导和部门，强化协调服务。成立推进招商引资重点项目落地实施和跟踪服务小组，及时协调解决招商引资项目在推进过程中遇到的困难和问题。招商引资重点项目协调推进中，需要完善政策支持的，由区招商促进局商有关成员单位，在法定权限范围内研究提出“一项目一议”的支持措施，报区政府批准后实施。

（十二）创新亲商安商监督评价机制。行政执法和审批部门应邀请商（协）会及企业代表担任社会监督员，监督政府部门依法行政。由区政府建立完善企业成本监测调查机制，定期监测分析和掌握我区企业投资运行成本情况，研究提出降本增效的改进措施。

六、营造“亲”“清”文化氛围

（十三）培育“亲”“清”政商文化。开展全民廉洁教育，重点加强对领导干部廉洁从政教育、公职人员廉洁从业教育、工商界人士廉洁从商教育，加强案例剖析警示教育，强化廉洁典型示范引导，形成廉荣贪耻社会氛围。营造重商亲商、创新创业的文化氛围，对优秀企业家可授予荣誉市民、城市形象大使等称号。对企业家合法经营中出现的失误失败给予更多理解、宽容、帮助，形成为创新者喝彩、为担当者负责、为干事者撑腰的社会风气。

（十四）强化舆论宣传引导。坚持正确的舆论导向，大力宣传政商协力促进经济发展的先进典型，加强对优秀企业家先进事迹的宣传报道，发挥典型示范作用。引导党政机关工作人员提高服务意识，当好支持企业发展的“店小二”；引导企业家树立崇高理想信念，追求卓越，敢为人先，当好市场竞争的“弄潮儿”形成积极构建新型政商关系的良好氛围。

北海市铁山港区人民政府
关于认定2018年铁山港区现代特色农业乡级示范园和村级示范点的决定

北铁政发〔2018〕18号

各镇人民政府，区政府各部门，各有关单位：

为进一步贯彻落实《中共北海市铁山港区委办公室　北海市铁山港区人民政府办公室关于印发〈北海市铁山港区现代特色农业示范区建设增点扩面提质升级(2018—2020年）三年行动实施方案〉的通知》(北铁办发〔2018〕58号）精神，加快推进我区现代特色农业示范区（园、点）创建工作，激励先进、树立典型，区人民政府决定授予铁山港区南康镇水磨岭林下养鸡产业示范园、铁山港区南康镇茂叶生态休闲示范园等 2 个示范园“铁山港区现代特色农业乡级示范园”称号；授予南康镇社内村紫米产业示范点、南康镇莲塘村果蔬间套种示范点、南康镇大塘村优质稻产业示范点、南康镇大塘村大棚设施栽培示范点、南康镇社内村果蔬产业示范点、南康镇陂塘村大棚设施栽培示范点、南康镇黄丽窝村粮菜轮作示范点、营盘镇彬畔村稻鱼生态种养示范点、营盘镇盐灶村种草养牛产业示范点、营盘镇石村村茂谷柑产业示范点、兴港镇大树岭村坚果产业示范点、兴港镇粟山村生态瓜果产业示范点、兴港镇粟山村沃柑产业示范点、兴港镇婆围村优质稻产业示范点等 14 个示范点“铁山港区现代特色农业村级示范点”称号。

希望获得“铁山港区现代特色农业乡级示范园”、“铁山港区现代特色农业村级示范点”称号的示范园和示范点再接再厉，不断向更高层级提升，更加突出现代化农业特色，发挥辐射带动作用。

北海市铁山港区人民政府办公室
关于印发北海市铁山港区南珠产业（核心）示范区创建实施方案的通知

北铁政办〔2018〕89 号

各镇人民政府、区政府各部门，区直各事业、企业单位：

《北海市铁山港区南珠产业（核心）示范区创建实施方案》已经人民政府同意，现印发给你们，请认真组织实施。

2018 年 9 月 20 日

北海市铁山港区南珠产业（核心）示范区创建实施方案

根据《广西壮族自治区人民政府办公厅关于印发广西现代特色农业示范区建设(2016—2017 年）行动方案的通知》（桂政办发〔2015〕127 号）、北海市委、市政府《关于加快振兴南珠产业的意见》（北发〔2017〕15 号）及《北海市铁山港区现代特色农业示范区建设增点扩面提质升级(2018—2020 年）三年行动实施方案》（北铁办发〔2018〕58 号）精神，为加快推进北海市铁山港区南珠产业的发展，加快南珠产业（核心）示范区的创建工作，做大做强南珠产业，特制定本实施方案。

一、指导思想

全面贯彻落实党的十八届五中、六中全会精神以及十九大精神，牢固树立创新、协调、绿色、开放、共享的发展理念；认真贯彻落实中央一号文件，大力推进农业供给侧结构性改革，加快转变农业发展方式，提高农业质量效益和竞争力，走产出高效、产品安全、资源节约、环境友好的现代农业示范区发展道路，促进农民持续增收，为铁山港区经济社会持续健康发展提供有力支撑。以质量安全为重点，提升农产品品牌；以科技创新为支撑，提高农业生产综合效益；进一步调整优化产业结构，推动一二三产业融合发展。以项目建设为抓手，培育壮大新型农业经营主体，提高合作组织化程度，大力推进优势产业发展；打造一个规划科学、设施完善、科技领先、机制健全、生态良好的核心示范区引领全区农业和农村经济跨越发展。

二、基本原则

（一）高点定位，科学规划。对标国内一流、国际先进，完善《北海市南珠产业发展规划》，统筹空间布局，明确产业发展重点，加强配套建设，推动南珠产业转型升级发展。

（二）科技引领，提升标准。坚持创新驱动、科技兴珠，建立以企业为主体、产学研紧密结合的南珠技术创新机制，大力提高南珠养殖和加工技术水平，加快完善提升南珠产业标准体系，推动南珠产业标准上升为国家标准。

（三）打造集群，融合发展。深化农业结构调整和产业布局，推进农业供给侧结构性改革，培育壮大南珠产业龙头企业，带动发展一批中小企业，发展农副产品精深加工，提高农产品附加值，打造集生产、加工、销售、研发和文化旅游于一体的南珠产业集群，促进南珠一、二、三产融合发展。

（四）开放合作，绿色崛起。以开放促发展，以绿色谋质量，扩大交流合作，引进养殖加工技术和资金，加强生态环境保护，改善水域环境，推广生态健康养殖，推动南珠产业绿色发展。

（五）市场主导，政策助力。坚持市场导向，建立多元化投入机制，激发各类市场主体发展活力，更好的发挥政府的作用，加强对南珠产业发展关键技术环节的财政投入和政策扶持，加快振兴南珠产业。

三、建设目标

培育核心区规模连片 1500 亩以上，拓展区 5000 亩以上，辐射区 10000 亩以上。通过示范区创建，提升南珠养殖产业化、规模化和集约化水平，传统南珠养殖迅速向现代化南珠养殖转型，促进农村经济持续健康发展。力争示范区农民人均纯收入核心区比所在乡镇高 30% 以上。

四、基本要求

（一）突出经营组织化。着力发展壮大一批本土龙头企业，招商引进一批外来龙头企业，创办一批合作组织。依托龙头企业、合作组织实施生产标准化、管理企业化、投入集约化、社员职业化、产品品牌化。带动示范区养殖户开展统一农资供应、统一技术规程、统一生产标准、统一产品质量、统一品牌销售“五统一”的产业化经营。加快培育各种类型的专业化服务组织，为示范区提供高质量、高水平的社会化服务。

（二）突出装备设施化。切实加强对示范区基础设施建设的投入，推进示范区水、电、路、通信等公共设施建设，改善示范区的硬件发展条件。根据示范区养殖需要，因地制宜开展南珠标准化生态养殖、自动洗网机、多功能运输船等先进设施示范。

（三）突出生产标准化。健全示范区现代农业标准体系。建立健全投入品管理、生产档案、产品检测、基地准出、农产品质量可追溯、水产品防疫检疫等制度，完善监管机制，强化监管手段，建立业主质量安全承诺和诚信机制，确保示范区产品标准化率达到 100%。核心区要建立与国际接轨的标准化体系，拓展区要建立与国家标准配套的标准化体系，辐射区要建立符合地方标准的标准化体系。以龙头企业为骨干力量，致力打造有机绿色产品，推动形成具有地域特色、人文内涵、安全生态的知名品牌。

（四）突出要素集成化。促进资本、技术、人才等现代生产要素向示范区集聚。引导工商资本、金融资本参与示范区建设，创新示范区融资方式，允许龙头企业牵头成立示范区资金互助社和担保基金，形成企业主体、政府引导、社会力量参与的多元化投入机制。积极引进、集成和推广国内外先进农业科技成果，突出先进实用新品种、新技术、新模式的引进、消化、应用和展示，引进与国际标准接轨的农产品加工技术、设备和工艺。加强人才引进和培养，引进一批高层次经营管理人才。

（五）突出特色产业化。按照“因地制宜、突出特色，一业为主、多元发展”的思路，从当地的资源条件、产业基础、区位优势、人文特点出发，明确发展定位，突出产业特色，促进关联产业集聚。

注重差异化发展战略，实现特色示范区间的互补发展，逐步形成层次递进、产业互动、各具特色、协调发展的“一村一品”、“一乡一业”特色示范区。延伸示范区产业链，拓展示范区科普、教育、休闲、观光等功能，把示范区打造成为一主多辅、一体多元的“美丽示范区”。

五、建设地点

北海市铁山港区南珠产业（核心）示范区规划总面积 16500 亩。其中核心区面积 1500 亩，位于铁山港区营盘镇彬塘村委南珠养殖海域。核心区内主导产业是南珠产业，主推品种是马氏珠母贝。拓展区位于彬塘养殖核心区周围，为南珠传统养殖区，规划面积 5000 亩。辐射区紧邻拓展区，位于彬塘村委沿岸浅海，规划面积 10000 亩，辐射带动发展沙虫、象鼻螺、文蛤等特色水产养殖业。

六、主要建设内容

（一）设施建设。主要建设示范区标准化生态养殖生产设施、海上管养平台、插核室、多功能运输船、养殖远程监管系统、产品质量安全检测仪器等建设。

（二）技术推广应用。主要开展新品种、新技术引进示范区，大力推广无公害健康养殖技术，与高校、科研院所合作，开展南珠标准化生态养殖技术的研究，加强示范区从业人员的技术培训。

（三）市场主体培育。进一步培育壮大入驻示范区的农业企业、农民专业合作社、种养大户等生产经营主体，落实相关扶持政策和优惠措施，抓好属地管理和服务。

（四）品牌建设。加强示范区品牌宣传，引导扶持示范区企业、合作社申请商标注册、申报“三品一标”产品等认定，开展示范区产品电商销售，建立形成稳定的销售市场，全面提高主导产业、主导产品的商品化生产水平。

（五）服务体系建设。建立示范区管理服务工作机构和相应设施，健全农资供应配送服务、农技服务推广、农产品质量安全监管体系，加强对示范区经营主体的管理和服务。

七、组织领导与保障措施

（一）组织领导

1. 加强组织领导。为有效推进北海市铁山港区南珠产业（核心）示范区建设工作，把示范区建设好、管理好，成立以区委书记、区长为组长，区委副书记、副区长为副组长，区农业、海洋与渔业、林业、发改、财政、科技、住建、交通、统计、水利、营盘镇、兴港镇等部门负责人为成员的示范区工作领导小组。领导小组下设办公室，办公室设在区海洋与渔业局，区海洋与渔业局负责人兼任办公室主任，负责示范区建设的组织、协调和管理。

2. 建立目标考核机制。明确部门职责，按主导产业分工完善示范区的指导工作开展，建立健全现代特色农业示范区目标考核机制。各部门、各镇要全力配合推进示范区建设各项任务的完成，对任务完成好、建设质量高、效果明显、成绩突出的部门、镇给予表彰奖励，对重视不够、措施不落实、建设质量不达标、示范带动不明显，未完成目标任务的，要通报批评、追究责任。

3. 创新部门协调配合机制。按照机制创新、分工明确、灵活高效的原则，强化部门间的协调合作，形成多部门齐抓共管、社会力量广泛参与的工作机制。由区政府牵头，建立部门联席会议协调机制，每个季度召开一次联席会议，协调解决示范区建设过程中遇到的问题。区农业、水产、林业、发改、财政、科技、住建、交通、统计、水利、营盘镇、兴港镇等有关部门参加联席会，各司其职，合力推进示范区的建设。

4. 指定专职指导员强化监督指导。对应示范区创建，业务主管部门区海洋与渔业局派出熟悉业务的人员作为示范区专职指导员，加强对示范区监督检查和指导，示范区创建情况及时报至工作领导小组，通过跟踪监测，及时解决问题，顺利推进示范区创建工作。

（二）保障措施

1. 深化农村改革。要继续深化农村综合改革。一要完善农村基本经营制度，积极培育和发展各种农业社会化服务组织，大力培育发展家庭农场，规范发展农民合作社，加快农村土地承包经营权确权登记颁证工作，规范农村土地管理制度，严格农业用地征收征用、农村集体建设用地流转等管理。二要完善农村土地流转服务机制，进一步建立和完善县、乡、村三级农村土地流转管理服务体系，充分发挥各级土地流转管理服务机构和全市统一的信息服务平台的作用，加强土地流转管理和服务，引导土地经营权规范有序流转，发展多种形式的适度规模经营。要制定现代农业发展的优惠措施，对进入现代农业领域和重点产业发展区域投资的企业，在其享受国家、省市有关优惠政策的同时，进一步从土地出让和租赁、贷款贴息、科技项目扶持等方面予以优惠。

2. 加大资金投入。把北海市铁山港区南珠产业（核心）示范区建设作为政府工作重点，不断加大财政支持示范区建设的力度。按照"总量持续增加、比例稳步提高"的农业投入要求，区财政每年统筹整合一定资金用于示范区建设。积极争取国家、省、市财政扶持项目，充分发挥财政投入的引导作用，吸引信贷资金、工商资本、民间资本和外资资本投资示范区建设，建立政府引导、市场化运作的多元化融资机制。

3. 重抓人才教育。加大公共科技服务体系建设，通过实施新型职业农民培育、新型职业农民大中专学历教育、农村实用人才培训等项目，加强农村实用技术培训，培养高技能型农业专业人才，提高农民科技素质和技能水平。通过与高校、科研机构等单位合作与交流，推广农业"五新"，提升农业科技水平。进一步加大从高校引进高层次、高素质农业科技人才的力度，在农业重点产业领域，培养一批科技专家和科技带头人。加强产学研合作，重点支持农业产业领域的关键性技术开发，促进技术转移和成果转化，推进铁山港区现代农业建设。

4. 营造创建氛围。运用多种媒体，大力宣传北海市铁山港区南珠产业（核心）示范区建设的先进典型和成功经验，营造大众创业、万众创新的活跃氛围；通过现场交流会、学术研讨会等形式，全面展现铁山港区特色现代农业示范区发展成就，进一步提铁山港区水产业在区内外的知名度和影响力。

北海市铁山港区人民政府办公室
关于印发北海市铁山港区全面推进义务教育学区制管理改革实施方案的通知

北铁政办〔2018〕107号

各镇人民政府，区政府各部门，区直各事业、企业单位，各有关单位：

《北海市铁山港区全面推进义务教育学区制管理改革实施方案》已经区人民政府同意，现印发给你们，请认真组织实施。

2018年12月21日

北海市铁山港区全面推进义务教育学区制管理改革实施方案

为贯彻落实《国务院关于统筹推进县域内城乡义务教育一体化改革发展的若干意见》（国发〔2016〕40号）、《中共广西壮族自治区委员会　广西壮族自治区人民政府关于加快改革创新全面振兴教育的决定》（桂发〔2014〕2号）、《广西壮族自治区人民政府关于深入推进义务教育均衡发展的实施意见》(桂政发〔2014〕7 号)、《广西壮族自治区人民政府办公厅关于全面推进义务教育学区制管理改革的通知》(桂政办发〔2016〕168 号)及《中共北海市委员会　北海市人民政府关于加快改革创新全面振兴教育的决定》(北发〔2014〕13 号)、《中共北海市委员会北海市人民政府关于印发〈北海市教育综合改革方案(2016—2020 年)〉的通知》(北发〔2016〕20 号)、《北海市人民政府办公室关于印发〈北海市全面推进义务教育学区制管理改革实施方案〉的通知》(北政办〔2018〕164 号)等文件精神,积极探索义务教育学区制管理改革,加快推进我区县域义务教育均衡发展和城乡一体化改革发展,努力办好让人民满意的教育,特制定本实施方案。

一、指导思想

以习近平新时代中国特色社会主义思想为指导,全面贯彻党的十九大精神,统筹推进县域内城乡义务教育一体化改革发展,落实教育综合改革要求,坚持优质导向、专业引领、主体激发、创新驱动,创新办学体制机制,通过帮扶式、集团式、联盟式等办学方式,加强校际合作,均衡配置和扩大优质教育资源覆盖面,构建合作共生机制,实现优势互补,促进共同发展,发挥优质学校的资源优势和品牌效应,提高薄弱学校办学水平和质量,促进基础教育优质均衡发展,让学生享受更加公平优质的义务教育。

二、工作目标

牢固树立优质均衡发展理念,坚持“改革创新、优质均衡、稳步推进”原则,通过改革学校管理体制、教育资源调配机制和教育教学管理方式方法,实现学区内资源配置、师资调配、教学管理、教学研究、学校招生、教学评价的“六统一”,促进优质学校和薄弱学校协调发展,构建县域、城乡、校际深度合作的义务教育学校“同生共长”发展新格局。通过试点探索,逐步增加优质学校覆盖面,扩大优质教育资源总量,整体提升全区义务教育优质均衡水平,形成县域内义务教育城乡一体化改革发展新机制。

三、工作原则

(一)深化改革原则

在深化教育手段和方法改革的基础上,把解决教育经费投入、教育资源整合、教师转任交流和教师待遇改善结合起来,着力改善办学条件,不断更新办学理念,提高教育管理水平,探索现代学校管理制度,充分调动学校办学积极性,激发办学活力。

(二)区域统筹原则

统筹区域内教育整体规划与优质教育资源扩张,统筹不同发展水平、不同文化特色学校的发展策略,积极创新学区管理制的思路、办法和运行模式,实现区域学校优质均衡发展。

(三)合作共生原则

立足教育的公益性、公共性、普惠性的属性,主动担当责任和义务,实现让薄弱校变优,促优质校变强。通过学区龙头学校输出先进办学理念、管理方式、教育教学方法等,带动成员学校内涵发展和提升。同时,确保优质学校自身持续健康发展,促进学区内各学校、成员学校共同发展。

(四)特色发展原则

要把实施学区管理制与努力办好每一所学校结合起来,注重优质学校文化在学区的培植和发展,大力塑造学区教育品牌,力争形成学区化的办学理念、管理风格和文化特色,达到“一校一特色、一学区一品牌、一区一风采”。

四、主要措施

(一)科学设置学区

1. 学区设置原则。按照“城乡统筹、强弱搭配、属地管理、分级负责”原则,根据县域内城乡学校办学条件、师资配置、管理水平、教育质量、学校分布、距离远近等实际情况，将城乡义务教育学校划分为若干个学区。

2. 学区组建形式。学区设置可采取总校负责制、学校联盟制等多种形式进行设置。学区一般以1所优质学校为龙头学校，与若干所同学段学校组成教育融合发展共同体。一般按小学、初中学段分别设置学区。每个学区学校数原则上不超过10所。学区设置主要有以下形式：

(1)总校负责制形式。优质学校+薄弱学校模式。由一所优质学校作为总校负责管理相邻地域范围内办学规模小、办学条件差、办学质量低的学校通过优质学校的示范引领、以达到学区内各学校的共同发展。

(2)学校联盟制形式。

①区直中学初中+乡镇初中。由办学条件和质量相对较好的区直中学作为龙头学校组织带动地域中学组成学校联盟，共同促进内涵发展。

②完全小学+完全小学：若干所同学段地域相近学校结成联盟，优势互补，共同促进内涵发展。

（二）创新学区管理机制

1. 明确学区管理职责，创新学区管理机制。明确教育行政部门、总校、盟主学校、学区其他学校的管理层级和关系，赋予教育行政部门、总校、盟主学校办学资源配置、师资调配、教育教学管理等职责和管理权限。明确总校管理学区的职责、权利和义务，明确总学与学区内学校的职能和相互关系，强化总校管理学区内学校的统筹权。教学点原有的法人资格不变，总校负责制中总校的法人代表兼任教学点法人代表，统一调配教学点的人、财、物。教育行政部门要加强对学区办学资源的配置、校长教师的调配、学区整体绩效考核和教育教学质量监测与评价，将总校校长和学区管理人员从事的学区管理工作计入工作量，建立基于学区管理成效的激励机制。学校联盟制的盟主学校负责组织学区内学校对教育教学管理、进行研究和推进，以达到共同提高的目标。联盟制学校盟主由龙头学校校长担任。学区内各学校校内行政、财务、后勤、安全等常规管理体制机制可维持自身特色或吸取先进经验不断完善。

2. 建立学区运行机制，提升学校管理水平。按照“统筹协调、统中有分、分中有合、统分有序”原则，建立学区运行良好机制，统筹推进学区教育资源调配、教育教学管理一体化改革，制定学区工作计划和学区议事、决策制度，建立教育教学、财务后勤、学校安全管理等协作机制，搭建学校管理交流平台，提升每一所学校的管理水平和办学水平。

3. 建立共同成长机制，推动可持续发展。学区内各学校要在优质龙头学校的带领下更新办学理念、提高队伍素质、注重内涵发展、推进均衡公平、大胆改革创新，实现共同发展。学区内受龙头学校扶持的成员学校要不断增强自身“造血功能”和办学水平。

（三）强化学区招生管理

1. 因地制宜选择学区内划片招生方式。各学区可因地制宜采取单校划片与多校划片并举的方式招生，落实就近入学要求。公办义务教育学校生源原则上按地段招生，实行单校划片方式确定。由区教育行政部门根据适龄生源、学校学位容量等情况，统筹划分学校服务地段并组织学校招生。在个别人口密集、教育资源配置还不够均衡、生源需求和学校学位供给变化较大的区域，可积极稳妥探索试行多校划片方式。

2. 科学划定学区内招生区域。教育行政部门要根据适龄学生人数、学校分布、所在社区及学校规模、交通状况等因素，按照确保公平和就近入学原则，依据街道、路段、门牌号、村组等，科学确定每一所公办义务教育学校的服务片区和招生范围。鉴于一些地方人口分布和学校布局具有不均匀性、街区形状具有不规则性，就近入学并不意味着直线距离最近入学，要充分考虑可能影响公平与安全的关键要素科学划片，确保适龄少年儿童整体上相对就近并安全合理地入学就读。招生范围确定后，应在一段时期内保持相对稳定，确需调整时，要广泛听取意见建议，审慎论证，提前公告，设立必要的过渡时限，给社会预留合理的预期时司。

（四）建设和共享学区资源

1. 全面改善学区学校办学条件。按照县域内城乡义务教育一体化改革发展要求，进一步优化义务教育学校布局，推进义务教育学校标准化建设，统筹学区学校体育场地、实验室、图书室、科技活动室等场所建设，配齐配足教学设施设备，加快推进学校信息化，配套建设教师周转房，全面改善薄弱学校和农村学校办学条件。

2. 共享学区学校教育资源。着力构建学区办学资源共建共享新机制，促进学校体育场馆、图书馆、实验室等场所和仪器设备在学区内学校开放共享；促进学区教师资源、教学成果、办学特色、校园文化的共建共享；促进学区内学校校外教育基地、社会实践基地、家长资源及其他社会资源的共享。

（五）加强学区队伍建设

1. 打造学区管理团队。加强学区管理人员配备，每个学区设负责人 1 名，由总校校长或盟主学校校长担任，管理团队由学区内各学校负责人组成。定期组织学区负责校长和学区管理人员学习和交流。加强学区管理后备人才储备，从学校管理人员、学科带头人和骨干教师中重点培养一批优秀学区管理人才。

2. 配齐配足学科教师。根据编制标准、学校规模和教育教学需要，合理核定教职工编制，实行城乡、区域统筹和动态管理，盘活编制存量，提高使用效益。配齐配足各学科合格教师，重点向村小学、教学点倾斜。开展全区教师“县管校聘”试点改革，统筹调配教师资源，着力解决乡村教师结构性缺员和村镇师资不足等问题，实现学区师资配备基本均衡。

3. 促进学区教师内部交流。探索学区内实行定期教师双向交流制度，优质学校派出管理人员或骨干教师到成员学校参与管理或任教，成员学校组织管理人员或骨干教师到优质学校进行跟班学习，逐步实现教师资源均衡优质分布；建立健全校长、教师定期轮岗交流制度，逐步建立学区内校际间校长、教师交流常态机制。通过跨校兼课、支教、走教、轮岗等方式促进教师交流；支持学区统一调配教师，使教师从“学校人”转化为“学区人”、“系统人”。

4. 加强学区教师培训。探索教师培训经费以学区为单位拨付、核算、考核的机制，支持学区开展以学区为单位的教师培训、校本培训，提升教师教育教学及教研能力和水平。学区要统筹培养薄弱学校学科带头人和骨干教师，通过共建教学团队和名师工作室、特级教师工作坊等方式，整体提升教师专业发展水平。充分发挥名师、名校长、名班主任的带头引领作用；探索建立教师培养基地模式，将优质学校打造成教育集团内部校级领导和中层干部的孵化基地和名师培养基地。

5. 努力提高教师待遇。完善义务教育学校岗位结构比例和职称评聘政策措施，吸引优秀教师向农村学校、向薄弱学校流动。提高乡村教师补助标准，并按距离远近、艰苦程度等因素进行差异化补助。

（六）全面提高学区教育质量

1. 统一学区课程实施。学区要建立健全教育教学协作机制，加强课程教学实施的统筹，按照国家课程设置方案和课程标准，扎实推进教学常规统一管理，要统一教学内容和教学进度，提升课程实施效果，要基于国家课程标准开发富有特色的校本课程，建立必修、选修与社团活动相统一的学科课程体系，共建特色课程教学资源，共享英语、音乐、体育、美术等紧缺学科教师，确保开齐开足开好课程。

2. 统一学区教学研究。学区要实行学区联合教研制度，统筹开展学科备课、教学研讨、听课观摩、课题研究等活动。加强学区内学生差异化研究，开展课堂教学改革，促进学科教学与德育、美育的融合，发挥学科教学综合育人功能。有条件的学区要协同高校、教学科研机构开展教育教学研究，构建理论与实践相结合的协同创新教学研究新格局。

3. 共育学生核心素养。学区要统筹组建德育工作团队，共同研究和推进学区德育工作，共享德育资源。注重学生综合素质提升，整合体育艺术教育资源，培养学生健康体魄和艺术素养。加强劳动教育、家庭教育、心理健康教育的协作，组织协调开展学区内学校学生共同参加科技、社团、社会实践等活动，培育学生发展核心素养。

4. 培育个性办学特色。学区要大力推进文明校园和中小学中华优秀文化艺术传承学校创建活动，着力打造特色校园文化和学区文化。在传承、提升学校原有文化底蕴的同时，从学校物质文化、精神文化、制度文化等方面拓展延伸，加快融合，构建互励共进的学区文化。借助优质学校的深厚文化底蕴，着力培育成员学校办学特色，实现学校特色与传承有机统一。尊重成员学校的个性特色，形成“一校一特色、一学区一品牌、一区一风采”的良好育人环境和格局。

5. 统一学区质量评价。学区要统一开展教学质量监测与学生综合素质评价，注重综合考查学生发展情况。加强学区内学校教学质量监测、综合分析与整改提高。注重发展性评价，发挥评价促进学生成长、教师发展和改进教学实践的功能。

五、保障措施

（一）加强组织领导

完善领导和决策机制，建立工作会商制度，及时研究义务教育学区制管理改革过程中的突出矛盾和重大问题。建立区级统筹、以区为主、部门协同推进的工作机制。区人民政府是推进义务教育学区制管理改革工作的责任主体。教育行政部门牵头制定具体的实施办法并组织实施。编制和人力资源社会保障部门要研究制定有利于促进义务教育学区制管理的相关配套政策。财政部门要统筹保障义务教育学区制管理改革推进的工作经费。教育督导部门负责加强对全区各地实施学区制管理改革工作的专项督导评估。

（二）加大经费投入

全区各有关部门要统筹安排义务教育相关经费、项目。义务教育学校基本建设、教学科研、教师培训、设施设备配备等经费项目安排要充分考虑学区内学校间及学区间的相对均衡。学区要统筹安排资金支持学区内薄弱学校的发展。探索建立科学有效的学区评估奖励机制，教育督导部门每三年按属地对学区进行一次综合评估，对办学效果显著、社会评价较高、综合评估评为先进的学区，增核适当比例的奖励性绩效增量至学区内各个学校。

（三）强化督导检查

全区各有关部门要建立与学区制管理改革工作相适应的考核评价体系和考核评估制度。各学区和各学校要认真听取社会各方面对推进学区制管理的意见和建议，主动接受人大、政协和社会各界及媒体的监督。教育督导部门要结合义务教育均衡发展及督学责任区工作，对学区制管理改革进行定期督导检查和考核评估，科学合理运用督查结果，提升学区制管理改革工作的质量和效果，增强广大群众更多教育获得感。

（四）深入宣传动员

全区各有关部门要加大宣传力度，充分利用报纸、电视、广播、网络、微信、微博等媒体，向广大师生、家长和社会公众广泛宣传义务教育学区制管理改革工作的重要意义、主要政策措施、典型经验和工作成效，要广泛动员广大义务教育学校教师积极参与和投身到学区制管理改革事业中，在改革创新中再立新功，要在全社会营造重视、支持义务教育学区制管理改革的良好舆论氛围。

我区在2018年底前全面实行学区制管理，将全区所有义务教育学校纳入学区制管理范围。

《铁山港年鉴(2019)》机构全称与简称对照表

（排名按文稿刊出先后为序）

全 称	简 称
中国共产党北海市铁山港区委员会办公室	区委办
北海市铁山港区人民代表大会常务委员会办公室	区人大办
北海市铁山港区人民政府办公室	区政府办
中国人民政治协商会议广西北海市铁山港区委员会办公室	区政协办
北海市铁山港区发展和改革局	区发改局
北海市铁山港区财政局	区财政局
北海市铁山港区民政局	区民政局
中国共产党北海市铁山港区委党史办公室（北海市铁山港区地方志编纂委员会办公室）	区委党史办（区志办）
北海市铁山港区水利局	区水利局
北海市铁山港区统计局	区统计局
北海市铁山港区民族宗教事务管理局	区民宗局
中国共产党北海市铁山港区委员会组织部	区委组织部
北海市铁山港区招商促进局	区招商促进局
北海市铁山港区精神文明建设委员会办公室	区文明办
中国共产党北海市铁山港区委员会宣传部	区委宣传部
中国共产党北海市铁山港区委员会统一战线工作部	区委统战部
中国共产党北海市铁山港区委员会老干部局	区委老干部局
中国共产党北海市铁山港区直属机关工作委员会	区直属机关工委
北海市铁山港区机构编制委员会办公室	区编办
北海市铁山港区人民政府信访局	区信访局
中国共产党北海市委党校铁山港区分校	市委党校区分校
北海市铁山港区机关后勤服务中心	区机关后勤服务中心
北海市铁山港区政务服务中心	区政务服务中心
北海市铁山港区绩效考评领导小组办公室	区绩效办
北海市铁山港区人民政府土地房屋征收管理办公室	区征收办
北海市铁山港区档案局（馆）	区档案局（馆）
中国共产党北海市铁山港区纪律检查委员会（北海市铁山港区监察委员会）	区纪委（区监委）
北海市铁山港区总工会	区总工会
中国共产主义青年团北海市铁山港区委员会	团区委
北海市铁山港区妇女联合会	区妇联

续表

全　称	简　称
北海市铁山港区科学技术协会	区科协
北海市铁山港区残疾人联合会	区残联
北海市铁山港区社会科学界联合会	区社科联
北海市铁山港区工商业联合会	区工商联
中国共产党北海市铁山港区委员会政法委员会	区委政法委
北海市铁山港区法制办公室	区法制办
北海市铁山港区人民法院	区法院
北海市铁山港区人民检察院	区检察院
北海市公安局铁山港分局	区公安分局
北海市铁山港区司法局	区司法局
中国人民解放军广西北海市铁山港区人民武装部	区人武部
北海市铁山港区民兵训练基地	区民兵训练基地
北海市铁山港区边防大队	区边防大队
北海市消防支队铁山港区大队	区消防大队
中华人民共和国北海边防检查站石头埠分站	北海边检站石头埠分站
北海市铁山港区工业和信息化局	区工信局
广西电网有限责任公司北海供电局铁山港供电分局	铁山港供电分局
国投北部湾发电有限公司	国投北部湾发电有限公司
神华国华广投(北海)发电有限责任公司	国华北海电厂
北海市铁山港(临海)工业区管理委员会	铁山港(临海)工业区管委会
北海市铁山港区农业局	区农业局
北海市铁山港区扶贫开发办公室	区扶贫办
北海市铁山港区林业局	区林业局
北海市铁山港区水库移民工作管理局	区水库移民局
北海市铁山港区海洋和水产畜牧兽医局	区海洋和水产畜牧兽医局
北海市铁山港区交通运输局	区交通运输局
北部湾港股份有限公司北海港分公司铁山港作业区	北海港分公司铁山港作业区
北海市铁山港区住房和城乡规划建设局	区住建规划局
北海市铁山港区城市管理局	区城管局
北海市铁山港区安全生产监督管理和环境保护局	区安监环保局
北海市铁山港区粮食局	区粮食局
北海市城区烟草专卖局(营销部)铁山港烟草专卖管理所	铁山港烟草专卖所
中国电信股份有限公司北海铁山港区分公司	电信铁山港区分公司
中国移动通信集团广西有限公司北海市铁山港分公司	铁山港移动分公司
中国联合网络通信有限公司铁山港区分公司	铁山港区联通分公司
中国邮政北海市分公司南康支局、 中国邮政北海市分公司营盘支局	北海市邮政分公司南康支局、 北海市邮政分公司营盘支局
北海市铁山港区政府采购中心	区政府采购中心
北海市铁山港区国家税务局	区国税局

续表

全 称	简 称
北海市铁山港区地方税务局	区地税局
中国农业银行股份有限公司北海铁山港支行	农行铁山港支行
中国银行股份有限公司北海市铁山港支行	中行铁山港支行
中国建设银行股份有限公司北海铁山港支行	建行铁山港支行
北海市区农村信用合作联社南康信用社	南康农村信用社
北海市区农村信用合作联社营盘信用社	营盘农村信用社
中国太平洋财产保险股份有限公司北海中心支公司铁山港营销服务部	太保财险铁山港营销服务部
北海市铁山港区物价局	区物价局
北海市工商行政管理局铁山港分局	铁山港工商分局
北海市国土资源局铁山港区分局	区国土分局
北海市铁山港区审计局	区审计局
北海市质量技术监督局铁山港区分局	区质监分局
北海市铁山港区食品药品监督管理局	区食药监局
中华人民共和国北海铁山港海事处	铁山港海事处
中华人民共和国北海海关驻石头埠办事处	北海海关驻石头埠办事处
北海市铁山港区科学技术局	区科技局
北海市铁山港区地震办公室	区地震办
北海市铁山港区教育局	区教育局
北海市铁山港区文化体育广电局	区文体广电局
北海市铁山港区卫生和计划生育局	区卫计局
北海市铁山港区人力资源和社会保障局	区人社局
北海市铁山港区人民政府侨务办公室	区侨办
中国共产党北海市铁山港区委员会台湾工作办公室（北海市铁山港区人民政府台湾事务办公室）	区台办
北海市铁山港区南康镇人民政府	南康镇政府
北海市铁山港区营盘镇人民政府	营盘镇政府
北海市铁山港区兴港镇人民政府	兴港镇政府

索　引

说　明

一、本索引采用主题分析索引方法。正文(包括条码、文献、资料、图片和表格)中凡具有独立检索意义的完整资料,均可通过本索引进行检索。

二、索引按汉语拼音字母(同声字按声调)升序排列。类目、分目、次分目作索引款目用黑体字排印、其余均用宋体字排印。表格、图片在其款目后分别注明“表”“图”。

三、索引款目后的阿拉伯数字和拉丁字母(a, b, c)分别表示内容所在的页码和栏别(即左、中、右栏)。

四、索引空两字位起排的款目为上一主题的“附见”。同一主题的“参见”只标页码。为便于读者检索,内容有交叉的款目,在本索引中重复出现。

五、图片专辑,编辑说明等栏目不作索引。阿拉伯数字和拉丁字母开头的款目排在索引的前面。

C

H

L

M

N

O

P

Q

T

W

X

Y

Z